ΤΑ ΝΕΑ ΕΛΛΗΝΙΚΑ ΓΙΑ ΞΕΝΟΥΣ

Συνεργασία του Διδακτικού Προσωπικού
του Σχολείου Νέας Ελληνικής Γλώσσας
του Αριστοτελείου Πανεπιστημίου Θεσσαλονίκης

ΤΑ ΝΕΑ ΕΛΛΗΝΙΚΑ
ΓΙΑ ΞΕΝΟΥΣ

27η Ανατύπωση
(4η Έκδοση, Αναθεωρημένη)

ΑΡΙΣΤΟΤΕΛΕΙΟ ΠΑΝΕΠΙΣΤΗΜΙΟ ΘΕΣΣΑΛΟΝΙΚΗΣ
ΙΝΣΤΙΤΟΥΤΟ ΝΕΟΕΛΛΗΝΙΚΩΝ ΣΠΟΥΔΩΝ
[ΙΔΡΥΜΑ ΜΑΝΟΛΗ ΤΡΙΑΝΤΑΦΥΛΛΙΔΗ]

ΘΕΣΣΑΛΟΝΙΚΗ 2015

OI ΣΥΓΓΡΑΦΕΙΣ

Φανή Βαλσαμάκη
Σμαρώ Βογιατζίδου
Δανάη Γκιώχα
Ελένη Δεμίρη – Προδρομίδου
Ζαφειρούλα Καμαριανού – Βασιλείου
Αλεξάνδρα Κανέλλου – Θανάσουλα
Ιωάννα Καραμανιτάκη – Αστεριάδου
Δέσποινα Νικολαΐδου – Νέστορα
Ευαγγελία Παναγοπούλου
Αριστέα Νικολέτα Συμεωνίδου – Χριστίδου
Σαπφώ Τλούπα
Νιόβη Αγγελική Τρύφωνα – Αντωνοπούλου
Θεοδώρα Χατζή – Δημητριάδου
Άννα Χατζηπαναγιωτίδου

Η έκδοση εικονογραφήθηκε από τον Στέφανο Ρικούδη,
σύμφωνα με τις οδηγίες των συγγραφέων.

Ινστιτούτο Νεοελληνικών Σπουδών
(Ίδρυμα Μανόλη Τριανταφυλλίδη)
Αριστοτέλειο Πανεπιστήμιο Θεσσαλονίκης
541 24 Θεσσαλονίκη
Τηλ.: 2310.997.18, Fax: 2310.997.122
email: ins@phil.auth.gr

ISBN 978-960-231-037-3

ΠΡΟΛΟΓΟΣ

Η διδασκαλία της νέας ελληνικής σε αλλοδαπούς υποψήφιους φοιτητές άρχισε να γίνεται συστηματικά στο Σχολείο Νέας Ελληνικής Γλώσσας του Αριστοτελείου Πανεπιστημίου Θεσσαλονίκης από το 1970.

Το διδακτικό προσωπικό του Σχολείου συνάντησε πολλές δυσκολίες στην εκτέλεση του έργου του, και μια από τις κυριότερες ήταν η έλλειψη κατάλληλου διδακτικού βιβλίου που να προσφέρει μια ολοκληρωμένη μορφή της νέας ελληνικής.

Για να καλύψουν την έλλειψη αυτή οι διδάσκουσες ανέλαβαν να συγγράψουν μέθοδο διδασκαλίας της ελληνικής γλώσσας έχοντας την αμέριστη συμπαράσταση του τότε προέδρου του Διοικητικού Συμβουλίου του Ινστιτούτου Νεοελληνικών Σπουδών (Ιδρύματος Μανόλη Τριανταφυλλίδη), ακαδημαϊκού σήμερα και ομότιμου καθηγητή Αγαπητού Τσοπανάκη.

Το βιβλίο εκδόθηκε για πρώτη φορά τον Οκτώβριο του 1973 και από τότε ανατυπώθηκε είκοσι τρεις φορές και επανεκδόθηκε τέσσερις, με ουσιαστικές βελτιώσεις και αλλαγές. Στην τρίτη έκδοση προστέθηκε η μετάφραση του λεξιλογίου στα αγγλικά και στα ρωσικά.

Ευχαριστούμε θερμά τον πρόεδρο του Διοικητικού Συμβουλίου του Ινστιτούτου Νεοελληνικών Σπουδών καθηγητή Γ. Μ. Παράσογλου και τον διευθυντή του κ. Γιώργο Παπαναστασίου για την αμέριστη συμπαράστασή τους στην προετοιμασία της παρούσας έκδοσης.

Θεωρούμε υποχρέωσή μας να αναφερθούμε και στην ουσιαστική και πολύτιμη βοήθεια που είχαμε από τους αείμνηστους Βασίλειο Φόρη, διευθυντή, και Μαρία Βερτσώνη–Κοκόλη, συνεργάτιδα του Ινστιτούτου Νεοελληνικών Σπουδών.

Οι συγγραφείς

Θεσσαλονίκη, Ιανουάριος 2005

ΦΩΝΗΤΙΚΗ

ΓΡΑΜΜΑΤΑ ΚΑΙ ΦΘΟΓΓΟΙ

Το ελληνικό αλφάβητο (γράμματα)

Α	α	Η	η	Ν	ν	Τ	τ
Β	β	Θ	θ	Ξ	ξ	Υ	υ
Γ	γ	Ι	ι	Ο	ο	Φ	φ
Δ	δ	Κ	κ	Π	π	Χ	χ
Ε	ε	Λ	λ	Ρ	ρ	Ψ	ψ
Ζ	ζ	Μ	μ	Σ	σ, ς	Ω	ω

Φωνήεντα: (7): α, ε, η, ι, ο, υ, ω

Σύμφωνα: (17): β, γ, δ, ζ, θ, κ, λ, μ, ν, ξ, π, ρ, σ, τ, φ, χ, ψ

Φθόγγοι

Φωνήεντα: (5): [α], [ε], [ι], [ο], [ου]

Σύμφωνα: (24): [β], [γ], [γ'], [δ], [ζ], [θ], [κ], [κ'], [λ], [μ], [ν], [π], [ρ], [σ], [τ], [φ], [χ], [χ'], [μπ], [ντ], [γκ], [γκ'], [τσ], [τζ]

Πίνακας των συμφώνων

Κατά τα μέρη που σχηματίζονται	Κατά τη διάρκεια					
	Στιγμιαία		Εξακολουθητικά			
	Άηχα	Ηχηρά	Άηχα	Ηχηρά	Ρινικά	Υγρά
Χειλικά	π	μπ	φ	β	μ	
Οδοντικά	τ	ντ	θ	δ		
Διπλοδοντικά (συριστικά)	τσ	τζ	σ	ζ		
Λαρυγγικά	κ	γκ	χ	γ		
Γλωσσικά					ν	λ ρ

Δίφθογγοι

αϊ, αη, οη, οϊ

Καταχρηστικοί δίφθογγοι [ένα [ι] (η, υ, ει, οι) πριν από ένα άλλο φωνήεν ή δίψηφο].

ια, ιε, ιο, ιου, υα, εια, ειε, οιοι, ιω

Δίψηφα φωνήεντα

ου, αι, ει, οι, υι

Συνδυασμοί

αυ, ευ

Διπλά σύμφωνα   **Δίψηφα σύμφωνα**

ξ, ψ   τσ, τζ, μπ, ντ, γκ, γγ

ΑΝΤΙΣΤΟΙΧΙΑ ΦΘΟΓΓΩΝ ΚΑΙ ΓΡΑΜΜΑΤΩΝ

σύμφωνα :   [**μ**], [**ν**], [**λ**] , [**σ**]

φωνήεν   :   [**α**]

μα, μαμά, μάνα, νάμα, ανανάς, Άννα, λαλά, άλλα, αλλά, λάμα, μάλαμα, σαν, σας, σάλα

φωνήεν   :   [**ο**]

μόνο, μονός, νόμος, νομός, νονός, όλος, νονά, νάνος, άνω, ώμος, ωμός, μόλος, σόλα

φωνήεν   :   [**ε**]

ένα, ένας, μένω, νέμα, σέλα, μελό, έλα, λέω, λένε, λέμε, ναι, αίμα, λαιμός, μαία, αίμος, λαιμά

φωνήεν   :   [**ι**]

μία, νάνι, μαλλί, λίμα, ινώ, σάλι, μιλώ, μη, μήλο, μνήμα, νήμα, μήνας, νηνεμία, μύλος, λύνω, μένει, είμαι, εμείς, λέει, λείος, λειαίνω, ωμοί, λείοι, υιός

φωνήεν   :   [**ου**] (δίψηφο)

μου, νους, νουνού, νουνά, ώμου, αλλού, ούλο

σύμφωνο : [**β**]

βάνα, βάμμα, βάλε, ανάβω, βέβηλος, λαβή, βόλεμα, βλάβη, Βίβλος

σύμφωνο : [**γ**]

γάλα, γαλανός, λαγός, εγώ, μάγος, γωνία, γούνα

[**γ΄**] (ουρανικό) γ + [ε] ή [ι]

γελώ, γελοίος, γεννώ, γένια, γη, γίνομαι

σύμφωνο : [**δ**]

δαδί, Δαβίδ, δάνειο, δείλι, δηλαδή, δύο, δυναμώνω, δέμα, δόγμα, δόλος, Δούναβης, δούλος, δουλώνω

σύμφωνο : [**ζ**]

ζάλη, ζαλίζω, ζήλος, ζιζάνιο, ζουλώ, ζουμί, ζύγι, ζυγός, ζυγώνω, ζωή, ζώνη, ζώο, ζωολόγος

σύμφωνο : [**θ**]

θάλαμος, θαλαμηγός, θαμώνας, θεά, Θεανώ, θέλημα, μάθημα, μαθαίνω, θλίβω, θολώνω, θύμα, Θωμάς, Άθως

σύμφωνο : [**κ**]

Καβάλα, κάβος, κάδος, καζάνι, κάθε, καλάθι, κανείς, κλαίω, κόκαλο, κώνειο

[**κ΄**] (ουρανικό) κ + [ε] ή [ι]

κελαηδώ, κενός, και, κιμωλία, Κική, κοινός

σύμφωνο : [**π**]

παπί, παλάμη, παγώνι, παιδί, πεζός, πηγάδι, πηγή, πήδημα, πίνακας, πλέω, πλήθος, πόδι, πουλί, πουθενά

σύμφωνο : [**ρ**]

ραβδί, ραδίκι, ρεβίθι, ρεζίλι, ρεκόρ, ριπή, ρόδο, ρόκα, Ρώμη

σύμφωνο : [**τ**]

ταβάνι, τάβλα, ταμίας, τέλειος, τενόρος, τηλεβόας, τιμή, πλούτη, τμήμα, τόσος, τούρτα, τραγωδία

σύμφωνο :   [**φ**]

φάβα, φαγάνα, φαγώσιμο, φαινόμενο, φήμη, φτάνω, φθορά, φίλη, φλόγα, φόβος, φουσκώνω, φυλάγω

σύμφωνο :   [**χ**]

Χαβάη, χαλάζι, χαλί, χολή, χουζούρι, χούφτα, χρήμα, χρόνος, χώμα, χώρος

[**χ′**] (ουρανικό) χ + [ε] ή [ι]

χέλι, χέρι, μαχαίρι, τύχη, όχι, τρέχει

σύμφωνο :   [**μπ**] (δίψηφο)

μπακάλης, μπαλένα, μπάλωμα, μπίρα, μπήγω, μπόγος, μπουκέτο, μπουμπουνίζω, μπάρμπας, μπριζόλα

Το **μπ** προφέρεται [**mb**] στις λέξεις:

αμπέλι, λάμπα, κουμπί, θαμπός, κολυμπώ, κ.ά.

Επίσης το **μπ** προφέρεται [**μ**] + [**π**] στις λέξεις:

κομπανία, κομπρέσα, σύμπτωμα, κ.ά.

σύμφωνο :   [**ντ**] (δίψηφο)

ντάμα, νταντά, ντέρτι, ντέφι, ντιβάνι, ντομάτα, ντουζίνα, ντουλάπι, ντύνω, άντε, μπουντρούμι

Το **ντ** προφέρεται [**nd**] στις λέξεις:

πέντε, ποντίκι, πάντα, σύντομος, αντί, κ.ά.

Επίσης το **ντ** προφέρεται [**v**] + [**τ**] στις λέξεις:

κόντρα, μέντα, αντίκα, νταντέλα, κ.ά.

σύμφωνο :   [**γκ**] (δίψηφο)

γκάζι, γκαζόζα, γκαρσόν, γκολφ, γκρεμίζω

[**γκ′**] (ουρανικό) γκ, γγ + [ε] ή [ι]

γκέμι, Γκαίτε, γκι, γκίνια, κ.ά.

Το **γκ, γγ** προφέρεται [**ng**] ή [**ng′**] στις λέξεις:

αγκαλιά, αγκάθι, εγκαίνια, αγγελία, δίφθογγος, αγγείο, κ.ά.

Επίσης το **γκ** προφέρεται [**v**] + [**κ**] στις λέξεις:

ιγκόγνιτο, ελεγκτής, Φραγκφούρτη, άτεγκτος, κ.ά.

Το **γκ** προφέρεται [**vγ**] σε λόγιες λέξεις:

π.χ. συγγραφέας

σύμφωνο :   [**τσ**] (δίψηφο)

τσάι, τσακάλι, τσιμπίδι, τσίρος, τσουρέκι, τσουγκρίζω, κάτσε, έτσι

σύμφωνο :   [**τζ**]   (δίψηφο)

τζάκι, τζάμι, τζαμί, τζερεμές, τζίρος, τζιτζίκι, μπογιατζής, νεράντζι

Σημείωση: Εκτός από το γγ, συμπλέγματα όμοιων συμφώνων προφέρονται σαν ένα, π.χ. θάλασσα.

ΣΥΝΔΥΑΣΜΟΙ αυ, ευ

αυ [αβ]	**ευ [εβ]**	**αυ [αφ]**	**ευ [εφ]**
παύω	μαζεύω	αυθημερόν	ευθεία
αύριο	ζεύγος	Ναύπακτος	εύκολος
διαύγεια	εύγε	ναυπηγείο	εύπορος
αυλάκι	ευδιάθετος	ναύτης	Δευτέρα
αυγή	ευλογία	αυτί	ευχή
θαύμα	εύνοια	αυστηρός	γεύση
	Εύβοια		εύφορος

Προφέρονται [**αβ**], [**εβ**] όταν ακολουθεί φωνήεν ή: β, γ, δ, ζ, λ, μ, ν, ρ (ηχηρά).

Προφέρονται [**αφ**], [**εφ**] όταν ακολουθεί: κ, π, τ, χ, φ, θ, σ, ξ, ψ (άηχα).

ΔΙΦΘΟΓΓΟΙ

αι	αη	οη	οι
νεράιδα χαϊδεύω μαϊμού	αηδόνι	βόηθα	κορόιδο

ΚΑΤΑΧΡΗΣΤΙΚΟΙ ΔΙΦΘΟΓΓΟΙ

ια, ιε, ιο, ιου, υα, εια, ειε, οιοι, ιω

α) Το [**ι**] προφέρεται [**γ**΄] (ουρανικό) όταν προηγείται ηχηρό: μπ, β, δ, ζ, ρ.

β) Το [**ι**] προφέρεται [**χ**΄] (ουρανικό) όταν προηγείται άηχο: π, τ, φ, θ, σ.

γ) Το [ι] προφέρεται συνήθως [v] όταν προηγείται [μ].

δ) Το [ι] κάνει ουρανικό το προηγούμενο ν, λ, κ, γ, χ, γκ.

α) κάμπια   β) πιάνω   γ) μια   δ) νιάτα
   καράβια   ποιοι   μοιάζω   πανιά
   άδειες   μάτια   γέλια
   νάζια   καρφιού   κιόλας
   στεριά   ραφιών   γυαλί
                      θειάφι   χιόνι
                      σιάζω   αστροφεγγιά
                      βαθιά
                      να πιω

Παράβαλε: άδειες — άδειες

ΔΙΠΛΑ ΣΥΜΦΩΝΑ

ξ = [**κσ**]   **ψ** = [**πσ**]
ξανά   ψάθα
έξι   ψεγάδι
ξεκινώ   ψηλά
ξηλώνω   ψόγος
ξόανο   ψυχαγωγία
ξύλινος   αψίδα
έξω   ψωμί

αλλά   εκστρατεία   τσιπς

ΠΡΟΦΟΡΑ ΤΩΝ ΦΘΟΓΓΩΝ σ, ς, γ

Το **σ** μπροστά από τα ηχηρά σύμφωνα προφέρεται [ζ].

σμήνος	σβήνω	αλλά
σμάλτο	ασβέστης	σνίτσελ
σμέρνα	τρίσβαθο	σνομπ
σμίγω	τέχνασμα	ισλάμ
σγουρός	Ισραήλ	Γιουγκοσλαβία
δυσνόητος	πρόσληψη	

Επίσης το τελικό **ς** προφέρεται [ζ] μπροστά από όλα τα ηχηρά σύμφωνα.

πες μου	τις μέρες	τις λίμνες
τους βλέπω	τις μπογιές	τις νύχτες
τις δασκάλες	στους γάμους	τους ρόλους
στους δρόμους	τους γκρίζους	τις ντύνω

Το **γ** μπροστά από το **χ** προφέρεται [ν].

συγχωρώ	Αγχίαλος	σύγχρονος
συγχαρητήρια	εγχώριος	

ΤΟ ΤΕΛΙΚΟ ν

τον		τον αέρα
την	α, ε, η, ι, ο, υ, ω	την ημέρα
έναν	ου, αι, ει, οι, υι	έναν κήπο
δεν	κ, π, τ, μπ, ντ, γκ,	δεν μπορώ
μην	τσ, τζ, ξ, ψ	μην τσακώνεσαι
την	(στιγμιαία σύμφωνα)	την υιοθέτησε

τον → το		το γέρο
την → τη	β, γ, δ, φ, χ, θ,	τη βέργα
έναν → ένα	λ, μ, ν, ρ, σ, ζ	ένα φίλο
δεν → δε	(εξακολουθητικά	δε θέλω
μην → μη	σύμφωνα)	μη μιλάς
την → τη		τη βλέπω

| σαν
τον (αντων.) | } + | α, ε, η, ι, ο, υ, ω
κ, π, τ, μπ, ντ, γκ,
τσ, τζ, ξ, β, γ, δ,
φ, χ, θ, λ, μ, ν, ρ,
σ, ζ | σαν όνειρο
τον ορίζω
σαν πέτρα
τον περιορίζω
τον φέρνω
σαν θάλασσα |

Το τελικό **ν** με το ακόλουθο άηχο **π, τ, κ** προφέρονται αντίστοιχα [**mb**], [**nd**], [**ng**] (ηχηρά).

δεν πρόκειται   δεν τα βγάζω πέρα   τον κήπο
δεν παίρνω   τον Τάκη   δεν κάνει
τον πατέρα   τον καιρό μας

Το τελικό **ν** με το ακόλουθο άηχο **ψ**, **τσ**, **ξ** προφέρονται αντίστοιχα [**mbz**], [**ndz**], [**ngz**] (ηχηρά).

τον ψάχνω   μην τσακώνεσαι   τον ξένο
τον ψηλό   δεν τσαλακώνει   τον ξέρω
δεν ψωνίζω   τον τσάκωσα   στην ξέρα

ΤΟΝΙΣΜΟΣ

Στα νέα ελληνικά (από το 1982) υπάρχει μόνο ένα τονικό σημάδι, η ο-ξεία (π.χ. γράφω).

Τονικό σημάδι παίρνει κάθε λέξη που έχει δύο ή περισσότερες συλλα-βές (π.χ. από, καλημέρα).

Οι μονοσύλλαβες λέξεις δεν παίρνουν τονικό σημάδι (π.χ. ναι, μη) εκτός από τις ερωτηματικές **πού, πώς** και το διαζευκτικό **ή**.

Σημείωση: Λεπτομέρειες για το τονικό σύστημα θα βρείτε στα μαθήμα-τα: 1ο, 5ο, 6ο, 12ο, 17ο και 26ο.

ΠΡΩΤΟ ΜΑΘΗΜΑ

Έξω από την τάξη

Από πού είσαι;

Από την Ιταλία.

Α — Καλημέρα, με λένε Γιάννη.

Β — Γεια σου. Εγώ είμαι η Μαρία.

Α — Γεια σου, Μαρία. Από πού είσαι; Από την Ιταλία;

Β — Όχι, από την Ελλάδα.

Α — Από την Ελλάδα; Και τι κάνεις εδώ; Μαθαίνεις ελληνικά;

Β — Όχι, δε μαθαίνω ελληνικά. Είμαι η δασκάλα σας.

Α — Η δασκάλα μας; Πολύ ωραία! Τι ώρα αρχίζει το μάθημα;

Β — Σε λίγο. Κι αυτή εδώ είναι η τάξη μας.

Α — Α, να ο φίλος μου ο Κώστας. Να κι ο Μιχάλης.

Β — Λοιπόν παιδιά, πάμε μέσα τώρα το μάθημα αρχίζει.

σπουδαστής		δεν	
αυτός		ναι	
Ιταλία	με τόνο	μην	χωρίς τόνο
μαθαίνω		σε	
μάθημα		την	
δάσκαλος		τι	

[handwritten: Student (Hochschule)]

Είμαι	φοιτητής	;	Ναι, είσαι (είστε).	Όχι, δεν είσαι (είστε).
Είσαι (είστε)	φοιτήτρια		Ναι, είμαι.	Όχι, δεν είμαι.
Είναι	σπουδαστής		Ναι, είναι.	Όχι, δεν είναι.
	σπουδάστρια			
	καθηγητής			
	καθηγήτρια			
[handwritten: Schüler]	μαθητής			
	μαθήτρια			
	δάσκαλος			
	δασκάλα			
	άντρας			
	γυναίκα			

[handwritten: Student (Fachschule)]

Πού είναι	η δασκάλα	;	Είναι	στο σπίτι	.
	η βιβλιοθήκη			στο σχολείο	
	ο δάσκαλος			στο Πανεπιστήμιο	
	ο πίνακας				
	ο φοιτητής				

Πού είναι	το σπίτι	;	Είναι	εδώ	.
	το παιδί			εκεί	
	το σχολείο			έξω	
	το γράμμα				

	Να	ο Γιώργος	.
		η βιβλιοθήκη	
		το Πανεπιστήμιο	

Τι είναι αυτός;	Είναι	(ένας)	δάσκαλος	.
			φοιτητής	
			σπουδαστής	
			άντρας	

Τι είναι αυτή;	Είναι	(μια)	γυναίκα	.
			σπουδάστρια	
			δασκάλα	

Τι είναι αυτό;	Είναι	(ένα)	βιβλίο	.
			μολύβι	
			τετράδιο	
			γράμμα	
			κουτί	

Τι είναι αυτό;   Είναι

(ένας)	πίνακας
(μια)	καρέκλα
(μια)	βιβλιοθήκη
(μια)	γάτα
(ένα)	τραπέζι

.

Εγώ	(δεν) είμαι	εδώ.
Εσύ	είσαι	εκεί.
Ο Γιάννης (αυτός)	είναι	στο σχολείο.
Η Ελένη (αυτή)	είναι	στο σπίτι.
Το παιδί (αυτό)	είναι	στο Πανεπιστήμιο.
Εσύ και εγώ (εμείς)	είμαστε	
Εσύ κι αυτός (εσείς)	είστε	
Ο Κώστας και ο Γιάννης (αυτοί)	είναι	
Ο Κώστας και η Ελένη (αυτοί)	είναι	
Ο Κώστας και το αγόρι (αυτοί)	είναι	
Η Μαρία και η Ελένη (αυτές)	είναι	
Η Μαρία και το κορίτσι (αυτές)	είναι	
Η Μαρία και το παιδί (αυτοί)	είναι	
Το τραπέζι και η καρέκλα (αυτά)	είναι	

Πώς σε (σας) λένε;
Με λένε Γιώργο.

Πώς είσαι (είστε);   Πώς είναι η Ελένη;
Καλά, ευχαριστώ.   Είναι καλά.

Από πού | είσαι | ;   Είμαι από | τον | Καναδά | .
        | είστε | | τη | Συρία |
                                    | το | Βέλγιο |

(Εγώ) είμαι. Είμαι (εγώ); (Εγώ) δεν είμαι.

ο,	η,	το
ένας,	μία (μια),	ένα

Διαβάστε τους αριθμούς:					
0	1	2	3	4	5
μηδέν	ένα	δύο (δυο)	τρία	τέσσερα	πέντε
6	7	8		9	10
έξι	επτά (εφτά)	οκτώ (οχτώ)		εννέα (εννιά)	δέκα

ΑΣΚΗΣΕΙΣ

Α. Να συμπληρώσετε τα κενά με την κατάλληλη αντωνυμία.

Παράδειγμα: <u>Εγώ</u> είμαι φοιτητής.

1. .... είμαι από τη Γαλλία.
2. .... είμαστε στη βιβλιοθήκη.
3. .... είναι ο Γιάννης.
4. .... είστε ο Γιάννης και η Μαρία;
5. .... είναι το τετράδιο και το μολύβι.
6. .... δεν είναι η Μαρία, και .... δεν είναι η Ελένη.
7. .... είστε καθηγητής;
8. .... είναι ο Κώστας και ο Πέτρος.
9. .... είστε δάσκαλος;
10. .... δεν είναι τετράδιο, είναι βιβλίο.
11. Είναι .... η Μαρία και η Ελένη;
12. .... είμαστε από τη Γαλλία και .... είστε από την Ιταλία.

Β. Να αντικαταστήσετε με την κατάλληλη αντωνυμία τις λέξεις που είναι γραμμένες με έντονα γράμματα.

Παράδειγμα: **Ο Γιάννης** είναι μαθητής.
<u>Αυτός</u> είναι μαθητής.

1. **Η Μαρία** είναι σπουδάστρια.
2. **Ο Πέτρος** είναι άντρας.
3. **Η Ελένη** κι **εγώ** είμαστε εδώ.
4. **Το τετράδιο** είναι εκεί.

5. Είναι **ο Γιώργος** και **ο Πάνος** στο Πανεπιστήμιο;

6. **Ο Κώστας** κι **εσύ** δεν είστε από την Ιταλία.

7. **Το μολύβι** και **το βιβλίο** είναι εδώ.

8. **Η δασκάλα** και **η μαθήτρια** δεν είναι στο σχολείο. Είναι στο σπίτι.

9. **Η γυναίκα** και **το παιδί** είναι εδώ.

10. **Ο Αλέξης** και **η Άννα** δεν είναι εδώ.

11. **Η γυναίκα** και **το κορίτσι** είναι εκεί.

Γ. *Να βάλετε το σωστό άρθρο.*

ο, η, το — ένας, μια, ένα

Παράδειγμα: αγόρι — .το. αγόρι, ένα αγόρι

1. κουτί	6. βιβλιοθήκη
2. δάσκαλος	7. λεξιλόγιο
3. πίνακας	8. γυναίκα
4. δασκάλα	9. γράμμα
5. μαθητής	10. καθηγητής

Δ. *Να συμπληρώσετε τα κενά με το σωστό άρθρο:* **ο, η, το**

Παράδειγμα: .Η. Ελένη είναι σπουδάστρια.

1. .... Πέτρος είναι αγόρι.

2. .... τετράδιο είναι εδώ.

3. Πού είναι .... κουτί;

4. .... δάσκαλος είναι Έλληνας.

5. .... σπουδάστρια είναι από τη Γαλλία.

6. Να .... δασκάλα.

Ε. *Να συμπληρώσετε τα κενά.*

Παράδειγμα: Είναι από τον Καναδά;
— Ναι, είναι από τον Καναδά.

1. Είστε δάσκαλος; — Ναι, ...

2. Είστε καθηγητής; — Όχι, ...

3. Είναι η Μαρία φοιτήτρια; — Ναι, ...

4. Είστε στο Πανεπιστήμιο; – Όχι, ...

5. Είναι ο Γιάννης και η Ελένη στο σπίτι; – Ναι, ...

6. Είμαι σπουδάστρια; – Όχι, ...

7. Είμαστε στο σχολείο; – Ναι, ...

8. Είναι ο Κώστας καθηγητής; – Όχι, ...

ΣΤ. Να συμπληρώσετε τα κενά με το σωστό τύπο του ρήματος **είμαι.**

Παράδειγμα: Εγώ είμαι *η δασκάλα σας.*

1. Αυτός .... σπουδαστής.

2. Εμείς .... στο Πανεπιστήμιο.

3. Αυτοί .... στο σπίτι.

4. Η βιβλιοθήκη .... εδώ.

5. Η Μαρία και η Ελένη .... στο σχολείο.

6. Ο Κώστας και η Καίτη .... εκεί.

7. Εσείς .... καθηγητής.

8. Η Μαρίνα .... γυναίκα.

9. Εσείς κι εγώ .... στο Πανεπιστήμιο.

10. Εσύ .... φοιτητής;

Ζ. Να συμπληρώσετε τα κενά με μία από τις παρακάτω λέξεις:
τι, πού, πώς, από πού

Παράδειγμα: Τι *κάνεις;*

1. .... είναι αυτό; – Είναι βιβλίο.

2. .... είστε; – Είμαστε στο σπίτι.

3. .... σε λένε; – Με λένε Γιώργο.

4. .... είναι η Ελπίδα; – Είναι καλά.

5. .... είσαι; – Είμαι από την Ελλάδα.

Στη στάση

A – Συγνώμη, το λεωφορείο 17 πάει στο πανεπιστήμιο;

B – Όχι, το 17 δεν πάει, αλλά το 15 κάνει στάση ακριβώς μπροστά στη Φιλοσοφική σχολή.

A – Σας ευχαριστώ πολύ.

B – Παρακαλώ. Είστε ξένος;

A – Είμαι από την Ιταλία, αλλά η μητέρα μου είναι Ελληνίδα.

B – Είστε φοιτητής στο πανεπιστήμιο;

A – Όχι ακόμη. Τώρα μαθαίνω ελληνικά.

B – Μαθαίνουν πολλοί ξένοι ελληνικά;

A – Ναι, υπάρχουν πολλοί ξένοι σπουδαστές και σπουδάστριες στο Σχολείο Νέας Ελληνικής Γλώσσας.

B – Εσείς πόσον καιρό είστε στη Θεσσαλονίκη;

A – Είμαι εδώ είκοσι μέρες μόνο.

B – Και πού μένετε;

A – Εγώ και δύο φίλοι μου μένουμε στη Χαριλάου. Α, να το λεωφορείο 15. Χαίρετε και σας ευχαριστώ πολύ.

Ρήματα α' συζυγίας

Οριστική

Ενεστώτας

(Δεν) ξέρ-**ω** ξέρ-**εις** ξέρ-**ει** ξέρ-**ουμε** ξέρ-**ετε** ξέρ-**ουν**	ελληνικά. αγγλικά. γαλλικά. αραβικά. ισπανικά. κινέζικα. ρωσικά.	**-ω** **-εις** **-ει** **-ουμε** **-ετε** **-ουν**

– Ξέρεις το όνομά μου;
– Ναι, ξέρω το όνομά σου.
– Όχι, δεν ξέρω το όνομά σου.

Sing.

Τι κάνει | ο ξέν**ος** ;
ο γιατρ**ός**
ο οδηγ**ός**

Fahrer
Führer

ο φοιτητ**ής**
ο σπουδαστ**ής**
ο ελεγκτ**ής**

Kontrolleur
Schaffner

ο εισπράκτορ**ας**
ο ταμί**ας**
ο φύλακ**ας**

Wächter

Plural

Τι κάνουν | οι ξέν**οι** ;
οι γιατρ**οί**
οι οδηγ**οί**

οι φοιτητ**ές**
οι σπουδαστ**ές**
οι ελεγκτ**ές**

οι εισπράκτορ**ες**
οι ταμί**ες**
οι φύλακ**ες**

Πού είναι | η δασκάλ**α** ;
η γυναίκα
η φοιτήτρια

Bibliothek
Hof

η βιβλιοθήκ**η**
η αυλ**ή**

Πού είναι | οι δασκάλ**ες** ;
οι γυναίκες
οι φοιτήτριες

οι βιβλιοθήκες
οι αυλές

Το κουτ**ί** | είναι εδώ.
Το παιδ**ί**

Eintritts-
karte!
Fahrschein
P

Το περίπτερ**ο**
Το εισιτήρι**ο**
Το βουν**ό**

Το γράμ**μα**
Το δέ**μα**
Το πρόγραμ**μα**

Τα κουτ**ιά** | είναι εδώ.
Τα παιδ**ιά**

Τα περίπτερ**α**
Τα εισιτήρι**α**
Τα βουν**ά**

Τα γράμ**ματα**
Τα δέ**ματα**
Τα προγράμ**ματα**

Akzentverschiebung?

┌ unbest. Artikel

ένας	δάσκαλος	—	δάσκαλοι
ένας	μαθητής	—	μαθητές
ένας	εισπράκτορας	—	εισπράκτορες
μια	δασκάλα	—	δασκάλες
μια	αυλή	—	αυλές
ένα	κουτί	—	κουτιά
ένα	βιβλίο	—	βιβλία
ένα	δέμα	—	δέματα

Τι κάνεις;
> Διαβάζω
> Καλά, ευχαριστώ
> Κάνω βόλτα στην παραλία
> Κάνω μάθημα στο Πανεπιστήμιο

> Κάνω λάθος — *Fehler*
> Το λεωφορείο κάνει στάση

> Πόσο κάνει ένα κουτί τσιγάρα
> Πόσο κάνουν δύο κουτιά σπίρτα

> Υπάρχει ένας άνθρωπος έξω
> Υπάρχουν άνθρωποι έξω

Πού
> μένεις
> μένετε

> Μένω στην (οδό) Ευζώνων
> Η διεύθυνσή μου είναι Ευζώνων 20

└ Adresse

ο,	η,	το
οι,	οι,	τα

ένας	μία(μια),	ένα
—	—	—

Διαβάστε τους αριθμούς: *Zahlwörter bis 20*

11	12	13	14	15
ένδεκα	δώδεκα	δεκατρία	δεκατέσσερα	δεκαπέντε
(έντεκα)				

16	17	18	19	20
δεκαέξι	δεκαεπτά	δεκαοκτώ	δεκαεννέα	είκοσι
	(δεκαεφτά)	(δεκαοχτώ)	(δεκαεννιά)	

5.11.19

ΑΣΚΗΣΕΙΣ

Α. Να γράψετε στον πληθυντικό τις παρακάτω λέξεις:

Παράδειγμα: το σχολείο – τα σχολεία   ~~ohne Artikel~~

οι ο ταμίας – ες τα το τετράδιο – α   το δέμα – ματα τα ένας ξένος – οι
ένας οδηγός – οι ένα τραπέζι – ια   ένα γράμμα – ματα ο μαθητής – ες
μια γυναίκα – ες η βιβλιοθήκη – ες   το λεωφορείο – α ένας άνθρωπος – οι
                  οι   τα

Β. Να γράψετε στον πληθυντικό τις παρακάτω προτάσεις:

Παράδειγμα: Είμαι Ελληνίδα.
Είμαστε Ελληνίδες.

1. Ο σπουδαστής μαθαίνει ελληνικά.
2. Η δασκάλα κάνει μάθημα.
3. Υπάρχει εισπράκτορας στο λεωφορείο; ε τα   – α
4. Από πού είναι ο ξένος; οι   – οι
5. Είστε Έλληνας;
6. Το παιδί μένει εδώ; τα   – ια
7. Η καρέκλα είναι εδώ. οι – ες
8. Δεν ξέρω πού μένει.
9. Πού είναι το γράμμα; τα   – ματα
10. Η βιβλιοθήκη έχει βιβλία. οι – ες
                  έχουν   Verb

Γ. Να συμπληρώσετε τα κενά με το σωστό τύπο του ρήματος που είναι
στην παρένθεση.

Παράδειγμα: Είμαστε ξένοι φοιτητές. (είμαι)

1. Ο δάσκαλος .... το μάθημα. (διαβάζω)
2. Τα παιδιά .... στο σχολείο. (πηγαίνω)
3. Εμείς δεν .... ελληνικά. (ξέρω)
4. Ο σπουδαστής δε .... ακόμη καλά ελληνικά. (γράφω)
5. .... ένα λάθος εδώ. (υπάρχει)
6. Πού .... μάθημα; (έχω)
7. Πού .... στάση το λεωφορείο; (κάνω)
8. Ο Γιώργος και ο Γιάννης .... μαζί σου; (μένω)
9. .... η Μαρία στο Πανεπιστήμιο; (πηγαίνω)
10. Πόσο .... τα τσιγάρα; (κάνω)

ehmalige Imperativ → S. 13/14

ΤΡΙΤΟ ΜΑΘΗΜΑ

Στην τάξη

Pause

Α – Παιδιά, κλείστε τα βιβλία σας.

Β – Διάλειμμα, κύριε; *bald*   *Imperativ*   *Tafel*

Α – Διάλειμμα σε λίγο. Τώρα ώρα για ορθογραφία. Νίκο, έλα στον πίνακα

wieder και γράψε το ρήμα «είμαι». Εσείς, παιδιά, ανοίξτε τα τετράδιά σας και

γράψτε κι εσείς το «είμαι». Μαρία, Ελένη, ησυχία!   *Hefte*

Γ – Κύριε, δεν έχω μολύβι. *Bleistift*   *Ruhe*

Α – Πάλι, Χρίστο, χωρίς μολύβι είσαι; Ποιος έχει δύο μολύβια;

Δ – Εγώ, εγώ...   *Wer / Welcher*

Α – Χρίστο, πάρε ένα μολύβι από την Κατερίνα. Είστε έτοιμοι; Αρχίστε να   *=/notallti*

γράφετε. *Imperativ*   *fertig*

Συνέχισε, Γιάννη.	**, το κόμμα**
Πάω βόλτα.	**. η τελεία**
Πώς σε λένε;	**; το ερωτηματικό**
— Πώς είσαι;	
— Καλά, ευχαριστώ.	**— η παύλα**
— Ναι, υπάρχει· είναι το 15.	**· η άνω τελεία. —** *Symikolon*

Ο πίνακας	είναι εδώ.	Βλέπω	τον	πίνακα	.
Ο φύλακας			το	φύλακα	
Ο μαθητής			το	μαθητή	
Ο φοιτητής			το	φοιτητή	
Ο δάσκαλος			το	δάσκαλο	
Ο γιατρός			το	γιατρό	

Η δασκάλα	είναι εδώ.	Βλέπω	τη	δασκάλα	.
Η πόρτα			την	πόρτα	
Η βιβλιοθήκη			τη	βιβλιοθήκη	
Η αυλή			την	αυλή	

Το κουτί	είναι εδώ.	Βλέπω	το	κουτί	.
Το παράθυρο			το	παράθυρο	
Το γράμμα			το	γράμμα	

Δες
τον πίνακα
το φύλακα
το μαθητή
το φοιτητή
το δάσκαλο
το γιατρό
.

Δες
τη	δασκάλα
την	πόρτα
τη	βιβλιοθήκη
την	αυλή
.

Δες
το	κουτί
το	παράθυρο
το	γράμμα
.

Πηγαίνω
στον	κήπο
στον	κινηματογράφο
στη	Φιλοσοφική Σχολή
στο	σχολείο
.

Η εικόνα είναι
στον	τοίχο
στην	τάξη
στο	τραπέζι
.

σε	+	το (ν)	⟶	στο (ν)
σε	+	τη (ν)	⟶	στη (ν)
σε	+	το	⟶	στο

(ο πατέρας)	Πατέρα	, τι διαβάζεις;
(ο Γιάννης)	Γιάννη	
(ο Κώστας)	Κώστα	
(ο φίλος)	Φίλε	
(ο γιατρός)	Γιατρέ	
(ο Απόστολος)	Απόστολε	
(ο Θόδωρος)	Θόδωρε	
(ο Γιώργος)	Γιώργο	
(ο Πέτρος)	Πέτρο	
(ο Νίκος)	Νίκο	
(η μητέρα)	Μητέρα	
(η Μαρία)	Μαρία	
(η Ελένη)	Ελένη	
(το παιδί)	Παιδί μου	
(το αγόρι)	Αγόρι μου	
(το κορίτσι)	Κορίτσι μου	

Καλημέρα σας,

κύριοι
κυρίες
δεσποινίδες
παιδιά
φίλοι μου
φίλες μου
κορίτσια

Γιάννη,

πες
άρχισε
συνέχισε
μάθε
γράψε
διάβασε

το μάθημα.

Γιάννη, Πέτρο,

πείτε (πέστε)
αρχίστε
συνεχίστε
μάθετε
γράψτε
διαβάστε

το μάθημα.

Imperativ

ausschalten Licht

Ελένη, σβήσε / άναψε το φως.

δες / κοίταξε (κοίτα) τη φωτογραφία.

Ελένη, Μαρία, σβήστε / ανάψτε το φως.

δείτε (δέστε) / κοιτάξτε τη φωτογραφία.

Αντρέα, δώσε / πάρε / δείξε την μπάλα. — *zeigen*

Αντρέα, Χρίστο, δώστε / πάρτε / δείξτε την μπάλα.

Παιδί μου, κλείσε / άνοιξε τη βρύση.

Παιδιά, κλείστε / ανοίξτε τη βρύση.

Διαβάστε τους αριθμούς:

21	22	23	24	30
είκοσι ένα	είκοσι δύο	είκοσι τρία	είκοσι τέσσερα	τριάντα

40	50	60	70	80	90	100
σαράντα	πενήντα	εξήντα	εβδομήντα	ογδόντα	ενενήντα	εκατό

ΑΣΚΗΣΕΙΣ

Lösung S. 300

A. *Να συμπληρώσετε τα κενά με το σωστό τύπο των ουσιαστικών που είναι στην παρένθεση.*

    Παράδειγμα: Η μητέρα ανοίγει την πόρτα. (η πόρτα) *Akkusativ*

1. Τα παιδιά βλέπουν .... (ο πίνακας)
2. Ανοίξτε .... (η πόρτα) *Akk.*
3. .... είναι δάσκαλος. (ο πατέρας) *Nom.*
4. Ο μαθητής γράφει .... (η άσκηση)
5. Ο ελεγκτής βλέπει .... (το εισιτήριο) *bleibt Akk.*
6. Πού πηγαίνετε, ...; – Τσιμισκή 10. (ο κύριος) *Vokativ*
7. Υπάρχουν είκοσι .... στην τάξη. (ο μαθητής) *Nom + Plural*
8. Τι βλέπεις σε ...., Κώστα; – Βλέπω .... και ....
   του σε .... (η φωτογραφία, ο Πέτρος, το κορίτσι, η παραλία)
9. .... και ...., χαίρετε! (η κυρία, ο κύριος)
10. Να .... μου .... (η φίλη, η Λουκία) *Nom*
11. Τα παιδιά μαθαίνουν .... απ' έξω. (ο διάλογος)
12. ...., σβήσε ...., σε παρακαλώ. (ο Θόδωρος, η
    τηλεόραση) *ausmachen*
13. Τι ώρα έχουν μάθημα ....; – Σε λίγο. (το παιδί)
14. Πού είναι ...., Γιώργο; – Στο τραπέζι. (η εφημερίδα)
15. Δεν ξέρω .... από αυτήν τη λέξη. (ο πληθυντικός)
    dieses Wortes = Plural Genetiv

B. *Να συμπληρώσετε τα κενά με τις λέξεις:* **στο(ν), στη(ν), στο**

    Παράδειγμα: Υπάρχουν φρούτα στα δέντρα *Obst (Sing.)*

1. Η κυρία περιμένει .... στάση.
2. Η φωτογραφία είναι .... τοίχο.
3. Πηγαίνω .... κινηματογράφο τώρα.
4. Η μπάλα είναι .... αυλή. *Hof*
5. Ο μαθητής λέει το μάθημα .... καθηγητή.
6. Μαθαίνω τα ελληνικά .... Ελλάδα.
7. Γράφω γράμμα .... μητέρα μου.
8. Μένω κοντά .... Πανεπιστήμιο.
9. Πού πας, Γιάννη; – .... περίπτερο για εφημερίδα.
10. Πέτρο, έλα .... πίνακα.

tríto máthima

Γ. Να συμπληρώσετε τα κενά με το σωστό τύπο των ρημάτων που είναι στην παρένθεση.

Παράδειγμα: Ελένη, γράψε ένα γράμμα. Τι κάνεις;
— Γράφω ένα γράμμα. (γράφω)

Fenster

1. Γιάννη, ... το παράθυρο. Τι κάνεις;
— .... το παράθυρο. (ανοίγω)

2. Γιάννη, Πέτρο, ... τα παράθυρα. Τι κάνετε;
— .... τα παράθυρα. (ανοίγω)

3. Κατερίνα, ... τη βρύση. Τι κάνεις;
— .... τη βρύση. (κλείνω)

4. Κατερίνα, Μαρία, ... τις βρύσες. Τι κάνετε;
— .... τις βρύσες. (κλείνω)

5. Παιδί μου, ... την τηλεόραση. Τι κάνεις;
— .... την τηλεόραση. (ανάβω)

6. Παιδιά μου, ... την τηλεόραση. Τι κάνετε;
— .... την τηλεόραση. (ανάβω)

7. Φίλε μου, ... το μολύβι. Τι κάνεις;
— .... το μολύβι. (παίρνω)

8. Φίλοι μου, ... τα μολύβια. Τι κάνετε;
— .... τα μολύβια. (παίρνω)

Ιδιωτισμοί - Εκφράσεις

Μαθαίνω το μάθημα απ' έξω. *auswendig*
Μαθαίνω το διάλογο απ' έξω. *lernen*
lesen — Διαβάζω από την αρχή. *von vorne*
lernen Διαβάζω παρακάτω. *von Anfang an* *weiterlesen*
Τι θα πει αυτή η λέξη;
Τι σημαίνει αυτή η λέξη; *Was bedeutet dieses Wort*

Η οικογένεια = *Familie*

ο κουνιάδος

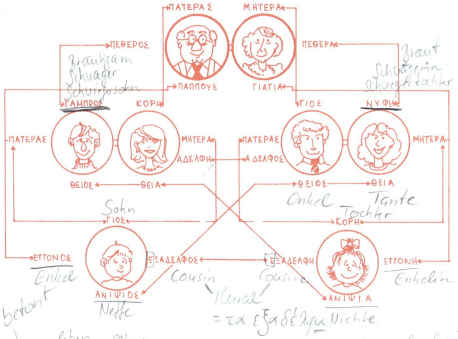

A — Πού ζουν οι γονείς σου, Γιώργο; Έχεις αδέλφια;

B — Οι γονείς μου ζουν στο Βόλο, και έχω τέσσερα αδέλφια· δύο αδελφούς και δύο αδελφές. Εσύ;

A — Εμείς δεν είμαστε μεγάλη οικογένεια. Έχω μόνο μία αδελφή.

B — Μένετε με τους γονείς σας;

A — Ναι, μένουμε μαζί.

B — Εμείς όμως δε μένουμε μαζί, γιατί όλα τα αδέλφια μου είναι παντρεμένα κι εγώ σπουδάζω.

A — Βλέπεις συχνά τους γονείς σου και τα αδέλφια σου;

B — Ναι, πηγαίνω συχνά στους γονείς μου και στους αδελφούς μου, αλλά όχι και στις αδελφές μου, γιατί μένουν πολύ μακριά.

A — Γράφεις συχνά στις αδελφές σου;

B — Όχι, αλλά παίρνω κάθε βδομάδα τηλέφωνο.

Διαβάζω **με** | το φίλο μου ·   Γράφω **με** | το μολύβι ·
τη φίλη μου
τους φίλους μου
        τα μολύβια

nask

Φωνάζω | τον αδελφό   μου. Φωνάζουμε | τους αδελφ**ούς** μας.
rufen

τον αδελφό	μου. Φωνάζουμε	τους αδελφ**ούς**	μας.
το θείο		τους θε**ίους**	
τον εξάδελφό		τους εξαδέλφ**ους**	
τον ανιψιό		τους ανιψι**ούς**	
τον πατέρα		τους πατέρες	
το μαθητή		τους μαθητές	

Κοιτάζω | την αδελφή | μου. Κοιτάζουμε | τις αδελφές | μας.

την αδελφή	μου. Κοιτάζουμε	τις αδελφές	μας.
τη θεία		τις θείες	
την εξαδέλφη		τις εξαδέλφες	
την ανιψιά		τις ανιψιές	
τη μητέρα		τις μητέρες	
τη μαθήτρια		τις μαθήτριές	

Fem

Ο Γιάννης βλέπει | το <u>δέ**μα**</u> ·   Ο Γιάννης βλέπει | τα δέ**ματα** ·

Paket

το <u>δέ**μα**</u>	·	τα δέ**ματα**	·
το βιβλίο		τα βιβλί**α**	
το μολύβι		τα μολύβ**ια**	
το τετράδιο		τα τετράδια	

social

Ο Νίκος στέλνει γράμμα | στους αδελφούς του.   *Präposition + Artikel*

στους αδελφούς	του.	**σε+τους → στους**
στους θείους		**σε+τις → στις**
στις θείες		**σε+τα → στα**
στις φίλες	
στα παιδιά	

Πού πηγαίνεις (πας); | πηγαίνω (πάω) στο σχολείο.

πηγαίνω	(πάω)	στο σχολείο.
πηγαίνεις	(πας)	στο μάθημα.
πηγαίνει	(πάει)	στον κινηματογράφο.
πηγαίνουμε	(πάμε)	στην εκκλησία.
πηγαίνετε	(πάτε)	στην πατρίδα μου.
πηγαίνουν	(πάνε)	

ΑΣΚΗΣΕΙΣ

A. *Να συμπληρώσετε τα κενά με το σωστό τύπο των ουσιαστικών που είναι στην παρένθεση.*

Παράδειγμα: Γεια σου, Αντώνη. (ο Αντώνης)

1. .... μου έχει δύο παιδιά. (η αδελφή)
2. Το Πανεπιστήμιο έχει .... και .... (ο καθηγητής, η καθηγήτρια) *schauen*
3. Το παιδί κοιτάζει .... του. (η μητέρα)
4. Μένω εδώ με .... μου. (η θεία) *Heimat*
5. Έχεις γράμμα από .... σου. (η πατρίδα)
6. Πηγαίνω σε .... (η Φιλοσοφική Σχολή) *Garten*
7. Ο πατέρας είναι με .... του στον κήπο. (ο ανιψιός)
8. ...., πού είναι τα αδέλφια μου; – Έξω σε .... (ο θείος, η αυλή) *Hof*
9. Πηγαίνει στο σχολείο με .... (το λεωφορείο)
10. Τι ώρα έχουν μάθημα ....; – Σε λίγο. (το παιδί)
11. Βλέπουμε .... και .... (οι δάσκαλοι, οι δασκάλες)
12. Είμαι στο σπίτι με .... μου. (ο αδελφός)
13. Πάω συχνά βόλτα με .... και .... μου. (ο ανιψιός, η ανιψιά)
14. Ξέρεις αυτή ....; – Όχι, τι σημαίνει; (η έκφραση)
15. Υπάρχουν .... στη στάση. (ο άνθρωπος)
16. Φωνάζω .... (η Μαρία)
17. Ανοίγω τα παράθυρα και .... (η πόρτα) *finster*
18. Είμαι στο Πανεπιστήμιο με .... μου. (η φίλη)
19. ...., τι ώρα είναι, σε παρακαλώ; – 2:00. (ο Θόδωρος)
20. Γράφω δύο .... κάθε μέρα. (το γράμμα)

B. *Να συμπληρώσετε τα κενά με τις λέξεις:* **στο(ν), στους, στη(ν), στις, στο, στα**

Παράδειγμα: Τι γράφει η μητέρα σου στο γράμμα;

1. Υπάρχουν βιβλία .... βιβλιοθήκες.
2. Πηγαίνετε .... σχολείο κάθε μέρα;
3. Υπάρχουν πολλά αυτοκίνητα .... δρόμους.

4. Τα παιδιά παίζουν .... <u>κήπους</u> και .... αυλές.

5. Έχω μόνο 5 ευρώ .... τσέπη μου.

6. Πέτρο, είναι τα τσιγάρα μου .... τραπέζι; – Όχι, δεν είναι.

7. Μαθαίνω ελληνικά .... Θεσσαλονίκη.

8. Γιατί δε γράφετε όνομα .... τετράδιά σας;

9. Έχει εικόνες από την πατρίδα του .... <u>τοίχους</u>.

10. Γράψε την άσκηση .... πίνακα.

Ιδιωτισμοί - Εκφράσεις

Τι τον έχεις τον Πέτρο;   – Είναι πρώτος μου ξάδελφος.

– Τον έχω πρώτο ξάδελφο.

– Είμαστε ξαδέλφια.

– Δεν τον έχω τίποτα. Είμαστε συμμαθητές.

ΠΕΜΠΤΟ ΜΑΘΗΜΑ

Στο ταχυδρομείο *Post*

Dieses *Gebäude da ist die Post* ┌ S.153

Eκείνο το κτίριο είναι το ταχυδρομείο. <u>Πολλοί</u> άνθρωποι πηγαίνουν εκεί κάθε μέρα. Αγοράζουν γραμματόσημα και <u>στέλνουν</u> γράμματα ή κάρτες, *schicken* δέματα και επιταγές σ' όλο τον κόσμο. *(ein-)* *Pakete* *Schecks* *Werth*

Στο ταχυδρομείο υπάρχουν μεγάλα γραμματοκιβώτια. Εκεί ρίχνουμε τα *Inland* *Ausland* γράμματα για το εσωτερικό και το εξωτερικό. Το ταχυδρομείο είναι ανοιχτό όλη την εβδομάδα, <u>εκτός</u> από το Σάββατο και την Κυριακή. *mit Ausnahme!*

Α — Ορίστε, τι θέλετε, κύριε;

Β — Θέλω φακέλους και γραμματόσημα. *Briefumschlag/ Akte/ Ordner*

Α — Πόσους φακέλους θέλετε;

Β — Όχι πολλούς, μόνο τρεις και τρία γραμματόσημα για την Ιταλία. Έχετε κάρτες; *→ höfliches ja*

Α — <u>Μάλιστα</u>, εκεί είναι.

Β — Ποιο είναι αυτό το <u>μέρος</u>; *Ort [WC]*

A — Η Ρόδος.

B — Και εκείνο;

A — Η Θεσσαλονίκη. Ποιες κάρτες θέλετε;

B — Αυτές τις τέσσερις.

A — Ορίστε.

B — Πόσο κάνουν;

A — Πέντε ευρώ.

B — Δεν έχω ψιλά. Έχετε να μου χαλάσετε πενήντα ευρώ;

A — Βεβαίως. Ορίστε τα ρέστα σας.

πού	**Πού** μένεις;	που	Αυτό **που** λες δεν είναι σωστό.
πώς	**Πώς** είσαι;	πως	Λέει **πως** έχει δουλειά στις 7:00.
ή	Θέλεις καφέ **ή** τσάι;	η	Είναι ανοιχτή **η** βιβλιοθήκη;

Πολλοί άνθρωποι αγοράζουν γραμματόσημα.
Πολλές φίλες μου πηγαίνουν στο Πανεπιστήμιο.
Πολλά λεωφορεία κάνουν στάση εδώ.

Έχω **πολλούς** φίλους.
Το βιβλίο έχει **πολλές** εικόνες.
Διαβάζω **πολλά** βιβλία.

Στο σπίτι μας μένει μόνο **ένας** φοιτητής.
Μόνο **μια** φοιτήτρια μένει εδώ.
Μόνο **ένα** κορίτσι είναι στην τάξη.

Έχω **έναν** αδελφό.
Στο σπίτι μας έχουμε **μια** γάτα και **ένα** σκύλο.
Θέλω **ένα** αεροπορικό εισιτήριο για Αθήνα.

Τρεις φοιτητές μένουν σ' αυτό το σπίτι.
Υπάρχουν **τρεις** καρέκλες κοντά στο παράθυρο.
Μόνο **τρία** παιδιά είναι εδώ τώρα.

Βλέπω στην εικόνα **τρεις** μαθητές.
Τα λεωφορεία έχουν **τρεις** πόρτες.
Η αδελφή μου έχει **τρία** παιδιά.

Στην τάξη μας υπάρχουν **τέσσερις** ξένοι φοιτητές.
Και οι **τέσσερις** αδελφές μου είναι μαθήτριες.
Υπάρχουν **τέσσερα** παράθυρα στην τάξη μας.

Θέλω **τέσσερις** αεροπορικούς φακέλους.
Έχουμε **τέσσερις** ώρες μάθημα κάθε μέρα.
Το δωμάτιο έχει **τέσσερα** παράθυρα.

Υπάρχουν
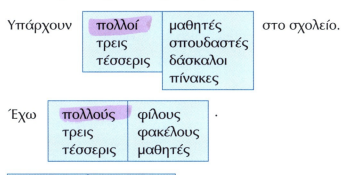

πολλοί	μαθητές	στο σχολείο.
τρεις	σπουδαστές	
τέσσερις	δάσκαλοι	
	πίνακες	

Έχω

πολλούς	φίλους	.
τρεις	φακέλους	
τέσσερις	μαθητές	

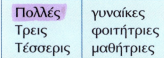

Πολλές	γυναίκες	πηγαίνουν στο ταχυδρομείο.
Τρεις	φοιτήτριες	
Τέσσερις	μαθήτριες	

Έχω

πολλά	βιβλία	.
τρία	παιδιά	
τέσσερα	τετράδια	

Ένας

μαθητής	είναι στην τάξη.
δάσκαλος	
άντρας	

Βλέπω

ένα μαθητή	.
ένα δάσκαλο	
έναν άντρα	

Υπάρχει μια
Βλέπω

καρέκλα	στο δωμάτιο.
εικόνα	
βιβλιοθήκη	

Υπάρχει ένα
Βλέπω

γραμματόσημο	.
μολύβι	
τετράδιο	

Στην τάξη μας είναι

δύο	μαθητές	.
είκοσι πέντε	φοιτήτριες	
σαράντα έξι	παιδιά	
εβδομήντα εφτά		
ογδόντα οχτώ		
εκατό		

Αυτός ο κύριος είναι δάσκαλος. **Αυτός** είναι δάσκαλος.

Ξέρεις **αυτό τον** κύριο; – Ναι, είναι ο Γιώργος.

Αυτή η κυρία είναι ξένη. **Αυτή** είναι ξένη.

Δες **αυτή την** κυρία.

Αυτό το παιδί διαβάζει πολύ.

Άνοιξε **αυτό το** παράθυρο, παρακαλώ.

Αυτοί οι ξένοι ξέρουν ελληνικά. **Αυτοί** ξέρουν ελληνικά.

Βλέπεις **αυτούς τους** τρεις ξένους; Μαθαίνουν ελληνικά.

Αυτές οι φοιτήτριες γράφουν το μάθημα. **Αυτές** γράφουν το μάθημα.

Θέλουμε **αυτές τις** κάρτες.

Αυτά τα δυο παιδιά διαβάζουν πολύ.

Ανοίξτε **αυτά τα** βιβλία.

Εκείνος ο άντρας είναι από τη Γαλλία. **Εκείνος** είναι από τη Γαλλία.

Βλέπεις **εκείνο τον** άντρα; Είναι ξένος.

Εκείνη η μαθήτρια ξέρει το μάθημα πολύ καλά. **Εκείνη** ξέρει το μάθημα πολύ καλά.

Κοίταξε **εκείνη την** εικόνα.

Πού πάει **εκείνο το** λεωφορείο; – Στην Καλαμαριά.

Θέλω **εκείνο το** βιβλίο.

Εκείνοι οι ξένοι ξέρουν ελληνικά. **Εκείνοι** ξέρουν ελληνικά.

Βλέπεις **εκείνους τους** ανθρώπους; Μένουν εδώ κοντά.

Εκείνες οι γυναίκες αγοράζουν εφημερίδες. **Εκείνες** αγοράζουν εφημερίδες.

Βλέπεις **εκείνες τις** κυρίες στη στάση; Είναι θείες μου.

Εκείνα τα παιδιά δε διαβάζουν πολύ.

Θέλω **εκείνα τα** γραμματόσημα.

Αυτός είναι μαθητής, όμως **εκείνος** είναι δάσκαλος.

Ξέρω **αυτήν τη** φοιτήτρια, αλλά δεν ξέρω **εκείνη.**

Αυτό το παιδί διαβάζει πολύ, **εκείνο** όμως όχι.

Αυτές οι φοιτήτριες είναι από την Ελλάδα, όμως **εκείνες** είναι από την Ιταλία.

Θέλω **εκείνους τους** φακέλους· δε θέλω **αυτούς.**

Ποιος θέλει καφέ;	Αυτός ο κύριος.
Ποιον βλέπεις στο σχολείο;	Βλέπω τον Κώστα στο σχολείο.
Ποια είναι εκείνη η φοιτήτρια;	Εκείνη η φοιτήτρια είναι η Καίτη.
Ποια κάρτα θέλετε;	Θέλω εκείνη την κάρτα.
Ποιο παιδί ξέρει αγγλικά;	Ο Βασίλης ξέρει αγγλικά.

Ποιο μάθημα γράφει η Άννα;   Η Άννα γράφει το πρώτο μάθημα.
Ποιοι μαθαίνουν ελληνικά;   Αυτοί μαθαίνουν ελληνικά.
Ποιους φοιτητές ξέρετε;   Ξέρω εκείνους τους δύο.
Ποιες είναι αυτές οι κυρίες;   Αυτές οι κυρίες είναι η κυρία Παπά
                                   και η κυρία Ραζή.

Ποιες εφημερίδες θέλετε;   Θέλω εκείνες τις εφημερίδες.
Ποια είναι εκείνα τα παιδιά;   Εκείνα τα παιδιά είναι ο Πέτρος και
                                   ο Παύλος.

Ποια μαθήματα διαβάζεις;   Διαβάζω το πρώτο και το δεύτερο
                                   μάθημα.

Πόσοι άνθρωποι είναι εκεί;   Είναι πολλοί άνθρωποι.
Πόσους φοιτητές ξέρεις;   Ξέρω πολλούς φοιτητές.
Πόσες γυναίκες μένουν εδώ;   Μένουν τρεις γυναίκες εδώ.
Πόσες καρέκλες έχει η τάξη;   Έχει δεκατέσσερις.
Πόσα φύλλα έχει το τετράδιο;   Έχει σαράντα φύλλα.
Πόσα θρανία έχει η τάξη;   Η τάξη έχει δεκατρία θρανία.

| Αυτός Εκείνος | ο μαθητής ο φοιτητής ο καθηγητής ο δάσκαλος | είναι ξένος. | Αυτοί Εκείνοι | οι μαθητές οι φοιτητές οι καθηγητές οι δάσκαλοι | είναι ξένοι. |

| Ξέρω αυτό(ν) εκείνο(ν) | το μαθητή τον κύριο το δρόμο | . | Ξέρω αυτούς εκείνους | τους μαθητές τους κυρίους τους δρόμους | . |

| Ποιος είναι αυτός εκείνος | ο κύριος ο άνθρωπος ο δρόμος | ; | Ποιοι είναι αυτοί εκείνοι | οι κύριοι οι άνθρωποι οι δρόμοι | ; |

| Ποιο(ν) | κύριο μαθητή φάκελο | θέλετε; | Ποιους | κυρίους μαθητές φακέλους | θέλετε; |

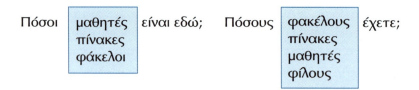

Πόσοι | μαθητές | είναι εδώ;   Πόσους | φακέλους | έχετε;
       | πίνακες | | πίνακες |
       | φάκελοι | | μαθητές |
       | | | φίλους |

ακούω
ακούς   μουσική.
ακούει   το δάσκαλο.
ακούμε   το κουδούνι. = *Klingel (Haustür)*
ακούτε   την καμπάνα. = *Kirchen-/Schul- glocke*
ακούν(ε)

ΑΣΚΗΣΕΙΣ

A. Να συμπληρώσετε τα κενά με μία από τις παρακάτω λέξεις:
πολλοί, πολλούς, πολλές, πολλά

   Παράδειγμα: Δεν έχω <u>πολλούς</u> φίλους.

1. Γιατί αγοράζεις .... φακέλους; – Γιατί γράφω ....
   γράμματα.
2. Το σπίτι μας δεν έχει .... δωμάτια.
3. Μαθαίνουν .... ξένοι φοιτητές ελληνικά; – Ναι, ...
4. Δεν είμαι εδώ .... μέρες.
5. Το Πανεπιστήμιο έχει .... καθηγητές.
6. .... φοιτήτριες μένουν σ' αυτό το σπίτι.

B. Να συμπληρώσετε τα κενά με το σωστό τύπο των αριθμών που είναι
   στην παρένθεση.

   Παράδειγμα: Το σπίτι έχει <u>μία</u> πόρτα (1).

1. Θέλω .... φάκελο. (1)
2. Ο Γιάννης αγοράζει .... κάρτες. (3)
3. Το βιβλίο έχει μόνο .... εικόνες. (4)
4. .... παιδιά περιμένουν στη στάση. (3)
5. Υπάρχει .... πίνακας στην τάξη. (1)

6. Και οι .... φίλοι μου μαθαίνουν αγγλικά. (4)

7. Κοιτάζω .... βιβλίο με εικόνες. (1)

8. Οι .... αδελφοί μου είναι στο σπίτι. (3)

9. .... μόνο μαθήτρια είναι στην τάξη και γράφει. (1)

10. Η Ελένη έχει .... παιδιά, ... κορίτσια και ....
    αγόρι. (4, 3, 1)

Γ. Να γράψετε στον πληθυντικό τις παρακάτω προτάσεις: *in Plural?*

Παράδειγμα: Αυτό το παιδί διαβάζει πολύ.
Αυτά τα παιδιά διαβάζουν πολύ.

1. Αυτός ξέρει καλά ελληνικά.

2. Ξέρω αυτό τον κύριο.

3. Άνοιξε το παράθυρο.

4. Αυτή είναι Ελληνίδα, όμως εκείνη είναι Γαλλίδα.

5. Βλέπεις αυτή την καρέκλα;

Δ. Να συμπληρώσετε τα κενά με το σωστό τύπο της αντωνυμίας:
   αυτός ο, αυτή η, αυτό το

Παράδειγμα: Αυτός ο μαθητής είναι ξένος.

1. Θέλουμε .... βιβλία.

2. Βλέπεις .... κυρίους; Είναι Γάλλοι.

3. .... καθηγητής διδάσκει στη Φιλοσοφική Σχολή.

4. Γνωρίζετε .... φοιτήτριες; – Όχι, ποιες είναι;

5. Δες .... γυναίκα.

Ε. Να συμπληρώσετε τα κενά με το σωστό τύπο της αντωνυμίας:
   εκείνος ο, εκείνη η, εκείνο το

Παράδειγμα: Εκείνη η γυναίκα αγοράζει γαλλικές εφημερίδες.

1. .... φοιτήτρια μένει εδώ κοντά.

2. Βλέπεις .... ανθρώπους στο δρόμο; Πάνε στο γήπεδο.

3. Βλέπουν .... εικόνες.

4. Πόσο κάνουν .... αμερικάνικα τσιγάρα; – Τρία ευρώ.

5. Πού είναι .... φάκελος από την Αμερική; – Δεν ξέρω.

ΣΤ. Να συμπληρώσετε τα κενά με το σωστό τύπο της αντωνυμίας:
ποιος, ποια, ποιο

> *Παράδειγμα:* Ποιος μαθαίνει ελληνικά; – Ο αδελφός μου.

1. .... κύριο θέλετε;
2. .... ασκήσεις ξέρετε;
3. .... βιβλία διαβάζεις;
4. .... καθηγητές έχεις στο Πανεπιστήμιο;
5. .... εφημερίδα αγοράζετε;

Ζ. Να συμπληρώσετε τα κενά με το σωστό τύπο της αντωνυμίας:
πόσοι, πόσες, πόσα

> *Παράδειγμα:* Πόσοι μαθητές είναι εδώ; – Πολλοί.

1. .... κασέτες με ελληνική μουσική έχεις; – Οκτώ.
2. .... πίνακες έχει η τάξη; – Έναν.
3. .... ώρες έχεις μάθημα κάθε μέρα; – Τέσσερις.
4. .... λεπτά έχει ένα ευρώ; – Εκατό.
5. Παιδιά, ... έχετε το διαβατήριο μαζί σας; – Όλοι.

Ιδιωτισμοί - Εκφράσεις

Το ελληνικό νόμισμα είναι το ευρώ.

Κέρματα	Χαρτονομίσματα	
1 λεπτό	5 €	τάλιρο
2 λεπτά	10 €	δεκάρικο
5 λεπτά	20 €	εικοσάρικο
10 λεπτά	50 €	πενηντάρικο
20 λεπτά	100 €	κατοστάρικο
50 λεπτά	200 €	διακοσάρικο
1 ευρώ (€)	500 €	πεντακοσάρικο
2 ευρώ (€)		

Δεν έχω δεκάρα.
Δε δίνω δεκάρα γι' αυτόν.

Χρώματα

A — Έχεις καμιά φωτογραφία της κόρης σου;

B — Νομίζω πως έχω. Ορίστε.

A — Τι όμορφο κοριτσάκι! Κρίμα που η φωτογραφία δεν είναι έγχρωμη. Τι χρώμα έχουν τα μάτια της;

B — Γαλανά σαν του πατέρα της. Όλοι στην οικογένεια του άντρα μου έ-χουν γαλάζια μάτια.

A — Τα μαλλιά της όμως είναι σκούρα.

B — Ναι, είναι καστανά.

A — Μοιάζουν πολύ πατέρας και κόρη;

B — Στα χαρακτηριστικά του προσώπου όχι πολύ, γιατί έχει το στόμα μου και το σχήμα της μύτης μου, αλλά έχουν και οι δυο τους το ίδιο σώ-μα και το ίδιο περπάτημα.

Τι χρώμα είναι τα ταξί στην Αθήνα; — **Κίτρινα.**

Η Ελένη είναι **ξανθιά** και έχει **γαλανά** μάτια.

Το σχολείο μας έχει **πράσινους** πίνακες και όχι **μαύρους.**

Πόσα **γκρίζα** σύννεφα έχει ο ουρανός!

Ο Αλέξης και ο Γιώργος είναι **μελαχρινοί** και τα μάτια τους είναι **καστανά.**

Κοίταξε τα παιδιά! Τα μάγουλά τους είναι **κόκκινα** σαν μήλα.

Τα μαλλιά της μητέρας μας είναι **άσπρα.**

Η διεύθυνσή **μου** είναι Ευζώνων 5. (– – –) $\acute{}$ – $\acute{}$	μου
Το τετράδιό **του** είναι πράσινο.	σου
Το αυτοκίνητό **μας** είναι μικρό.	του
	της
	του
	μας
	σας
	τους

άσπρος, -η, -ο	ξανθός, -ή, (ιά), -ό	βυσσινής, -ιά, -ί	μπλε
μαύρος, -η, -ο		πορτοκαλής, -ιά, -ί	καφέ
κόκκινος, -η, -ο	γαλάζιος, -α, -ο	σταχτής, -ιά, -ί	γκρι
πράσινος, -η, -ο	γκρίζος, -α, -ο	καφετής, -ιά, -ί	ροζ
κίτρινος, -η, -ο		θαλασσής, -ιά, -ί	μπεζ
γαλανός, -ή, -ό		ουρανής, -ιά, -ί	
καστανός, -ή, -ό			
μελαχρινός, -ή, -ό			

Το σπίτι

| του θε**ίου** μου |
| του αδελφ**ού** μου |
| του δασκάλ**ου** |
| του Θόδωρ**ου** |
| του μαθητ**ή** |
| του Κώστ**α** |

είναι άσπρο.

Τα σπίτια

| των θε**ίων** μου |
| των αδελφ**ών** μου |
| των μαθητ**ών** |

είναι άσπρα.

Τα μαλλιά

| της συμμαθήτρι**άς** μου |
| της δασκάλ**ας** μου |
| της Ελέν**ης** |
| της αδελφ**ής** μου |
| της φίλ**ης** μου |

είναι μαύρα.

Τα μαλλιά

| των συμμαθητρι**ών** μου |
| των δασκάλ**ων** μου |
| των φίλ**ων** μου |

είναι μαύρα.

| Το χρώμα | του βιβλ**ίου**
του τραπε**ζιού**
του μολυβ**ιού**
του δέ**ματος** | είναι πράσινο. |

| Το χρώμα | των βιβλ**ίων**
των τραπε**ζιών**
των μολυβ**ιών**
των δε**μάτων** | είναι πράσινο. |

| Το σπίτι | αυτού του κυρίου
αυτής της κυρίας
αυτού του παιδιού | είναι άσπρο. |

| Τα σπίτια | αυτών των κυρίων
αυτών των κυριών
αυτών των παιδιών | είναι άσπρα. |

| Πόσων | μαθητών
μαθητριών
παιδιών | οι γονείς είναι Έλληνες; |

ΚΤΗΤΙΚΕΣ ΑΝΤΩΝΥΜΙΕΣ

| Αυτή είναι η γάτα | **μου**
σου
του
της
του
μας
σας
τους | . | Ο φίλος | μου
σου
του
της
του
μας
σας
τους | μαθαίνει ελληνικά. |

| Αυτοί είναι οι | μαθητές
φίλοι
καθηγητές
γονείς | σου
σας
του
τους | ; Ναι, αυτοί είναι οι | μαθητές
φίλοι
καθηγητές
γονείς | μου
μας
του
τους | . |

Διαβάζεις	το γράμμα	του φίλου	σου.
	το βιβλίο	των φίλων	
	την εφημερίδα	της φίλης	

ΠΙΝΑΚΑΣ ΟΥΣΙΑΣΤΙΚΩΝ

Mahnlich Αρσενικά σε **-ος**, πληθ. **-οι**

Ενικός αριθμός					
Ον.	ο	δάσκαλος	θείος	αδελφός	**-ος**
Γεν.	του	δασκάλου	θείου	αδελφού	**-ου**
Αιτ.	το(ν)	δάσκαλο	θείο	αδελφό	**-ο**
Κλ.		δάσκαλε	θείε	αδελφέ	**-ε**
Πληθυντικός αριθμός					
Ον.	οι	δάσκαλοι	θείοι	αδελφοί	**-οι**
Γεν.	των	δασκάλων	θείων	αδελφών	**-ων**
Αιτ.	τους	δασκάλους	θείους	αδελφούς	**-ους**
Κλ.		δάσκαλοι	θείοι	αδελφοί	**-οι**

Τα προπαροξύτονα αρσενικά ονόματα σε **-ος** (δάσκαλος) κατεβάζουν τον τόνο στη γενική του ενικού και στη γενική και αιτιατική του πληθυντικού στην παραλήγουσα.

Ausnahme **Εξαίρεση:** Συνήθως κρατούν τον τόνο στην προπαραλήγουσα τα κύρια ονόματα π.χ. ο Θόδωρος, του Θόδωρου και οι πολυσύλλαβες και νεότερες λέξεις π.χ. ο αντίλαλος, του αντίλαλου, ο ανήφορος, του ανήφορου.

Αρσενικά σε **-ας**, πληθ. **-ες**

Ενικός αριθμός					
Ον.	ο	πίνακας	ταμίας	πατέρας	**-ας**
Γεν.	του	πίνακα	ταμία	πατέρα	**-α**
Αιτ.	τον	πίνακα	ταμία	πατέρα	**-α**
Κλ.		πίνακα	ταμία	πατέρα	**-α**
Πληθυντικός αριθμός					
Ον.	οι	πίνακες	ταμίες	πατέρες	**-ες**
Γεν.	των	πινάκων	ταμιών	πατέρων	**-ων**
Αιτ.	τους	πίνακες	ταμίες	πατέρες	**-ες**
Κλ.		πίνακες	ταμίες	πατέρες	**-ες**

α) Τα δισύλλαβα ονόματα σε **-ας** (άντρας, μήνας) και όλα τα ονόματα σε **-ίας** (ταμίας), στη γενική του πληθυντικού κατεβάζουν τον τόνο στη λήγουσα.

β) Τα προπαροξύτονα ονόματα σε **-ας** (πίνακας) στη γενική του πληθυντικού κατεβάζουν τον τόνο στην παραλήγουσα.

γ) ο   άντρας   ο μήνας
     του   άντρα ή του αντρός   του μήνα   ή   του μηνός

Αρσενικά σε **-ης**, πληθ. **-ες**

Ενικός αριθμός			Πληθυντικός αριθμός				
Ον.	ο	πολίτης	φοιτητής	οι	πολίτες	φοιτητές	**-ης**	**-ες**
Γεν.	του	πολίτη	φοιτητή	των	πολιτών	φοιτητών	**-η**	**-ών**
Αιτ.	το(ν)	πολίτη	φοιτητή	τους	πολίτες	φοιτητές	**-η**	**-ες**
Κλ.		πολίτη	φοιτητή		πολίτες	φοιτητές	**-η**	**-ες**

Τα παροξύτονα ονόματα σε **-ης** (πολίτης) στη γενική του πληθυντικού κατεβάζουν τον τόνο στη λήγουσα.

Θηλυκά σε **-α**, πληθ. **-ες**

Ενικός αριθμός				
Ον.	η	καρδιά	γυναίκα	θάλασσα	**-α**
Γεν.	της	καρδιάς	γυναίκας	θάλασσας	**-ας**
Αιτ.	τη(ν)	καρδιά	γυναίκα	θάλασσα	**-α**
Κλ.		καρδιά	γυναίκα	θάλασσα	**-α**
Πληθυντικός αριθμός				
Ον.	οι	καρδιές	γυναίκες	θάλασσες	**-ες**
Γεν.	των	καρδιών	γυναικών	θαλασσών	**-ών**
Αιτ.	τις	καρδιές	γυναίκες	θάλασσες	**-ες**
Κλ.		καρδιές	γυναίκες	θάλασσες	**-ες**

Ενικός αριθμός			Πληθυντικός αριθμός				
Ον.	η	ελπίδα	ομάδα	οι	ελπίδες	ομάδες	**-α**	**-ες**
Γεν.	της	ελπίδας	ομάδας	των	ελπίδων	ομάδων	**-ας**	**-ων**
Αιτ.	την	ελπίδα	ομάδα	τις	ελπίδες	ομάδες	**-α**	**-ες**
Κλ.		ελπίδα	ομάδα		ελπίδες	ομάδες	**-α**	**-ες**

Τα θηλυκά ονόματα σε **-α** (γυναίκα, θάλασσα) στη γενική του πληθυντικού κατεβάζουν τον τόνο στη λήγουσα.

Εξαίρεση: Διατηρούν τον τόνο στην παραλήγουσα τα θηλυκά σε **-ίδα** και **-άδα** π.χ. η σελίδα, των σελίδων, η ομάδα, των ομάδων. Επίσης: η μητέρα, των μητέρων, η εικόνα, των εικόνων, η δασκάλα, των δασκάλων.

Θηλυκά σε **-η,** πληθ. **-ες**

Ενικός αριθμός					
Ον.	η	αδελφή	τέχνη	ζάχαρη	**-η**
Γεν.	της	αδελφής	τέχνης	ζάχαρης	**-ης**
Αιτ.	τη(ν)	αδελφή	τέχνη	ζάχαρη	**-η**
Κλ.		αδελφή	τέχνη	ζάχαρη	**-η**
Πληθυντικός αριθμός					
Ον.	οι	αδελφές	τέχνες	ζάχαρες	**-ες**
Γεν.	των	αδελφών	τεχνών	—	**-ών**
Αιτ.	τις	αδελφές	τέχνες	ζάχαρες	**-ες**
Κλ.		αδελφές	τέχνες	ζάχαρες	**-ες**

Τα παροξύτονα ονόματα σε **-η** (τέχνη) κατεβάζουν τον τόνο στη λήγουσα στη γενική του πληθυντικού.

Ουδέτερα σε **-ο,** πληθ. **-α**

Ενικός αριθμός					
Ον.	το	βουνό	ταμείο	πρόσωπο	σίδερο	**-ο**
Γεν.	του	βουνού	ταμείου	προσώπου	σίδερου	**-ου**
Αιτ.	το	βουνό	ταμείο	πρόσωπο	σίδερο	**-ο**
Κλ.		βουνό	ταμείο	πρόσωπο	σίδερο	**-ο**
Πληθυντικός αριθμός					
Ον.	τα	βουνά	ταμεία	πρόσωπα	σίδερα	**-α**
Γεν.	των	βουνών	ταμείων	προσώπων	σίδερων	**-ων**
Αιτ.	τα	βουνά	ταμεία	πρόσωπα	σίδερα	**-α**
Κλ.		βουνά	ταμεία	πρόσωπα	σίδερα	**-α**

Από τα παροξύτονα ονόματα σε **-ο** άλλα κατεβάζουν τον τόνο στη γενική του ενικού και πληθυντικού αριθμού, όπως άλογο, έπιπλο, θέατρο και άλλα όχι, όπως δάχτυλο, σύννεφο, τριαντάφυλλο.

Ουδέτερα σε **-ι**, πληθ. **-ια**

Ενικός αριθμός					
Ον.	το	σπίτι	παιδί	ρολόι	**-ι**
Γεν.	του	σπιτιού	παιδιού	ρολογιού	**-ιού**
Αιτ.	το	σπίτι	παιδί	ρολόι	**-ι**
Κλ.		σπίτι	παιδί	ρολόι	**-ι**
Πληθυντικός αριθμός					
Ον.	τα	σπίτια	παιδιά	ρολόγια	**-ια**
Γεν.	των	σπιτιών	παιδιών	ρολογιών	**-ιών**
Αιτ.	τα	σπίτια	παιδιά	ρολόγια	**-ια**
Κλ.		σπίτια	παιδιά	ρολόγια	**-ια**

Όλα τα ουδέτερα ονόματα σε **-ι** στη γενική του ενικού και πληθυντικού αριθμού έχουν τόνο στη λήγουσα.

Σύμφωνα με το ρολόι κλίνουμε: το τσάι, το φαΐ, το σόι, το κουβεντολόι, το κομπολόι.

Ουδέτερα σε **-μα**, πληθ. **-ματα**

Ενικός αριθμός			
Ον.	το	μάθημα	γράμμα	**-μα**
Γεν.	του	μαθήματος	γράμματος	**-ματος**
Αιτ.	το	μάθημα	γράμμα	**-μα**
Κλ.		μάθημα	γράμμα	**-μα**
Πληθυντικός αριθμός			
Ον.	τα	μαθήματα	γράμματα	**-ματα**
Γεν.	των	μαθημάτων	γραμμάτων	**-μάτων**
Αιτ.	τα	μαθήματα	γράμματα	**-ματα**
Κλ.		μαθήματα	γράμματα	**-ματα**

Όλα τα ουδέτερα ονόματα σε **-μα** στη γενική του πληθυντικού έχουν τόνο στην παραλήγουσα.

Γενικά:

α) Οι δάνειες λέξεις δεν αλλάζουν στον πληθυντικό.

    π.χ.   το πάρτι   τα πάρτι
             το ταξί   τα ταξί
             το σινεμά   τα σινεμά
             το φιλμ   τα φιλμ

β) Τα παρακάτω ουσιαστικά έχουν δύο πληθυντικούς. Τις πιο πολλές φορές με διαφορετική σημασία.

ο βράχος	οι βράχοι	και	τα βράχια
ο δεσμός	οι δεσμοί	και	τα δεσμά
ο καπνός	οι καπνοί	και	τα καπνά
ο λαιμός	οι λαιμοί	και	τα λαιμά
ο λόγος	οι λόγοι	και	τα λόγια
ο σπόρος	οι σπόροι	και	τα σπόρια
ο σταθμός	οι σταθμοί	και	τα σταθμά
ο χρόνος	οι χρόνοι	και	τα χρόνια

Υποκοριστικά

Αρσενικά	σε **-άκης**	Γιωργάκης, Δημητράκης κτλ.
	σε **-ούλης**	αδερφούλης, πατερούλης, παππούλης κτλ.
	σε **-άκος**	δρομάκος, γεροντάκος κτλ.
Θηλυκά	σε **-ίτσα**	Ελενίτσα, κουκλίτσα, μπλουζίτσα κτλ.
	σε **-ούλα**	κορούλα, μητερούλα, βρυσούλα κτλ.
Αρσενικά Θηλυκά Ουδέτερα	σε **-άκι**	δρομάκι, αδελφάκι, ναυτάκι, Ελενάκι, καρεκλάκι, κοριτσάκι, παιδάκι, τραπεζάκι κ.τ.λ.

Χρήση πτώσεων *Fälle*

Noi antitv

1. Ονομαστική: Σε ονομαστική πτώση βάζουμε:

α) το υποκείμενο μιας πρότασης (απάντηση στην ερώτηση ποιος; ποια; ποιο;):

        Ο μαθητής πηγαίνει στο σχολείο.
        Η Μαρία ανοίγει το παράθυρο.

β) τα ουσιαστικά, τα επίθετα ή τις αντωνυμίες που συνοδεύουν τα ρήματα **είμαι, υπάρχει, γίνομαι** και το δεικτικό **να**:

> Είμαι **γιατρός.**
> Είναι κι **ο Γιώργος** μαζί σου;
> Τι γίνεται **ο φίλος** σου;
> Υπάρχουν **πολλοί πίνακες** στο σχολείο.
> Να **τρεις ξένοι μαθητές.**

2. Γενική: Σε γενική πτώση βάζουμε τα ουσιαστικά, επίθετα ή αντωνυμίες:

α) που δείχνουν κτήση (απάντηση στην ερώτηση τίνος; ποιανού;):

> Αυτό είναι το βιβλίο **του παιδιού.**
> Το σπίτι με τα ανοιχτά παράθυρα είναι **της φίλης** μου.

β) που έχουν θέση έμμεσου αντικειμένου στην πρόταση:

> Λέω **στο παιδί** ένα παραμύθι. **Του** λέω ένα παραμύθι.
> Δίνω **στη δασκάλα** ένα μολύβι. **Της** δίνω ένα μολύβι.

3. Αιτιατική: Σε αιτιατική πτώση βάζουμε:

α) το άμεσο αντικείμενο μιας πρότασης (απάντηση στην ερώτηση τι; ποιον;):

> Βλέπω **τον πίνακα.**
> Έχω **τρεις καλούς φίλους.**
> Ξέρεις **την αδελφή** μου;

β) τα ουσιαστικά, επίθετα ή αντωνυμίες όταν είναι ύστερα από πρόθεση:

> Ήμουν **στον κινηματογράφο** χθες το βράδυ.
> Έχω γράμμα **από το μεγάλο αδελφό** μου.
> Ναι, την ξέρω. Μένω στο ίδιο σπίτι **μ' αυτήν.**

γ) τους χρονικούς προσδιορισμούς (απάντηση στην ερώτηση πότε;):

> **Την άλλη βδομάδα** θα είμαι εδώ.

4. Κλητική: Τη χρησιμοποιούμε όταν φωνάζουμε κάποιον και γενικά όταν προσφωνούμε πρόσωπα ή πράγματα. Δεν έχει άρθρο. (Καμιά φορά σε θέση άρθρου βάζουμε το **ε** ή το **βρε**):

> **Γιάννη,** έλα εδώ.
> **Μητέρα,** δώσε μου την τσάντα μου.
> Τι ώρα είναι σε παρακαλώ, **Πέτρο;**

Ε **Νίκο!** Πού πας;

Βρε **παιδί** μου, τι κάνεις; Μια ώρα περιμένω.

ΑΣΚΗΣΕΙΣ

Α. *Να συμπληρώσετε τα κενά με το σωστό τύπο του επιθέτου που είναι στην παρένθεση.*

1. Το λεωφορείο είναι .... (μπλε)

2. Θέλω .... μολύβι σου. (κόκκινος)

3. Ο φάκελος είναι .... (άσπρος)

4. .... βιβλιοθήκη έχει πολλά βιβλία. (μαύρος)

5. Τα φύλλα των δέντρων είναι .... (πράσινος)

6. Πού είναι .... καρέκλα; – Στο δωμάτιό μου. (γκρίζος)

7. Οι πίνακες είναι ...., ... και .... (μαύρος, πράσινος, άσπρος)

8. Οι πόρτες είναι .... (κίτρινος)

Β. *Να συμπληρώσετε τα κενά με τη γενική των ουσιαστικών που είναι στην παρένθεση.*

1. Έλα, είναι η ώρα .... (το φαγητό)

2. Ποιο είναι το όνομα .... σου; – Νίκος. (ο δάσκαλος)

3. Το γραφείο .... μου είναι κοντά στο Πανεπιστήμιο. (ο πατέρας)

4. Το παιδί .... μου πηγαίνει στο σχολείο. (η φίλη)

5. Τα δωμάτια .... μας είναι μεγάλα. (το σπίτι)

6. Η τσάντα .... είναι στο δωμάτιό της. (η μαθήτρια)

7. Τα μάτια .... μου είναι μαύρα. (η κόρη)

8. Ποιο είναι το τηλέφωνο ....; – 2310-763891. (ο γιατρός)

9. Ο θείος μου κλείνει την πόρτα .... (η αυλή)

10. Οι στολές .... είναι γκρίζες. (ο οδηγός)

11. Οι γονείς .... μου μένουν στην Αθήνα. (οι φίλοι)

12. Τα φορέματα .... είναι πολύ μοντέρνα. (αυτές οι γυναίκες)

13. Ποια είναι η τιμή ....; – Δεν ξέρω, γιατί δεν αγοράζω εφημερίδα. (η εφημερίδα)

14. Ο ουρανός .... είναι σχεδόν πάντα γαλανός. (η Ελλάδα)

15. Τα μάγουλα .... είναι κόκκινα. (το παιδί)

Γ. Να γράψετε στον πληθυντικό τις παρακάτω προτάσεις:

1. Πηγαίνω στο σπίτι μου.
2. Ξέρω το φίλο σου.
3. Αυτή γράφει το μάθημά της.
4. Το παιδί μένει εδώ με την αδελφή του.
5. Το αγόρι παίζει μπάλα στον κήπο.

Δ. Να συμπληρώσετε τα κενά με τις κτητικές αντωνυμίες.

1. Το μολύβι .... είναι μπλε. (αυτός)
2. Το παιδί .... είναι η ζωή .... (αυτή, αυτή)
3. Το σπίτι .... έχει τρία δωμάτια. (αυτές)
4. Ποια είναι η πατρίδα ....; – Η Γαλλία. (εσείς)
5. Η γάτα .... είναι γκρίζα. (αυτοί)
6. Δεν καταλαβαίνουν τις ασκήσεις .... (αυτοί)
7. Βλέπω τους φίλους .... κάθε μέρα. (εγώ)
8. Ξέρετε τη διεύθυνσή ....; – Βέβαια. (εμείς)
9. Οι άντρες .... είναι Έλληνες. (αυτές)
10. Πού είναι ο αδελφός ....; – Στο ταχυδρομείο. (εσύ)

Ε. Να αντικαταστήσετε με αντωνυμίες τις λέξεις που είναι γραμμένες με έντονα γράμματα.

1. Το σπίτι **του Δημήτρη** είναι μεγάλο.
2. Τα μάτια **της φίλης μου** είναι γαλάζια.
3. Τα τετράδια **των αδελφών μου** είναι καθαρά.
4. Οι πόρτες **του λεωφορείου** είναι ανοιχτές.
5. Τα μαλλιά **των κοριτσιών** είναι μαύρα.

Ιδιωτισμοί – Εκφράσεις

Είναι ίδιος ο πατέρας του = Είναι φτυστός ο πατέρας του.
Τα μάτια σου δεκατέσσερα.
Προσέχω το μωρό σαν τα μάτια μου = Το έχω σαν τα μάτια μου.
σκούρο χρώμα ≠ ανοιχτό χρώμα — χτυπητό χρώμα
μονόχρωμος, -η, -ο — δίχρωμος, -η, -ο — πολύχρωμος, -η, -ο
έγχρωμος, -η, -ο = χρωματιστός, -ή, -ό ≠ άχρωμος, -η, -ο
έγχρωμη τηλεόραση — ασπρόμαυρη τηλεόραση

Εβδομο Μαθημα

Οι μέρες της εβδομάδας

Α — Έχεις μάθημα κάθε μέρα, Αλέκο;

Β — Όχι, μόνο πέντε μέρες την εβδομάδα. _Woche_

Α — Και πόσες ώρες έχεις μάθημα τη μέρα;

Β — Τη Δευτέρα, την Τρίτη και την Τετάρτη έχω τέσσερις ώρες, αλλά την Πέμπτη και την Παρασκευή έχω μόνο δύο ώρες.

Α — Τι κάνεις τις μέρες που είσαι ελεύθερος; _frei_

Β — Το Σάββατο πάω στο γήπεδο και παίζω μπάλα με τους φίλους μου.

Α — Και την Κυριακή; _Sportplatz_

Β — Ε, την Κυριακή πάω στον κινηματογράφο, ή στο θέατρο ή κάνω βόλτες.

Α — Χθες πού ήσουν;

Β — Ήμουν σ' ένα πάρτι μαζί με την παρέα μου, όμως το επόμενο σαββατοκύριακο θα είμαι όλη τη μέρα στο σπίτι.

Α — Γιατί; _Wochenende_

Β — Γιατί έχουμε εξετάσεις και θα έχω διάβασμα.
Prüfung   _lernen_
            Lektüre

Τι ωραίο! Τι αστείο!   **! το θαυμαστικό**

Διαβάζω το βιβλίο «Τα νέα ελληνικά για ξένους».   «..............»
τα εισαγωγικά

Τι μέρα είναι (θα είναι) αύριο; (............) **η παρένθεση**

Τι μέρα είναι σήμερα; Σήμερα είναι

Κυριακή .
Δευτέρα
Τρίτη
Τετάρτη
Πέμπτη
Παρασκευή
Σάββατο

Τι μέρα ήταν

χθες προχθές	;	Χθες προχθές	ήταν	Σάββατο . Παρασκευή Πέμπτη

Τι μέρα είναι
θα είναι

αύριο μεθαύριο	;	Αύριο μεθαύριο	είναι θα είναι	Δευτέρα . Τρίτη Τετάρτη

Πόσες φορές την εβδομάδα πηγαίνεις

στο <u>γήπεδο</u> ;
στο ζαχαροπλαστείο
στον κινηματογράφο
(στο σινεμά)
στο θέατρο
σε πάρτι
βόλτα

Πηγαίνω

στο <u>γήπεδο</u> στο ζαχαροπλαστείο στον κινηματογράφο στο θέατρο σε πάρτι βόλτα	μια φορά δυο φορές τρεις φορές τέσσερις φορές πολλές φορές	την εβδομάδα.

Πας στο γήπεδο την Κυριακή; – Όχι, δεν πάω ποτέ. *niemals*

Θα είμαι	την	Κυριακή	εδώ.
Ήμουν	τη	Δευτέρα	
Δε θα είμαι	την	Τρίτη	
Δεν ήμουν	την	Τετάρτη	
	την	Πέμπτη	
	την	Παρασκευή	
	το	Σάββατο	

Imperfekt

(Δεν)	ήμουν	εδώ	την Κυριακή
	ήσουν		χθες
	ήταν		προχθές
	ήμασταν		την περασμένη εβδομάδα (την προηγού-
	ήσασταν		μενη βδομάδα)
	ήταν		το περασμένο Σάββατο (το προηγούμενο
			Σάββατο)
			τον περασμένο μήνα (τον προηγούμενο
			μήνα)
			πέρσι, πρόπερσι
			πριν από λίγο
			πριν από 2 ώρες
			πριν από 2 βδομάδες
			πριν από 3 μήνες
			πριν από 4 χρόνια

letztes Jahr

Futur

(Δε)	θα είμαι	εδώ	την Κυριακή
	θα είσαι		αύριο
	θα είναι		μεθαύριο
	θα είμαστε		την άλλη βδομάδα (την ερχόμενη εβδομάδα)
	θα είστε		το άλλο Σάββατο (το ερχόμενο Σάββατο)
	θα είναι		τον άλλο μήνα (τον ερχόμενο μήνα)
			του χρόνου (τον ερχόμενο χρόνο)
			σε λίγο
			σε 2 ώρες
			σε 2 βδομάδες
			σε 3 μήνες
			σε 4 χρόνια

nächstes Jahr

Δε θα είμαι εδώ | σήμερα | .
απόψε (σήμερα το βράδυ)
φέτος *dieses Jahr*
αυτήν τη βδομάδα
αυτή την Πέμπτη
αυτόν το μήνα
τον ερχόμενο μήνα

Imperfekt

(Δεν) είχα | μάθημα | πριν από λίγο | .
είχες | | πριν από δύο ώρες
είχε | | χθες
είχαμε | | προχθές
είχατε | | την περασμένη βδομάδα
είχαν

Futur

(Δεν) θα έχω | μάθημα | σε λίγο | .
θα έχεις | | σε μια ώρα
θα έχει | | αύριο
θα έχουμε | | μεθαύριο
θα έχετε | | την άλλη βδομάδα
θα έχουν

Τακτικά αριθμητικά

Η Κυριακή | είναι | η πρώτη | μέρα της βδομάδας.
Η Δευτέρα | | η δεύτερη
Η Τρίτη | | η τρίτη
Η Τετάρτη | | η τέταρτη
Η Πέμπτη | | η πέμπτη
Η Παρασκευή | | η έκτη
Το Σάββατο | | η έβδομη

Συγνώμη, έκανα λάθος

Α — Πρώτη φορά βλέπουμε τη λέξη «κινηματογράφος» στο έβδομο μά-
θημα.

Β — Τι λες παιδί μου! Υπάρχει οπωσδήποτε στο τρίτο και νομίζω και στο
πέμπτο μάθημα.

Α — Πού είναι;

Β — Μήπως δε βλέπεις καλά; Εδώ τι λέει; «Κινηματογράφος» δε γράφει;

Α — Α, βέβαια. Συγνώμη, έκανα λάθος.

1. πρώτος, -η, -ο	7. έβδομος, -η, -ο
2. δεύτερος, -η, -ο	8. όγδοος, -η, -ο
3. τρίτος, -η, -ο	9. ένατος, -η, -ο
4. τέταρτος, -η, -ο	10. δέκατος, -η, -ο
5. πέμπτος, -η, -ο	11. ενδέκατος, -η, -ο
6. έκτος, -η, -ο	12. δωδέκατος, -η, -ο

1ος πρώτος, 1η πρώτη, 1ο πρώτο

Είμαστε ακόμη στο **τρίτο** μάθημα. Ο ξάδελφός μου είναι στο **πρώτο** έτος.

Η άλλη τάξη είναι ακόμη στο **πέμπτο** μάθημα.

Μένω στον **έβδομο** όροφο.

Η Μαρία πηγαίνει στην **έκτη** τάξη.

Ποιος μένει στο **δωδέκατο** διαμέρισμα; – Μια οικογένεια από την Ιταλία.

Ο Πέτρος είναι **δεύτερός** μου ξάδελφος.

Τι γράφει στην **τέταρτη** σειρά; Δεν το βλέπω καλά.

Πρώτη φορά βλέπω αυτοκίνητο με μία πόρτα. Τι αστείο που είναι!

Αύριο αρχίζουμε το **όγδοο** μάθημα.

Τον κύριο Παπαγιάννη θέλετε; **Τρίτη** πόρτα δεξιά.

Πάντα όλα είναι δύσκολα τους **πρώτους** μήνες σε ξένη χώρα.

Δεν καταλαβαίνω την **πέμπτη** ερώτηση.

λέ(γ)ω	το μάθημα.
λες	μια αστεία ιστορία.
λέει	το διάλογο απ' έξω.
λέμε	ανέκδοτα.
λέτε	
λέν(ε)	

Ο Κώστας	ξαναδιαβάζει / διαβάζει ξανά	το μάθημά του.

Πότε	ξαναέχεις / έχεις ξανά	μάθημα, Άλκη; – Τη Δευτέρα.

Το μάθημά μου δεν είναι εύκολο, γι' αυτό το διαβάζω **ξανά.**

Το μάθημά μου δεν είναι εύκολο, γι' αυτό το διαβάζω **πάλι.**

Μόλις πηγαίνω στο σπίτι, ανοίγω τα παράθυρα. *Sobald ich zu Hause bin*

Τα παιδιά πηγαίνουν κάθε μέρα στο σχολείο **εγκαίρως.** *rechtzeitig*

Πάντοτε (πάντα) κάνουμε βόλτα τις Κυριακές. *= στην ώρα μου*

Τι κάνεις

ύστερα από	τη δουλειά σου; – Πάω σπίτι.
έπειτα από	
πριν από	
μετά *=nach*	

über		*durch/aus (t.B der Tasche holen)*
επάνω από	μπροστά από	μέσα από
σε	σε	μέσα σε *= in*
κάτω από	πίσω από	έξω από

unter　　　　　　　　　　　　　*vor (z.B der Klasse)*

ΑΣΚΗΣΕΙΣ

A. Να συμπληρώσετε τα κενά με το σωστό τύπο των τακτικών αριθμητικών.

1. Άνοιξε .... συρτάρι και πάρε ένα πενηντάρικο. (3)
2. Ποια είναι .... στάση του λεωφορείου; – Συντριβάνι. (5)
3. Η Παρασκευή δεν είναι .... μέρα της βδομάδας. (4)
4. Ποιος μένει σε .... διαμέρισμα αυτής της πολυκατοικίας; – Ο κύριος Αλεξίου. (9)
5. Ποιος έχει .... βιβλίο της Ιστορίας; – Εγώ. (2)

B. Να συμπληρώσετε τις παρακάτω προτάσεις:

1. Τι μέρα είναι ...η μέρα...............; – Πέμπτη.
2. Την περασμένη ...μήνα ημουν στην Αθήνα...
3. Τον άλλο μήνα ...να είμαι εδω... *oder πας*
4. Πόσες φορές την εβδομάδα ...πηγαίνεις βόλτα...; – Κάθε Κυριακή.
5. Πηγαίνω στο θέατρο ...κάθε Σαββατο...
6. Μεθαύριο ...να παω στο σικεμα...
7. Τι μέρα ήταν ...χθες...............; – Τρίτη.
8. Φέτος ...να παω στην Ελλαδα για διακοπες...

να είμαι το καλοκαιρι στην ελλάδα

9. Την άλλη Παρασκευή ...θα είμαι στο σπίτι... *nächsten*
10. Αυτή την εβδομάδα ...δεν δουλεύω.. .

Γ. _Να βάλετε τις παρακάτω λέξεις στη σωστή σειρά:_

1. μέρα, προχθές, ήταν, τι;
2. στον, δύο, πηγαίνω, φορές, κινηματογράφο, εβδομάδα, την
3. θα, δουλειά, πολλή, έχω, αύριο, δε
4. δύο, από, ήσασταν, πού, ώρες, πριν;
5. βόλτα, φίλους, πάω, στην, Κυριακή, με, παραλία, κάθε, τους, μου

Δ. _Να συμπληρώσετε τα κενά με το σωστό τύπο των ουσιαστικών που εί-_
ναι στην παρένθεση.

1. Δεν πάω σινεμά .... (η Κυριακή)
2. .... ήμασταν στην Αθήνα. (η περασμένη Πέμπτη)
3. Θα έχω πάρτι .... (ο άλλος μήνας)
4. Είχαμε πολλή δουλειά .... (το περασμένο Σάββατο)
5. .... δε θα είμαι στη Θεσσαλονίκη. (η άλλη Δευτέρα)

Ε. _Να συμπληρώσετε τα κενά με τα ρήματα_ **είμαι** _και_ **έχω** _στο σωστό τύ-_
πο του ενεστώτα, παρατατικού και μέλλοντα.

1. ...ήμουν... στο θέατρο πριν από δύο ώρες.
2. Χθες δεν ...είχα... μάθημα, γιατί ήταν Κυριακή.
3. Του χρόνου ...δε θα είμαι... φοιτητής.
4. ...έχω... μάθημα κάθε μέρα.
5. Την άλλη βδομάδα ...θα είμαστε... στην πατρίδα μας. *nächste*
6. Πέρσι ο κύριος και η κυρία Ιωάννου .... στη Γαλλία.
7. Πριν από δύο μήνες τα αδέλφια μου κι εγώ .... μαζί.
8. Από μεθαύριο .... διακοπές. *Ferien*
9. Σε τρεις μήνες ο Πέτρος και η Μαρία .... στην Αγγλία. *In 3 Monate*
10. Μήπως .... ψιλά, κύριε; – Όχι, δεν έχω.
11. ...είστε... Έλληνες; – Όχι, δεν ...είμαστε... *√*
12. Φέτος δεν .... πολλές ελεύθερες ώρες, του χρόνου όμως *Jahr*
    ....
13. Τον περασμένο μήνα ...ήταν... στην Αθήνα.

14. Πού ...*ήσουν*... προχθές το βράδυ, Γιάννη; – ...*ήμουν*... στο πάρ-
    τι της Φανής.
15. Πού είναι ο Παύλος; ...*ήταν*... εδώ πριν από λίγο.

Ιδιωτισμοί – Εκφράσεις

σαββατιάτικα	Πάω σχολείο.	Τρέμω από	το φόβο μου.
κυριακάτικα	Πάω σπίτι.		θυμό. *Wut*
δευτεριάτικα	Είμαι σπίτι.		το κρύο. *Kälte*
			τον πυρετό. *Fiber*
			τα νεύρα μου. = *verärgert*

Ογδοο Μαθημα

Μήνες και εποχές

Α — Τι ωραία μέρα σήμερα! Τέλος Νοεμβρίου και νομίζεις ότι είναι καλο-
καίρι.

Β — Πραγματικά. Φέτος είχαμε πολύ καλό καιρό το φθινόπωρο, ενώ το
καλοκαίρι ήταν μάλλον δροσερό. Βροχές τον Ιούνιο, αέρα τον Ιούλιο
και ζέστη μόνο λίγες μέρες στις αρχές Αυγούστου.

Α — Τώρα τελευταία ο καιρός αλλάζει απότομα, και δεν καταλαβαίνουμε
ούτε άνοιξη ούτε φθινόπωρο. Ο παππούς μου λέει την παροιμία «από
Αύγουστο χειμώνα κι από Μάρτη καλοκαίρι» και μάλλον δίκιο έχει.

Β — Έτσι λέω κι εγώ και νομίζω ότι σιγά σιγά θα έχουμε μόνο δύο εποχές,
καλοκαίρι και χειμώνα.

Α — Και η άνοιξη με τη δροσιά και το γλυκό καιρό δε θα υπάρχει;

Β — Ε, η άνοιξη, η εποχή των λουλουδιών με το γαλανό ουρανό και τον ή-
λιο που λάμπει κάθε μέρα, θα υπάρχει μόνο στα βιβλία.

Α — Σωστά, θα είναι κι αυτή σαν το χιόνι, γιατί χρόνια τώρα χιονίζει μόνο
στα βουνά, κι εμείς εδώ στην πόλη χιόνι ακούμε και χιόνι δε βλέπουμε.

Β — Καλά τα λέμε εμείς οι δυο, αλλά έχουμε και δουλειές. Δες έξω νυχτώ-
νει... κι είναι ακόμη νωρίς, μόνο τεσσερισήμισι. Χειμώνας βλέπεις, και
οι μέρες είναι μικρές και οι νύχτες μεγάλες.

Οι μήνες
ο Ιανουάριος
ο Φεβρουάριος
ο Μάρτιος
ο Απρίλιος
ο Μάιος
ο Ιούνιος
ο Ιούλιος
ο Αύγουστος
ο Σεπτέμβριος
ο Οκτώβριος
ο Νοέμβριος
ο Δεκέμβριος

Οι εποχές
ο χειμώνας
η άνοιξη
το καλοκαίρι
το φθινόπωρο

Τα χειμωνιάτικα ρούχα είναι ζεστά.
Σήμερα είναι η πρώτη αληθινά **ανοιξιάτικη** μέρα.
Αύριο αρχίζουν **οι καλοκαιρινές** διακοπές μου.
Με τις πρώτες **φθινοπωρινές** βροχές τα φύλλα
των δέντρων κιτρινίζουν και πέφτουν.

Τι καιρό κάνει

το	χειμώνα
την	άνοιξη
το	καλοκαίρι
το	φθινόπωρο

;

Το	χειμώνα	κάνει κρύο
Το	Δεκέμβριο	κάνει παγωνιά
Τον	Ιανουάριο	βρέχει
Το	Φεβρουάριο	χιονίζει
		φυσά (φυσάει)

.

Την	άνοιξη	κάνει καλό καιρό
Το	Μάρτιο	έχει δροσιά
Τον	Απρίλιο	
Το	Μάιο	

.

Το	καλοκαίρι	κάνει ζέστη
Τον	Ιούνιο	
Τον	Ιούλιο	
Τον	Αύγουστο	

.

Το	φθινόπωρο	κάνει ψύχρα
Το	Σεπτέμβριο	έχει υγρασία
Τον	Οκτώβριο	έχει συννεφιά
Το	Νοέμβριο	

.

Τι εποχή είναι τώρα; – Είναι

άνοιξη
καλοκαίρι
φθινόπωρο
χειμώνας

.

Καλοκαιρινά σχέδια

Α — Πού θα είσαι το καλοκαίρι;

Β — Θα είμαι εδώ. Την άνοιξη όμως η ξαδέλφη μου κι εγώ θα κάνουμε ένα ταξίδι στα νησιά.

Α — Τι ωραία ιδέα! Αλλά γιατί την άνοιξη;

Β — Γιατί τότε δεν κάνει πολλή ζέστη και δεν έχει και πολύ κόσμο.

Α — Βέβαια. Εδώ στην Ελλάδα η άνοιξη είναι γλυκιά. Στην πατρίδα μου όμως βρέχει και κάνει κρύο.

Πόσες φορές
την	ημέρα
την	εβδομάδα
το	δεκαπενθήμερο
το	μήνα
το	χρόνο
πηγαίνεις εκεί;

Πάω εκεί τρεις φορές
την	ημέρα
την	εβδομάδα
το	δεκαπενθήμερο
το	μήνα
το	χρόνο
.

Χθες Προχθές	το πρωί το μεσημέρι το απόγευμα το βράδυ βράδυ	Σήμερα	το πρωί το μεσημέρι το απόγευμα το βράδυ (απόψε)	Αύριο Μεθαύριο	το πρωί το μεσημέρι το απόγευμα το βράδυ βράδυ

Θα είμαι εδώ
τη	Δευτέρα
το	Μάρτιο
την	άνοιξη
την	1η Μαρτίου
στις	5 Μαρτίου
.

Πόσες του μηνός
| έχουμε είναι |
σήμερα;
| Έχουμε Είναι |
| πρώτη τρεις τέσσερις πέντε είκοσι μία |
| του μηνός Ιουνίου Μαρτίου Αυγούστου Μαΐου |
.

Τι ημερομηνία έχουμε σήμερα; – Σήμερα είναι 23 Δεκεμβρίου 19..

(είκοσι τρεις – χίλια εννιακόσια..)

Πότε γεννήθηκες; –
> Γεννήθηκα το 19..
> Γεννήθηκα στις 24 Σεπτεμβρίου του 19..

Πότε είναι τα γενέθλιά σου; – Στις 24 Σεπτεμβρίου.

Πόσω χρονών είσαι; – Είμαι είκοσι
> ενός
> τριών
> τεσσάρων
> πέντε
χρονών.

Επίθετα σε -ος, -η, -ο │-ος, -α, -ο│ -ος, -ια, -ο

Στα **ελληνικά** νησιά τα σπίτια είναι **άσπρα.**
Το καλοκαίρι η θάλασσα είναι **ζεστή** και **ήσυχη.**
Άνοιξε το παράθυρο του **μικρού** δωματίου.
Η Έφη και η Δανάη δεν είναι **έτοιμες** ακόμη. Θα είναι εδώ σε λίγο.
Πάρε δύο **μικρούς** φακέλους.
Είναι πατέρας δύο **έξυπνων** παιδιών.

ακρι**β**ός, **-ή**, -ό
έτοι**μ**ος, **-η**, -ο
καλός, **-ή**, -ό
μικ**ρ**ός, **-ή**, -ό
πράσι**ν**ος, **-η**, -ο

$$\overline{3} \quad \frac{σύμφωνο}{2} \quad \frac{ος}{1} , \text{-η, -ο}$$

Ενικός αριθμός					
	Αρσενικό	**Θηλυκό**	**Ουδέτερο**		
Ον.	ο καλός	η καλή	το καλό	**-ος**	**-η**	**-ο**
Γεν.	του καλού	της καλής	του καλού	**-ου**	**-ης**	**-ου**
Αιτ.	τον καλό	την καλή	το καλό	**-ο**	**-η**	**-ο**
Κλ.	καλέ	καλή	καλό	**-ε**	**-η**	**-ο**
Πληθυντικός αριθμός					
Ον.	οι καλοί	οι καλές	τα καλά	**-οι**	**-ες**	**-α**
Γεν.	των καλών	των καλών	των καλών	**-ων**	**-ων**	**-ων**
Αιτ.	τους καλούς	τις καλές	τα καλά	**-ους**	**-ες**	**-α**
Κλ.	καλοί	καλές	καλά	**-οι**	**-ες**	**-α**

αλλά

Η γυναίκα του είναι πολύ **μοντέρνα.**
Έχω μια **σκούρα** μπλε φούστα.
Η **γκρίζα** ζακέτα μου είναι πολύ ζεστή.

> γκρίζος, **-α,** -ο
> μοντέρνος, **-α,** -ο
> σκούρος, **-α,** -ο

Είμαι **βέβαιη** ότι η Μαρία θα είναι οπωσδήποτε εδώ στις 8 το βράδυ.
Χθες στο θέατρο δεν ήμασταν πολύ μπροστά, ήμασταν στην **όγδοη** σειρά.
Οι νόμοι δεν είναι πάντα **δίκαιοι.**

βέβαιος, **-η**, -ο
δίκαιος, **-η**, -ο
μάταιος, **-η**, -ο
όγδοος, **-η**, -ο
αραιός, **-ή**, -ό
στερεός, **-ή**, -ό

$$\frac{'}{3} \quad \frac{φωνήεν}{2} \quad \frac{ος}{1}, \text{ -η, -ο}$$

$$\frac{}{3} \quad \frac{φωνήεν}{2} \quad \frac{ός}{1}, \text{ -η, -ο}$$

Τι **νέα** που είναι η μητέρα σου!
Γιατί είστε **όρθιες;** Έχει πολλές καρέκλες.
Μένω σπίτι τις **κρύες** μέρες του χειμώνα.
Ξέρεις το τηλέφωνο της **παλιάς** μας φίλης, της Ελένης;

κρύος, **-α**, -ο
νέος, **-α**, -ο
ωραίος, **-α**, -ο
όρθιος, **-α**, -ο
παλιός, **-ά**, -ό
πλούσιος, **-α**, -ο

$$\left(\frac{}{3}\right) \quad \frac{φωνήεν}{2} \quad \frac{ος}{1}, \text{ -α, -ο}$$

$$\frac{}{3} \quad \frac{(ι)}{2} \quad \frac{ος}{1}, \text{ -α, -ο}$$

Ενικός αριθμός						
	Αρσενικό	**Θηλυκό**	**Ουδέτερο**			
Ον.	ο ωραίος	η ωραία	το ωραίο	**-ος**	**-α**	**-ο**
Γεν.	του ωραίου	της ωραίας	του ωραίου	**-ου**	**-ας**	**-ου**
Αιτ.	τον ωραίο	την ωραία	το ωραίο	**-ο**	**-α**	**-ο**
Κλ.	ωραίε	ωραία	ωραίο	**-ε**	**-α**	**-ο**
Πληθυντικός αριθμός						
Ον.	οι ωραίοι	οι ωραίες	τα ωραία	**-οι**	**-ες**	**-α**
Γεν.	των ωραίων	των ωραίων	των ωραίων	**-ων**	**-ων**	**-ων**
Αιτ.	τους ωραίους	τις ωραίες	τα ωραία	**-ους**	**-ες**	**-α**
Κλ.	ωραίοι	ωραίες	ωραία	**-οι**	**-ες**	**-α**

ο	όμορφος άνθρωπος	οι	όμορφοι άνθρωποι
του	όμορφου ανθρώπου	των	όμορφων ανθρώπων
		τους	όμορφους ανθρώπους

Καληνύχτα και ύπνο **ελαφρό (ελαφρύ).**

Το παιδί φωνάζει, γιατί είναι **νηστικό.**

Έχουν μια καστανή και μια **ξανθιά** κόρη.

Στην Ελλάδα έχουμε και πολύ πλούσιους και πολύ **φτωχούς** ανθρώπους.

Οι Σουηδοί είναι **ευγενικός** λαός.

ευγενικός,	**-ιά (-ή),**	-ό
κακός,	**-ιά (-ή),**	-ό
μαλακός,	**-ιά (-ή),**	-ό
νηστικός,	**-ιά (-ή),**	-ό
ξανθός,	**-ιά (-ή),**	-ό
φρέσκος,	**-ια (-η),**	-ο
φτωχός,	**-ιά (-ή),**	-ό
γλυκός,	**-ιά,**	-ό
ελαφρός (-ύς)	**-ιά,**	-ό (-ύ)

| Ενικός αριθμός | | | | -ος | -ια | -ο |
Αρσενικό	Θηλυκό	Ουδέτερο				
Ον.	ο γλυκός	η γλυκιά	το γλυκό	-ος	-ια	-ο
Γεν.	του γλυκού	της γλυκιάς	του γλυκού	-ου	-ιας	-ου
Αιτ.	το γλυκό	τη γλυκιά	το γλυκό	-ο	-ια	-ο
Κλ.	γλυκέ	γλυκιά	γλυκό	-ε	-ια	-ο
Πληθυντικός αριθμός				-οι	-ες	-α
Ον.	οι γλυκοί	οι γλυκές	τα γλυκά	-οι	-ες	-α
Γεν.	των γλυκών	των γλυκών	των γλυκών	-ων	-ων	-ων
Αιτ.	τους γλυκούς	τις γλυκές	τα γλυκά	-ους	-ες	-α
Κλ.	γλυκοί	γλυκές	γλυκά	-οι	-ες	-α

ΑΣΚΗΣΕΙΣ

A. *Να συμπληρώσετε τα κενά με το σωστό τύπο των ουσιαστικών που εί-*
    ναι στην παρένθεση.

   1. Τι καιρό κάνει ....; (το καλοκαίρι)
   2. Κάνει καλό καιρό ....; (η άνοιξη)
   3. Θα είσαι εδώ ....; (ο Ιανουάριος)
   4. Πόσες φορές .... πηγαίνεις στο θέατρο; (ο μήνας)
   5. .... οι μέρες είναι μικρές. (ο χειμώνας)

B. *Να συμπληρώσετε την πρόταση με τις παρακάτω ημερομηνίες:*
    Ήταν στην Αθήνα ....

9/10/19.. ,	5/5/19.. ,	14/1/19.. ,	23/8/19.. ,
12/3/19.. ,	18/12/20.. ,	1/2/20.. ,	21/4/20.. ,
22/6/20.. ,	30/11/19.. ,	31/7/19.. ,	20/9/19...

Γ. *Να συμπληρώσετε τα κενά με το σωστό τύπο των ουσιαστικών που εί-*
    ναι στην παρένθεση.

   1. Δε θέλω αυτές τις κάρτες, γιατί είναι πολύ .... (ακριβός)
   2. Ξέρεις αυτούς τους δύο .... άντρες; – Ναι, μένουν κοντά
       μας. (ψηλός)
   3. Τα μάτια .... ανθρώπων είναι συνήθως γαλανά. (ξανθός)
   4. Πού είναι .... τσάντα μου; – Στην καρέκλα. (γκρίζος)

5. Βλέπω συχνά .... μου φίλους. (παλιός)
6. .... γονείς δεν έχουν πάντα .... παιδιά. (έξυπνος)
7. Η ξαδέλφη του δεν έχει .... χαρακτηριστικά, αλλά είναι
    .... (όμορφος, γλυκός)
8. Η Ελένη και η Δήμητρα είναι .... και δεν πηγαίνουν ακόμη
    σχολείο. (μικρός)
9. Οι αδελφές του είναι .... κορίτσια. (ευγενικός)
10. Η Θεσσαλονίκη είναι .... σε πράσινο. (φτωχός)
11. Οι φίλες μου έχουν .... μητέρες. (νέος)
12. Η Ειρήνη είναι πάντα .... γι' αυτά που λέει. (σίγουρος)
13. Είναι μόνο 25 χρονών, αλλά έχει .... μαλλιά. (άσπρος)
14. Δίνει πάντα .... απαντήσεις. (έξυπνος)
15. Σπάνια βλέπω .... μου φίλες. (παλιός)
16. Το βιβλίο έχει .... λεξιλόγιο. (πλούσιος)
17. Πολλοί Έλληνες είναι .... (μελαχρινός)
18. Έχω μια ...., ... φούστα. (ακριβός, μαύρος)
19. Η ελληνική σημαία είναι .... και .... (άσπρος,
    γαλάζιος)
20. Οι ασκήσεις δεν είναι .... ακόμη. (έτοιμος)

Ιδιωτισμοί – Εκφράσεις

Πρωτοχρονιά. Καλή χρονιά!
Πρωτομηνιά. Καλό μήνα!
Δευτέρα. Καλή βδομάδα!
ο Κουτσοφλέβαρος
ο δίσεκτος χρόνος

Σκάω από τη ζέστη ≠ Τουρτουρίζω (τρέμω) από το κρύο.
Είμαι μούσκεμα από τη βροχή.
Τα έκανα μούσκεμα. Τα έκανα σαλάτα.

ψιχαλίζει – η ψιχάλα
βροντά – η βροντή
αστράφτει – η αστραπή
ξημερώνει ≠ σουρουπώνει, βραδιάζει, νυχτώνει
νωρίς ≠ αργά

ήλιος με δόντια
το ουράνιο τόξο

Η ώρα

A — Τι είναι αυτό, μπαμπά; Καινούριο ρολόι;

B — Ναι, είναι δώρο από τη μητέρα σου για τα Χριστούγεννα.

A — Ήταν του παππού;

B — Ναι.

A — Πολύ ωραίο είναι. Έχει και μεγάλους δείκτες.

B — Ναι, και δε χάνει ούτε δευτερόλεπτο.

A — Κι εγώ θέλω δώρο για τα Χριστούγεννα.

B — Ρολόι;

A — Όχι, θέλω ένα κινητό που έχει και την ώρα, είναι και ξυπνητήρι, βγάζει και φωτογραφίες.

B — Ναι, αλλά όχι τα Χριστούγεννα. Περίμενε ως τις 15 Μαρτίου, που είναι τα γενέθλιά σου.

Τι ώρα είναι;	Είναι μία. (1:00)
	Είναι δύο. (2:00)
	Είναι τρεις. (3:00)
	Είναι τέσσερις και πέντε. (4:05)
	Είναι τέσσερις και δέκα. (4:10)
	Είναι τέσσερις και τέταρτο. (4:15)
	(Είναι τέσσερις και δεκαπέντε)
	Είναι τέσσερις και είκοσι. (4:20)
	Είναι τέσσερις και είκοσι πέντε. (4:25)
	Είναι τέσσερις και μισή. (4:30)
	(Είναι τέσσερις και τριάντα)
	Είναι πέντε παρά είκοσι πέντε. (4:35)
	(Είναι τέσσερις και τριάντα πέντε)
	Είναι πέντε παρά είκοσι. (4:40)
	(Είναι τέσσερις και σαράντα)
	Είναι πέντε παρά τέταρτο. (4:45)
	(Είναι τέσσερις και σαράντα πέντε)
	Είναι πέντε παρά δέκα. (4:50)
	(Είναι τέσσερις και πενήντα)
	Είναι πέντε παρά πέντε. (4:55)
	(Είναι τέσσερις και πενήντα πέντε)
	Είναι πέντε ακριβώς. (5:00)

τα χαράματα, τα ξημερώματα, το πρωί, το μεσημέρι, το απόγευμα, το βράδυ, η νύχτα, τα μεσάνυχτα.

7:00 **π.μ.**	Είναι επτά **το πρωί.** Καλημέρα.
4:00 **μ.μ.**	Είναι τέσσερις **το απόγευμα.** Καλησπέρα.
9:00 **μ.μ.**	Είναι εννιά **το βράδυ.** Καλησπέρα. Καληνύχτα.

Θα είμαι στο σπίτι σου

στις	οκτώ το πρωί
στις	οκτώ**μισι** το πρωί
στη	μία το μεσημέρι
στη	μία η ώρα
στη	μιά**μιση** το μεσημέρι
στις	τρεις το απόγευμα
στις	τρεισ**ήμισι** το απόγευμα
στις	τεσσερισ**ήμισι** το απόγευμα
στις	εξ**ίμισι** το απόγευμα
στις	οκτώ το βράδυ
στις	οκτώ η ώρα
στις	εντεκά**μισι** τη νύχτα

.

ενά**μισης** χρόνος	τρεισ**ήμισι** μήνες	τεσσερισ**ήμισι** μήνες
ενά**μιση** χρόνο	τρεισ**ήμισι** ώρες	τεσσερισ**ήμισι** ώρες
μιά**μιση** ώρα	τριά**μισι** χρόνια	τεσσερά**μισι** χρόνια
ενά**μισι** λεπτό		

.

Ρολόγια

Α — Καλησπέρα, Μαρία.

Β — Γεια σου, Κώστα. Πού πηγαίνεις;

Α — Πάω σ' ένα φίλο μου. Με περιμένει στο σπίτι του κατά τις επτά. Τι ώρα είναι τώρα;

Β — Δεν ξέρω, το ρολόι μου λέει εξίμισι, αλλά δεν πάει καλά, πάει μπροστά.

Α — Το δικό μου δε δουλεύει, σταμάτησε, και δε θέλω να πάω ούτε νωρίς ούτε αργά. Θέλω να είμαι εκεί στην ώρα μου.

Β — Ρώτα εκείνο τον κύριο, στη στάση. Εγώ σ' αφήνω τώρα, γιατί θα πάω σινεμά με μια φίλη μου.

Α — Γεια σου, Μαρία, και καλή διασκέδαση!

Β — Ευχαριστώ, Κώστα, επίσης!

Θα είμαι εδώ

κατά τη μία
κατά τις επτά
κατά τις οκτώ
κατά τις εννιά
κατά τις εννιάμισι
περίπου στη μιάμισι
γύρω στις τρεισήμισι
(τρεις και μισή)

.   Θα είναι εδώ

σε λίγο
σ' ένα τέταρτο
σε μισή ώρα
σε μια ώρα
σε τρία τέταρτα
σε δύο μέρες
σ' ένα μήνα

.

Το ρολόι μου | πάει μπροστά
πάει πίσω
πάει καλά
δουλεύει
σταμάτησε στις έξι
λέει έξι
τρέχει
χάνει πέντε λεπτά τη μέρα

Κάθε πότε
Πόσο συχνά | πηγαίνεις σινεμά;   Πηγαίνω | κάθε εβδομάδα
κάθε δύο μέρες
δύο φορές την εβδο-
μάδα
τέσσερις φορές το
μήνα
μέρα παρά μέρα
μια φορά στους δύο
μήνες

Ο περίπατος **το απόγευμα** είναι ευχάριστος.
Ο απογευματινός περίπατος είναι ευχάριστος.
Πάντα ακούω τα νέα **το βράδυ.**
Πάντα ακούω **τα βραδινά** νέα.
Ο αέρας **τη νύχτα** είναι κρύος.
Ο νυχτερινός αέρας είναι κρύος.

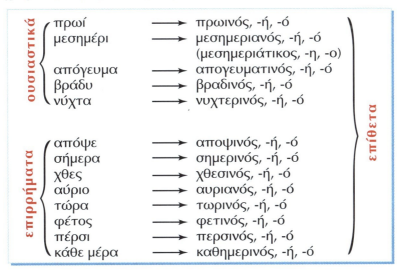

ουσιαστικά		
	πρωί	⟶ πρωινός, -ή, -ό
	μεσημέρι	⟶ μεσημεριανός, -ή, -ό (μεσημεριάτικος, -η, -ο)
	απόγευμα	⟶ απογευματινός, -ή, -ό
	βράδυ	⟶ βραδινός, -ή, -ό
	νύχτα	⟶ νυχτερινός, -ή, -ό

επιρρήματα		
	απόψε	⟶ αποψινός, -ή, -ό
	σήμερα	⟶ σημερινός, -ή, -ό
	χθες	⟶ χθεσινός, -ή, -ό
	αύριο	⟶ αυριανός, -ή, -ό
	τώρα	⟶ τωρινός, -ή, -ό
	φέτος	⟶ φετινός, -ή, -ό
	πέρσι	⟶ περσινός, -ή, -ό
	κάθε μέρα	⟶ καθημερινός, -ή, -ό

επίθετα

Τρώ(γ)ω	πρωινό στις 8 το πρωί.
Τρως	μεσημεριανό στις 2 το μεσημέρι.
Τρώει	απογευματινό στις 6 το απόγευμα.
Τρώμε	βραδινό στις 9 το βράδυ.
Τρώτε	
Τρώνε	

ΑΣΚΗΣΕΙΣ

Α. Να συμπληρώσετε τα κενά.

1. Έχω δουλειά .... μία .... μεσημέρι.

2. Διαβάζω την εφημερίδα μου .... οκτώμισι .... πρωί.

3. Τρώω .... μιάμιση .... μεσημέρι.

4. Θα είμαι στο σπίτι μου .... έξι.

5. Πού θα είσαι .... έντεκα; – Στη δουλειά μου.

6. Έχεις μάθημα .... Δευτέρα .... πρωί; – Όχι, μόνο
   Τρίτη και Τετάρτη.

7. Δε θα είμαι στο σπίτι .... οκτώ .... βράδυ.

8. .... φθινόπωρο κάνει ψύχρα.

9. Απόψει, μετά .... μεσάνυχτα έχει ένα ωραίο έργο στην τη-
   λεόραση.

10. .... άνοιξη κάνει καλό καιρό.

Β. Να βάλετε τις παρακάτω λέξεις στη σωστή σειρά:

1. στις, πρωί, μου, τη, βλέπω, φίλη, κάθε, εννιά

2. πάει, ρολόι, δεν, το, καλά, μου

3. θα, εδώ, ούτε, δε, ούτε, έξι, εφτά, είμαι, στις, στις

4. θέατρο, πότε, στο, πηγαίνεις, κάθε;

5. βρέχει, συχνά, φθινόπωρο, πολύ, το

6. έχω, ξέρω, χτυπάει, ότι, μήνυμα, κινητό, το, γιατί, μου

Ιδιωτισμοί – Εκφράσεις

Ο χρόνος είναι χρήμα.   Περνώ την ώρα μου.

Ώρα σου καλή!   Διαβάζω με τις ώρες.

Σκοτώνω την ώρα μου.   Η ώρα περνά γρήγορα.

Τρώω την ώρα μου.   Δεν έχω ώρα. (καιρό)

Επανάληψη μαθημάτων 1–9

A.   Να συμπληρώσετε τα κενά με το σωστό άρθρο.

1.   Πάντα κάνει ζέστη .... Αύγουστο.
2.   Πού είναι .... Γιάννης; – Στο Πανεπιστήμιο.
3.   Κλείστε .... πόρτες.
4.   .... Αφρική είναι ήπειρος.
5.   .... γονείς μου μένουν μαζί μου.
6.   Διάβασε .... μαθήματά σου.
7.   Πας συχνά με την παρέα σου σε .... ζαχαροπλαστείο;
8.   .... σπουδαστές είναι σε .... τάξη.
9.   Κάνει κρύο .... χειμώνα σε .... πατρίδα σου, Πέ-
     τρο; – Ναι, βέβαια.
10. Δήμητρα, πού ήσουν πέρσι .... άνοιξη; – Στη Γαλλία.
11. Οι αδελφές μου πηγαίνουν σε .... Πανεπιστήμιο δύο φορές
     .... ημέρα.
12. Παιδιά, ελάτε, ... μάθημα αρχίζει σε .... οκτώ, όχι
     σε .... οκτώ και τέταρτο.
13. Στέλνεις συχνά μηνύματα σε .... φίλους σου; – Ναι, όλη
     την ώρα.
14. Δεν ξέρω .... αδελφούς του.
15. Μοίρασε σε .... παιδιά .... φωτοτυπίες, Μαρία.

*B.   Να συμπληρώσετε τα κενά με το σωστό τύπο των ρημάτων **έχω** και*
είμαι.

1.   Γιάννη, πού .... χθες το βράδυ; – Στο σινεμά.
2.   Παιδιά, αύριο δεν .... μάθημα.
3.   .... στο σπίτι μου μετά τις πέντε αύριο το απόγευμα.
4.   Χθες δεν .... μαζί τους στο σινεμά, γιατί .... πυ-
     ρετό.
5.   Κύριε Πετρίδη, μήπως .... ένα τάλιρο; – Όχι δεν ....
     καθόλου ψιλά.
6.   Από αύριο .... στο γραφείο μου μετά τις εφτά.
7.   .... δουλειά το απόγευμα, Άννα; – Όχι, ... σπίτι.
8.   Οι γονείς του .... ένα ωραίο σπίτι.
9.   Πόσω χρονών ...., Γιάννη; – .... είκοσι χρονών.

10. Ελένη, ... το βράδυ στο σπίτι σου; – Ναι, έλα, θα σε περιμένω.

11. Τι μέρα .... χθες; – Τρίτη.

12. Ο Δημήτρης κι εγώ .... φίλοι.

13. Η Λίτσα, η Δανάη κι εγώ .... χθες μαζί στο θέατρο.

14. Από πού ...., κύριε Κώστα; – Από την Αθήνα.

15. Παιδιά, πού .... προχθές στις δέκα; – Σ' ένα πάρτι.

16. Πού .... Πέτρο, και δεν ακούς το τηλέφωνο; – .... έξω.

17. .... νέα μου σύντομα, μητέρα.

18. Δεν .... νερό και δεν .... ούτε χθες.

19. .... έναν αυστηρό δάσκαλο.

20. Πόσα παιδιά .... ο κύριος και η κυρία Δημητρίου; – .... δύο, σύντομα όμως .... τρία. Όταν .... κι εγώ μαζί τους στην Αθήνα πριν από πέντε χρόνια, ... μόνο ένα.

Γ. *Να συμπληρώσετε τα κενά με μία από τις παρακάτω λέξεις:*
από, γιατί, με, και, δεν, ναι, όχι, με, πόσω, πώς

1. .... σε λένε; – Δανάη.

2. .... χρονών είστε; – Είκοσι οκτώ.

3. .... δε διαβάζεις; – Δεν έχω καιρό.

4. .... καταλαβαίνω τα ελληνικά.

5. Η Μαρία .... ο Γιώργος είναι αδέλφια.

6. .... τι γράφετε στον πίνακα; – Με κιμωλία ή με μαρκαδόρο.

7. .... πού είναι ο φίλος σου; – Από την Κρήτη.

8. ...., δεν τον ξέρω.

9. ...., θα είμαι εκεί στις δέκα.

10. Πηγαίνω διακοπές .... τους γονείς μου.

Δ. *Να συμπληρώσετε τα κενά με μία από τις παρακάτω λέξεις:*
τώρα, ύστερα, κάθε, πριν, πέρσι, αύριο, χθες, σήμερα, επάνω, κάτω, εδώ, εκεί, μπροστά, πίσω

1. .... θα πάμε στη θάλασσα, γιατί κάνει ζέστη.

2. .... είναι Τρίτη.

3. Τι κάνουμε ....; – Πάμε μια βόλτα;

4. Δε μένει ...., αλλά ...., κοντά στη στάση.

5. Άφησε το δέμα .... στο τραπέζι.

6. Η γάτα είναι .... από την καρέκλα.

7. .... είχε πολύ κρύο.

8. .... πότε πηγαίνεις στην εκκλησία; – Κάθε Κυριακή.

9. Η άνοιξη είναι .... από το καλοκαίρι και το φθινόπωρο .... από το καλοκαίρι.

10. .... δεν ήμουν στην Ελλάδα. Ήμουν στην πατρίδα μου.

11. Ποιος είναι αυτός .... από το δέντρο; – Ο γιος μου.

12. Το λεωφορείο κάνει στάση .... στο σπίτι μας.

E. *Να συμπληρώσετε τα κενά με τις παρακάτω λέξεις στον κατάλληλο τύπο:*

ποιος, -α, -ο
πόσοι, -ες, -α
αυτός ο, αυτή η, αυτό το
εκείνος ο, εκείνη η, εκείνο το
εκείνος, εκείνη, εκείνο
μου, σου, του, της, μας, σας, τους

1. Με .... ήσουν χθες στο σινεμά; – Με το φίλο μου.

2. .... αδελφούς και .... αδελφές έχεις; – Μόνο μία αδελφή.

3. Με .... κοπέλες κάνεις παρέα; – Με τη Ρούλα και τη Φανή.

4. Ποιος μένει σ' .... σπίτι; – Οι γονείς μου.

5. Αυτή εδώ η τσάντα είναι του Γιώργου και .... εκεί είναι του Κώστα.

6. Ο Πέτρος και ο Στέφανος αγοράζουν τα βιβλία .... κάθε Σεπτέμβριο.

7. Διαβάζουμε τα μαθήματά .... κάθε βράδυ.

8. Τι κάνει η μητέρα ...., Νίκο; – Πολύ καλά, ευχαριστώ.

9. .... είναι .... κύριος; – Δεν ξέρω.

10. Πώς είναι οι γονείς ...., παιδιά; – Καλά.

11. Από πού ξέρεις .... κοπέλες; – Από το Πανεπιστήμιο.

12. Η Σόνια ανοίγει την εφημερίδα .... και διαβάζει.

13. .... λεφτά θέλεις, παιδί ....; – Είκοσι ευρώ.

14. Η Κατερίνα γράφει συχνά στη μητέρα ....

15. Τι δουλειά κάνουν οι γονείς .... παιδιών; – Είναι δάσκαλοι.

16. Η φίλη .... η Γερμανίδα είναι ξανθιά.

17. Καλά, δεν καταλαβαίνεις; Θέλω .... στιλό που είναι κάτω από το τετράδιό ....

ΣΤ. Να βάλετε τα ουσιαστικά στη σωστή πτώση και αριθμό.

1. Το νερό .... είναι κρύο. (η βρύση)

2. Το φθινόπωρο πέφτουν .... (τα φύλλα, το δέντρο)

3. Από το παράθυρό μου βλέπω .... (η Φιλοσοφική Σχολή)

4. .... μου είναι δύσκολη. (η δουλειά, ο γιος)

5. Κλείστε .... των δωματίων, γιατί φυσάει. (η πόρτα)

6. Έχω πολλούς .... στο γραφείο μου. Πάρε όσους θέλεις. (κίτρινος, ο φάκελος)

7. Δε γνωρίζω .... του Μιχάλη. (ο αδελφός)

8. Δε γράφω ...., γιατί δεν έχω καιρό. (το γράμμα)

Ζ. Να συμπληρώσετε τα κενά με το σωστό τύπο των λέξεων που είναι στην παρένθεση.

1. Ο Γιώργος έχει μια πολύ .... μητέρα. (όμορφος)

2. Υπάρχουν δύο .... στη βιτρίνα, το ένα όμως είναι πολύ .... (ωραίος, το φόρεμα, ακριβός)

3. Η Θεσσαλονίκη έχει .... σπίτια. (πολλοί, παλιός)

4. Κάνει παρέα με .... ανθρώπους. (νέος)

5. Υπάρχουν .... δέντρα στον κήπο μας. (ψηλός)

6. Μένω σε .... πάτωμα. (τρίτος)

7. Ποια είναι .... μέρα της εβδομάδας; (έβδομος)

8. Είναι δύσκολο .... μάθημα; (πέμπτος)

9. .... μήνας του χρόνου είναι ο Ιούνιος. (έκτος)

10. Έχει πολλές .... μπλούζες. (πράσινος)

11. Δώστε μου μια .... κιμωλία. (κόκκινος)

12. Σοφία, πάρε .... σοκολάτα. (λίγος)

Η. Να συμπληρώσετε τα παρακάτω ρήματα στο σωστό τύπο:
κάνω, πηγαίνω, γράφω, μαθαίνω, βλέπω, διαβάζω, παίρνω, δίνω, ανάβω, σβήνω

1. .... το φως, γιατί δε ....
2. Πότε .... πάρτι, Γιώργο; – Την άλλη βδομάδα.
3. .... το μολύβι σου και .... το βιβλίο μου.
4. Γιατί .... ελληνικά; – Γιατί ο πατέρας μου είναι Έλληνας.
5. Τα βράδια ακούω μουσική και ....
6. Ο αδελφός μου κι εγώ .... συχνά στους γονείς μας.
7. .... την τηλεόραση, γιατί διαβάζω.
8. Δεν .... συχνά στον κινηματογράφο, γιατί δουλεύει ως αργά το βράδυ.

Θ. *Να γράψετε τα αντίθετα των παρακάτω λέξεων:*

καλός ≠	σβήνω ≠	λίγο ≠
εδώ ≠	δίνω ≠	μέσα ≠
μπροστά ≠	κλείνω ≠	μακριά ≠
φτηνός ≠	ναι ≠	μεγάλος ≠
χθες ≠	πρωί ≠	νυχτώνει ≠
πέρσι ≠	μέρα ≠	κάνει ζέστη ≠
γρήγορα ≠	νωρίς ≠	το φως ≠
πάνω ≠	πριν ≠	πρώτος ≠

Δεκατο Μαθημα

Επιστροφή από τις διακοπές

Χθες τα παιδιά γύρισαν από τις καλοκαιρινές διακοπές τους. Μόλις έφτασαν στο σπίτι, άνοιξαν όλα τα παράθυρα. Πόση σκόνη είχε, Θεέ μου! Οι τρεις φίλοι μοίρασαν αμέσως τη δουλειά στα τρία. Ο ένας σκούπισε τα δωμάτια, ο άλλος καθάρισε τα τζάμια και ο τρίτος ξεσκόνισε.

Τα παιδιά δούλεψαν τέσσερις ώρες χωρίς διακοπή. Το αποτέλεσμα όμως ήταν καταπληκτικό. Στο τέλος το σπίτι έλαμψε από καθαριότητα. Αφού καμάρωσαν το έργο τους οι φίλοι μας, πήγαν για ύπνο κουρασμένοι αλλά ευχαριστημένοι.

Πολλές δουλειές

Α – Πού ήσουν, Πέτρο;
Β – Ήμουν στην Καβάλα. Είχα μια δουλειά εκεί.
Α – Πότε έφυγες;

Β — Έφυγα στις έξι του μηνός και γύρισα στις είκοσι.

Α — Με τι πήγες;

Β — Με το δικό μου αυτοκίνητο.

Α — Αγόρασες αυτοκίνητο;

Β — Ναι, τον περασμένο μήνα.

Α — Καλορίζικο! Πώς ήταν ο καιρός στην Καβάλα;

Β — Όχι και τόσο καλός. Φθινόπωρο είναι, κι έκανε αρκετό κρύο. Έβρεξε κιόλας, κι εγώ κρύωσα και έμεινα δύο μέρες στο κρεβάτι.

Α — Τουλάχιστο, τελείωσες τις δουλειές που είχες εκεί;

Β — Ευτυχώς, ναι.

Ρήματα α' συζυγίας

Οριστική

Αόριστος

Αόριστος σε -σ- (διαβάζ-ω, διάβασ-α)

Προχθές διάβα**σα** ότι αύριο δε θα έχει φως στο κέντρο της πόλης.

Διάβα**σες** τι γράφει στον τοίχο, Γιώργο;

Ο Παντελής δε διάβα**σε** την εφημερίδα ακόμη.

Την περασμένη βδομάδα διαβά**σαμε** τρία βιβλία.

Διαβά**σατε** τα νέα χθες;

Τα παιδιά δε διάβα**σαν,** γιατί δεν είχαν βιβλίο.

Αόριστος σε -σ- (κλείν-ω, έ-κλεισ-α)

Έκλει**σα** το παράθυρο, γιατί κρύωσα.

Έκλει**σες** καλά την πόρτα, Κώστα;

Έκλει**σε** το ζαχαροπλαστείο, γιατί είναι μεσάνυχτα.

Χθες το βράδυ δεν κλεί**σαμε** μάτι, γιατί είχαν πάρτι οι από πάνω.

Γιατί κλεί**σατε** το ραδιόφωνο; Δεν τελείωσαν τα νέα ακόμη.

Έκλει**σαν** τα σχολεία την περασμένη Παρασκευή, γιατί είχαν απεργία οι καθηγητές.

Αόριστος σε -ξ- (αλλάζ-ω, άλλαξ-α)

Άλλα**ξα** τις κουρτίνες του δωματίου μου.

Άλλα**ξες** πολύ μετά το ταξίδι σου, Γιώργο.

Γιατί άλλα**ξε** το πρόγραμμα των εξετάσεων;
Αλλά**ξαμε** σπίτι, γιατί το παλιό ήταν μικρό.
Πότε αλλά**ξατε** το αυτοκίνητό σας;
Η Μαρία και η Ελένη άλλα**ξαν** χτένισμα.

Αόριστος σε **-ψ-** (γράφ-ω, έ-γραψ-α)

Έγρα**ψα** ένα γράμμα στο φίλο μου.
Δεν έγρα**ψες** σωστά την άσκηση.
Η Ελίζα έγρα**ψε** πολύ ωραία έκθεση.
Γρά**ψαμε** τα ονόματά μας πάνω στα βιβλία.
Γρά**ψατε** καλά στο διαγώνισμα;
Οι μαθητές έγρα**ψαν** σωστά τα ρήματα.

κλείνω — έκλεισα   αγοράζω — αγόρασα
λύνω — έλυσα   αρχίζω — άρχισα
ντύνω — έντυσα   γιορτάζω–γιόρτασα
πληρώνω — πλήρωσα   δανείζω — δάνεισα
σβήνω — έσβησα   διαβάζω — διάβασα
τελειώνω — τελείωσα (τέλειωσα)   ετοιμάζω — ετοίμασα
φτάνω — έφτασα   καθαρίζω — καθάρισα
χάνω — έχασα   λούζω — έλουσα
                                   σκουπίζω — σκούπισα

νιώθω — ένιωσα
πείθω — έπεισα   *Σημείωση:* ακούω — άκουσα

$$-\nu\omega,\ -\zeta\omega,\ -\theta\omega \longrightarrow -\sigma\alpha$$

αλλάζω — άλλαξα   ανοίγω — άνοιξα   ρίχνω — έριξα
κοιτάζω — κοίταξα   διαλέγω — διάλεξα   διώχνω — έδιωξα
παίζω — έπαιξα   φυλάγω — φύλαξα   φτιάχνω — έφτιαξα
στηρίζω — στήριξα
τρομάζω — τρόμαξα   σφίγγω — έσφιξα
φωνάζω — φώναξα   προσέχω — πρόσεξα
                      τρέχω — έτρεξα   ελέγχω — έλεγξα
πλέκω — έπλεξα
                      διδάσκω — δίδαξα   κηρύττω — κήρυξα

$$-\zeta\omega,\ -\kappa\omega,\ -\gamma\omega,\ -\chi\omega,\ -\sigma\kappa\omega,\ -\chi\nu\omega,\ -\gamma\gamma\omega,\ -\gamma\chi\omega,\ -\tau\tau\omega \longrightarrow \xi\alpha$$

λάμπω — έλαμψα   ανάβω — άναψα   βάφω — έβαψα
λείπω — έλειψα   κλέβω — έκλεψα   γράφω — έγραψα
                  κόβω — έκοψα
                  κρύβω — έκρυψα   ανακαλύπτω — ανακάλυψα
                  ράβω — έραψα

$$\text{-πω, -βω, -φω, -πτω} \longrightarrow \text{-ψα}$$

δουλεύω — δούλεψα   ξοδεύω — ξόδεψα
ζηλεύω — ζήλεψα   πιστεύω — πίστεψα
μαγειρεύω — μαγείρεψα   ταξιδεύω — ταξίδεψα
μαζεύω — μάζεψα   χορεύω — χόρεψα

Σημείωση: παύω — έπαψα

$$\text{-εύω} \longrightarrow \text{-εψα}$$

(δε) διάβασα	(δεν) άνοιξα	(δεν) έγραψα	-α
διάβασες	άνοιξες	έγραψες	-ες
διάβασε	άνοιξε	έγραψε	-ε
διαβάσαμε	ανοίξαμε	γράψαμε	-αμε
διαβάσατε	ανοίξατε	γράψατε	-ατε
διάβασαν	άνοιξαν	έγραψαν	-αν

Ο αόριστος δείχνει μια πράξη που έγινε και τελείωσε στο παρελθόν και παρουσιάζεται στο σύνολό της, σαν να ολοκληρώνεται σε μια στιγμή, συνοπτικά, χωρίς να τονίζεται η διάρκεια ή η επανάληψη της πράξης.

Τα ρήματα στον αόριστο τονίζονται στην **προπαραλήγουσα.**

Παράδειγμα: διαβάζω – διάβασα – διαβάσαμε

Όταν το ρήμα είναι δισύλλαβο, στον αόριστο μπαίνει ένα **έ** πριν από το θέμα.

Παράδειγμα: έγραψα – έγραψες – έγραψε – έγραψαν
αλλά: γράψαμε – γράψατε

Αντωνυμίες

| Τίνος
Ποιανού | είναι αυτός ο αναπτήρας;
ο χάρακας; | Είναι | δικός μου
δικός σου
δικός του
δικός της
δικός του
δικός μας
δικός σας
δικός τους | . |

| Τίνος
Ποιανών | είναι αυτοί οι αναπτήρες;
οι χάρακες; | Είναι | δικοί μου
δικοί σου
δικοί του
δικοί της
δικοί του
δικοί μας
δικοί σας
δικοί τους | . |

| Τίνος
Ποιανής | κόρη είναι αυτή;
τσάντα
καρέκλα | Είναι | δικιά (δική) μου
δικιά (δική) σου
δικιά (δική) του
δικιά (δική) της
δικιά (δική) του
δικιά (δική) μας
δικιά (δική) σας
δικιά (δική) τους | . |

| Τίνος
Ποιανών | κασέτες είναι αυτές;
σακούλες
καρέκλες | Είναι | δικές μου
δικές σου
δικές του
δικές της
δικές του
δικές μας
δικές σας
δικές τους | . |

Τίνος Ποιανού	πορτοφόλι είναι αυτό; καπέλο	Είναι	δικό μου δικό σου δικό του δικό της δικό του δικό μας δικό σας δικό τους	.

Τίνος, ποιανού, ποιανής, ποιανού, ποιανών	πορτοφόλια είναι αυτά; καπέλα	Είναι	δικά μου δικά σου δικά του δικά της δικά του δικά μας δικά σας δικά τους	.

Δικό μου, δικό σου

Α — Τι ψάχνεις;

Β — Θέλω ένα στιλό.

Α — Πού είναι το δικό σου;

Β — Το έχει η Αλίκη και γράφει.

Α — Πάρε ένα από την τσάντα μου.

Β — Αυτή είναι η τσάντα σου;

Α — Όχι, αυτή είναι της Θεοδώρας. Η άλλη είναι δική μου.

Β — Μα είναι ίδιες και οι δύο.

Α — Δεν είναι ίδιες. Της δικής μου τα τσεπάκια είναι πιο μεγάλα.

Β — Έχασα και τον αναπτήρα μου.

Α — Πάρε το δικό μου. Είναι επάνω στο τραπέζι.

Β — Εντάξει. Εσύ, τι γράφεις;

Α — Ασκήσεις.

Β — Ακόμη; Τις δικές μου τις τελείωσα από χθες το βράδυ.

Α — Ε, δεν έχουμε όλοι τη δικιά σου εξυπνάδα!

Τακτικά αριθμητικά

13	δέκατος τρίτος	40	τεσσαροκοστός
14	δέκατος τέταρτος	50	πεντηκοστός
15	δέκατος πέμπτος	60	εξηκοστός
16	δέκατος έκτος	70	εβδομηκοστός
17	δέκατος έβδομος	80	ογδοηκοστός
18	δέκατος όγδοος	90	ενενηκοστός
19	δέκατος ένατος	100	εκατοστός
20	εικοστός		
21	εικοστός πρώτος		
22	εικοστός δεύτερος		
23	εικοστός τρίτος		
30	τριακοστός		

13ος	δέκατος τρίτος	20ός	εικοστός
13η	δέκατη τρίτη	20ή	εικοστή
13ο	δέκατο τρίτο	20ό	εικοστό

Η **25η (εικοστή πέμπτη)** Μαρτίου και η **28η (εικοστή ογδόη)** Οκτωβρίου είναι αργίες.

Ο αδελφός μου πηγαίνει στο **43ο (τεσσαροκοστό τρίτο)** δημοτικό σχολείο.

Η εικόνα της **48ης (τεσσαρακοστής όγδοης)** σελίδας είναι αστεία.

Μένουν στο **24ο (εικοστό τέταρτο)** πάτωμα ενός ουρανοξύστη.

Ποιος ξέρει πώς θα είναι η ζωή τον **22ο (εικοστό δεύτερο)** αιώνα!

ΑΣΚΗΣΕΙΣ

Α. Να κλίνετε τα παρακάτω ρήματα στον αόριστο:

σβήνω	λείπω	τρέχω
διαβάζω	ανακαλύπτω	προσέχω
σκουπίζω	ταξιδεύω	ανοίγω

Β. Να συμπληρώσετε τα κενά με τον αόριστο των ρημάτων που είναι στην παρένθεση.

1. Ο ξάδελφός μου, που είναι φοιτητής, ... πολύ αυτή τη βδομάδα. (διαβάζω)

2. Γιατί δεν .... και έκανες τόσα λάθη στην άσκηση; (προσέχω)

3. Τα παιδιά .... το παιχνίδι τους ως το βράδυ. (συνεχίζω)

4. .... το πορτοφόλι μου και δεν έχω λεφτά ούτε για το εισιτήριο του λεωφορείου. (χάνω)

5. Η μαντάμ Κιουρί .... το ράδιο. (ανακαλύπτω)

6. .... ποτέ με αεροπλάνο; – Ναι. (ταξιδεύω)

7. Ο σκύλος .... τον κλέφτη με τα γαβγίσματά του. (τρομάζω)

8. Όταν .... το έργο, τα φώτα .... (αρχίζω, σβήνω)

Γ. *Να συμπληρώσετε τα κενά με τα παρακάτω ρήματα στο σωστό τύπο του αορίστου:*

τελειώνω, γυρίζω, φτάνω, βρέχει, γιορτάζω, μαγειρεύω, ανοίγω, αλλάζω, αρχίζω, δουλεύω

1. Το τρένο .... στο σταθμό στην ώρα του.

2. Ο Κώστας και η Ελένη .... στο γραφείο του θείου τους τον περασμένο χειμώνα.

3. Ο Πέτρος .... το γυμνάσιο πέρσι και πάει πρώτη λυκείου.

4. Χθες το βράδυ .... πολύ, αλλά σήμερα έχει ήλιο.

5. Προχθές είχα τα γενέθλιά μου, αλλά δεν τα ....

6. Γιατί .... την πόρτα, Νέλλη; – Γιατί κάνει ζέστη.

7. Τα παιδιά δε .... ακόμη από τις διακοπές.

8. Τα μαθήματά μας .... τον Οκτώβριο.

9. Δε .... σήμερα, γιατί δεν είχα καιρό.

10. Δεν ξέρω πού μένει ο Χρήστος· .... σπίτι πριν από τρεις μήνες.

Δ. *Να συμπληρώσετε τα κενά με το σωστό τύπο της αντωνυμίας* **ο δικός.**

1. Ε, κύριε, τι κάνετε; Αυτή είναι .... μου η τσάντα.

2. Χθες ο Γιώργος και η Αλέκα είχαν τραπέζι· αυτή .... της παλιές συμμαθήτριες και αυτός .... του φίλους.

3. Τον πατέρα μου τον λένε Παναγιώτη. Ποιο είναι το όνομα .... σας;

4. Μιλάς όλη την ώρα για .... σου προβλήματα. Άκου μια φορά και .... μου.

5. Γιατί έρχονται τα γράμματά σου σε .... μου διεύθυνση;

6. Πάμε το Σαββατοκύριακο στο σπίτι .... μου, στη Θάσο; Δε θα είναι εκεί οι γονείς μου.

7. Η μαμά μου λέει «ναι» για το ταξίδι μας. Ποια είναι η απάντηση .... σου μαμάς;

8. Γιατί δεν είναι έτοιμες ακόμη .... σου φωτογραφίες;

9. Δεν έχεις αυτοκίνητο; Πάρε .... μου.

10. Δες πώς μοιάζει η κόρη της με .... μου!

E. Να κάνετε ερωτήσεις στις οποίες οι λέξεις με έντονα γράμματα να είναι απαντήσεις.

Παράδειγμα: Βλέπεις το σπίτι **του Γιώργου.**
Τίνος (το) σπίτι βλέπεις;

1. **Του δικού μου αδελφού** τα μαλλιά είναι μακριά.
2. Πηγαίνω στη βιβλιοθήκη **τρεις φορές** την εβδομάδα.
3. Αγόρασα τα βιβλία **της Μαίρης.**
4. Βλέπω **τη φίλη σου** συχνά.
5. Διαβάζω **τρεις** εφημερίδες τη μέρα.
6. Ακούω **τα νέα** από το ραδιόφωνο.
7. Ξέρω **τους καινούριους φίλους σου.**
8. Δε θα είναι εδώ, **γιατί έχει δουλειά.**
9. Αυτός ο κύριος είναι **ο δάσκαλός μου.**
10. Η τσάντα **της Ελένης** είναι κόκκινη.

ΣΤ. Να διαβάσετε και να γράψετε τα παρακάτω αριθμητικά:

12	59	74	88ος	3η	100ή
20	68	13	4ος	69η	40ός
100	5	10	72ος	8ο	1η
46	81	17	7η	11η	600ός
33	11	14ος	57ος	95η	13η
92	6	26ος	41ο	12ος	6ο

Z. Να συμπληρώσετε τα κενά με το σωστό τύπο των αριθμητικών που είναι στην παρένθεση.

1. Ο Δεκέμβριος είναι .... μήνας του χρόνου. (12ος)
2. Γύρισε σε .... σελίδα του βιβλίου. (35ος)

3. Γράψτε .... άσκηση .... μαθήματος. (3ος, 29ος)
4. Το διαμέρισμά μας είναι σε .... πάτωμα. (13ος)
5. Ποιος μένει σε .... όροφο; – Οι δικοί μου. (14ος)
6. Αυτό είναι .... βιβλίο που διαβάζω φέτος. (15ος)

Ιδιωτισμοί – Εκφράσεις

Τελειώνω μια δουλειά.

Λάμπω από καθαριότητα.

Τελειώνει το ψωμί.

Λάμπω από χαρά.

οι δικοί μου = η οικογένειά μου

τα ναύλα

ΟΔΙΚΟΣ

ΑΕΡΟΠΟΡΙΚΟΣ

ΣΙΔΗΡΟΔΡΟΜΙΚΟΣ

ΑΤΜΟΠΛΟΪΚΟΣ

Γράμμα σ' ένα φίλο

Θεσσαλονίκη, 19 Δεκεμβρίου 20..

Αγαπητέ μου φίλε,

Είμαι στην Ελλάδα εδώ και ένα μήνα. Έγραψα, ξαναέγραψα, αλλά απάντηση δεν πήρα από σένα. Γιατί; Μήπως δεν είσαι καλά;

Εμένα ακόμα δε με ξέρει κανείς εδώ. Κοντά στο σπίτι μου μένουν πολλοί φοιτητές από την πατρίδα μας, αλλά δεν τους ξέρω πολύ καλά. Τους βλέπω μόνο στη στάση κάθε πρωί και τους χαιρετώ. Είναι εδώ και ο Γιάννης, όμως τον συναντώ μόνο κάθε Κυριακή, γιατί δουλεύει έξω από τη Θεσσαλονίκη.

Σας έχω στο νου μου, εσένα και τους φίλους μας. Τα ελληνικά δεν είναι πολύ δύσκολα. Τα καταλαβαίνω και τα μιλώ λίγο, κάνω όμως πολλά λάθη.

Περιμένω νέα σου. Γράψε ή πάρε τηλέφωνο.

Σε χαιρετώ
Φίλιππος

Ο πατέρας μου

| με |
| σε |
| τον |
| την |
| το |
| μας |
| σας |
| τους |
| τις |
| τα |

περιμένει. Περιμένει

| εμένα |
| εσένα |
| αυτόν |
| αυτήν |
| αυτό |
| εμάς |
| εσάς |
| αυτούς |
| αυτές |
| αυτά |

.

Φωνάζω **τον Κώστα. Τον** φωνάζω.
Βλέπω **την Καίτη. Τη** βλέπω.
Δε διάβασα **το βιβλίο** του. Δεν **το** διάβασα.
Ξέρω **τον Παύλο και το Γιώργο. Τους** ξέρω.
Προσέχω **την Εύα και τη Λίνα. Τις** προσέχω.
Δε φώναξα **τα παιδιά.** Δεν **τα** φώναξα.
Βλέπω **τον κύριο και την κυρία Παπά. Τους** βλέπω.
Ξέρω **τον πατέρα της και το παιδί της. Τους** ξέρω.
Δεν ξέρουν **το παιδί και τη μητέρα** του. Δεν **τους** ξέρουν.
Δεν ξέρουν **το κορίτσι και τη μητέρα** του. Δεν **τις** ξέρουν.
Βλέπω **τον πίνακα και το θρανίο. Τα** βλέπω.
Διαβάσαμε **την εφημερίδα και το βιβλίο. Τα** διαβάσαμε.

Αυτόν τον βλέπει συχνά. **Το Σωτήρη τον** βλέπει συχνά.
Τον βλέπει συχνά **αυτόν. Τον** βλέπει συχνά **το Σωτήρη**.

Ο καθηγητής θέλει **εμένα,** όχι **εσένα**.
Ο δάσκαλος ξέρει **εμάς,** όχι **εσάς**.
Κοιτάζω **αυτόν,** όχι τον Πέτρο.
Φώναξε **αυτούς,** όχι **εμάς**.

Εμένα με καταλαβαίνει το παιδί, όμως **εσένα** δε **σε** καταλαβαίνει.
Αυτόν τον βλέπει κάθε μέρα, γι' αυτό **τον** ξέρει καλά.
Αυτήν την ξέρω πολλά χρόνια, γιατί δουλεύουμε στην ίδια τράπεζα.
Εσύ **την** ξέρεις;
Αυτό το έγραψα χθες, δεν **το** ξαναγράφω.

Εμάς μας καταλαβαίνουν τα παιδιά, όμως **εσάς** δε **σας** καταλαβαίνουν.
Αυτούς τους βλέπουν κάθε μέρα, γι' αυτό **τους** ξέρουν καλά.

Αυτές τις ξέρουμε πολλά χρόνια, γιατί δουλεύουμε στην ίδια τράπεζα. Εσύ **τις** ξέρεις;
Αυτά τα έγραψα χθες, δεν **τα** ξαναγράφω.

Πώς	σε	λένε;	Με	λένε Κώστα.
	με		Σε	λένε Λουκία.
	τον		Τον	λένε Πέτρο.
	τη		Τη	λένε Μαρία.
	το		Το	λένε Γιωργάκη.
	μας		Μας	λένε Κώστα και Γιώργο.
	σας		Σας	λένε Αντιγόνη και Μανόλη.
	τους		Τους	λένε Χρίστο και Νίκη.
	τις		Τις	λένε Μάγδα και Ελένη.
	τα		Τα	λένε Γιωργάκη και Ελενίτσα.

Πώς **τη** λένε; **Τη** λένε Αντιγόνη.
Πώς **το** λένε αυτό το κορίτσι; **Το** λένε Αντιγόνη.

Εμένα με λένε Γιώργο. **Εσένα** πώς **σε** λένε;
Αυτόν τον λένε Παύλο. **Αυτήν** πώς **τη** λένε;

Μερικά από τα ρήματα που παίρνουν μόνο άμεσο αντικείμενο:

αγαπώ, αδικώ, ακούω, βλέπω, βοηθώ, ειδοποιώ, ευχαριστώ, ζηλεύω, θέλω, καταλαβαίνω, μισώ, ξέρω, παρηγορώ, συναντώ, χαιρετώ

Συναντώ **τους φίλους μου** συχνά. **Τους** συναντώ συχνά.
Ακούω **τη μητέρα** που μιλάει στο τηλέφωνο. **Την** ακούω που μιλάει.

Ορίστε η επιταγή σας

Α — Κύριε...
Β — Σ' εμένα μιλάτε; Τι με θέλετε;
Α — Μήπως έχετε μια επιταγή για μένα; Την περιμένω εδώ και δέκα μέρες.
Β — Πώς σας λένε;
Α — Μανόλη Τριανταφύλλου.
Β — Βεβαίως. Δεν ήσασταν στο σπίτι πριν από λίγο, και σας άφησα ειδο-
       ποίηση.
Α — Σας ζητώ συγνώμη, ήμουν στην αγορά.
Β — Δεν πειράζει. Ορίστε τα λεφτά σας.
Α — Σας ευχαριστώ πολύ.

ΑΣΚΗΣΕΙΣ

A. Να συμπληρώσετε τα κενά με τις αντωνυμίες στον κατάλληλο τύπο.

1. Έρχεται το λεωφορείο; .... βλέπεις;
2. Αυτοί είναι οι φίλοι μας. .... ξέρεις;
3. Έχουμε τρεις ασκήσεις. .... έγραψες;
4. Ο Κώστας έχει αυτοκίνητο, αλλά δεν .... δανείζει σε κανέναν.
5. Έχουμε πολλές φίλες, αλλά δεν .... βλέπουμε συχνά.
6. Ο Νίκος λέει μια ιστορία, αλλά κανένας δεν .... προσέχει.
7. .... ξέρεις αυτόν; – Ναι, ... ξέρω. Είναι ο Αντώνης.
8. Χθες δεν ήρθαν τα κορίτσια· .... περίμενα ως τις οκτώ.
9. Ξέρεις πώς .... λένε αυτές; – Όχι, δεν ξέρω.
10. Χρίστο, εσένα .... έπεισαν τα λόγια του;
11. Πού είναι ο φάκελος; – .... έριξα στο κουτί.
12. Εμένα .... καλαταβαίνει, αυτήν όμως δεν .... καταλαβαίνει, γιατί μιλάει γρήγορα.
13. Την Ελένη .... βλέπω πολύ συχνά.
14. Πηγαίνουμε στο σπίτι, γιατί .... περιμένει η μητέρα μας.
15. Το πρωί οι συμφοιτητές μας .... περίμεναν στο Πανεπιστήμιο.

B. Να αντικαταστήσετε με τον κατάλληλο τύπο της αντωνυμίας τις λέξεις που είναι γραμμένες με έντονα γράμματα.

1. Γράφω **τις ασκήσεις μου**.
2. Ανοίγω **την τηλεόραση,** όταν έχω καιρό.
3. Έγραψε **τους αριθμούς** στο χαρτί.
4. Ακούει **τα νέα** το βράδυ.
5. Φώναξαν **τον Αλέκο και τη Μαρία** στο σπίτι τους.
6. Οι γονείς φροντίζουν **τα παιδιά τους**.
7. Ξοδεύω **τα λεφτά μου**.
8. Βλέπει **τον πατέρα μου** πολύ συχνά.
9. Καταλαβαίνω **τα ελληνικά,** αλλά δεν τα μιλώ.
10. Ψάχνει **τα κλειδιά του**.
11. Κανείς δεν ξέρει **τον Κώστα**.
12. Τελείωσαν **τις δουλειές τους** πολύ γρήγορα.
13. Τα παιδιά δεν ξέρουν **αυτές τις λέξεις**.

14. Άνοιξα **τα παράθυρα του δωματίου του**.

15. Αγοράζω **τις εφημερίδες μου** από το περίπτερο.

Γ. Να συμπληρώσετε τα κενά με το σωστό τύπο της αντωνυμίας.

1. Ο αδελφός μου κι .... έχουμε ένα κίτρινο αυτοκίνητο.

2. Τα καπέλα .... είναι επάνω στο τραπέζι. (αυτές)

3. Αυτοί γράφουν την ορθογραφία .... τώρα.

4. .... βλέπω συχνά. (αυτός)

5. Ποιανού είναι αυτός ο αναπτήρας; Είναι δικός ....; – Ναι. (εσύ)

6. Είναι μεγάλη η οικογένεια ....; – Όχι. (εσείς)

7. .... ξέρω το φίλο σου πολύ καλά.

8. .... λένε Άλκη. Εσένα πώς .... λένε; – Βύρωνα.

9. Αυτούς δεν .... πιστεύω, εσάς όμως .... πιστεύω.

10. .... πηγαίνω συχνά στους γονείς μου, ο αδελφός μου όμως δεν πηγαίνει πολύ συχνά.

11. Πού είναι τα πράγματά της; .... βλέπεις;

12. Τα παιδιά είναι έξω με τα ξαδέλφια ....

Δ. Να συμπληρώσετε τα κενά με την κατάλληλη αντωνυμία.

1. .... λένε Πέτρο. (εσύ, εμένα, τον, αυτοί).

2. Κάνει ότι δε .... βλέπει. (εγώ, αυτός, με, εμείς)

3. .... φωνάζει η μητέρα μας. (αυτοί, μας, αυτή, αυτό)

4. Τα παιδιά .... ξέρουν καλά αυτές τις ιστορίες. (την, τον, τις, το)

5. .... χαιρετά φιλικά, όταν τους βλέπει. (με, τον, τους, εμένα)

6. Γιατί κάνεις πως δεν ακούς, όταν .... φωνάζω; (σου, τα, σε, αυτές)

7. .... περιμένουν στο ζαχαροπλαστείο. (σας, εσύ, εσείς, εγώ)

8. .... διάβασα αυτό το βιβλίο. Είναι πολύ ωραίο. (την, τους, το, εμείς)

9. Έκανε πολλή φασαρία και .... έδιωξαν από το σπίτι. (την, εμένα, αυτούς, εγώ)

10. Πάρε λίγο, είναι πολύ ωραίο. .... έφτιαξε η μητέρα μου. (μας, την, το, σε)

Ιδιωτισμοί – Εκφράσεις

Νοσταλγώ την πατρίδα μου.
Επιθύμησα τους γονείς μου.
Μου λείπεις πολύ!

(Έχε) το νου σου! = Πρόσεχε!

Κύριε,
Κύριε καθηγητά,
Αγαπημένε (-η, -ο) μου   αεροπορικώς
Σε φιλώ   το επείγον γράμμα
Φιλικά   το συστημένο γράμμα
Με αγάπη
Με σεβασμό
Με εκτίμηση

ΔΩΔΕΚΑΤΟ ΜΑΘΗΜΑ

Στην αγορά

Α — Σοφία, γεια σου.

Β — Γεια σου, Μάρω. Πώς έτσι πρωί στην αγορά; Δεν έχεις γραφείο σήμερα;

Α — Έχω βέβαια, αλλά μου έδωσε ο διευθυντής μου δύο ώρες άδεια και βγήκα για ψώνια.

Β — Τι θα ψωνίσεις;

Α — Έχουν γενέθλια τα δίδυμα της αδελφής μου και θέλω να τους πάρω κανένα βιβλίο. Τους έπλεξα και από μια κόκκινη μπλούζα που νομίζω ότι θα τους πάει πολύ, γιατί είναι ξανθά.

Β — Δε θα αγοράσεις τίποτα για σένα;

Α — Είδα ένα πολύ όμορφο άσπρο φόρεμα, αλλά δεν ξέρω τι να κάνω. Μου αρέσουν τα άσπρα και μου πάνε πολύ, αλλά το φόρεμα ήταν πολύ ακριβό και τα λεφτά που έχω δε μου φτάνουν.

Β — Εγώ πάντως σου εύχομαι καλή επιτυχία στα ψώνια.

Α — Ευχαριστώ. Γεια σου.

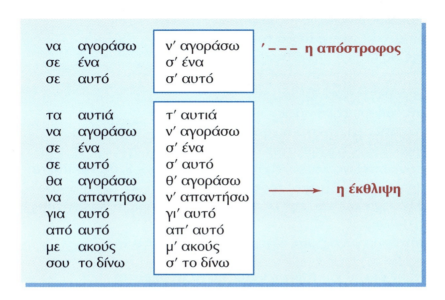

να αγοράσω	ν' αγοράσω	' – – – η απόστροφος
σε ένα	σ' ένα	
σε αυτό	σ' αυτό	

τα αυτιά	τ' αυτιά	
να αγοράσω	ν' αγοράσω	
σε ένα	σ' ένα	
σε αυτό	σ' αυτό	
θα αγοράσω	θ' αγοράσω	
να απαντήσω	ν' απαντήσω	→ η έκθλιψη
για αυτό	γι' αυτό	
από αυτό	απ' αυτό	
με ακούς	μ' ακούς	
σου το δίνω	σ' το δίνω	

Η μητέρα μου μου αγόρασε εφημερίδα.
Η μητέρα μου αγόρασε εφημερίδα.
Η μητέρα μού αγόρασε εφημερίδα.

Οι γείτονές μας μας έκαναν ένα γλυκό.
Οι γείτονές μας έκαναν ένα γλυκό.
Οι γείτονες μάς έκαναν ένα γλυκό.

Μου	γράφει ένα γράμμα κάθε μέρα.
Σου	
Του	
Της	
Του	
Μας	
Σας	
Τους	

Ο αστυνόμος **μάς** έδειξε το δρόμο.

Δε **σου** έδωσα τα λεφτά για το βιβλίο.

Δεν **της** διαβάσαμε την έκθεσή μας.

Μαμά, γιατί δε **μου** φτιάχνεις το γλυκό που θέλω;

Τους πρόσφερε τσάι και γλυκά.

Του αγοράσαμε χειμωνιάτικα παπούτσια.

Τους έστειλες χριστουγεννιάτικες κάρτες;

Γιατί **μου** βάζεις ζάχαρη στον καφέ; Δεν τον πίνω γλυκό.

Πάντα **σου** στέλνει λουλούδια στα γενέθλιά σου; – Ε, όχι και πάντα.

Δεν **τους** χρωστώ τίποτα, **τους** πλήρωσα ακόμη και το τηλέφωνο.

Πήρα γράμμα και από την Πόπη και από τη Χάρη, αλλά δεν **τους** απάντησα ακόμη.

Αγαπητοί μου γονείς, **σας** εύχομαι καλά Χριστούγεννα.

Παίρνουν άμεσο και έμμεσο αντικείμενο τα ρήματα:

> αγοράζω, αφήνω, βάζω, βγάζω, γράφω, δανείζω, δίνω, δωρίζω, εύχομαι, ζητώ, λέω, μαθαίνω, παίρνω, πηγαίνω, πουλώ, προσφέρω, στέλνω, τηλεφωνώ, φέρνω, φτιάχνω, χαρίζω, χρωστώ.

Ο αδελφός μου έστειλε **σ' εμένα** ένα δώρο.

Ο αδελφός μου **μου** έστειλε ένα δώρο.

Ο δάσκαλος λέει **σ' εμένα** να είμαι φρόνιμος.

Ο δάσκαλος **μού** λέει να είμαι φρόνιμος.

Η Καίτη παίρνει **για μένα** τσιγάρα.

Η Καίτη **μού** παίρνει τσιγάρα.

Σ' εσένα μιλώ· μ' ακούς;

Σου μιλώ· μ' ακούς;

Η Νίκη έγραψε **σ' εσένα** δύο γράμματα.

Η Νίκη **σού** έγραψε δύο γράμματα.

Η αδελφή σου φέρνει **για σένα** πολλά δώρα.

Η αδελφή σου **σου** φέρνει πολλά δώρα.

Δίνω **στο Γιάννη** μια επιταγή.

Δίνω **σ' αυτόν** μια επιταγή.

Του δίνω μια επιταγή.
Δίνω **του Γιάννη** μια επιταγή.

Ο Αλέκος γράφει **στον πατέρα του** ένα γράμμα.
Ο Αλέκος γράφει **σ' αυτόν** ένα γράμμα.
Ο Αλέκος **τού** γράφει ένα γράμμα.
Ο Αλέκος γράφει **του πατέρα του** ένα γράμμα.

Ο μανάβης δεν έδωσε **στο φίλο μου** ωραία φρούτα.
Ο μανάβης δεν έδωσε **σ' αυτόν** ωραία φρούτα.
Ο μανάβης δεν **του** έδωσε ωραία φρούτα.
Ο μανάβης δεν έδωσε **του φίλου μου** ωραία φρούτα.

Χαρίζω **στη Μαρία** μια τσάντα για τη γιορτή της.
Χαρίζω **σ' αυτήν** μια τσάντα για τη γιορτή της.
Της χαρίζω μια τσάντα για τη γιορτή της.
Χαρίζω **της Μαρίας** μια τσάντα για τη γιορτή της.

Ο κύριος Πέτρου δώρισε **στη γυναίκα του** ένα δαχτυλίδι.
Ο κύριος Πέτρου δώρισε **σ' αυτήν** ένα δαχτυλίδι.
Ο κύριος Πέτρου **της** δώρισε ένα δαχτυλίδι.
Ο κύριος Πέτρου δώρισε **της γυναίκας του** ένα δαχτυλίδι.

Η μητέρα αγόρασε **για το παιδί** μια σοκολάτα.
Η μητέρα αγόρασε **γι' αυτό** μια σοκολάτα.
Η μητέρα **τού** αγόρασε μια σοκολάτα.
Η μητέρα αγόρασε **του παιδιού** μια σοκολάτα.

Ο Κώστας δανείζει **στο κορίτσι** λεφτά.
Ο Κώστας δανείζει **σ' αυτό** λεφτά.
Ο Κώστας **τού** δανείζει λεφτά.

Μας έγραψαν μια κάρτα και εύχονται **σ' εμάς** χρόνια πολλά.
Μας έγραψαν μια κάρτα και **μας** εύχονται χρόνια πολλά.

Οι γονείς μας αγοράζουν **για μας** βιβλία.
Οι γονείς μας **μας** αγοράζουν βιβλία.

Διάβασε η δασκάλα **σ' εσάς** καμιά ιστορία;
Σας διάβασε η δασκάλα καμιά ιστορία;

Προσφέρω **στους φίλους μου** γλυκά.
Προσφέρω **σ' αυτούς** γλυκά.
Τους προσφέρω γλυκά.

Παίρνω λουλούδια **για τις αδελφές μου.**
Παίρνω λουλούδια **γι' αυτές.**
Τους παίρνω λουλούδια.

Τηλεφωνώ **στα παιδιά** κάθε μέρα.
Τηλεφωνώ **σ' αυτά** κάθε μέρα.
Τους τηλεφωνώ κάθε μέρα.

Εμένα μου
Εσένα σου
Του Γιώργου τού
Της Μαρίας τής
Του παιδιού τού
Εμάς μας
Εσάς σας

γράφει κάθε μέρα.

Δε με ξέρει καλά.
Εμένα **δε** με ξέρει καλά.
Δε μου έγραψε ακόμα.
Εμένα **δε** μου έγραψε ακόμα.

Δανεικά και αγύριστα!

Α — Τι έχεις και είσαι έτσι;

Β — Τι έχω! Μου είπε ο Παύλος ότι εμένα δε μου δίνει δανεικά, γιατί δεν είμαι, λέει, εντάξει.

Α — Περίεργο. Εμένα πάντα μου δίνει όταν του ζητώ. Και του Γιώργου τού δάνεισε προχθές 150 ευρώ.

Β — Εγώ πάντως δεν του ξαναμιλώ, γιατί δεν είναι φίλος.

Α — Περίμενε, περίμενε ένα λεπτό! Εσένα δε σου δάνεισε τον περασμένο μήνα 60 ευρώ; Τα έδωσες πίσω;

Β — Όχι ακόμη.

Α — Ε, τότε τι μιλάς;

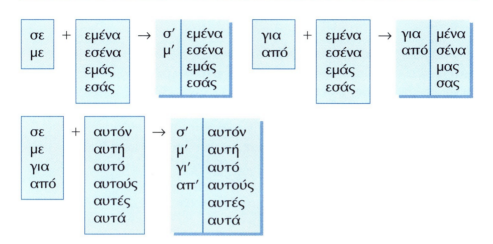

Με ποιον πάει σινεμά; – Συνήθως πάει **μ' εμένα**.

Σε ποιον έδωσε το γράμμα του Γιώργου; – Το έδωσε **σ' εσένα**;

Για ποιον είναι αυτό το βιβλίο; – Το βιβλίο είναι **για σας**.

Από ποιον παίρνει εφημερίδα; – Παίρνει εφημερίδα **απ' αυτόν**.

Μένεις **μ' εμένα**.
Μένεις μαζί **μ' εμένα**.
Μένεις μαζί **μου**.

Μένεις **μ' εμάς**.
Μένεις μαζί **μ' εμάς**.
Μένεις μαζί **μας**.

Μένει **μ' εσένα**.
Μένει μαζί **μ' εσένα**.
Μένει μαζί **σου**.

Μένει **μ' εσάς**.
Μένει μαζί **μ' εσάς**.
Μένει μαζί **σας**.

Μένω **με τον Παύλο**.
Μένω μαζί **με τον Παύλο**.
Μένω μαζί **του**.

Μένω **με τους φίλους μου**.
Μένω μαζί **με τους φίλους μου**.
Μένω μαζί **τους**.

Μένω **με τη θεία μου**.
Μένω μαζί **με τη θεία μου**.
Μένω μαζί **μ' αυτήν**.
Μένω μαζί **της**.

Μένω **με τις κόρες μου**.
Μένω μαζί **με τις κόρες μου**.
Μένω μαζί **μ' αυτές**.
Μένω μαζί **τους**.

Μένω **μ' αυτό το παιδί**.
Μένω μαζί **μ' αυτό το παιδί**.
Μένω μαζί **μ' αυτό**.
Μένω μαζί **του**.

Μένω **με τα παιδιά μου**.
Μένω μαζί **με τα παιδιά μου**.
Μένω μαζί **μ' αυτά**.
Μένω μαζί **τους**.

Τοπικά επιρρήματα

Η Αλίκη κάθεται **πλάι μου.** (πλάι σ' εμένα)

Γιατί δε λέει αστεία **μπροστά σου;** (μπροστά σ' εσένα)

Μένουμε **κοντά του.** (κοντά σ' αυτόν)

Έφυγε **μακριά της.** (μακριά απ' αυτήν)

Κάνει κρύο. Ρίξε κάτι **πάνω σου.** (πάνω σ' εσένα)

Ο Λευκός Πύργος είναι **αριστερά μας.** (αριστερά από μας)

Η Φιλοσοφική σχολή είναι **δεξιά σας.** (δεξιά από σας)

Έχουν πολλούς φίλους **γύρω τους.** (γύρω απ' αυτούς)

Κάθεται **απέναντί τους** και τρώει. (απέναντι απ' αυτές)

Αγόρασε σπίτι **δίπλα τους.** (δίπλα σ' αυτά)

Μια παλιά φωτογραφία

Α — Μανόλη, τι έπεσε από το βιβλίο σου;

Β — Δες, μια παλιά φωτογραφία μου από την τρίτη Δημοτικού.

Α — Αχ, τι αστείοι που είστε με κοντά παντελονάκια. Εσύ δεν είσαι αυτός δίπλα στην πόρτα;

Β — Ναι. Και αυτός πλάι μου, ποιος είναι, τον γνωρίζεις;

Α — Καλέ, ο Γιώργος δεν είναι; Κοίταξε πώς ήταν! Κι εκείνο το κοριτσάκι δεξιά του;

Β — Η Καίτη. Και πίσω της ο Θόδωρος και η Μαρίνα, που είναι τώρα παντρεμένοι με τρία παιδιά.

Α — Τι σου φέρνουν στο μυαλό οι φωτογραφίες... Αλήθεια, τι ωραία χρόνια...

Μου αρέσει το κόκκινο χρώμα.

Σου αρέσει αυτή η πράσινη κουβέρτα;

Δεν **του αρέσει** η τσάντα μου.

Μας αρέσει το φόρεμά σου.

Σας αρέσει ο γαλλικός καφές;

Δεν **τους αρέσει** ο θαλασσινός αέρας.

Μου αρέσουν τα παπούτσια σου.

Σου αρέσουν τα μαλλιά μου;

Δεν **του αρέσουν** οι φλύαρες κοπέλες.

Μας αρέσουν οι ιστορίες με περιπέτειες.

Σας αρέσουν τα γρήγορα αυτοκίνητα;
Δεν **τους αρέσουν** οι κωμικοί ηθοποιοί.

Του Γιάννη **τού αρέσουν** τα ταξίδια.   ή   Στο Γιάννη **αρέσουν** τα ταξίδια.

Της Καίτης **τής αρέσει** η μουσική.   ή   Στην Καίτη **αρέσει** η μουσική.

Του παιδιού **τού αρέσουν** τα γλυκά.   ή   Στο παιδί **αρέσουν** τα γλυκά.

Στους φίλους μας **αρέσουν** τα ταξίδια.
Στις φίλες μας **αρέσει** η μουσική.
Στα παιδιά **αρέσουν** τα γλυκά.

Καλή είμαι μ' αυτό το φουστάνι; **Σ' αρέσω;**
Δε **μ' αρέσεις** καθόλου με κοντά μαλλιά.

Μου πάει το μπλε χρώμα.
Σου πάει αυτό το φαρδύ παντελόνι.
Δεν **του πάει** αυτό το στενό κοστούμι.
Μας πάει το βάψιμο;
Δε **σας πάει** αυτό το χτένισμα.
Δεν **τους** πάει το μοντέρνο ντύσιμο.

Μου πάνε τα ψηλά τακούνια.
Σας πάνε οι φαρδιές φούστες;
Δεν **του πάνε** τα πολύ μοντέρνα ρούχα.

Μας πάνε οι μακριές ζακέτες.
Σας πάνε τα μακριά μαλλιά;
Δεν **τους πάνε** τα χτυπητά χρώματα.

Του πατέρα μου **του πάνε** τα γυαλιά.   ή   Στον πατέρα μου **πάνε** τα γυαλιά.

Της μητέρας μου **της πάει** το άσπρο χρώμα.   ή   Στη μητέρα μου **πάει** το άσπρο χρώμα.

Του παιδιού **τού πάνε** τα κοντά παντελόνια.   ή   Στο παιδί **πάνε** τα κοντά παντελόνια.

Τα γυαλιά **πάνε** στους φίλους μας.
Το άσπρο χρώμα **πάει** στις φίλες μας.
Τα κοντά παντελόνια **πάνε** στα παιδιά.

ΑΣΚΗΣΕΙΣ

Α. Να συμπληρώσετε τα κενά με το σωστό τύπο της αντωνυμίας που είναι στην παρένθεση.

1. .... αγοράζω εφημερίδες. (αυτός)
2. Ο πατέρας μου .... δίνει λεφτά κάθε βδομάδα. (εγώ)
3. Ο φίλος μου .... είπε τα νέα. (αυτοί)
4. Δεν .... άρεσε αυτό το βιβλίο. (αυτή)
5. .... πάνε τα μαύρα. (αυτές)
6. Η Αλίκη .... είπε μια ωραία ιστορία. (αυτά)
7. Δεν .... αρέσεις, γιατί είσαι πολύ ψηλή. (αυτός)
8. Ποιος .... χάρισε αυτή την μπλούζα; – Η αδελφή μου. (εσύ)
9. Πότε λέει ότι .... έστειλε την επιταγή; – Την περασμένη εβδομάδα. (εμείς)
10. .... άφησα φαγητό πάνω στο τραπέζι. (εσύ)
11. .... είπε ότι δε .... πάει αυτό το χτένισμα. (εγώ, εγώ)
12. .... αρέσει ο κρύος καφές; – Νομίζω ναι. (αυτοί)
13. Δεν .... αρέσουν αυτά τα γυαλιά. (αυτές)
14. Δεν .... αρέσει αυτό το φόρεμα, γιατί είναι κόκκινο, και τα κόκκινα δεν .... πάνε. (αυτή, αυτή)
15. Δεν .... πάει το καφέ χρώμα. (αυτά)
16. Έβαψα τα μαλλιά μου. .... αρέσω; – Καλά είναι. (εσύ)
17. .... αρέσουν τα γαλλικά; – Πολύ. (εσείς)

Β. Να συμπληρώσετε τα κενά με την κατάλληλη αντωνυμία στο σωστό τύπο.

1. .... μου αρέσει το κόκκινο χρώμα. Εσένα ποιο χρώμα .... αρέσει; – Το μπλε.
2. Εσάς .... έστειλαν κάρτα τα Χριστούγεννα; – Βέβαια.
3. Εμάς .... έφεραν εφημερίδα. Εσάς .... έφεραν; – Όχι ακόμα.
4. Οι γονείς μας .... είπαν ότι έρχονται στο τέλος του μήνα. Εσάς οι δικοί σας, πότε .... είπαν ότι έρχονται; – Τον άλλο μήνα.
5. .... η ξαδέλφη μου μου λέει όλα τα μυστικά της.

Γ. Να αντικαταστήσετε με την κατάλληλη αντωνυμία τις λέξεις που είναι γραμμένες με έντονα γράμματα.

1. Έδωσα **στους φίλους μου** τα λεφτά.
2. Τηλεφωνώ **στη μητέρα μου** κάθε μέρα.
3. Χρωστώ **στις κοπέλες** 100 ευρώ.
4. Αγόρασα αυτό το καπέλο **για σένα.** Αν δε σου κάνει, το δίνω πίσω.
5. Χάρισα **του Γιώργου** αυτή τη φωτογραφία.
6. Έστειλα κάρτες **στην κυρία Αντωνίου και στην κυρία Παπά.**
7. Ο τροχονόμος παίρνει **από τον Τάσο** τα στοιχεία του.
8. Μαθαίνω ελληνικά **σ' αυτούς τους φοιτητές.**
9. Πρόσφερα πορτοκαλάδα **στα παιδιά** χθες το βράδυ.
10. Αγοράζω εφημερίδες **γι' αυτούς** κάθε μέρα.
11. Λέμε **σ' αυτές** ανέκδοτα.
12. Έδωσα **στην Ειρήνη** ένα εισιτήριο για το θέατρο.
13. Γιατί είπες ψέματα **σ' εμένα;**
14. Μαθαίνει **σ' εμάς** γαλλικά.
15. Φέρνει **για σας** το φαγητό.

Δ. Να συμπληρώσετε τα κενά με το σωστό τύπο της αντωνυμίας, χωρίς πρόθεση.

1. Οι γονείς τους κάθονται κοντά .... (αυτοί)
2. Τι βλέπεις γύρω ....; – Φίλους και φίλες. (εσύ)
3. Το μαγαζί του αδελφού μου είναι απέναντι .... (εσείς)
4. Τι νιώθει μέσα .... αυτός ο άνθρωπος; – Ποιος ξέρει; (αυτός)
5. Έγινε χθες ένα δυστύχημα πλάι .... (εμείς)
6. Ο φίλος μου μένει μαζί .... (εγώ)
7. Ποιος κάθεται μπροστά ...., ο Πέτρος ή ο Γιώργος; – Και οι δύο. (εσύ)
8. Φύγε, σε παρακαλώ, μακριά .... (εγώ)
9. Προσέχετε, πίσω .... είναι ένα αυτοκίνητο. (εσείς)
10. Πρόσεξε, θα χύσεις τον καφέ πάνω .... (εσύ)
11. Κοίταξε, δίπλα .... κάθεται μια γνωστή μας κυρία. (αυτοί)
12. Αριστερά .... βλέπω ένα άδειο τραπέζι. (αυτός)

Ιδιωτισμοί – Εκφράσεις

το κατάστημα	ο πελάτης	η απόδειξη
ο καταστηματάρχης	η πελάτισσα	το ταμείο
ο πωλητής	η πελατεία	η παραλαβή
η πωλήτρια		

Το τρένο φτάνει στις οκτώ.
Προχωρείτε, και θα σας φτάσω.
Δε φτάνω στο τελευταίο ράφι. Φέρε μου μια καρέκλα, σε παρακαλώ.
Δε φτάνει το ψωμί.
Δε μου φτάνουν τα χρήματα γι' αυτό το φόρεμα.
Φτάνει!

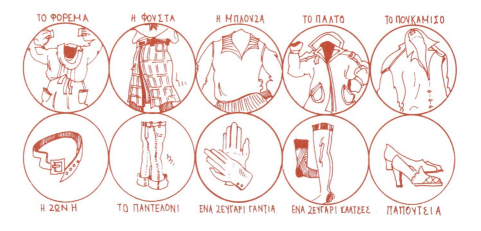

Αχ, αυτοί οι γιατροί!

A — Καλημέρα. Για πού έτσι βιαστικός;

B — Πάω στο γιατρό.

A — Πάλι! Μα δεν ήσουν στο γιατρό πριν από λίγες μέρες;

B — Ήμουν. Από τον περασμένο μήνα που είχα μια γρίπη, συνέχεια στους
γιατρούς τρέχω.

A — Δηλαδή τι έχεις;

B — Μια μού πονάει το κεφάλι, μια έχω ενοχλήσεις στο στομάχι, άλλοτε
μουδιάζει το αριστερό μου χέρι κι έχω βήχα και συνάχι.

A — Ο γιατρός τι σου λέει;

B — Αυτά που λένε όλοι οι γιατροί. Κάνε αναλύσεις, πάρε φάρμακα, πρό-
σεξε το φαγητό σου, αλλά αποτέλεσμα μηδέν.

A — Τι θα κάνεις λοιπόν;

B — Μάλλον θα αλλάξω γιατρό.

A — Καλή ιδέα! Γεια σου και περαστικά.

Μου λένε **τα νέα**. **Μου τα** λένε.

Σας χρωστώ **τον καφέ**. **Σας τον** χρωστώ.

Μας βάζουν **τα βιβλία** στη βιβλιοθήκη. **Μας τα** βάζουν στη βιβλιοθήκη.

Λέω **στο παιδί την ιστορία**. **Του τη** λέω.

Αγόρασα **για τη μητέρα μου αυτή την μπλούζα**. **Της την** αγόρασα.

Χρωστώ **στα παιδιά δέκα ευρώ**. **Τους τα** χρωστώ.

Δίνουμε **στους φοιτητές τις ασκήσεις**. **Τους τις** δίνουμε.

Δεν έχω ψιλά. Ο γιος μου πήρε **από μένα όλα τα ψιλά**.

Ο γιος μου **μου τα** πήρε.

Γράψαμε **στις φίλες μας τις καινούριες διευθύνσεις μας**. **Τους τις** γράψαμε.

Μήπως η Μαρία έδωσε **τα λεφτά σ' εσένα**; Μήπως **σου τα** έδωσε;

Δεν έδωσε **σ' εμένα τους φακέλους της**. Δε **μου τους** έδωσε.

Αντωνυμίες

Υποκείμενο	Κτητικά	Έμμεσο αντικείμενο			Άμεσο αντικείμενο	
εγώ	μου	εμένα	μου	σ' εμένα	εμένα	με
εσύ	σου	εσένα	σου	σ' εσένα	εσένα	σε
αυτός	του	—	του	σ' αυτόν	αυτόν	τον
αυτή	της	—	της	σ' αυτή	αυτή(ν)	τη(ν)
αυτό	του	—	του	σ' αυτό	αυτό	το
εμείς	μας	εμάς	μας	σ' εμάς	εμάς	μας
εσείς	σας	εσάς	σας	σ' εσάς	εσάς	σας
αυτοί	τους	—	τους	σ' αυτούς	αυτούς	τους
αυτές	τους	—	τους	σ' αυτές	αυτές	τις (τες)
αυτά	τους	—	τους	σ' αυτά	αυτά	τα

Ύστερα από πρόθεση: από, για, με, προς, σε + εμένα, εσένα, αυτόν κτλ.

Ενεστώτας των ρημάτων σε -ομαι

Όταν έχω συνάχι, **φτερνίζομαι**.

Έρχεσαι μαζί μας στο σινεμά;

Το νερό **γίνεται** πάγος στους 0°. (μηδέν βαθμούς)

Σου **ευχόμαστε** περαστικά.

Πού **κάθεστε**;

Δε **σκέφτονται** καθόλου το αύριο.

έρχ-**ομαι**
έρχ-**εσαι**
έρχ-**εται**
ερχ-**όμαστε**
έρχ-**εστε**
έρχ-**ονται**

ΑΣΚΗΣΗ

A. Να αντικαταστήσετε με τον κατάλληλο τύπο της αντωνυμίας τις λέξεις
που είναι γραμμένες με έντονα γράμματα.

1. Είσαι σίγουρη ότι **σ' εμάς** έδωσες **το κλειδί σου;** – Ναι, βέβαια.
2. Η Μαρία ετοιμάζει **το γλυκό για τον Κώστα.**
3. Η ξαδέλφη μου δάνεισε **σ' αυτούς τις κασέτες της.**
4. Έδωσα **στη μητέρα μου την μπλούζα της.**
5. Είπατε **στ' αδέλφια μας τα νέα;** – Όχι ακόμη.
6. Γιατί δε φέρνουν **σ' εσάς τα ψώνια** στο σπίτι; – Δε θέλουμε.
7. Παίρνω **απ' αυτόν το λεξικό του.**
8. Ο Γιώργος δίνει **σ' εμένα τα παιχνίδια του.**
9. Πήγε ταξίδι κι άφησε **σ' αυτούς το σκύλο της.**
10. Μήπως άφησε **σ' εσένα τους φακέλους μου;** – Ναι, εγώ τους έχω.
11. Μου είπε ότι έφερε **για σένα τις κάλτσες.**
12. Δωρίσαμε **σ' αυτές τις μάλλινες μπλούζες μας.**
13. Έγραψα **στο φίλο μου αυτό το μεγάλο γράμμα.**
14. Έφερα **αυτά τα δώρα για τη Μαρία.**
15. Ο γιατρός έδωσε **τα φάρμακα στον άρρωστο.**
16. Η μητέρα ετοίμασε **το γάλα για μένα.**

Ιδιωτισμοί – Εκφράσεις

Πού είναι ο φίλος σου; Να τος.	ο, η, ακτινολόγος
φοβητσιάρης, -α, -ικο	ο, η, αναισθησιολόγος
περαστικά	ο, η, γυναικολόγος
ο κατά φαντασίαν ασθενής	ο, η, καρδιολόγος
Έχω πυρετό. Βάζω θερμόμετρο.	ο, η, κτηνίατρος
ο πονοκέφαλος, ο πονόδοντος	ο, η, μαιευτήρας
ο Σταθμός Πρώτων Βοηθειών	ο, η, μικροβιολόγος
ο Ερυθρός Σταυρός	ο, η, νευρολόγος
το ιατρείο, το νοσοκομείο, η κλινική	ο, η, οδοντογιατρός
η συνταγή	ο, η, ορθοπεδικός
η θερμοκρασία	ο, η, οφθαλμίατρος
διανυκτερεύω	ο, η, παθολόγος
διημερεύω, εφημερεύω	ο, η, παιδίατρος

η ιατρική εξέταση
Κάνω ένεση. Κάνω εγχείριση.
Παίρνω (κάνω) ειδικότητα.

ο, η, χειρούργος
ο, η, ψυχίατρος
ο, η, ωτορινολαρυγγολόγος (ΩΡΛ)

ο, η, φαρμακοποιός
το φαρμακείο, τα φάρμακα
η νοσοκόμα, ο νοσοκόμος

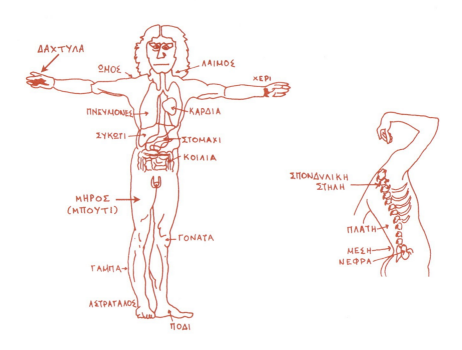

Επανάληψη μαθημάτων 10–13

A. *Να συμπληρώσετε τα κενά με τα παρακάτω ρήματα στο σωστό τύπο του αορίστου:*

πλέκω, στηρίζω, λούζω, ντύνω, κοιτάζω, προσέχω, διώχνω, σφίγγω, διδάσκω, τρέχω, κόβω, ανακαλύπτω, κρύβω

1. Ποιος .... την Αμερική; – Ο Κολόμβος.
2. Ο δάσκαλος του Πέτρου και της Άννας τούς .... χθες το ρήμα «είμαι».
3. .... το ανοιχτό παράθυρο με το βιβλίο του.
4. Η μητέρα .... το μωρό και ύστερα το ....
5. Πού .... το πορτοφόλι μου; Το θέλω.
6. Τους .... από την πολυκατοικία, γιατί έκαναν φασαρία.
7. .... και .... τη μητέρα τους στην αγκαλιά τους.
8. .... λυπημένα τον άρρωστο φίλο του.
9. Δεν .... και .... το χέρι του με το μαχαίρι.
10. .... ένα ωραίο πουλόβερ για το χειμώνα.

B. *Να συμπληρώσετε τα κενά με το σωστό τύπο των αριθμητικών που είναι στην παρένθεση.*

1. Οι φίλοι μας μένουν σε .... πάτωμα κι εμείς σε .... (7, 3)
2. Οι θείοι μου έχουν ένα ωραίο σπίτι σε .... λεωφόρο της Νέας Υόρκης. (38)
3. Ο αδελφός μου ήρθε .... στον αγώνα δρόμου. (5)
4. Πριν από πόσες μέρες γιορτάσατε .... επέτειο του γάμου σας; (15)
5. Ποιοι ήταν .... άνθρωποι που έφτασαν στο φεγγάρι; (1)
6. Λείπει .... σελίδα του βιβλίου. (46)
7. Τελειώσαμε .... μάθημα. (13)

Γ. *Να συμπληρώσετε τα κενά με το σωστό τύπο της αντωνυμίας που είναι στην παρένθεση.*

1. Ο αδελφός .... και .... κάνουμε πολλές εκδρομές με το μικρό μας αυτοκίνητο. (εγώ, εγώ)

2. Ο ξάδελφός .... δάνεισε χθες 500 ευρώ (αυτός, αυτός)

3. Η μητέρα .... αγόρασε ένα όμορφο φόρεμα. (αυτή, αυτή)

4. Οι γονείς .... γράφουν συχνά. (εμείς, εμείς)

5. Ο παππούς .... είναι γέρος, γι' αυτό .... διαβάζει την εφημερίδα .... μερικές φορές. (αυτή, αυτός, αυτός)

6. Οι γονείς .... δίνουν 300 ευρώ το μήνα για τα προσωπικά τους έξοδα. (αυτές, αυτές)

7. Οι φίλοι .... τηλεφωνούν συχνά; – Όχι πολύ συχνά. (εσύ, εσύ)

8. Τον Αλέξανδρο .... βλέπω κάθε πρωί στη στάση του λεωφορείου. (αυτός)

9. Το παλτό .... βγάζω πάντα όταν είμαι μέσα στην τάξη. (εγώ, αυτό)

10. .... οι γονείς .... είπαν από την πρώτη στιγμή, ότι θα έχω προβλήματα, αν κάνω παρέα μαζί .... (εγώ, εγώ, εγώ, αυτό, αυτές)

11. Όταν τα αδέλφια .... πηγαίνουν ταξίδι, πάντα φέρνουν σε .... ένα μικρό δώρο. (εγώ, εγώ)

12. Χθες χαρίσαμε στον πατέρα .... μια γραβάτα για τα Χριστούγεννα. .... τι χαρίσατε στον πατέρα ....; – Ένα πουκάμισο. (εμείς, εσείς, εσείς)

13. .... πουλώ το παλιό .... αυτοκίνητο. .... θέλεις; – Όχι, θέλω καινούριο. (εσύ, εγώ, αυτό)

14. .... χρωστώ χρήματα; – Όχι, ... έδωσες. (εσείς, εσείς, εμείς, αυτά)

15. .... πάει το κίτρινο χρώμα. (αυτές)

16. Κάποιος άφησε ένα σημείωμα για .... στο θυρωρό. (εμείς)

17. Νοικιάσαμε διαμέρισμα δίπλα σε .... (αυτός)

18. Πάντα .... στέλνει λουλούδια στα γενέθλια .... (αυτή, αυτή)

Δ. *Να συμπληρώσετε τα κενά με το σωστό τύπο της αντωνυμίας* **ο δικός μου**.

1. Ο αδελφός μου έχει .... φίλους κι εγώ έχω ....

2. Δεν είναι .... το αυτοκίνητο. Είναι του φίλου τους.

3. Γιατί παίρνεις συνέχεια .... τσιγάρα;

4. Συγνώμη κυρία μου, έκανα λάθος και πήρα .... ομπρέλα.

5. Είναι κακό να τα θέλεις όλα ....

6. Ποιο είναι το τηλέφωνο .... γραμματείας; – 2310-997572.

Ε. *Να συμπληρώσετε τα κενά με το σωστό τύπο των αντωνυμιών και των ρημάτων που είναι στην παρένθεση.*

1. Πατέρα, χθες .... τσιγάρα. .... κάπνισες όλα; – Όχι, να τα. (εσύ, αγοράζω, αυτά)

2. Παιδιά, ... πέντε ευρώ; (εγώ, δανείζω)

3. Οι γονείς μου μένουν στην Αθήνα και .... κάθε βδομάδα. (αυτοί, τηλεφωνώ)

4. Τα παιδιά μας .... δώρα τα Χριστούγεννα. (αυτοί, στέλνω)

5. Της αδελφής μου .... σαράντα ευρώ. Δε νομίζω ότι χρωστώ αλλού. (αυτή, χρωστώ)

6. Να ο Θανάσης και ο Πρόδρομος. .... εκεί πέρα; (αυτοί, βλέπω)

7. Όταν η πόρτα είναι ανοιχτή και κρυώνω, ... Εσύ, αφού κρυώνεις, γιατί δεν .... ; (αυτή, κλείνω, αυτή, κλείνω)

8. Οι βρύσες του σπιτιού μας ήταν παλιές και .... (αυτές, αλλάζω)

9. Μου μιλούν ελληνικά, αλλά δεν .... καθόλου. (αυτοί, καταλαβαίνω)

10. .... δύο εισιτήρια δίπλα δίπλα, παρακαλώ; (εμείς, δίνω)

ΔΕΚΑΤΟ ΤΕΤΑΡΤΟ ΜΑΘΗΜΑ

Σε χωριό ή σε πόλη;

Α — Γιώργο, πού μένεις, σε πόλη ή σε χωριό;

Β — Στη Θεσσαλονίκη, όχι όμως στο κέντρο. Στη γειτονιά μου, που είναι στην Άνω Πόλη, τα σπίτια έχουν κήπους, κι εγώ μένω σ' ένα όμορφο σπίτι που είναι σ' ένα φαρδύ και μακρύ δρόμο.

Α — Και οι γονείς σου;

Β — Τα τελευταία χρόνια μένουν στο χωριό. Είναι λίγο γκρινιάρηδες και λένε ότι στην πόλη τούς πειράζει ο θόρυβος των αυτοκίνητων, τα καυσαέρια, οι καπνοί των εργοστασίων και η κίνηση στους δρόμους. Πιστεύουν πως η ζωή στην πόλη είναι επιβλαβής για την υγεία. Ενώ στο χωριό έχουν τον κήπο τους που τον καλλιεργούν, τα ζώα τους που τ' αγαπούν, φίλους, παρέες... Και όταν τους ρωτώ γιατί δεν πουλούν το σπίτι τους για να 'ρθουν εδώ κοντά μου, αυτήν τη δικαιολογία μού δίνουν.

1. Επίθετα σε -ύς, -ιά, -ύ

Ο ποταμός Έβρος, που χωρίζει την Ελλάδα από την Τουρκία, είναι **βαθύς**.
Ο αδελφός μου έχει **φαρδιούς** ώμους, αλλά είναι κοντός.
Όλα τα ζώα δεν έχουν **μακριά** ουρά.
Στο γυμναστήριο, όταν τελειώνουμε μια άσκηση, παίρνουμε **βαθιές** αναπνοές.

Ο Γιώργος αγόρασε ένα **φαρδύ** πουκάμισο.

Πέτρο, τα μαλλιά σου είναι πολύ **μακριά**, δε σου πάνε.

Δεν τρώω **παχιά** φαγητά, γιατί με πειράζουν.

Θα κάνω αυτό που θέλεις, αλλά με **βαριά** καρδιά.

Ενικός αριθμός							-ύς	-ιά	-ύ
	Αρσενικό		Θηλυκό		Ουδέτερο				
Ον.	ο	βαθύς	η	βαθιά	το	βαθύ	-ύς	-ιά	-ύ
Γεν.	του	βαθιού (βαθύ)	της	βαθιάς	του	βαθιού	-ιού (-ύ)	-ιάς	-ιού
Αιτ.	το	βαθύ	τη	βαθιά	το	βαθύ	-ύ	-ιά	-ύ
Κλ.		βαθύ		βαθιά		βαθύ	-ύ	-ιά	-ύ
Πληθυντικός αριθμός									
Ον.	οι	βαθιοί	οι	βαθιές	τα	βαθιά	-ιοί	-ιές	-ιά
Γεν.	των	βαθιών	των	βαθιών	των	βαθιών	-ιών	-ιών	-ιών
Αιτ.	τους	βαθιούς	τις	βαθιές	τα	βαθιά	-ιούς	-ιές	-ιά
Κλ.		βαθιοί		βαθιές		βαθιά	-ιοί	-ιές	-ιά

2. Επίθετα σε -ής, -ιά, -ί

Ο σκύλος μου είναι **σταχτής**, με **μακριά** αυτιά.

Η εξωτερική πόρτα του σπιτιού μου είναι **καφετιά.**

Έχω δύο **ουρανιές** μπλούζες.

Δεν είναι έτοιμο το πουλόβερ, γιατί μου τελείωσε το **πορτοκαλί** μαλλί.

Δε μου πάνε τα **θαλασσιά.**

Ενικός αριθμός							-ής	-ιά	-ί
	Αρσενικό		Θηλυκό		Ουδέτερο				
Ον.	ο	σταχτής	η	σταχτιά	το	σταχτί	-ής	-ιά	-ί
Γεν.	του	σταχτιού (σταχτή)	της	σταχτιάς	του	σταχτιού	-ιού (-ή)	-ιάς	-ιού
Αιτ.	το	σταχτή	τη	σταχτιά	το	σταχτί	-ή	-ιά	-ί
Κλ.		σταχτή		σταχτιά		σταχτί	-ή	-ιά	-ί
Πληθυντικός αριθμός									
Ον.	οι	σταχτιοί	οι	σταχτιές	τα	σταχτιά	-ιοί	-ιές	-ιά
Γεν.	των	σταχτιών	των	σταχτιών	των	σταχτιών	-ιών	-ιών	-ιών
Αιτ.	τους	σταχτιούς	τις	σταχτιές	τα	σταχτιά	-ιούς	-ιές	-ιά
Κλ.		σταχτιοί		σταχτιές		σταχτιά	-ιοί	-ιές	-ιά

3. Επίθετα σε -ης, -α, -ικο

Δεν αγαπά καθόλου τη δουλειά· είναι κλασικός **τεμπέλης.**

Στα παλιά χρόνια τους **σαραντάρηδες** τους έλεγαν γέρους.

Το καταλαβαίνει ότι είναι **ζηλιάρα**, αλλά δεν μπορεί να αλλάξει.

Τα πολλά χάδια των γονιών τους τις έκαναν **πεισματάρες** και εγωίστριες.

Τι έχει σήμερα το μωρό και είναι έτσι **γκρινιάρικο;** – Έχει πυρετό.

Πατέρας και μητέρα έχουν ίσια μαλλιά, όμως και τα δυο τους παιδιά είναι **σγουρομάλλικα.**

Είναι μεγάλα παιδιά, αλλά δε μένουν ποτέ μόνα στο σπίτι, γιατί είναι **φοβητσιάρικα.**

Ενικός αριθμός						
	Αρσενικό	**Θηλυκό**	**Ουδέτερο**			
Ον.	ο ζηλιάρης	η ζηλιάρα	το ζηλιάρικο	-ης	-α	-ικο
Γεν.	του ζηλιάρη	της ζηλιάρας	του ζηλιάρικου	-η	-ας	-ικου
Αιτ.	το ζηλιάρη	τη ζηλιάρα	το ζηλιάρικο	-η	-α	-ικο
Κλ.	ζηλιάρη	ζηλιάρα	ζηλιάρικο	-η	-α	-ικο
Πληθυντικός αριθμός						
Ον.	οι ζηλιάρηδες	οι ζηλιάρες	τα ζηλιάρικα	-ηδες	-ες	-ικα
Γεν.	των ζηλιάρηδων	—	των ζηλιάρικων	-ηδων	—	-ικων
Αιτ.	τους ζηλιάρηδες	τις ζηλιάρες	τα ζηλιάρικα	-ηδες	-ες	-ικα
Κλ.	ζηλιάρηδες	ζηλιάρες	ζηλιάρικα	-ηδες	-ες	-ικα

4. Επίθετα σε -ης, -ης, -ες

Νέος είσαι, **υγιής** είσαι, όλη η ζωή είναι μπροστά σου. Τι παράπονο έχεις;

Πώς μπορείς να είσαι τόσο **αφελής,** Πέτρο, και να πιστεύεις ό,τι σου λένε;

Δε βρήκα το σπίτι του, γιατί οι οδηγίες που μου έδωσε δεν ήταν **ακριβείς.**

Είναι και οι δυο τους **αναιδείς** και **αγενείς.** Η μόνη εξαίρεση είναι ο μικρός τους αδελφός.

Ο Ερυθρός Σταυρός είναι μία **διεθνής** οργάνωση.

Η πατρίδα μου δεν είναι πλούσια, γιατί έχει πολλές **αμμώδεις** και **πετρώδεις** περιοχές.

Οι απαντήσεις σου δεν είναι **ειλικρινείς.**

Τέτοιο κρύο μέσα στην άνοιξη είναι **πρωτοφανές.**

Πολλά καταστήματα έχουν **συνεχές** ωράριο.

Τα αθλητικά προγράμματα της τηλεόρασης είναι πολύ **δημοφιλή.**

Ενικός αριθμός			
	Αρσενικό	**Θηλυκό**	**Ουδέτερο**
Ον.	ο επιμελής	η επιμελής	το επιμελές
Γεν.	του επιμελούς (του επιμελή)	της επιμελούς	του επιμελούς
Αιτ.	τον επιμελή	την επιμελή	το επιμελές
Κλ.	επιμελή	επιμελή	επιμελές
Πληθυντικός αριθμός			
Ον.	οι επιμελείς	οι επιμελείς	τα επιμελή
Γεν.	των επιμελών	των επιμελών	των επιμελών
Αιτ.	τους επιμελείς	τις επιμελείς	τα επιμελή
Κλ.	επιμελείς	επιμελείς	επιμελή

-ης	**-ης**	**-ες**
-ους (-η)	**-ους**	**-ους**
-η	**-η**	**-ες**
-η	**-η**	**-ες**

-εις	**-εις**	**-η**
-ων	**-ων**	**-ων**
-εις	**-εις**	**-η**
-εις	**-εις**	**-η**

Ρήματα β΄ συζυγίας

Οριστική

Ενεστώτας

α΄ τάξη

(Δε) ρωτ-**ώ**	(ρωτ-**άω**)	το δάσκαλο πού μένει.
ρωτ-**άς**		
ρωτ-**ά**	(ρωτ-**άει**)	
ρωτ-**ούμε**	(ρωτ-**άμε**)	
ρωτ-**άτε**		
ρωτ-**ούν**	(ρωτ-**άνε**)	

-ώ	(**-άω**)
-άς	
-ά	(**-άει**)
-ούμε	(**-άμε**)
-άτε	
-ούν	(**-άνε**)

Γελάμε πολύ με τα αστεία του φίλου μας.

Κάθε Πρωταπριλιά η Φανή μάς **γελάει**.

Το μυαλό του **γεννάει** έξυπνες ιδέες.

Κολλώ το γραμματόσημο στο φάκελο και το ρίχνω στο γραμματοκιβώτιο.

Κοίτα αυτά τα κορίτσια τι ωραία που **κολυμπούν.**

Κρεμάμε τα παλτό μας στην κρεμάστρα.

Ποιος **κυβερνάει** αυτή τη χώρα;

Πολλοί κυνηγοί **κυνηγούν** ζώα στα δάση.

Πόσες ώρες τη μέρα **μελετάς;** – Μία με δύο ώρες.

Η ομάδα μας πάντα **νικάει** στους αγώνες.

Ο Γιώργος συνήθως με **νικάει** στο σκάκι.

Περνώ απ' αυτόν το δρόμο κάθε πρωί.

Το αεροπλάνο **πετά** ανάμεσα στα σύννεφα.

Γιατί **πετάς** σκουπίδια στο πάτωμα;

Τι έχεις; **Πονάει** πολύ το πόδι μου.

Αυτός ο αθλητής **πηδά** εύκολα τα δύο μέτρα.

Πού **σταματά** το λεωφορείο; – Μπροστά στο ταχυδρομείο.

Ο τροχονόμος **σταματάει** τα αυτοκίνητα στο σταυροδρόμι.

Αλίκη, **συναντάω** τον πατέρα σου κάθε μέρα στη στάση.

Αυτό που λες, σε **τιμάει.** Μπράβο σου!

Η μητέρα **τραβάει** το παιδί από το χέρι.

Αυτός ο θόρυβος **τρυπάει** τ' αυτιά μου.

Όταν **περπατάμε** πολύ, τα παπούτσια μας **τρυπάνε.**

Φυσάω τον καφέ μου, γιατί είναι ζεστός.

Κοίταξε σ' αυτήν τη φωτογραφία τι γλυκά που **χαμογελάει** ο Βασίλης!

Το αυτοκίνητό μας **χαλά** συχνά, γιατί είναι παλιό.

Πολλοί γονείς **χαλούν** τα παιδιά τους με τα πολλά χάδια.

Το κουδούνι **χτυπάει.** Δες ποιος είναι.

Η πόρτα **χτυπάει** από τον αέρα.

Κάθε φορά που κάνουν ποδήλατο, πέφτουν και **χτυπούν.**

Ο Πέτρος **χρωστάει** σ' όλο τον κόσμο.

Ποπό, τι δυνατά που **φυσάει** σήμερα!

αγαπώ	κολυμπώ	νικώ	προτιμώ	τρυπώ
απαντώ	κουνώ	ξεχνώ	ρωτώ	φιλώ
βοηθώ	κρατώ	πεινώ	σταματώ	φορώ
γελώ	κρεμώ	περπατώ	συζητώ	φυσώ
γεννώ	κυβερνώ	περνώ	συναντώ	χαιρετώ
διψώ	κυνηγώ	πετώ	τηλεφωνώ	χαλώ
εκτιμώ	μελετώ	πηδώ	τιμώ	χαμογελώ
ζητώ	μετρώ	πονώ	τραβώ	χρωστώ
κολλώ	μιλώ	πουλώ	τραγουδώ	χτυπώ

β΄ τάξη

(Δεν)	κατοικ-**ώ**	στη Θεσσαλονίκη.	**-ώ**
	κατοικ-**είς**		**-είς**
	κατοικ-**εί**		**-εί**
	κατοικ-**ούμε**		**-ούμε**
	κατοικ-**είτε**		**-είτε**
	κατοικ-**ούν**		**-ούν**

Αδιαφορεί για τα προβλήματα των άλλων.

Πολλές φορές οι γονείς **αδικούν** τα παιδιά τους.

Η γειτονική χώρα τούς **απειλεί** με πόλεμο.

Απορώ, γιατί δεν ήρθε χθες στο ραντεβού μας.

Οι γονείς και τα παιδιά **αποτελούν** μια οικογένεια.

Αφαιρώ το 5 από το 17 και βρίσκω το 12.

Ένας καλλιτέχνης **δημιουργεί** ένα έργο τέχνης.

Αυτό το παιδί μού **δημιουργεί** πολλά προβλήματα.

Δε σε **δικαιολογώ** γι' αυτό που έκανες.

Όταν κάνω πάρτι, **καλώ** όλους τους φίλους μου, δεν **εξαιρώ** κανέναν.

Θεωρώ τον Καβάφη μεγάλο ποιητή.

Οι βαθμοί μου δε με **ικανοποιούν.**

Ό,τι και να μου πεις, δε με **παρηγορείς,** γιατί είμαι πολύ στενοχωρημένος.

Σε **πληροφορώ** ότι την άλλη βδομάδα θα λείπω ταξίδι.

Όταν **προσπαθούμε,** πετυχαίνουμε πολλά στη ζωή μας.

Προχωρείτε και θα σας φτάσουμε.

Με **στενοχωρούν** όλα αυτά που κάνεις.

Μια δικτατορία **στερεί** ακόμη και την ελευθερία του λόγου από τους ανθρώπους.

Τα καλά σου λόγια με **συγκινούν.**

Ο αέρας της εξοχής μάς **ωφελεί.**

Δεν **ωφελεί** να κλαις για κάτι που έγινε.

αδιαφορώ	δημιουργώ	θεωρώ	παρακολουθώ	συγκινώ
αδικώ	δικαιολογώ	ικανοποιώ	παρηγορώ	συμπαθώ
απειλώ	ειδοποιώ	καλλιεργώ	πληροφορώ	συμφωνώ
απορώ	εξαιρώ	καλώ	προσπαθώ	τακτοποιώ
αποτελώ	εξηγώ	κληρονομώ	προχωρώ	τιμωρώ
αργώ	επιθυμώ	μπορώ	στενοχωρώ	χρησιμοποιώ
αφαιρώ	ζω	νοσταλγώ	στερώ	ωφελώ

Παρεξήγηση

Α — Γιάννη, μου εξηγείς κάτι; Είναι αλήθεια αυτό που άκουσα, ότι με θε-
ωρείς ανόητη;

Β — Εγώ; Το ξέρεις καλά ότι και σε εκτιμώ και σε συμπαθώ όσο κανένας
άλλος.

Α — Με συγχωρείς Γιάννη, κι εγώ απορώ και προσπαθώ να καταλάβω
πώς είναι δυνατό εσύ, ένας τόσο καλός φίλος, να λες αυτά τα λόγια
για μένα.

Β — Ποιος σου τα είπε;

Α — Η Γεωργία, αλλά ξέρεις τη δικαιολογώ, γιατί αυτές τις μέρες περνάει
πολύ δύσκολες στιγμές.

Β — Συμφωνώ μαζί σου, αλλά αυτός δεν είναι λόγος να λέει κακίες. Ξεχνάς
ότι και για μένα είπε τα ίδια;

Α — Εντάξει! Σταματάμε τη συζήτηση, γιατί δεν έχει καμιά σημασία πια.

ΑΣΚΗΣΕΙΣ

Α. Να συμπληρώσετε τις καταλήξεις.

1. Το σπίτι μου είναι σ' ένα φαρδ...... και ωραί...... δρόμο.
2. Γιατί είναι σήμερα η τσάντα σου ελαφρ......; – Γιατί δεν έχει βιβλία.
3. Η ζώνη του θαλασσ...... φορέματός μου είναι πολύ φαρδ...... .
4. Έχει δύο καφετ...... σκύλους.
5. Αυτός ο ευγενικός κύριος έχει έναν πεισματάρ...... και αγεν...... γιο.
6. Ο Ντίνος και η Ελένη είναι πολύ πεισματάρ...... παιδιά.
7. Οι παραπονιάρ...... είναι συνήθως κουραστικ...... .
8. Τα βαρ...... φαγητά είναι επιβλαβ...... .
9. Στην τάξη μας υπάρχουν πολλοί επιμελ...... σπουδαστές.
10. Ποιο είναι αυτό το σγουρομάλλ...... αγόρι; – Ο ανιψιός μου.

Β. Να γράψετε στον ενικό τις παρακάτω προτάσεις:

1. Οι φίλες μου δεν είναι αναιδείς και αγενείς, όπως λες.
2. Μας αρέσουν αυτά τα φαρδιά παντελόνια.
3. Άλλη φορά, σας παρακαλώ, να είστε ακριβείς στα ραντεβού σας.

4. Δεν τους θέλουμε στην παρέα μας, γιατί είναι γκρινιάρηδες.

5. Αυτοί οι ηθοποιοί είναι πολύ δημοφιλείς στην πατρίδα τους.

Γ. *Να συμπληρώσετε τα κενά με το σωστό τύπο των ρημάτων που είναι στην παρένθεση.*

1. Οι γεωργοί .... σιτάρι στα χωράφια τους. (καλλιεργώ)

2. Πολλοί άνθρωποι .... τα ζώα, γιατί τα .... καλούς φίλους. (αγαπώ, θεωρώ)

3. Του .... συνέχεια, αλλά το κινητό του δεν .... Το έχει σίγουρα κλειστό. (τηλεφωνώ, απαντώ)

4. .... πάντα στη δουλειά του, γιατί μένει μακριά. (αργώ)

5. Τους .... κάθε φορά που παίζουν μαζί τους. (νικώ)

6. Της .... συχνά το στομάχι, και τα φάρμακα που παίρνει δεν την .... (πονώ, ωφελώ)

7. Δε σε ...., Γιάννη, γιατί .... φασαρία για το τίποτα. (συγχωρώ, δημιουργώ)

8. Δε .... πολύ ζεστά ρούχα το χειμώνα. (φορώ)

9. Δεν .... κάνενας σ' αυτό το νησί. (κατοικώ)

10. Δε .... κανείς μόνο με όνειρα. (ζω)

Δ. *Να συμπληρώσετε τα κενά με τα παρακάτω ρήματα στο σωστό τύπο:*

καλώ, πονώ, πουλώ, περπατώ, διψώ, χτυπώ, ωφελώ, περνώ, πεινώ, περπατώ

1. Τους .... συχνά στο σπίτι μας για φαγητό .

2. Ακόμη ηδεν είναι έτοιμο το φαγητό; .... πολύ.

3. .... τόσο γρήγορα, που δεν μπορώ να τον φτάσω.

4. Το καλοκαίρι, όταν ...., πίνω κρύο τσάι.

5. .... τα χρόνια χωρίς να το καταλαβαίνουμε.

6. Τα ζώα .... με τα τέσσερα.

7. .... το δόντι μου, θα πάω στον οδοντογιατρό.

8. .... το αυτοκίνητό του, γιατί θέλει να αγοράσει καινούριο.

9. Τα παπούτσια μου είναι καινούρια και με ....

10. Το καλό βιβλίο .... τον άνθρωπο.

Ιδιωτισμοί – Εκφράσεις

κατοικίδια ζώα   η κυκλοφορία των αυτοκινήτων
(η κότα, η χήνα, το γουρούνι, το άλογο)
ήμερα ζώα ≠ άγρια ζώα   η κυκλοφορία του αίματος
                                                     η κυκλοφορία των εφημερίδων

                                                     η πρωτεύουσα
Πιστεύω στο Θεό.   η επαρχία
Πιστεύω κάποιον.   ο δήμος
πιστεύω ότι   ο, η δήμαρχος
η πίστη   ο πολίτης
πιστός ≠ άπιστος   αστός, -ή
Έχω εμπιστοσύνη σε κάποιον.   χωρικός, -ή
Χάνω την εμπιστοσύνη μου.   χωριάτης, -ισσα
                                                     η αστυφιλία
η κίνηση του δρόμου   αστικός, -ή, -ό
η κίνηση του χεριού, του κεφαλιού   υπεραστικός, -ή, -ό
τα έξοδα κινήσεως   το προάστιο

Το πάρτι

Χθες ο Νίκος έκανε ένα πάρτι για τα γενέθλιά του. Από τις εννιά το βρά-
δυ το σπίτι γέμισε με τις χαρούμενες φωνές των καλεσμένων. Το κέφι
ήταν μεγάλο. Οι φίλοι χόρευαν, έπιναν, έτρωγαν και έκαναν διάφορα α-
στεία. Αρκετοί διασκέδαζαν στο μπαλκόνι. Ήταν κιόλας δωδεκάμισι η ώρα.

Ενώ το κασετόφωνο έπαιζε δυνατά ένα ωραίο τραγούδι, ξαφνικά, ένας
έξαλλος κύριος με πιτζάμες βγήκε στο μπαλκόνι του κάτω πατώματος και
φώναξε:

— Κι εγώ πήγαινα σε πάρτι όταν ήμουν στην ηλικία σας, όμως δεν κάναμε τόση φασαρία. Διασκεδάζαμε πολιτισμένα.

— Έχετε δίκιο, κύριε. Μας συγχωρείτε, είπαν τα παιδιά και συνέχισαν ή-
συχα το πάρτι τους.

Μεγάλωσε το γαϊδουράκι, μίκρυνε το σαμαράκι

Α – Γεια σου Αντρέα. Τι κάνεις; Χαθήκαμε!

Β – Γεια σου, βρε Στάθη. Εσύ πώς είσαι; Η γυναίκα σου, τα παιδιά σου;

Α – Μια χαρά είμαστε όλοι. Μεγαλώνουμε. Σε είδα προχθές μέσα από το
λεωφορείο. Έβγαινες από μία τράπεζα μ' ένα ωραίο παλικάρι. Ποιος
ήταν, ο μεγάλος σου γιος;

Β – Όχι, ο μικρός, ο Σταύρος.

Α – Δεν το πιστεύω. Άντρας ολόκληρος έγινε Θυμάμαι τον πήγαινες στο
δημοτικό και του αγόραζες μια τυρόπιτα κάθε πρωί.

Β – Θυμάσαι; Τώρα πάει στην τρίτη γυμνασίου. Ψήλωσε απότομα και με
περνάει ένα κεφάλι. Τώρα δεν ξοδεύω λεφτά στις τυρόπιτες, αλλά στα
παπούτσια, στα παντελόνια... Παιδιά βλέπεις, πάντα κάτι θέλουν.

Α – Γερά να είναι και δεν πειράζει.

Ρήματα α' συζυγίας

Οριστική

Παρατατικός

Πέρσι διάβα**ζα** γερμανικά δύο τρεις ώρες κάθε μέρα.
Διάβα**ζες** πολύ όταν ήσουν μαθητής; – Όχι πάντα.
Χθες ο Γιάννης διάβα**ζε** στο μπαλκόνι όλη την ημέρα.
Την περασμένη εβδομάδα διαβά**ζαμε** κάθε μέρα στη Βιβλιοθήκη.
Όταν διαβά**ζατε** χωρίς γυαλιά, είχατε ενοχλήσεις στα μάτια; – Βέβαια.
Κάθε πότε διάβα**ζαν** τα παιδιά αγγλικά; – Κάθε απόγευμα.

Έκλει**να** τα παράθυρα πάντα, όταν έφευγα από το σπίτι μου.
Κάθε φορά που πηγαίνατε στη Λήμνο, **έκλεινες** στο ίδιο ξενοδοχείο δω-
μάτιο; – Ναι, γιατί ήταν δίπλα στη θάλασσα, πολύ καθαρό και φτηνό.
Όταν ήταν μικρός **έκλεινε** τα μάτια του στο σινεμά, όταν τρόμαζε.
Όταν ήμασταν φοιτητές, δεν κλεί**ναμε** μάτι ως το πρωί.
Κλεί**ναμε** την τηλεόραση, όταν το πρόγραμμα δεν ήταν καλό.

Κλείνατε τα φώτα στα πάρτι, όταν χορεύατε; – Ναι, πάντα.
Δεν έκλειναν τα καταστήματα το Σάββατο το απόγευμα πριν από λίγα χρόνια.

(δε) διάβαζ-α	(δεν) έκλειν-α	-α
διάβαζ-ες	έκλειν-ες	-ες
διάβαζ-ε	έκλειν-ε	-ε
διαβάζ-αμε	κλείν-αμε	-αμε
διαβάζ-ατε	κλείν-ατε	-ατε
διάβαζ-αν	έκλειν-αν	-αν

Ο παρατατικός δείχνει την επανάληψη ή τη διάρκεια μιας πράξης στο παρελθόν.

Αόριστος – Παρατατικός

Όταν έφτασα στο σπίτι, η μητέρα μου μαγείρευε το φαγητό.
Ενώ έτρεχε, ξαφνικά κάποιος τη φώναξε.
Αγόρασε δώρα, γιατί γιόρταζαν δύο φίλοι του.
Όταν τελείωσα τα μαθήματά μου, η αδελφή μου ακόμη έγραφε.
Όταν φτάσαμε στο σπίτι, ο Κώστας ετοίμαζε τη βαλίτσα του.

Ο αόριστος και ο παρατατικός χρησιμοποιούνται μαζί, όταν μια πράξη τελειώνει στο παρελθόν, ενώ μια άλλη εξακολουθεί.

Παρατατικός – Παρατατικός

Κάθε φορά που διάβαζα, έκλεινα το ραδιόφωνο.
Ενώ ο Κώστας έστρωνε το τραπέζι, η Χάρη έκοβε τη σαλάτα.
Την ώρα που οι άντρες έβλεπαν ποδόσφαιρο, οι γυναίκες κουβέντιαζαν.
Κάθε φορά που άνοιγε το στόμα του, έλεγε ανοησίες.
Κάθε φορά που τελείωνα το φαγητό μου, ένιωθα δυνατούς πόνους στο στομάχι, γι' αυτό πήγα στο γιατρό.

Χρησιμοποιούμε δύο παρατατικούς για να δείξουμε τη διάρκεια ή την επανάληψη δύο πράξεων που έγιναν συγχρόνως στο παρελθόν.

Εκφράσεις και λέξεις που δείχνουν:

Επανάληψη	Διάρκεια
κάθε πότε;	ενώ
πόσο συχνά;	καθώς
πάντα	τη στιγμή που
κάθε ώρα	την ώρα που
κάθε μέρα	όση ώρα
κάθε μήνα	όλο το πρωί
κάθε χρόνο	όλη μέρα
κάθε φορά που	από καιρό
τακτικά	
συχνά	
όταν ήμουν, ήσουν...	

Επίθετο και επίρρημα

Ο κήπος έχει **ωραία** λουλούδια.
Η Κατερίνα τραγουδά **ωραία**.

Ποτέ δεν αγοράζει **ακριβά** παπούτσια.
Αυτό το αγόρασα πολύ **ακριβά**.

Δε μου αρέσουν τα πολύ **γλυκά** ροφήματα.
Η Κατερίνα μιλά **γλυκά**.

Η Άννα έχει **μακριά** μαλλιά.
Οι γονείς μου μένουν **μακριά**.

Τα ρούχα του είναι **φαρδιά.**
Κάθισε στον καναπέ **φαρδιά πλατιά**.

Εκείνα τα παιδιά είναι πολύ **πεισματάρικα**.
Όταν θυμώνει, χτυπά το πόδι του κάτω **πεισματάρικα**.

Είναι **ακριβής** στα ραντεβού του.
Το μάθημα αρχίζει **ακριβώς** στις οκτώ και τέταρτο.

α. Τα επίθετα σε σε -ος, -α, -ο /-ος, -η, -ο /-ος, -ια(-η), -ο /-ύς, -ιά, -ύ και -ης, -α, -ικο σχηματίζουν τα επιρρήματα από το ουδέτερο του επιθέτου στην ονομαστική πληθυντικού.

β. Τα επίθετα σε -ης, -ης, -ες σχηματίζουν τα επιρρήματα με την κατάληξη **-ως** στο θέμα του επιθέτου.

Σημείωση: βέβαιος   ⟶   βέβαια ή βεβαίως

           σπάνιος   ⟶   σπάνια ή σπανίως

           καλός   ⟶   καλά ή καλώς

           οικογενειακός   ⟶   οικογενειακά ή οικογενειακώς

           κακός   ⟶   —— κακώς

           ειλικρινής   ⟶   ειλικρινώς ή ειλικρινά

(με διαφορετική σημασία)

           ευχάριστος   ⟶   ευχαρίστως και ευχάριστα

           τέλειος   ⟶   τελείως και τέλεια

           άμεσος   ⟶   αμέσως και άμεσα

ΑΣΚΗΣΕΙΣ

A. Να σχηματίσετε τα επιρρήματα από τα παρακάτω επίθετα και να κάνετε προτάσεις με αυτά:

1. μακρύς   2. καλός   3. γλυκός   4. δυνατός   5. ψηλός

B. Να συμπληρώσετε τα κενά με τον παρατατικό ή τον αόριστο των ρημάτων που είναι στην παρένθεση.

1. Χθες το βράδυ .... το παράθυρο, γιατί έκανε ζέστη. (ανοίγω)

2. Γιατί .... τον πίνακα; Γράφω ακόμη. (σβήνω)

3. Πέρσι .... τη δουλειά του στις 2 παρά τέταρτο. (τελειώνω)

4. Ενώ .... τις πατάτες, ... το χέρι της. (καθαρίζω, κόβω)

5. Όταν ήμουν μικρή, με .... η μητέρα μου. (λούζω)

6. Κάθε φορά που τα παιδιά .... στην εξοχή, ... λουλούδια. (πηγαίνω, μαζεύω)

7. Την ώρα που ο Πέτρος .... ρούχα, ξαφνικά η μητέρα του .... την πόρτα. (αλλάζω, ανοίγω)

8. Χθες τα παιδιά .... στον κήπο όλο το απόγευμα. (παίζω)

9. Τα κορίτσια .... και άρχισαν να κλαίνε. (τρομάζω)

10. Πριν από χρόνια .... πολλά γράμματα σε φίλους και γνω-
στούς, τώρα μόνο στο τηλέφωνο τους παίρνω. (στέλνω)

11. Ποιος σου .... αυτή την ωραία μπλούζα; – Ο Αντώνης, για-
τί χθες .... τα γενέθλιά μου. (χαρίζω, έχω)

12. Όταν ήμουν μικρός, με .... οι βροντές και οι αστραπές. (τρο-
μάζω)

13. Αυτόν το μήνα κάθε φορά που .... νωρίς τη δουλειά μου,
.... στο γυμναστήριο. (τελειώνω, πηγαίνω)

14. Σας παρακαλώ κύριε, τι ώρα .... το τρένο για την Αθήνα;
– Στις 3:00 το απόγευμα. (φεύγω)

15. Ενώ .... το δωμάτιό της, ... τη λάμπα του γρα-
φείου της. (σκουπίζω, σπάζω)

16. Ο άντρας μου κι εγώ .... ταξίδι τον περασμένο μήνα, γι' αυ-
τό δεν .... στο γάμο της Νίκης. (λείπω, είμαι)

17. Κάποιος .... το πορτοφόλι μου, την ώρα που ....
με το λεωφορείο σπίτι μου. (κλέβω, γυρίζω)

18. Τον .... ο παππούς και η γιαγιά του. (μεγαλώνω)

19. Κάθε χρόνο τα μαθήματα .... την πρώτη Οκτωβρίου· μό-
νο πέρσι .... μια βδομάδα αργότερα. (αρχίζω, αρχίζω)

20. Οι γονείς της της .... χρήματα για το καινούριο της αυτο-
κίνητο. (δανείζω)

21. Την ώρα που .... την πόρτα, ... ένα θόρυβο πί-
σω μου. (ανοίγω, ακούω)

22. Όλη η πόλη .... τα Χριστούγεννα. (λάμπω)

Γ. Να συμπληρώσετε τα κενά με τα παρακάτω ρήματα στο σωστό τύπο:

μεγαλώνω, λύνω, πληρώνω, φωνάζω, αρχίζω, αγοράζω, τρέχω, νιώ-
θω, βάφω, ανοίγω, τελειώνω, κλείνω

1. Αυτή .... τ' αδέλφια της, γιατί έμειναν χωρίς γονείς από πο-
λύ μικρά.

2. Δεν .... ακόμη το νοίκι μου.

3. Με τα πρώτα λεφτά από τη δουλειά μου .... υπολογιστή.

4. Πρώτη φορά στη ζωή μου .... τόσο κουρασμένη.

5. Συζήτησαν με τις ώρες, αλλά δεν .... κανένα πρόβλημά τους.

6. Τα χρήματά μου .... και δεν ξέρω τι να κάνω.

7. Σχεδόν δεν τη γνώρισα, γιατί .... τα μαλλιά της.

8. .... την τηλεόραση, αλλά σχεδόν αμέσως την ...., γιατί δεν είχε τίποτα ευχάριστο.

9. Χθες δεν πήγαμε σινεμά, γιατί το έργο .... στις 9:30, ενώ ε-μείς τελειώσαμε στις 10:00.

10. Γιατί με ...., αφού ξέρεις ότι έχω δουλειά;

11. Η βρύση .... όλη τη νύχτα και δεν έκλεισα μάτι.

Ιδιωτισμοί – Εκφράσεις

Γνωρίζω το Γιάννη.
Θέλεις να σου τον γνωρίσω;
Τον γνώρισα από μακριά.
Είναι γνωστός μου.

Δίνω ξύλο.
Τρώω ξύλο.
Τρώω σαν λύκος.

Δίνω εξετάσεις.
Δίνω σε κάποιον
να καταλάβει (=εξηγώ).
Δίνω το λόγο μου.

Αυτό το εστιατόριο είναι ακριβό.
(ακριβός, -ή, -ό)
Είναι ακριβής στα ραντεβού του.
(ακριβής, -ής, -ές)

Δεν κλείνω μάτι (=δεν κοιμάμαι).
Έκλεισε τα μάτια του (=πέθανε).

Ένα ζευγάρι ετοιμάζει το σπίτι του

Ο Στέφανος και η Χριστίνα παντρεύονται και γι' αυτό χτίζουν σπίτι. Το σπίτι τους θα έχει δύο κρεβατοκάμαρες, μια σαλοτραπεζαρία, μια κουζίνα, μπάνιο και ένα πρόχειρο δωμάτιο. Θα τελειώσει σε έξι μήνες. Όμως, άρχισαν κιόλας να αγοράζουν τα έπιπλα. Της Χριστίνας της αρέσει να τριγυρίζει στα μικρά μαγαζιά και να ψάχνει για παλιά τραπέζια, καρέκλες, κομοδίνα. Πιστεύει ότι αυτά δίνουν χρώμα και προσωπικότητα σ' ένα σπίτι. Θέλει να το επιπλώσει μόνη της, με το προσωπικό της γούστο. Αύριο θα πάνε μαζί με το Στέφανο σ' ένα παλαιοπωλείο να διαλέξουν μερικά κομμάτια. Είναι πραγματική απόλαυση να αγοράζει κανείς πράγματα για το σπίτι του. Και ο Στέφανος και η Χριστίνα, κάθε φορά που ψωνίζουν κάτι, κάνουν σαν μικρά παιδιά από τη χαρά τους.

Οι πρώτες δυσκολίες

Α — Αλίκη, οι μέρες περνούν, ο γάμος πλησιάζει και νομίζω ότι πρέπει να αποφασίσουμε τι μας είναι εντελώς απαραίτητο και τι μπορούμε να αγοράσουμε αργότερα.

Β — Ένα λεπτό, να τελειώσω τη δουλειά μου κι έρχομαι.

Α — Λοιπόν, άκου τι λέω. Προς το παρόν να μην αγοράσουμε τίποτα για τη σαλοτραπεζαρία. Θα φέρω εγώ το γραφείο μου, θα φέρεις εσύ τη βιβλιοθήκη σου, και με δύο τρία μαξιλάρια στο πάτωμα θα είμαστε εντάξει.

Β — Ο θείος Πέτρος ρωτάει, τι δώρο θέλουμε να μας κάνει.

Α — Πες του να μας πάρει μια λάμπα για το γραφείο, για να δουλεύουμε πιο άνετα.

Β — Για την κρεβατοκάμαρα ένα διπλό κρεβάτι φτάνει.

Α — Σύμφωνοι. Μένει η κουζίνα. Θέλουμε οπωσδήποτε ψυγείο και ηλεκτρική κουζίνα.

Β — Και πλυντήριο για τα ρούχα. Δεν μπορώ να πλένω στο χέρι.

Α — Καμία αντίρρηση. Ελπίζω μόνο να μας φτάσουν τα λεφτά.

Β — Ε, στην ανάγκη υπάρχουν και οι δόσεις και οι πιστωτικές κάρτες.

Ρήματα α΄ συζυγίας

Οριστική

Μέλλοντας

Συνεχής	Απλός
Από τώρα κι ύστερα **θα** φτά**νω** στα ραντεβού στην ώρα μου.	**Θα** φτά**σω** στην Αθήνα στις 4 το απόγευμα.
Τι θα γίνει, πάντα αργά **θα** φτά**νεις** στη δουλειά σου;	Πάρε ταξί· αλλιώς δε **θα** φτά**σεις** στην ώρα σου.
Από αύριο το τρένο **θα** φτά**νει** στο χωριό μας στις 6.	Τι ώρα **θα** φτά**σει** το τρένο; – Σε λίγο.
Θα φτά**νουμε** στο γραφείο μισή ώρα πιο νωρίς, και **θα** φεύγ**ουμε** μισή ώρα νωρίτερα.	**Θα** φτά**σουμε** στο σπίτι μας στις 11 το βράδυ.
Τώρα που έχετε αυτοκίνητο, τι ώρα **θα** φτά**νετε** στο σπίτι;	**Θα** φτά**σετε** στο σινεμά στην ώρα σας; – Θα προσπαθήσουμε.
Έτσι ακριβή που είναι η ζωή, τα χρήματα που παίρνω δε **θα** μου φτά**νουν** σε λίγο.	Τα λεφτά που έχω μαζί μου δε **θα** μου φτά**σουν** ως το τέλος των διακοπών.

Από αύριο **θα** δουλεύω στο γραφείο του πατέρα μου.

Αύριο **θα** δουλέψω στο γραφείο του πατέρα μου.

Τώρα που έχεις κινητό, **θα** μας στέλνεις μηνύματα; – Βέβαια.

Θα στείλεις τώρα μήνυμα στο Σταύρο; – Όχι τώρα.

Ο καθηγητής **θα** εξετάζει αύριο όλο το πρωί.

Ο καθηγητής **θα** εξετάσει αύριο μόνο μία ώρα.

Θα λείπουμε από το σπίτι μας όλο το καλοκαίρι.

Θα λείψουμε από το σπίτι μας την άλλη Κυριακή.

Τι μικρή κουζίνα! Πώς **θα** μαγειρεύετε εδώ;

Δε **θα** μαγειρέψετε σήμερα; – Όχι, θα φάμε έξω.

Θα παίζουν αυτό το έργο όλη τη βδομάδα; – Μόνο ως την Πέμπτη.

Θα παίξουν ξανά αυτό το έργο; – Ίσως.

| (δε) θα φτάν-ω |
| θα φτάν-εις |
| θα φτάν-ει |
| θα φτάν-ουμε |
| θα φτάν-ετε |
| θα φτάν-ουν |

| (δε) θα φτάσ-ω |
| θα φτάσ-εις |
| θα φτάσ-ει |
| θα φτάσ-ουμε |
| θα φτάσ-ετε |
| θα φτάσ-ουν |

Από το θέμα του ενεστώτα σχηματίζουμε τους συνεχείς χρόνους.

Από το θέμα του αορίστου σχηματίζουμε τους απλούς χρόνους.

(δε+) **θα**+θέμα ενεστώτα
- -ω
- -εις
- -ει
- -ουμε
- -ετε
- -ουν

(δε+) **θα**+θέμα αορίστου
- -ω
- -εις
- -ει
- -ουμε
- -ετε
- -ουν

Ο συνεχής μέλλοντας δείχνει τη διάρκεια ή την επανάληψη μιας πράξης στο μέλλον.

Ο απλός μέλλοντας δείχνει ότι μια πράξη θα γίνει και θα τελειώσει στο μέλλον και παρουσιάζει την πράξη στο σύνολό της, συνοπτικά, σαν να ολοκληρώνεται σε μια στιγμή.

Μέλλοντας με αντικείμενα αντωνυμίες

Θα επιπλώσουμε **το σαλόνι μας.** Θα **το** επιπλώσουμε.
Θα βάψετε **την πόρτα σας;** Θα **τη** βάψετε;
Τα παιδιά θα φέρουν **τις φωτογραφίες.** Θα **τις** φέρουν.

(δε +) θα + ά.α. (αντωνυμία) + ρήμα

Θα γράψω **στους φίλους μου τη διεύθυνσή μου.**
Θα **τους** γράψω **τη διεύθυνσή μου.**
Θα **τους τη** γράψω.

Θα αγοράσεις **στη Μαρία τα παπούτσια;**
Θα **της** αγοράσεις **τα παπούτσια;**
Θα **της τα** αγοράσεις;

Η Ελένη θα διαβάσει **στον παππού της τα νέα.**
Η Ελένη θα **του** διαβάσει **τα νέα.**
Η Ελένη θα **του τα** διαβάσει.

(δε +) θα + έ.α. + ά.α. (αντωνυμίες) + ρήμα

Εκφράσεις που δείχνουν διάρκεια ή επανάληψη στο μέλλον

από αύριο
από μεθαύριο
από την άλλη εβδομάδα
από τον άλλο μήνα
από του χρόνου (από τον άλλο χρόνο)
κάθε (ώρα, μέρα, μήνα κτλ.)
πάντα (πάντοτε)
από εδώ κι εμπρός
πόσο συχνά;
κάθε πότε;
όλο το πρωί

Υποτακτική

Συνεχής = dauerhaft   **Απλή** = einmalig

Οι εξετάσεις θα είναι δύσκολες. Πρέπει **να** διαβά**ζω** πολύ.

Μού είπαν **να** διαβά**σω** αυτό το άρθρο για την οικονομία.

Πρέπει **να** διαβά**ζεις** και κανένα βιβλίο, όχι μόνο περιοδικά.

Πρέπει **να** διαβά**σεις** νωρίς, για να πάμε σινεμά.

Θέλει **να** διαβά**ζει** πάντα πρώτος την εφημερίδα.

Θέλει **να** διαβά**σει** πρώτος την εφημερίδα.

Πάντα μας αρέσει **να** διαβά**ζουμε** πολλά βιβλία, αλλά δεν έχουμε καιρό.

Θέλουμε **να** διαβά**σουμε** πολλά βιβλία αυτό το καλοκαίρι.

Έχετε καιρό **να** διαβά**ζετε** εφημερίδα κάθε πρωί; – Όχι.

Έχετε καιρό **να** διαβά**σετε** την εφημερίδα τώρα; – Όχι.

Τα παιδιά πρέπει **να** διαβά**ζουν** και εξωσχολικά βιβλία.

Τα παιδιά πρέπει **να** διαβά**σουν** αυτό το ωραίο βιβλίο οπωσδήποτε.

να διαβάζ-ω	να διαβάσ-ω
να διαβάζ-εις	να διαβάσ-εις
να διαβάζ-ει	να διαβάσ-ει
να διαβάζ-ουμε	να διαβάσ-ουμε
να διαβάζ-ετε	να διαβάσ-ετε
να διαβάζ-ουν	να διαβάσ-ουν

να + θέμα ενεστώτα +

-ω
-εις
-ει
-ουμε
-ετε
-ουν

να + θέμα αορίστου +

-ω
-εις
-ει
-ουμε
-ετε
-ουν

Άρνηση

Ο γιατρός μού είπε να **μην** ταξιδεύω με αεροπλάνο.

Ο γιατρός μού είπε να **μην** ταξιδέψω καθόλου φέτος.

Σου είπα να **μην** αγοράζεις άχρηστα πράγματα.

Σου είπα να **μην** αγοράσεις αυτά τα ακριβά παπούτσια.

Του είναι δύσκολο να **μην** καπνίζει όταν διαβάζει για εξετάσεις.

Του είναι δύσκολο να **μην** καπνίσει καθόλου.

Ο γιατρός μάς είπε να **μην** ταξιδεύουμε με αεροπλάνο.

Σας είπα να **μην** αγοράζετε άχρηστα πράγματα.

Τους είναι δύσκολο να **μην** καπνίζουν όταν διαβάζουν για εξετάσεις.

Ο γιατρός μάς είπε να **μην** ταξιδέψουμε ξανά με αεροπλάνο.

Σας είπα να **μην** αγοράσετε αυτά τα ακριβά παπούτσια.

Τους είναι δύσκολο να **μην** καπνίσουν καθόλου.

να μη διαβάζ-ω
να μη διαβάζ-εις
να μη διαβάζ-ει
να μη διαβάζ-ουμε
να μη διαβάζ-ετε
να μη διαβάζ-ουν

να μη διαβάσ-ω
να μη διαβάσ-εις
να μη διαβάσ-ει
να μη διαβάσ-ουμε
να μη διαβάσ-ετε
να μη διαβάσ-ουν

να + μη(ν) + ρήμα

Η συνεχής υποτακτική δείχνει τη διάρκεια ή επανάληψη μιας πράξης.

Η απλή υποτακτική παρουσιάζει την πράξη του ρήματος στο σύνολό της, συνοπτικά, σαν να ολοκληρώνεται σε μια στιγμή.

Η **υποτακτική** φανερώνει κυρίως
1. αυτό που θέλουμε να γίνει.
2. αυτό που περιμένουμε να γίνει.

Παράδειγμα
1. Μόλις φτάσεις, θέλω **να** μου **στείλεις** ένα μήνυμα. **Ας πάμε** μια εκδρομή όλοι μαζί.
Έχω σκοπό **να φύγω** από το χωριό και **να πάω** στην πόλη για **να σπουδάσω.**
2. Τίποτα άλλο δε θέλω παρά μόνο **να βρω** λίγο χρόνο και για τον εαυτό μου.

Επίσης χρησιμοποιούμε **υποτακτική** όταν θέλουμε να εκφράσουμε:
α) απορία
π.χ. Τι **να κάνω; Να** το **αγοράσω** ή **να μην** το **αγοράσω** αυτό το πουκάμισο;

β) ευχή

  π.χ. **Ας γράψω** καλά στις εξετάσεις!

γ) προσταγή ή απαγόρευση

  π.χ. **Μην** του **δίνεις** τσιγάρο, δεν κάνει να καπνίζει!

δ) άδεια

  π.χ. **Να πάω** κι εγώ με τα άλλα παιδιά; – Ναι, **να πας.**
       Να πάει και ο Πέτρος μαζί τους; – Ναι, **να πάει.**

ε) παραχώρηση

  π.χ. **Ας πάει** και το παιδί εκδρομή, δε θα πάθει τίποτα!

στ) ενδεχόμενο

  π.χ. **Αν βρω** καιρό, θα ζωγραφίσω.
       Ίσως **έρθουν** σε λίγο.

ζ) προτροπή

  π.χ. **Ας πάμε** μια εκδρομή όλοι μαζί!

 Η **υποτακτική** αναφέρεται:

1) στο παρελθόν

  π.χ. Χθες το βράδυ στο καφενείο άκουσα **να λένε** ότι σύντομα θα έχουμε εκλογές.

2) στο παρόν

  π.χ. Κάθε πρωί τη βλέπω **να περνά** στο δρόμο με μια ομπρέλα στο χέρι.

3) στο μέλλον

  π.χ. Πρέπει οπωσδήποτε **να τελειώσω** την εργασία μου ως το Πάσχα.

Υποτακτική έχουμε μετά τις παρακάτω εκφράσεις και ρήματα:

Της **αρέσει** να πίνει λίγο κρασί με το φαγητό της.

Απαγόρεψε στα παιδιά της να βλέπουν τηλεόραση αργά το βράδυ.

Συνηθίζουν να ξοδεύουν πολλά χρήματα στα ταξίδια τους.

Πρέπει να είσαι εδώ στις πέντε.

Έτυχε να κάνει πολλή ζέστη σήμερα· συνήθως τέτοια εποχή κάνει ψύχρα.

Λες να κερδίσουμε το ΛΟΤΤΟ αυτή τη φορά;

Δεν **μπορεί** να μας εμποδίσει να κάνουμε αυτό που θέλουμε.

Σε λίγο **μπορεί** να τελειώσω τη δουλειά μου.

Τον **έκανε** να χάσει το τρένο.

Σου **εύχομαι** να γράψεις καλά στις εξετάσεις.
Μου **επιτρέπετε,** κύριε, να ανοίξω το παράθυρο;
Πρόσεχε να μην πέσεις.
Κουράζομαι να τους εξηγώ συνέχεια τα ίδια πράγματα.
Δεν πρέπει **ποτέ** να τρως με άπλυτα χέρια.
Δεν **πιστεύω** να βρέξει αύριο.
Σκοπεύω να πάω στην Κρήτη το καλοκαίρι.
Επιμένει να καπνίζει, αν και ο γιατρός τού είπε να κόψει το κάπνισμα.
Λέω να φύγω νωρίς σήμερα.
Θέλω να ποτίσω τα λουλούδια, αλλά δεν έχει νερό.
Είναι ευχάριστο να παίρνεις γράμμα από την οικογένειά σου.
Είναι δυσάρεστο να μην έχεις αρκετά χρήματα.
Είναι καλό να κάνεις γυμναστική το πρωί.
Είναι κακό να αδικείς τους άλλους.
Είναι εύκολο να δίνεις συμβουλές.
Είναι δύσκολο να λέει κανείς πάντα την αλήθεια.
Είναι χρήσιμο να ξέρεις να κάνεις ενέσεις.
Είναι ωφέλιμο για τα φυτά να βρέχει τον Οκτώβριο.
Είναι βλαβερό να τρώει κανείς πολλά γλυκά.
Σήμερα **είναι δυνατό** να βλέπεις το φίλο σου στο κινητό, όταν του μιλάς.
Είναι αδύνατο να δουλέψω άλλο.
Είναι ώρα να πας για ύπνο.
Ακόμα να βγεις από το Ίντερνετ, Βασίλη;
Έχω να τον δω από πέρσι.
Έχω να διαβάσω απόψε, γι' αυτό θα κοιμηθώ αργά.
Μου **κάνει καλό** να τρώω ελαφρά το βράδυ.
Κάνει κακό να μένει κανείς πολλές ώρες στον ήλιο.
Είναι πιθανό να πάω ταξίδι αυτόν το μήνα.
Για να το λες αυτό, κάτι πρέπει να ξέρεις.

Συνεχή υποτακτική έχουμε με:

Αρχίζω να καταλαβαίνω τα ελληνικά.
Συνηθίζω να ταξιδεύω με τρένο.
Τον **ακούω** να κουβεντιάζει συνέχεια στο τηλέφωνο.
Βλέπω τα παιδιά μου να μεγαλώνουν και χαίρομαι.
Μας **αρέσει** να πηγαίνουμε εκδρομές.
Έπαψα να τον βλέπω από τότε που άλλαξα γειτονιά.
Συνεχίζει να πίνει, αν και δεν επιτρέπεται.

Του **έμαθε** να μπαίνει στο Ίντερνετ.

Δε **σταματά** να μιλά για τα παιδιά της.

Τέλος Νοεμβρίου, αλλά αυτός **εξακολουθεί** να κολυμπάει.

Γιατί πρέπει **πάντα** εγώ να πλένω τα πιάτα;

Δεν πρέπει να τον παίρνεις στο τηλέφωνο **όλη την ώρα**, γιατί εκνευρίζεται.

Απλή υποτακτική έχουμε με: *"Signalworter" für einmalige*

Είναι ώρα να φύγω.

Ακόμα να γυρίσει ο πατέρας!

Έχει να μου γράψει από πέρσι.

Είναι η σειρά σου να πλύνεις τα πιάτα.

Ποτέ δεν είναι αργά να αλλάξεις ζωή.

Παραλίγο να χάσω την αρχή του έργου.

Παρά τρίχα να μην ξυπνήσω για το μάθημα το πρωί.

Λίγο έλειψε να χάσω το αεροπλάνο.

Κόντεψα να μη σε γνωρίσω.

Επειδή **άργησε** να έρθει, φύγαμε.

Περιμένω να τελειώσει η βροχή, για να φύγω.

Είμαι έτοιμος να φωνάξω την αστυνομία, αν συνεχίσετε τη φασαρία.

Μπορεί να φύγω, **πριν (προτού)** (να) γυρίσεις.

Μέχρι να καταλάβεις τι σου λέω, θα νυχτώσει.

Περίμενα **ώσπου** να γυρίσουν τα παιδιά μου, για να πάω για ύπνο.

Να μη φας **ποτέ ξανά** άπλυτα λαχανικά.

Έναρθρη υποτακτική

Το να καπνίζεις είναι βλαβερό.

Το να μαθαίνεις ξένες γλώσσες δεν είναι πάντα εύκολο.

Το να μη σπουδάσω γιατρός ήταν μεγάλο σφάλμα.

Με το να μιλάς συνέχεια στην τάξη, δεν αφήνεις και τους άλλους να προσέξουν.

Υποτακτική με αντικείμενα αντωνυμίες

Μπορείς να βάψεις **τους τοίχους** το απόγευμα;

— Ναι, βέβαια, μπορώ να **τους** βάψω.

Να γράψω **την άσκηση** με στιλό;

— Ναι, να **τη** γράψεις.

Να ετοιμάσω **τα πράγματά μου** αμέσως; Φεύγουμε;
— Ναι, να **τα** ετοιμάσεις αμέσως.

Να μαλώσω **τα κορίτσια** που κάνουν φασαρία;
— Όχι, να μην **τα** μαλώσεις. Παιδιά είναι, δεν πειράζει.

Να σβήσει ο Μιχάλης **το φούρνο;**
— Ναι, βέβαια, να **τον** σβήσει.

Να ανάψει η Κατερίνα **την τηλεόραση;**
— Ναι, ας **την** ανάψει.

> να (+ μη(ν)) + ά.α. (αντωνυμία) + ρήμα

Verb

Θέλετε να **σας** αλλάξω **τα σεντόνια;** Να **σας τα** αλλάξω;
— Ναι, να **μας τα** αλλάξετε, σας παρακαλώ.

Να **του** νοικιάσω **το διαμέρισμα;** Να **του το** νοικιάσω;
— Όχι, να μην **του** νοικιάσεις **το διαμέρισμα.**
— Όχι, να μην **του το** νοικιάσεις.

Να **σας** φέρω **τα βιβλία** που θέλετε; Να **σας τα** φέρω;
— Ναι, να **μας τα** φέρεις.

Να **τους** διαβάσει **το παραμύθι;** Να **τους το** διαβάσει;
— Ναι, ας **τους το** διαβάσει.

> να (+ μη(ν)) + έ.α. + ά.α. (αντωνυμίες) + ρήμα

ΑΣΚΗΣΕΙΣ

A. *Να συμπληρώσετε τα κενά με το μέλλοντα (συνεχή ή απλό) των ρημά-των που είναι στην παρένθεση.*

1. Κορίτσια, ... πριν από τις έξι; – Μάλλον. (τελειώνω)
2. Το απόγευμα τα παιδιά .... τις βαλίτσες τους για το ταξί-δι. (ετοιμάζω)
3. Από του χρόνου η Μαρία .... στο γραφείο του πατέρα της. (δουλεύω)

4. Ποτέ δε .... ξανά από τα μαθήματα της μουσικής. (λείπω)

5. Το Πάσχα .... το σπίτι μας. (βάφω)

6. Κάθε πότε .... το καινούριο αυτοκίνητό σου; – Κάθε 10.000 χλμ. (ελέγχω)

7. Τα καταστήματα .... κάθε απόγευμα όλο τον Αύγουστο. (κλείνω)

8. .... στην Πάτρα να διασκεδάσω τις Αποκριές. (πηγαίνω)

9. Αύριο τα παιδιά .... για σπίτι όλη την ημέρα. (ψάχνω)

10. Το αεροπλάνο .... στο αεροδρόμιο μια ώρα αργότερα. (φτάνω)

11. Μου είπε ότι αύριο όλη την ημέρα .... στα μαγαζιά. (τρι-γυρίζω)

12. .... το πρωί τα πράγματα που θέλω, γιατί σήμερα το από-γευμα τα καταστήματα είναι κλειστά. (ψωνίζω)

13. Δε ... τον .... οι φίλοι του, ότι κι αν τους πει. (πιστεύω)

14. Τι ωραίο φόρεμα! ... το .... (αγοράζω)

15. Χτυπάει η πόρτα. ...., Παύλο; (ανοίγω)

Β. *Να συμπληρώσετε τα κενά με τη συνεχή υποτακτική των ρημάτων που είναι στην παρένθεση.*

1. Οι γονείς τους τους είπαν .... τόσα λεφτά. (ξοδεύω–άρνη-ση)

2. Μου αρέσει .... έργα επιστημονικής φαντασίας. (βλέπω)

3. Ο γιατρός της της είπε .... πολλά φάρμακα. (παίρνω–άρ-νηση)

4. Θα σας κάνει καλό .... με τα πόδια στη δουλειά σας. (πηγαίνω)

5. Είναι ωφέλιμο .... πολλά φρούτα και λαχανικά. (τρώω)

Γ. *Να συμπληρώσετε τα κενά με την απλή υποτακτική των ρημάτων που είναι στην παρένθεση.*

1. Ποιος σου είπε .... το όνομά σου εδώ; (γράφω)

2. Μπορείς .... ό,τι θέλεις από αυτά που βλέπεις. (διαλέγω)

3. Πήγαινε τώρα .... ψωμί, γιατί αργότερα θα είναι κλειστά. (αγοράζω)

4. Θέλεις .... χαρτιά; – Γιατί όχι; (παίζω)
5. Φεύγω. Είναι ώρα .... (μαγειρεύω)

Δ. Να συμπληρώσετε τα κενά με την υποτακτική (συνεχή ή απλή) των ρη-
μάτων που είναι στην παρένθεση.

1. Δεν μπορώ ...., γιατί είμαι κουρασμένη. (χορεύω)
2. Είναι βλαβερό να τρώει κανείς κρέας κάθε μέρα. (τρώω)
3. Ακόμα .... η Αλεξάνδρα; (γυρίζω)
4. Συνηθίζει .... νερό στα λουλούδια κάθε απόγευμα. (ρίχνω)
5. Θέλουν .... στην Ελλάδα. (επιστρέφω)
6. Βλέπετε τα παιδιά .... στο δρόμο ή έφυγαν; (παίζω)
7. Περιμένω ... μου .... (γράφω)
8. Κάθε πρωί συνηθίζω .... ένα βραστό αυγό. (τρώω)
9. Μπορώ .... τα ψώνια μου στο σπίτι σου; (αφήνω)
10. Κάνει κρύο. Λες .... απόψε; (χιονίζει)
11. Είναι δυνατό .... κανείς .... ευτυχισμένος; (θέ-
    λω–άρνηση, είμαι)
12. Δε μου αρέσει .... με πλοίο. (ταξιδεύω)
13. Παρακαλώ, ... έξω από το παράθυρο την ώρα του μαθή-
    ματος. (κοιτάζω–άρνηση)
14. Μας αρέσει .... (μαγειρεύω)
15. Μαμά, ... τα ρούχα; Άρχισε να βρέχει. (μαζεύω)
    – Ναι, ... τα ...., σε παρακαλώ. (μαζεύω)
16. Πρέπει .... τα μαλλιά μου σήμερα. (κόβω)
17. Με το .... πολλά βιβλία μαθαίνεις .... και ....
    ωραία. (διαβάζω, μιλώ, γράφω)
18. Μιχάλη, μπορείς .... το πρωινό; – Εντάξει. (ετοιμάζω)
19. Γιαγιά, ... με τον Κώστα το απόγευμα; (παίζω)
    – Όχι, ... μην ...., γιατί έχεις διάβασμα. (παίζω)
20. Για .... κανείς ωραία το σπίτι του, πρέπει .... χρή-
    ματα. (επιπλώνω, έχω)
21. Δεν είναι ωφέλιμο .... πολλές σοκολά̶τ̶ε̶ς̶ ̶(̶τ̶ρ̶ώ̶ω̶)̶
22. Ας μου το ...., μόλις το διαβάσει. (επι̶
23. Θα φύγουμε αύριο, μόλις .... (ξημερ̶
24. ... του .... ένα ρολόι για τη γιορτή το̶
    – Όχι πάλι ρολόι. (χαρίζω)
25. Μου αρέσει .... από το παράθυρο,̶
    (κοιτάζω, βρέχει)

26. Ας μας .... κι εμάς λίγα τριαντάφυλλα. (κόβω)
27. Σας αρέσει .... ανθρώπους ή τοπία; – Και τα δύο. (ζωγραφίζω)
28. ... του τα .... τοις μετρητοίς; – Αν μπορείς. (πληρώνω)
29. Είναι δυνατό .... κανείς τα παιδιά του; (αγαπώ–άρνηση)
30. Είναι ευχάριστο .... κανείς, όταν κάνει ζέστη. (κολυμπώ)
31. Ίσως .... όλη τη νύχτα. (δουλεύω)
32. Δανάη, θέλεις .... εσύ σήμερα; – Όχι, ευχαριστώ. (σιδερώνω)
33. Ακόμη .... το τηλεφώνημα; (τελειώνω)
34. .... σήμερα, γιατί έβρεχε όλη τη νύχτα. (ποτίζω–άρνηση)

Ε. *Να συμπληρώσετε τα κενά με τα παρακάτω ρήματα στο σωστό τύπο:*

μαγειρεύω, διασκεδάζω, διώχνω, ψάχνω, ταξιδεύω, χορεύω, αλλάζω, ανοίγω, διαλέγω, διαβάζω, μπαίνω, τηλεφωνώ

1. Ενώ τα παιδιά ...., ξαφνικά .... η πόρτα και .... ένας φίλος τους γεμάτος αίματα.
2. .... στο χθεσινό πάρτι, Γιώργο; – Ναι, πολύ.
3. Παιδιά, πρέπει .... πολύ, γιατί οι εξετάσεις πλησιάζουν.
4. Κάθε πότε .... στους γονείς σας; – Μια φορά στις δεκαπέντε.
5. Όταν ήμασταν φοιτητές, ... πολύ τις διακοπές.
6. Δεν .... καθόλου από την τελευταία φορά που σε είδα.
7. Προσπαθεί .... πάντα τις δυσάρεστες σκέψεις από το μυαλό του.
8. Αυτό το σακάκι που .... δε μου αρέσει καθόλου.
9. Σου αρέσει .... τα φαγητά της πατρίδας σου; – Πολύ.
10. Καθώς .... για το ρολόι μου, βρήκα το κλειδί του αυτοκινήτου που έχασα προχθές.

Ιδιωτισμοί – Εκφράσεις

σπίτι άνετο (ευρύχωρο) ≠ στενόχωρο
Αγοράζω έπιπλα με δόσεις. ≠ Αγοράζω έπιπλα τοις μετρητοίς.
πιστωτική κάρτα

Υπογράφω γραμμάτια.
ένα ψυγείο ευκαιρίας
Βρίσκω την ευκαιρία.

ο ηλεκτρολόγος ⎫
ο μαραγκός ⎪
ο μπογιατζής ⎬ οι μαστόροι (μάστορες)
ο υδραυλικός ⎭

Στον αρραβώνα λέμε: «συγχαρητήρια!»
Στο γάμο λέμε: «συγχαρητήρια!» «να ζήσετε!»
Στην κηδεία λέμε: «συλλυπητήρια».
Στη βάφτιση λέμε: «να σας ζήσει!»
Στη γιορτή λέμε: «χρόνια πολλά», «και του χρόνου».
Στα γενέθλια λέμε: «να τα εκατοστίσεις!»

Δεν πειράζει!   Η υγρασία με πείραξε.
Σε πειράζει;   Το αυτοκίνητο με πείραξε.
Το φαγητό με πείραξε.   Πειράζω κάποιον.

Στο ξενοδοχείο

A — Χαίρετε, είμαι ο κύριος Παυλίδης. Έκλεισα ένα μονόκλινο δωμάτιο χθες.

B — Α, μάλιστα. Έχουμε δωμάτια στο πρώτο πάτωμα, στο δεύτερο και στο τρίτο. Σε ποιο πάτωμα προτιμάτε;

A — Δώστε μου αυτό που είναι στο τρίτο. Έχουν όλα ντους και τηλέφωνο;

B — Ασφαλώς έχουν. Αφήστε τις αποσκευές σας, θα σας τις φέρει ο υπάλληλος του ξενοδοχείου. Δώστε μου, παρακαλώ, την ταυτότητα ή το διαβατήριό σας.

A — Ορίστε η ταυτότητά μου.

B — Πάρτε το κλειδί του δωματίου σας. Είναι το 305.

A — Ευχαριστώ. Ίσως με ζητήσει κάποιος κύριος. Καλέστε με, σας παρακαλώ, αμέσως. Περιμένω και ένα φαξ. Σας παρακαλώ, στείλτε μού το στο δωμάτιό μου.

B — Εντάξει, κύριε. Μην περιμένετε το ασανσέρ. Δε λειτουργεί αυτήν τη στιγμή. Αν δε θέλετε να περιμένετε, πηγαίνετε από τις σκάλες.

Α — Α, όταν έρθουν οι απογευματινές εφημερίδες, στείλτε μου μία. Πού μπορώ να πιω κάτι;

Β — Στο μπαρ του ξενοδοχείου μας, στον ημιώροφο, ή πείτε να σας φέρουν κάτι στο δωμάτιό σας.

Α — Ευχαριστώ.

Imperati

Προστακτική

Συνεχής *dauerhaft*	**Απλή** *einmalig*
Γιώργο, σκούπι**ζε** τα πόδια σου, όταν μπαίνεις στο σπίτι.	Γιώργο, σκούπι**σε** τα πόδια σου, γιατί μόλις καθάρισα.
Παιδιά, σκουπί**ζετε** τα πόδια σας όταν μπαίνετε στο σπίτι.	Παιδιά, σκουπί**στε** τα πόδια σας, γιατί μόλις καθάρισα.
Μαρίνα, πρόσε**χε**, όταν περνάς το δρόμο.	Μαρίνα, πρόσε**ξε,** έρχεται ένα αυτοκίνητο.
Ελένη, Χρίστο, προσέ**χετε**, όταν περνάτε το δρόμο.	Ελένη, Χρίστο προσέ**ξετε,** έρχεται ένα αυτοκίνητο.
Μαρία, άνα**βε** τη λάμπα του γραφείου, όταν διαβάζεις.	Μαρία, άνα**ψε** το φως, γιατί νύχτωσε.
Μαρία, Σοφία, ανά**βετε** τη λάμπα του γραφείου, όταν διαβάζετε.	Μαρία, Σοφία, ανά**ψτε** το φως, γιατί νύχτωσε.

σκούπι**ζ-ε**	ή	να σκουπίζεις	σκούπι**σ-ε**	ή	να σκουπίσεις
σκουπί**ζ-ετε**	ή	να σκουπίζετε	σκουπί**σ-τε**	ή	να σκουπίσετε
πρόσε**χ-ε**	ή	να προσέχεις	πρόσε**ξ-ε**	ή	να προσέξεις
προσέ**χ-ετε**	ή	να προσέχετε	προσέ**ξ-τε**	ή	να προσέξετε
άνα**β-ε**	ή	να ανάβεις	άνα**ψ-ε**	ή	να ανάψεις
ανά**β-ετε**	ή	να ανάβετε	ανά**ψ-τε**	ή	να ανάψετε

θέμα ενεστώτα +	**-ε**	θέμα αορίστου +	**-ε**
	-ετε		**-τε**

Σημείωση: Μερικά ρήματα σχηματίζουν τον πληθυντικό της απλής προστακτικής σε **-ετε** π.χ. καταλάβ-ετε, μάθ-ετε, μείν-ετε, περιμέν-ετε, φύγ-ετε.

Άρνηση

Συνεχής	Απλή
Γιώργο, (να) **μη** σκουπίζεις τα χέρια σου στα ρούχα σου.	Γιώργο, (να) **μη** σκουπίσεις τα πιάτα. Θα τα σκουπίσω εγώ.
Παιδιά, (να) **μη** σκουπίζετε τα χέρια σας στα ρούχα σας.	Παιδιά, (να) **μη** σκουπίσετε τα πιάτα. Θα τα σκουπίσω εγω.
Μαρίνα, (να) **μην** ακούς αυτά που σου λέει ο ένας κι ο άλλος.	Μαρίνα, (να) **μην** ακούσεις μόνο τι λέει ο Γιώργος. Άκουσε και τον Ανέστη.
Ελένη, Χρίστο, (να) **μην** ακούτε αυτά που σας λέει ο ένας κι ο άλλος.	Ελένη, Χρίστο, (να) **μην** ακούσετε τι λέει ο Γιώργος. Ακούστε και τον Ανέστη.
Μαρία, (να) **μην** ανάβεις και σβήνεις συνέχεια τη λάμπα του γραφείου.	Μαρία, (να) **μην** ανάψεις το φως, γιατί δε νύχτωσε ακόμη.
Μαρία, Σοφία, (να) **μην** ανάβετε και σβήνετε συνέχεια τη λάμπα του γραφείου.	Μαρία, Σοφία, (να) **μην** ανάψετε το φως, γιατί δε νύχτωσε ακόμη.

(να) μη σκουπίζεις (να) μη σκουπίζετε	(να) μη σκουπίσεις (να) μη σκουπίσετε
(να) μην προσέχεις (να) μην προσέχετε	(να) μην προσέξεις (να) μην προσέξετε
(να) μην ανάβεις (να) μην ανάβετε	(να) μην ανάψεις (να) μην ανάψετε

Στην άρνηση χρησιμοποιούμε τον αντίστοιχο τύπο της υποτακτικής.

(να +) μη(ν) + ρήμα

Η αποκοπή του -ε στην προστακτική

στείλε το	στείλ' το
φέρε τες	φέρ' τες
αγόρασέ την	αγόρασ' την
φώναξέ τον	φώναξ' τον
στείλε τού το	στείλ' του το
φέρε τούς τα	φέρ' τους τα

αλλά

στείλε μού το	στείλ' το μου
φέρε μάς τες	φέρ' τες μας

αφήνω:

άφησέ με	άσε με
άφησέ τους	άσ' τους

αγόρασέ μου το	´ _ ´ μου το
στείλτε μού το	´ _ μού το
πες μου το	_ μου το

Προστακτική με αντικείμενα αντωνυμίες

Κατάφαση

Γιώργο, πλήρωσε **το λογαριασμό του νερού** σήμερα!	Γιώργο, πλήρωσέ **τον** σήμερα!
Παιδιά, πληρώστε **τους λογαριασμούς** σήμερα!	Παιδιά, πληρώστε **τους** σήμερα!
Μαρίνα, βρέχει, άνοιξε **την ομπρέλα!**	Μαρίνα, βρέχει, άνοιξέ **την**!
Κορίτσια, βρέχει, ανοίξτε **τις ομπρέλες σας**!	Κορίτσια, βρέχει, ανοίξτε **τες**!
Μαμά, ράψε **το κουμπί μου**!	Μαμά, ράψ' **το**!
Κορίτσια, ράψτε **τα κουμπιά**!	Κορίτσια, ράψτε **τα**!

ρήμα + ά.α. (αντωνυμία)

Άρνηση

Γιώργο, (να) μην πληρώσεις σήμερα **το λογαριασμό του νερού.**	Γιώργο, (να) μην **τον** πληρώσεις σήμερα.
Παιδιά, (να) μην πληρώσετε σήμερα **τους λογαριασμούς.**	Παιδιά, (να) μην **τους** πληρώσετε σήμερα.
Μαρίνα, (να) μην ανοίξεις **την ομπρέλα σου.** Έλα κάτω από τη δικιά μου.	Μαρίνα, (να) μην **την** ανοίξεις. Έλα κάτω από τη δικιά μου.
Κορίτσια, (να) μην ανοίξετε **τις ομπρέλες σας** ακόμα.	Κορίτσια, (να) μην **τις** ανοίξετε ακόμα.
Μαμά, (να) μη ράψεις **το κουμπί** μ' αυτή την κλωστή.	Μαμά, (να) μην **το** ράψεις μ' αυτή την κλωστή.
Κορίτσια, (να) μη ράψετε **τα κουμπιά** μ' αυτή την κλωστή.	Κορίτσια, (να) μην **τα** ράψετε μ' αυτή την κλωστή.

(να +) μη(ν) + ά.α. (αντωνυμία) + ρήμα

Κατάφαση

Πέτρο, διάβασε **τα νέα στη μητέρα σου.**	Πέτρο, διάβασέ **της τα.**
Παιδιά, διαβάστε **τα νέα στους γονείς σας.**	Παιδιά, διαβάστε **τούς τα.**
Μαρία, στείλε **το περιοδικό στη φίλη σου.**	Μαρία, στείλ' **της το.**
Κορίτσια, στείλτε **τα περιοδικά στις φίλες σας.**	Κορίτσια, στείλτε **τούς τα.**
Κώστα, δώσε **την εφημερίδα στον πατέρα.**	Κώστα, δώσ' **του την.**
Παιδιά, δώστε **τις εφημερίδες στους φίλους σας.**	Παιδιά, δώστε **τούς τες.**

ρήμα + έ.α. + ά.α. (αντωνυμίες)

Πέτρο, (να) μη διαβάσεις **τα νέα στη μητέρα σου.**

Πέτρο, (να) μην **της τα** διαβάσεις.

Παιδιά, (να) μη διαβάσετε **τα νέα στους γονείς σας.**

Παιδιά, (να) μην **τους τα** διαβάσετε.

Μαρία, (να) μη στείλεις **το βιβλίο στη φίλη σου.**

Μαρία, (να) μην **της το** στείλεις.

Κορίτσια, (να) μη στείλετε **τα περιοδικά στις φίλες σας.**

Κορίτσια, (να) μην **τους τα** στείλετε.

Κώστα, (να) μη δώσεις **την εφημερίδα στον πατέρα.**

Κώστα, (να) μην **του τη** δώσεις.

Παιδιά, (να) μη δώσετε **τις εφημερίδες στους φίλους σας.**

Παιδιά, (να) μην **τους τις** δώσετε.

Άρνηση

> (να +) μη(ν) + έ.α. + ά.α. (αντωνυμίες) + ρήμα

Αντωνυμίες ύστερα από προστακτική

Αιτιατική	**Γενική**
(άμεσο αντικείμενο)	**(έμμεσο αντικείμενο)**
με	μου
—	—
τον, τη(ν), το	του, της, του
μας	μας
—	—
τους, **τες,** τα	τους

ΑΣΚΗΣΕΙΣ

A. Να συμπληρώσετε τα κενά με την προστακτική (συνεχή ή απλή) των ρημάτων που είναι στην παρένθεση.

1. Μαρία, ... τα σεντόνια σου συχνά. (αλλάζω)
2. Παιδιά, ... τα χρήματα με το ταχυδρομείο. (στέλνω)
3. Κώστα, ... το δέμα καλά, να μην ανοίξει. (δένω)

4. Παιδιά, ... το δωμάτιό σας τακτικά. (σκουπίζω)

5. .... τις βαλίτσες σας εδώ, κύριε. (αφήνω)

6. Δανάη, ... μια ματιά στο φαγητό! (ρίχνω)

7. Κυρία, ... του άδεια να φύγει, γιατί είναι άρρωστος. (δίνω)

8. Αντρέα, σε παρακαλώ, ... μου τα λουλούδια τις μέρες που θα λείπω. (ποτίζω)

9. Παρακαλώ, ... μου το πρωινό αύριο στις 8:00. (φέρνω)

10. Παιδιά, ... τον πατέρα σας. Τον ζητούν στο τηλέφωνο. (φωνάζω)

Β. Να κάνετε αρνητικές τις παρακάτω προτάσεις:

1. Άνοιξε το παράθυρο.

2. Κλείστε την πόρτα.

3. Μάζεψε τα πιάτα.

4. Βάψτε το δωμάτιό σας με χτυπητά χρώματα.

5. Παίξτε μου ξανά αυτό το τραγούδι.

6. Αγόρασε αυτό το πουκάμισο.

7. Άφησε τα πράγματά σου εδώ.

8. Άναψε το φως.

9. Διώξε το σκύλο.

10. Κόψτε λουλούδια από τον κήπο.

Γ. Να αντικαταστήσετε τα ουσιαστικά με αντωνυμίες.

1. Μαρία, φέρε στη μητέρα σου τα γυαλιά.

2. Παιδιά, φεύγουμε. Δώστε τα κλειδιά στους γείτονες.

3. Δώστε την ταυτότητά σας στον υπάλληλο.

4. Μη γράψετε τα άσχημα νέα στους γονείς σας.

5. Μη στείλεις τις φωτογραφίες στη Μαριάννα.

6. Κώστα, άνοιξε την τηλεόραση.

7. Άννα, σκούπισε τα χέρια σου.

8. Αντώνη, κλείσε το παράθυρο.

9. Σβήστε το φως.

10. Πέτρο, μην περιμένεις τον πατέρα σου.

Δ. Να κάνετε αρνητικές τις παρακάτω προτάσεις:

1. Διάβασέ το.

2. Γράψτε τα.

11. Γράψε μού το.

12. Δώσε τού την.

3. Ανοίξτε την.
4. Περιμένετέ μας.
5. Αφήστε τες.
6. Φώναξέ τους.
7. Πρόσεχέ τον.
8. Άλλαξέ τα.
9. Κοίταξέ με.
10. Φύλαξέ το.

13. Στείλτε τούς τα.
14. Αγόρασέ μου την.
15. Δίδαξέ μου τα.
16. Φέρτε τής τον.
17. Ράψε τού το.
18. Ετοίμασέ της την.
19. Μαγείρεψέ τους το.
20. Φύλαξέ μας τα.

E. *Να γράψετε τα ρήματα στον κατάλληλο χρόνο και στην κατάλληλη έ-γκλιση, ώστε η δεύτερη πρόταση να έχει το ίδιο νόημα με την πρώτη.*

1. Φώναζε όταν διαβάζεις. .... όταν διαβάζεις.
2. Κοίταξε τι κάνουν τα παιδιά στο δωμάτιό τους. .... τι κά-νουν τα παιδιά στο δωμάτιό τους.
3. Βλέπε μπροστά σου, όταν περπατάς. .... μπροστά σου, ό-ταν περπατάς.
4. Αφήστε με ήσυχη. ... με .... ήσυχη.
5. Πρόσεχε το μωρό όση ώρα θα λείπω. .... το μωρό όση ώρα θα λείπω.
6. Διάβασε, σε παρακαλώ, και μην παίζεις. ...., σε παρακαλώ, και ... μην ....
7. Καθάριζε συχνά το δωμάτιό σου. .... συχνά το δωμάτιό σου.
8. Ψάξε να το βρεις. .... να το βρεις.
9. Λύστε αυτό το πρόβλημα. .... αυτό το πρόβλημα.
10. Γράφε μου τουλάχιστο μια φορά το μήνα. ... μου .... του-λάχιστο μια φορά το μήνα.
11. Φοράτε πάντα ζεστά ρούχα το χειμώνα. .... πάντα ζεστά ρούχα το χειμώνα.
12. Βάζετέ τα στην τσέπη ή στην τσάντα σας. ... τα .... στην τσέπη ή στην τσάντα σας.

Ιδιωτισμοί – Εκφράσεις

Το ασανσέρ ⎫
Το ψυγείο   ⎬ δε λειτουργεί.
Το τηλέφωνο ⎭

Πόσα σχολεία λειτουργούν στην πόλη σας;

ξενοδοχείο πολυτελείας / ξενοδοχείο πέντε αστέρων
ξενοδοχείο Α', Β', Γ' κατηγορίας

Άφησέ (Άσε) με ήσυχο.
Πού αφήνεις το παιδί σου, όταν πας στο γραφείο σου;

Η γειτονιά

Μένω στην Άνω Πόλη κοντά στα τείχη. Σπάνια κατεβαίνω στο κέντρο για ψώνια, γιατί στη γειτονιά μου υπάρχουν πολλά μαγαζιά. Στο δρόμο που μένω είναι ένα μικρό σουπερμάρκετ και δίπλα ο ψαράς με τα φρέσκα ψάρια του. Λίγο πιο κάτω είναι το μαγαζί του μανάβη, που έχει πάντα τα καλύτερα φρούτα και λαχανικά της εποχής. Στο δρόμο που περνά μπροστά από την εκκλησία είναι ο φούρναρης με το φρέσκο ψωμί, ένα μαγαζί ηλεκτρικών ειδών και λίγο παραπάνω ο τσαγκάρης, που επιδιορθώνει όλα τα παλιά παπούτσια.

Κάτω από τα ψηλά δέντρα στην άκρη του κεντρικού δρόμου οι ταξιτζήδες βρίσκουν λίγη δροσιά το καλοκαίρι, καθώς περιμένουν τους πελάτες. Υπάρχει, τέλος, ένα συμπαθητικό, μικρό και καθαρό εστιατόριο, γι' αυτούς που δε θέλουν ή δεν ξέρουν να μαγειρεύουν.

Στο εστιατόριο

A — Παρακαλώ, μία μοσχαράκι με σπανάκι.

B — Λυπάμαι, κύριε, τελείωσε.

A — Τότε φέρτε μου μία ...

B — Ξέρετε, πολλά από τα φαγητά που γράφει ο κατάλογος τελείωσαν, γιατί είναι περασμένη η ώρα. =spät

A — Ωραία. Πέστε μου εσείς τι υπάρχει.

B — Μόνο μοσχάρι με μακαρόνια και κοτόπουλο με πατάτες.

A — Εντάξει. Θέλω κοτόπουλο, στήθος αν υπάρχει, μια χωριάτικη σαλάτα, μια φέτα και μια μικρή μπίρα.

B — Έρχονται αμέσως.

A — Παρακαλώ, πού είναι η τουαλέτα;

B — Στο βάθος δεξιά.

A — Ευχαριστώ πολύ.

Μοσχαράκι	με πατάτες	
»	με σπανάκι	» **τα ομοιωματικά**
»	με μακαρόνια	* Anführungszeichen*
»	με λάχανο	

Αρσενικά σε **-ης**, πληθ. **-ηδες**

Έφυγαν οι **μουσαφίρηδες** που είχες στο σπίτι σου; – Ναι, προχθές.
Η αστυνομία ελέγχει τις ζυγαριές των **μανάβηδων** και των **χασάπηδων**.
Ο **σπιτονοικοκύρης** μου μου είπε ότι θέλει κι άλλη αύξηση στο νοίκι.
Τι το κρατάς αυτό το ρολόι; Ούτε **παλιατζής** δεν το παίρνει.

Ενικός αριθμός				
Ον.	ο	μανάβης	καφετζής	**-ης**
Γεν.	του	μανάβη	καφετζή	**-η**
Αιτ.	τον	μανάβη	καφετζή	**-η**
Κλ.		μανάβη	καφετζή	**-η**
Πληθυντικός αριθμός				
Ον.	οι	μανάβηδες	καφετζήδες	**-ηδες**
Γεν.	των	μανάβηδων	καφετζήδων	**-ηδων**
Αιτ.	τους	μανάβηδες	καφετζήδες	**-ηδες**
Κλ.		μανάβηδες	καφετζήδες	**-ηδες**

Αρσενικά σε **-άς,** πληθ. **-άδες**

Δε μου αρέσει αυτό το πουκάμισο, γιατί έχει πολύ φαρδύ **γιακά.**
Οι βάρκες των **ψαράδων** σήμερα έχουν μηχανές, και όχι κουπιά.
Το γιαούρτι που κάνει ο **γαλατάς** μας είναι πολύ παχύ και νόστιμο.
Έσπασε τον **κουμπαρά** του, αλλά είχε μόνο 200 ευρώ μέσα.
Χθες είχαμε κρέας με **αρακά.**
Πολύ εύκολα θυμώνει και αρχίζει τον **καβγά.**

Ενικός αριθμός			Πληθυντικός αριθμός			
Ον.	ο	ψαράς	οι	ψαράδες	**-άς**	**-άδες**
Γεν.	του	ψαρά	των	ψαράδων	**-ά**	**-άδων**
Αιτ.	τον	ψαρά	τους	ψαράδες	**-ά**	**-άδες**
Κλ.		ψαρά		ψαράδες	**-ά**	**-άδες**

Αρσενικά σε **-ής,** πληθ. **-είς**

Οι πιο πολλοί από τους **συγγενείς** μου μένουν στην Αθήνα.
Τα παραμύθια μιλούν για **ευγενείς** και βασιλιάδες.

Ενικός αριθμός			Πληθυντικός αριθμός			
Ον.	ο	συγγενής	οι	συγγενείς	**-ής**	**-είς**
Γεν.	του	συγγενή	των	συγγενών	**-ή**	**-ών**
Αιτ.	το	συγγενή	τους	συγγενείς	**-ή**	**-είς**
Κλ.		συγγενή		συγγενείς	**-ή**	**-είς**

Ουδέτερα σε **-ος,** πληθ. **-η**

Πάντα πληρώνει κανείς για τα **λάθη** του.
Η φίλη του είναι συνοδός **εδάφους.**
Χθες το βράδυ είχα ένα δυνατό πόνο στο αριστερό **μέρος** του **στήθους.**
Πολλά **κράτη** ζητούν τη λύση των προβλημάτων τους από τον Οργανι-
σμό Ηνωμένων **Εθνών.**
Για να βρούμε το εμβαδόν ενός δωματίου πρέπει να ξέρουμε τι **μήκος** και
τι **πλάτος** έχει.

Sing   *Plural*

		Ενικός αριθμός			Πληθυντικός αριθμός			
Ον.	το	δάσος	έδαφος	τα	δάση	εδάφη	-ος	-η
Γεν.	του	δάσους	εδάφους	των	δασών	εδαφών	-ους	-ών
Αιτ.	το	δάσος	έδαφος	τα	δάση	εδάφη	-ος	-η
Κλ.		δάσος	έδαφος		δάση	εδάφη	-ος	-η

1. Τα προπαροξύτονα ουδέτερα σε -ος στη γενική του ενικού και στην ο-νομαστική και αιτιατική του πληθυντικού, τονίζονται στην παραλή-γουσα.
2. Τα ουδέτερα σε -ος στη γενική του πληθυντικού τονίζονται στη λήγου-σα.

Απόλυτα και τακτικά αριθμητικά

101	εκατόν ένας, μία, ένα
	εκατοστός πρώτος, -η, -ο
102	εκατόν δύο
	εκατοστός δεύτερος, -η, -ο
120	εκατόν είκοσι
	εκατοστός εικοστός, -ή, -ό
121	εκατόν είκοσι ένας, μία, ένα
	εκατοστός εικοστός πρώτος, -η, -ο
200	διακόσιοι, -ες, -α
300	τριακόσιοι, -ες, -α
400	τετρακόσιοι, -ες, -α
500	πεντακόσιοι, -ες, -α
600	εξακόσιοι, -ες, -α
700	επτακόσιοι, -ες, -α (εφτακόσιοι, -ες, -α)
800	οκτακόσιοι, -ες, -α (οχτακόσιοι, -ες, -α)
900	εννιακόσιοι, -ες, -α
1000	χίλιοι, -ες, -α
	χιλιοστός, -ή, -ό
2000	δύο χιλιάδες
3000	τρεις χιλιάδες
10.000	δέκα χιλιάδες
100.000	εκατό χιλιάδες
200.000	διακόσιες χιλιάδες

1.000.000	ένα εκατομύριο	
	εκατομμυριοστός, -ή, -ό	
1.000.000.000	ένα δισεκατομμύριο	
1.000.000.000.000	ένα τρισεκατομμύριο	

	Αρσενικό	Θηλυκό	Ουδέτερο	Αρσενικό – Θηλυκό		Ουδέτερο	
Ον.	ένας	μία, μια	ένα	τρεις	τέσσερις	τρία	τέσσερα
Γεν.	ενός	μιας	ενός	τριών	τεσσάρων	τριών	τεσσάρων
Αιτ.	ένα(ν)	μία, μια	ένα	τρεις	τέσσερις	τρία	τέσσερα

	Αρσενικό	Θηλυκό	Ουδέτερο
Ον.	διακόσιοι	διακόσιες	διακόσια
Γεν.	διακόσιων	διακόσιων	διακόσιων
Αιτ.	διακόσιους	διακόσιες	διακόσια
Ον.	χίλιοι	χίλιες	χίλια
Γεν.	χίλιων	χίλιων	χίλιων
Αιτ.	χίλιους	χίλιες	χίλια

Τοπικά επιρρήματα

Έχασα τα κλειδιά μου. Έψαξα **παντού,** αλλά δεν τα βρήκα **πουθενά.**
Τα πουλιά πετούν **χαμηλά.** Θα βρέξει.
Ο καθρέφτης είναι **ψηλά** και δε βλέπω.
Δε μένει εδώ, μένει **κάπου αλλού.**
Οπουδήποτε πας, οι άνθρωποι είναι ίδιοι.
Γιατί αφήνεις τα πράγματά σου **δεξιά** και **αριστερά;**
Ο ποταμός κυλάει **ανάμεσα** από τα δέντρα.
Πρέπει να υπάρχει ειλικρίνεια **μεταξύ** φίλων.

Τα σημεία του ορίζοντα

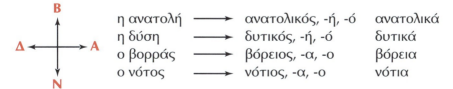

η ανατολή ⟶	ανατολικός, -ή, -ό	ανατολικά
η δύση ⟶	δυτικός, -ή, -ό	δυτικά
ο βορράς ⟶	βόρειος, -α, -ο	βόρεια
ο νότος ⟶	νότιος, -α, -ο	νότια

ΑΣΚΗΣΕΙΣ

A. *Να συμπληρώσετε τα κενά με το σωστό τύπο των ουσιαστικών που είναι στην παρένθεση.*

1. Το μαγαζί .... είναι στο βάθος του δρόμου. (ο φούρναρης)
2. Ο κύριος Περικλής είναι .... (ο ταξιτζής)
3. .... είναι μακριά από το σπίτι μου. (ο ψωμάς)
4. Κάθε πρωί βλέπω .... που ανοίγει το μικρό μαγαζί του. (ο τσαγκάρης)
5. Δεν υπάρχουν πια .... στις γειτονιές. (ο μπακάλης)
6. Το σπίτι του είναι στην άκρη .... (το δάσος)
7. Έχεις το ίδιο .... με τη Λίνα; (το ύψος)
8. .... κάτω από το σπίτι του Γιώργου κάνει ωραίο καφέ. (ο καφετζής)
9. Η δουλειά .... είναι δύσκολη. (ο ψαράς)
10. Δεν είναι εγωιστής. Αναγνωρίζει πάντα .... του. (το λάθος)

B. *Να γράψετε στον πληθυντικό τις παρακάτω προτάσεις:*

1. Το μαγαζί του μανάβη είναι στο ισόγειο της πολυκατοικίας μας.
2. Δεν υπάρχει πια γαλατάς που μοιράζει γάλα στη γειτονιά.
3. Είναι ένα πλούσιο βιομηχανικό κράτος.
4. Την Κυριακή τρώω στο σπίτι ενός συγγενή μου.
5. Ο βαρκάρης νοίκιασε τη βάρκα του σ' έναν ξένο.

Γ. *Να συμπληρώσετε τα κενά με το σωστό τύπο των αριθμητικών.*

1. Η πόλη μας έχει .... κατοίκους. (900.000)
2. Σε .... χιλιόμετρο της οδού Θεσσαλονίκης–Αθηνών υπάρχει ένα όμορφο χωριό. (100)
3. Υπάρχει σχολείο που έχει .... μαθητές και .... μαθήτριες; – Βέβαια υπάρχει. (1000, 1200)
4. Όλα μαζί τα νοσοκομεία της πόλης έχουν .... νοσοκόμους. (5341)
5. Δες την εικόνα .... σελίδας. (133)
6. Ο χρόνος έχει .... μέρες. (365)

Ιδιωτισμοί – Εκφράσεις

λιανικώς ≠ χονδρικώς
λαχανικά φρέσκα ≠ μπαγιάτικα, σάπια, κατεψυγμένα

Νοικιάζει το σπίτι του.   ο (σπιτο)νοικοκύρης, η (σπιτο)νοικοκυρά
Νοικιάζω ένα σπίτι.   ο ενοικιαστής, η ενοικιάστρια
το νοίκι (το ενοίκιο)   (ο νοικάρης, η νοικάρισσα)
     ο γείτονας, η γειτόνισσα

αλμυρός, -ή, -ό ≠ ανάλατος, -η, -ο

Δίνω παραγγελία.
φαγητά της ώρας
ο λογαριασμός
ο σερβιτόρος, το γκαρσόν(ι)
το φιλοδώρημα

το μπακάλικο (παντοπωλείο)   ο μπακάλης (παντοπώλης)
το μανάβικο (οπωρολαχανοπωλείο)   ο μανάβης (οπωρολαχανοπώλης)
ο φούρνος (το αρτοποιείο)   ο ψωμάς, ο φούρναρης (αρτο-
     ποιός)

το χασάπικο (κρεοπωλείο)   ο χασάπης (κρεοπώλης)
το τσαγκάρικο (υποδηματοποιείο)   ο τσαγκάρης (υποδηματοποιός)
το γαλατάδικο (γαλακτοπωλείο)   ο γαλατάς (γαλακτοπώλης)
το ψιλικατζίδικο – τα ψιλικά   ο ψιλικατζής
το καθαριστήριο

Η διασκέδαση στην Ελλάδα

have a good time

Σήμερα όλος ο κόσμος διασκεδάζει. Άλλοι πηγαίνουν στο θέατρο, άλλοι στον κινηματογράφο. Μερικοί διασκεδάζουν με μουσική. Άλλοι πάλι πηγαίνουν εκδρομές.

Η διασκέδαση είναι απαραίτητη για τη ζωή μας, που είναι γεμάτη άγχος σήμερα. Ξεχνάς για λίγο όλα σου τα προβλήματα και παίρνεις αρκετή δύναμη για το αύριο.

Οι Έλληνες αγαπούν το γλέντι και τη μουσική. Συχνά τα βράδια πηγαίνουν στα κέντρα και στις ταβέρνες, όπου πίνουν ρετσίνα, κρασί ή ούζο και τρώνε διάφορους πικάντικους μεζέδες. Όλα αυτά δημιουργούν την κατάλληλη ατμόσφαιρα για κέφι, τραγούδι και χορό.

Η διασκέδαση στην Ελλάδα δεν αφήνει ασυγκίνητους ούτε και τους ξένους. Οι περισσότεροι φεύγουν από την Ελλάδα με πολλές και ωραίες αναμνήσεις από τα ελληνικά γλέντια.

pikant

Τι θα κάνουμε απόψε;

A — Τι λέτε παιδιά, πάμε για καμιά ρετσίνα;

B — Και δεν πάμε; Έχουμε πολλές μέρες που δε βγήκαμε.

A — Πού να πάμε όμως;

B — Ξέρω ένα παραλιακό ταβερνάκι με τραπέζια πλάι στη θάλασσα.

A — Έχει καλή ρετσίνα;

B — Απίθανη, βαρελίσια και κάτι μεζέδες, να γλείφεις τα δάχτυλά σου.

A — Τι περιμένουμε τότε; Πάμε.

Αντωνυμίες

Ποιος είναι έξω; — **Ένας** φίλος σου είναι έξω.

    — **Κάποιος** κύριος.

    — **Εκείνος ο** φίλος σου που ήρθε και χθες.

    — **Αυτός που** περιμένεις είναι έξω.

    — **Κανένας** δεν είναι έξω.

    — **Μερικές** φοιτήτριες είναι έξω.

Ποιανού είναι αυτό το πουλόβερ; — Είναι

ενός φίλου μου
κάποιου ξαδέλφου μου

    — Δεν είναι **κανενός** από μας.

Σε **ποιον** τηλεφωνείς; — Τηλεφωνώ

σ' **ένα** φίλο μου
σε **κάποιον** γνωστό μου
σ' **αυτόν** που με ζήτησε πριν
σ' **εκείνον** τον ψηλό που εί- δαμε χθες

    — Δεν τηλεφωνώ σε **κανέναν**. Με τη Μαρία μιλάω.

Τι θέλετε; — Θέλω **κάτι,** αλλά δεν το βρίσκω.

    — Θέλω **ό,τι** πιο καλό έχετε.

    — Δε θέλω **τίποτε.**

    — Θέλω **αυτό το** μεγάλο κουτί.

    — Θέλω **εκείνο το** ρολόι που είχατε στη βιτρίνα προχθές, αλλά τώρα δεν το βλέπω.

    — **Οτιδήποτε** έχετε για φαγητό.

Τι (είδους) μπλούζα θέλετε; – Θέλω μια **τέτοια** μπλούζα.
Σε **ποια** κυρία να δώσω τα χαρτιά; – Σε **οποιαδήποτε** είναι στο γραφείο.

Πόσος κόσμος ήταν εκεί; – Ήταν
πολύς	κόσμος.
κάμποσος	*ziemlich viel*
αρκετός	*genug*
λίγος	

– Δεν ήταν **καθόλου** κόσμος.

Πόση ζάχαρη θέλεις; – Θέλω
πολλή ζάχαρη.
κάμποση
αρκετή
λίγη

– Δε θέλω **καθόλου** ζάχαρη.

Πόσο γάλα θέλεις; – Θέλω
πολύ γάλα.
κάμποσο
αρκετό
λίγο

– Δε θέλω **καθόλου** γάλα.

Πόσους συγγενείς έχεις στην Ελλάδα; – Έχω
πολλούς .
κάμποσους
αρκετούς
λίγους

– Δεν έχω **καθόλου** συγγενείς στην Ελλάδα.

Πόσες ξαδέλφες έχεις; – Έχω
πολλές ξαδέλφες. *Cousinen*
κάμποσες
αρκετές
λίγες

– Δεν έχω **καθόλου** ξαδέλφες.
überhaupt keine

Πόσα κορίτσια έχει η τάξη σας; – Έχει

> **πολλά**
> **κάμποσα**
> **αρκετά**
> **λίγα**

κορίτσια.

– Δεν έχει **καθόλου** κορίτσια.

angeblich

Συνάντησα **ένα** φίλο σου και μου είπε ότι δήθεν έλειπες στο εξωτερικό.

Όποιος είδε το έργο που παίζουν στο «Αριστοτέλειο» είπε ότι είναι καλό.

Ποιες φωτογραφίες μπορώ να πάρω; – Πάρε **όποιες** θέλεις.

Να το πω στη Ρούλα; – Πες το σε **όποιον** θέλεις. Δεν είναι μυστικό.

Με **τέτοιο** μυαλό που έχεις, δε θα πας μπροστά.

Πώς μιλάς **έτσι; Τι** τρόπος είναι αυτός;

Τι είδους δουλειά είναι αυτή, που όλη τη μέρα λείπεις;

Τι τον κοιτάζεις έτσι; Ο Γιάννης είναι, δεν τον γνώρισες;

Πόσος καιρός πέρασε από τότε που είδες τον Πάνο; – **Αρκετός,** περίπου δύο μήνες.

Πόσα χρήματα θέλεις για να το αγοράσεις το σπίτι; – **Πολλά** και δεν τα έχω.

Πήρε **κάποιος** και σε ζήτησε, αλλά δεν άφησε ούτε όνομα, ούτε τηλέφωνο.

Αν έρθει **κάποιος** Πέτρος και με ζητήσει, πες του ότι δεν είμαι εδώ.

Έχεις δίκιο, αλλά έχει κι αυτός **κάποιο** δίκιο.

Τον είδα με **κάποια** στο ζαχαροπλαστείο.

Αν ξέρεις **τίποτε** για το Νίκο, πες το.

Βλέπεις **τίποτε** από εκεί που κάθεσαι; – Όχι, δε βλέπω **τίποτε.**

Έχεις **τίποτε** ψιλά να μου δώσεις; – Όχι, δεν έχω καθόλου.

Κανείς (κανένας) δεν τον είδε τις τελευταίες μέρες.

Δεν είδα εκεί **κανένα** γνωστό.

Είναι **κανένας (κανείς)** έξω; – Όχι, δεν είναι **κανένας.**

Θα μείνω στην Αμερική **κανένα** μήνα. *ungefähr*

Βλέπει **κανείς** πολλά παράξενα πράγματά εδώ.

Ας υποθέσουμε ότι ένα τρένο θα φτάσει στο **τάδε** μέρος την **τάδε** ώρα...

Να σου πω τι είπαν για σένα στο σπίτι του Άλκη; – Δε με ενδιαφέρει τι λέει **η δείνα** κυρία και **ο τάδε** κύριος.

Βρήκα **κάτι** δικό σου πάνω στο τραπέζι. Το θέλεις;

Ήρθαν στο σπίτι μου **κάτι** φίλοι χθες το βράδυ.

Του δίνει πάντα **όσα** χρήματα θέλει.

Έχω **πολλούς** φακέλους. Πάρε **όσους** θέλεις. *Nimm soviel du willst*

Όλοι **όσοι** τον είδαν είπαν ότι άλλαξε πολύ.

Έγραψα **τόσες** πολλές σελίδες χθες, που δε θυμάμαι πόσες ήταν.

Δεν έχω **τόσους** φίλους **όσους** έχεις εσύ.

Ό,τι έγινε, έγινε. Τώρα, τι κάνουμε;

Ό,τι ώρα έρθεις, θα είμαι στο σπίτι.   *Wann immer du kommst*

Η είσοδος είναι ελεύθερη. Μπορεί να μπει **οποιοσδήποτε** θέλει.

Οποιαδήποτε τέχνη ξέρει κανείς είναι χρήσιμη.

Οτιδήποτε σου πει έχει δίκιο, ύστερα από αυτό που έκανες.

Δεν πρέπει να διαβάζεις **οποιοδήποτε** περιοδικό πέφτει στα χέρια σου.

ένας	άντρας	μια	γυναίκα	ένα	παιδί
κανένας		καμιά		κανένα	
κάποιος		κάποια		κάποιο	
αυτός ο		αυτή η		αυτό το	
άλλος		άλλη		άλλο	
ο τάδε		η τάδε		το τάδε	
εκείνος ο		εκείνη η		εκείνο το	
κάθε		κάθε		κάθε	
τέτοιος		τέτοια		τέτοιο	
οποιοσδήποτε		οποιαδήποτε		οποιοδήποτε	

Frage   *unbest. Pronomen*   *zeige pronomen*   *Relativpronomen*

Ερωτηματικές	Αόριστες	Δεικτικές	Αναφορικές
ποιος;	ένας, κάποιος, κανένας (κανείς) μερικοί	αυτός	(εκείνος) που όποιος
	άλλος ο δείνα, ο τάδε καθένας	εκείνος	
τι;	κάτι κάθε, καθετί τίποτε (τίποτα)	αυτό εκείνο	ό,τι
τι (είδος);		τέτοιος	οποιοσδήποτε οτιδήποτε
πόσος;	κάμποσος αρκετός	τόσος	όσος

Επιρρήματα

Πού να βάλω το γλυκό;   — **Εδώ.**
                             — **Εκεί.**

            — **Κάπου** που να μην το φτάνει ο σκύλος.
            — **Οπουδήποτε,** όχι όμως κοντά στο καλορι-
               φέρ.
            — **Όπου** θέλεις.

Πότε πηγαίνεις στον κινηματογράφο; — **Κάποτε κάποτε.**
                                   — **Πότε πότε.**
                                   — **Ποτέ.**
                                   — **Οποτεδήποτε·** φτάνει να έχει κα-
                                     λό έργο.
                                   — **Όποτε** έχω κέφι.
                                   — **Κάθε φορά που** έχω καιρό.
                                   — Δεν πηγαίνω **καμιά φορά**, γιατί
                                   δε μου αρέσει.

Πόσο καλά ξέρεις ελληνικά; — **Πολύ** καλά.
                             — **Κάμποσο.**
                             — **Αρκετά** καλά.
                             — Πολύ **λίγο.**
                             — Δεν ξέρω **καθόλου** καλά ελληνικά.

Πώς τα πας; — Έτσι κι έτσι.
               — **Όπως** πάντα.

Γιατί το κάνεις **έτσι;** – Γιατί **έτσι** μου αρέσει.

Εκεί είναι τα χαρτιά μου; – Όχι, δεν είναι εδώ. Ψάξε **αλλού.**
Τι έγινε με τον Κώστα; – Θα σου πω **άλλοτε** αυτή την ιστορία.
Άλλοτε η θάλασσα ήταν πιο καθαρή και κολυμπούσαμε **εδώ.**
Άλλοτε οι άνθρωποι πίστευαν ότι η γη είναι επίπεδη.
Πώς είσαι σήμερα; **Κάπως** καλύτερα.
Εγώ το έλυσα **αλλιώς** αυτό το πρόβλημα.
Να έρθεις στην ώρα σου· **αλλιώς** θα φύγω.
Κάνε γρήγορα· **αλλιώς** θα χάσουμε την αρχή του έργου.
Πήγες **πουθενά** χθες; – Όχι, δεν πήγα **πουθενά.**
Πάμε **κάπου** απόψε· όλη την εβδομάδα δεν πήγαμε **πουθενά.**
Πήγες **ποτέ** (σου) στη Νορβηγία; – Όχι, δεν πήγα **ποτέ.**
Πήγες **καμιά φορά** στη Νορβηγία; – Όχι δεν πήγα **καμιά φορά,** ούτε **που-
θενά αλλού.**
Έχεις **καθόλου** ψιλά; – Όχι, δεν έχω **καθόλου,** μου τελείωσαν όλα.

Είδες **καθόλου** τον Αντρέα τώρα τελευταία; – Ναι, τον είδα προχθές.

Τι έχει και είναι **έτσι;** – Είναι στενοχωρεμένος.

Ας πάει **όπου** θέλει. **Έτσι κι αλλιώς** δε με ρωτά.

Όπως βλέπεις, τα πράγματα δεν είναι **τόσο** απλά **όσο** νομίζεις.

Δεν έχω παράπονο. Έγιναν όλα **όπως** πρέπει.

Καθώς ξέρεις, ο πατέρας μου δεν είναι καλά τώρα τελευταία, έχουμε πολλά προβλήματα.

Η Ελένη **καθώς** κι εσύ είστε πολύ τακτικές, εγώ δεν είμαι **τόσο.**

Στις μεγάλες πόλεις μάς ενοχλούν οι καπνοί **καθώς** και η κίνηση στους δρόμους.

Πότε θα τα πούμε, Νιόβη; – Σήμερα δεν μπορώ. Αύριο, όμως, θα τα πούμε **οπωσδήποτε.**

Τον Αλέξη τον ξέρω **τόσο** καλά **όσο** κι εσύ, αλλά νομίζω ότι τον αδικείς με αυτά που λες.

Έτρεξα **τόσο** πολύ **που** λαχάνιασα.

Διασκεδάσαμε **εκεί που** ήμασταν χθες.

Ήμουν στην Αγγλία **τότε που** ήσουν κι εσύ.

Κάπου την έχω συναντήσει, αλλά δε θυμάμαι **πού.**

Πώς να σου πω απ' έξω τον αριθμό του κινητού του; Εγώ δε θυμάμαι **τι** έφαγα χθες!

Κάνε γρήγορα. **Όπου** να 'ναι φτάνει το αεροπλάνο.

Ερωτηματικές	Αόριστες	Δεικτικές	Αναφορικές
πού;	κάπου, αλλού	εδώ, εκεί πουθενά παντού	(εδώ) που, όπου οπουδήποτε
πότε;	κάποτε, άλλοτε πότε πότε	τότε, τώρα ποτέ, καμιά φορά μερικές φορές	(τότε) που όποτε
πώς;	κάπως, αλλιώς	έτσι	όπως, καθώς οπωσδήποτε
πόσο;	κάμποσο αρκετά πολύ	τόσο, καθόλου	όσο

Έχω **πολλούς** και καλούς φίλους.

Πολύς κόσμος πηγαίνει κάθε χρόνο στη Διεθνή Έκθεση Θεσσαλονίκης.

Σήμερα κάνει **πολλή** ζέστη.

Τα μαλλιά **πολλών** αντρών πέφτουν με τα χρόνια.

Πάρε τη ζακέτα σου, κάνει **πολύ** κρύο.

Στις γιορτές λέμε: «χρόνια **πολλά**».

Ενικός αριθμός		
Αρσενικό	**Θηλυκό**	**Ουδέτερο**
Ον. ο πολύς	η πολλή	το πολύ
Γεν. —	της πολλής	
Αιτ. τον πολύ	την πολλή	το πολύ
Κλ. —	—	—
Πληθυντικός αριθμός		
Ον. οι πολλοί	οι πολλές	τα πολλά
Γεν. των πολλών	των πολλών	των πολλών
Αιτ. τους πολλούς	τις πολλές	τα πολλά
Κλ. (πολλοί)	(πολλές)	(πολλά)

Μου αρέσει **πολύ** η πόλη σας.

Αυτός τρέχει **πολύ** γρήγορα.

Η σούπα είναι **πολύ** ζεστή.

Τα σημερινά αυτοκίνητα είναι **πολύ** άνετα.

Προσοχή

Έχω **πολλή** δουλειά.   **αλλά**   Έχω **πολύ** καλή δουλειά.

Τις γιορτές οι δρόμοι έχουν **πολλή** κίνηση.   Η πόλη μας έχει **πολύ** μεγάλη κίνηση.

Χθες είχε **πολλή** ζέστη.   Χθες είχε **πολύ** μεγάλη ζέστη.

Τον **άλλο** μήνα θα πάω ταξίδι.

Δες αν τα παράθυρα των **άλλων** δωματίων είναι κλειστά.

Αυτή η κόρη μου πάει στο δημοτικό και η **άλλη** στο γυμνάσιο.

Έχει κι **άλλο** φαγητό. Αν θέλεις, πάρε.

Οι σπουδές μου θα κρατήσουν **άλλα** δύο χρόνια.

Πες μου ποιος **άλλος** ήταν στης Κατερίνας.

Άκου και τη γνώμη των **άλλων**. Δεν μπορεί να τα ξέρεις όλα εσύ.

Αυτή είναι η γνώμη μου, αλλά ρώτα και κανέναν **άλλο**.

Ο ένας μπαίνει, **ο άλλος** βγαίνει. Καφενείο το κάναμε το σπίτι.

Ακούει πάντα τι της λέει **η μία** και **η άλλη**.

Απ' **τη μια** λέει ότι δεν της αρέσει ο Γρηγόρης, απ' **την άλλη** όλη μέρα μαζί του είναι.

Γύρισε από το ταξίδι του **άλλος** άνθρωπος.

Δε θα σου μιλήσω γι' αυτά **άλλη** φορά, αφού σε πειράζει.

Δουλεύω Δευτέρα και Πέμπτη. Όλες τις **άλλες** μέρες της εβδομάδα είμαι σπίτι.

Το γλυκό δεν έγινε καλό, γιατί η συνταγή έγραφε **άλλ' αντ' άλλων.**

Φτάνει πια! Μη μιλάς **άλλο.**

Τις προάλλες συνάντησα τον Πέτρο στο ταχυδρομείο, αλλά ήταν βιαστικός και δε μιλήσαμε.

Στον πόλεμο **όλος ο** κόσμος υποφέρει.

Ο φίλος μου τρώει **όλη την** ώρα.

Λέει ότι τάχα είναι άρρωστος και **όλο** στο δρόμο είναι.

Το θέλεις σήμερα το βιβλίο; Δεν το διάβασα **όλο**. Έχω ακόμη 10 σελίδες.

Τι μικρός που είναι ο κόσμος! Όπου και να πας **όλο και** κάποιον γνωστό θα συναντήσεις.

ΑΣΚΗΣΕΙΣ

A. Να συμπληρώσετε τα κενά με τις αντωνυμίες στο σωστό τύπο.

κάποιος, ό,τι, κανένας, τέτοιος, οποιοσδήποτε, εκείνος ο, αυτός, τι, καθένας, πόσος, τίποτα, κάμποσος, μερικοί, που, αρκετός, πόσος, μερικοί, καθένας, κανένας.

1. .... του μηνός έχουμε σήμερα; – 25 Φεβρουαρίου.
2. Είναι .... στην πόρτα; Νομίζω ότι άκουσα το κουδούνι.
3. .... φίλος μου μου είπε ότι σε είδε χθες στο θέατρο.
4. .... ζάχαρη βάζεις στον καφέ σου; – Καθόλου.
5. Το σπίτι .... μένεις, έχει καλοριφέρ; – Ναι, έχει.
6. Είμαι στην Ελλάδα .... καιρό.
7. Σε περιμένω .... ώρα. Πού ήσουν;
8. Έδωσα σε .... από τις τρεις κόρες μου 100 ευρώ για να αγοράσουν .... θέλουν.
9. .... άνθρωποι δεν ξέρουν .... θέλουν.
10. Είχα κι εγώ κάποτε ένα .... παντελόνι.
11. Ποια είναι .... που μας χαιρετάει; Την ξέρεις;
12. Δεν κατάλαβα .... απ' όσα μου είπες.

13. Θυμάσαι .... τραγούδι που λέγαμε το καλοκαίρι; – Όχι, πες το.
14. Είναι τόσο δύσκολο! .... δεν μπορεί να το κάνει.
15. Κάνω .... δουλειά, γιατί έχω μεγάλη ανάγκη από χρήματα.
16. Δεν μπορεί .... να δει τον Πρωθυπουργό.
17. .... φορές τα βάζω με τον εαυτό μου, που είμαι τόσο φοβητσιάρης.

B. *Να συμπληρώσετε τα κενά με το επίθετο* **πολύς** *ή το επίρρημα* **πολύ.**

1. Μην τρως .... ζάχαρη. Κάνει κακό στα δόντια.
2. .... άνθρωποι φορούν γυαλιά.
3. Τα παιδιά μιλούν .... δυνατά και κάνουν .... φασαρία συνέχεια.
4. Η ζωή .... ανθρώπων είναι δύσκολη.
5. Δώσε .... χαιρετισμούς από μένα στην οικογένειά σου.
6. Έχει .... φίλες, αλλά δεν τις βλέπει .... συχνά.
7. .... λένε, αλλά δεν είναι όλα αλήθεια.
8. Διάβασα με .... προσοχή όσα μου έγραψες και τα βρίσκω .... σωστά.

Γ. *Να συμπληρώσετε τα κενά με το* **όλος ο** *ή* **άλλος.**

1. .... παιδιά πηγαίνουν στο σχολείο.
2. .... άνθρωποι κατά βάθος είναι καλοί.
3. Εμείς πήραμε άδεια. Τώρα είναι η σειρά ....
4. Εκτός από την Κυριακή .... μέρες έχω δουλειά από το πρωί ως αργά το απόγευμα.
5. Και ο ένας και .... λένε ψέμματα.
6. Δε σε θέλω τίποτε .... Μπορείς να φύγεις.
7. .... μήνα θα πάω στο εξωτερικό.
8. Το δικό μου δωμάτιο είναι μικρό, όμως .... δωμάτια του σπιτιού είναι μεγάλα.
9. Θέλεις και .... σοκολάτα; – Ναι, δώσε μου.
10. .... καλοκαίρι το περνώ κοντά στη θάλασσα.

Δ. *Να αντικαταστήσετε με επιρρήματα τις λέξεις που είναι γραμμένες με έντονα γράμματα.*

1. Η βροχή άρχισε **την ώρα που** γύριζα σπίτι.

2. Αφού δεν το καταλαβαίνεις, θα σου το πω **με άλλον τρόπο.**
3. **Εκείνη την εποχή** που τον γνώρισα εγώ, δεν ήταν παντρεμένος.
4. Δεν μπορείς να μιλάς **με όποιον τρόπο** θέλεις, όταν είναι μεγάλοι στην παρέα.
5. Στην Ευρώπη, **σ' όποιο μέρος** πας, συναντάς Έλληνες.
6. Διάβασες **σε καμιά εφημερίδα** για το χθεσινό δυστύχημα; – Όχι, δεν παίρνω εφημερίδα.
7. Έλα **όποια ώρα** θέλεις, φτάνει να μην είναι μεσημέρι.
8. Τόσες μέρες δεν είχες **ούτε μια στιγμή** καιρό να 'ρθεις να με δεις;
9. Εγώ δεν έλυσα **μ' αυτόν τον τρόπο** το πρόβλημα, αλλά βρήκα το ίδιο αποτέλεσμα.
10. Έψαξα **σ' όλα τα μέρη,** αλλά δεν το βρήκα πουθενά.

E.   *Να συμπληρώσετε τα κενά με το σωστό επίρρημα.*

κάπου, που, έτσι, κάποτε, καθόλου, όπως, τίποτε, οπουδήποτε, άλλοτε, έτσι

1. Γιατί με κοιτάζεις ...., όταν σου μιλώ;
2. .... το κλίμα της Ελλάδας ήταν πολύ ζεστό.
3. Είμαι σίγουρος ότι το πορτοφόλι μου το άφησα .... εδώ.
4. Εκεί .... πας θα είναι και ο Νώντας.
5. Το μαγείρεψα ακριβώς .... το ήθελες.
6. Δεν κάνουν πια παρέα; .... θυμάμαι ήταν συνέχεια μαζί.
7. Τι άνθρωπος είσαι εσύ; .... και να πας δεν είσαι ποτέ ευχαριστημένος.
8. Γιατί μου μιλάς ....; Τι σου έκανα;
9. .... δε μου αρέσει τόσο πολύ όσο ένα καλό βιβλίο.
10. Δεν τον ξέρω ...., γιατί δουλεύει σ' άλλο γραφείο.

Ιδιωτισμοί – Εκφράσεις

Έγινε πολύς θόρυβος για το τίποτε.
Όποιος γυρεύει τα πολλά χάνει και τα λίγα.
Τα πολλά λόγια είναι φτώχεια.
Όπου ακούς πολλά κεράσια, πάρε και μικρό καλάθι.
Όπου λαλούν πολλοί κοκόροι, αργεί να ξημερώσει.

Π
Α
Ρ
Ο
Ι
Μ
Ι
Ε
Σ

Μου τρέχουν τα σάλια.
Είμαι λαίμαργος.

Έχω βαρυστομαχιά από το πολύ φαγητό.
Καλή όρεξη!
ένα ποτήρι κρασί — ένα ποτήρι του κρασιού

Παίρνω ένα μεζέ.
Παίρνω κάποιον στο μεζέ.

Το κτίριο Διοικήσεως

Στο κτίριο Διοικήσεως, το ψηλότερο κτίριο του Πανεπιστημίου, είναι συγκεντρωμένες όλες οι υπηρεσίες. Η δουλειά κάθε υπηρεσίας είναι πολύ σημαντική. Από εκεί περνούν χιλιάδες έγγραφα, που χωρίς αυτά οι Σχολές, τα Τμήματα, οι Τομείς, αλλά και ολόκληρο το Πανεπιστήμιο δεν μπορούν να λειτουργήσουν.

Στη Διοίκηση πηγαίνουν όλοι όσοι θέλουν να ρωτήσουν κάτι, να πάρουν καμιά βεβαίωση, να τακτοποιήσουν κάποια υπόθεσή τους.

Πέρασε η ώρα...

Α — Τι ώρα είναι Δημήτρη; Σταμάτησε το ρολόι μου.

Β — Δωδεκάμισι.

Α — Άργησα. Έχω μια δουλειά στη Γραμματεία της Ιατρικής. Θέλω να κάνω την εγγραφή μου και να πάρω μια βεβαίωση ότι είμαι φοιτητής, για αναβολή από το στρατό. Τι λες, προφταίνω;

Β — Μπα, δε νομίζω ότι θα μπορέσεις να τελειώσεις τη δουλειά σου σήμερα. Γιατί δεν ξεκίνησες νωρίτερα;

Α — Μελετούσα όλο το πρωί και το ξέχασα.

Β — Δεν πειράζει. Υπάρχει ανακοίνωση στη Γραμματεία ότι είναι ανοιχτή κάθε μέρα 10:00–12:00. Αύριο να ξεκινήσεις εγκαίρως, για να μπορέσεις να τακτοποιήσεις τη δουλειά σου.

Ρήματα β' συζυγίας

Μελετ**ούσα** όλο το πρωί και ξέχασα να σου τηλεφωνήσω.
Αργ**ούσαμε** συχνά στη δουλειά μας, όταν μέναμε στα προάστια.
Μελετ**ήσατε** πολύ φέτος στις εξετάσεις; – Όχι και πολύ.
Άργ**ησαν** να ξυπνήσουν χθες και έχασαν το αεροπλάνο.
Θα μελετ**ούμε** στο διαμέρισμά του, γιατί έχει πιο πολλή ησυχία.
Από αύριο δε **θα** αργ**ώ** στη δουλειά μου, γιατί αγόρασα αυτοκίνητο.
Θα μελετ**ήσει** αύριο άλλες τρεις ώρες πριν πάει να δώσει εξετάσεις.
Δε **θα** αργ**ήσω** ποτέ ξανά.
Πρέπει **να** μελετ**ώ** πολύ, αν θέλω να κρατήσω την υποτροφία μου.
Δεν πρέπει **να** αργ**είτε** στο μάθημα.
Πρέπει **να** μελετ**ήσεις** πολύ, αν θέλεις να γίνεις καλός επιστήμονας.
Έφυγαν κιόλας, γιατί δε θέλουν **να** αργ**ήσουν** στη συναυλία.
Μελετ**άτε** κάθε μέρα και μην τα αφήνετε όλα την τελευταία στιγμή.
Μην αργ**είς** στα ραντεβού σου, γιατί θα γίνεις αντιπαθητικός στους άλλους.
Μελέτησε** το άρθρο καλά και πες μου τι καταλαβαίνεις.
Μην αργ**ήσετε** το μεσημέρι. Έχουμε καλεσμένους.

ΕΝΕΡΓΗΤΙΚΗ ΦΩΝΗ

Οριστική			
Παρατατικός		**Αόριστος**	
α' τάξη	β' τάξη	α' τάξη	β' τάξη
μελετ**ούσ**-α	αργ**ούσ**-α	μελέτ**ησ**-α	άργ**ησ**-α
μελετ**ούσ**-ες	αργ**ούσ**-ες	μελέτ**ησ**-ες	άργ**ησ**-ες
μελετ**ούσ**-ε	αργ**ούσ**-ε	μελέτ**ησ**-ε	άργ**ησ**-ε
μελετ**ούσ**-αμε	αργ**ούσ**-αμε	μελετ**ήσ**-αμε	αργ**ήσ**-αμε
μελετ**ούσ**-ατε	αργ**ούσ**-ατε	μελετ**ήσ**-ατε	αργ**ήσ**-ατε
μελετ**ούσ**-αν	αργ**ούσ**-αν	μελέτ**ησ**-αν	άργ**ησ**-αν

Μέλλοντας			
Συνεχής		**Απλός**	
α′ τάξη	β′ τάξη	α′ τάξη	β′ τάξη
θα μελετ-ώ (-άω)	θα αργ-ώ	θα μελετ**ήσ**-ω	θα αργ**ήσ**-ω
θα μελετ-άς	θα αργ-είς	θα μελετ**ήσ**-εις	θα αργ**ήσ**-εις
θα μελετ-ά (-άει)	θα αργ-εί	θα μελετ**ήσ**-ει	θα αργ**ήσ**-ει
θα μελετ-ούμε (-άμε)	θα αργ-ούμε	θα μελετ**ήσ**-ουμε	θα αργ**ήσ**-ουμε
θα μελετ-άτε	θα αργ-είτε	θα μελετ**ήσ**-ετε	θα αργ**ήσ**-ετε
θα μελετ-ούν (-άνε)	θα αργ-ούν	θα μελετ**ήσ**-ουν	θα αργ**ήσ**-ουν

Υποτακτική			
Συνεχής		**Απλός**	
α′ τάξη	β′ τάξη	α′ τάξη	β′ τάξη
να μελετ-ώ (-άω)	να αργ-ώ	να μελετ**ήσ**-ω	να αργ**ήσ**-ω
να μελετ-άς	να αργ-είς	να μελετ**ήσ**-εις	να αργ**ήσ**-εις
να μελετ-ά (-άει)	να αργ-εί	να μελετ**ήσ**-ει	να αργ**ήσ**-ει
να μελετ-ούμε (-άμε)	να αργ-ούμε	να μελετ**ήσ**-ουμε	να αργ**ήσ**-ουμε
να μελετ-άτε	να αργ-είτε	να μελετ**ήσ**-ετε	να αργ**ήσ**-ετε
να μελετ-ούν (-άνε)	να αργ-ούν	να μελετ**ήσ**-ουν	να αργ**ήσ**-ουν

Προστακτική	
Συνεχής	
α′ τάξη	β′ τάξη
μελέτ-α ή να μελετ-άς μελετ-άτε ή να μελετ-άτε	—————— να αργ-είς αργ-είτε ή να αργ-είτε
Απλή	
α′ τάξη	β′ τάξη
μελέτ**ησ**-ε ή να μελετ**ήσ**-εις μελετ**ήσ**-τε ή να μελετ**ήσ**-ετε	άργ**ησ**-ε ή να αργ**ήσ**-εις αργ**ήσ**-τε ή να αργ**ήσ**-ετε

Παρατηρήσεις

1. Αόριστος σε **-ησα**
   Τα περισσότερα συνηρημένα
   ρήματα.

4. Αόριστος σε **-εσα**
   αποτελώ – αποτέλεσα
   αφαιρώ – αφαίρεσα

2. Αόριστος σε **-ασα**

γελώ – γέλασα
διψώ – δίψασα
κρεμώ – κρέμασα
πεινώ – πείνασα
χαλώ – χάλασα

Αλλά προσοχή:

γερ**ν**ώ – γέρασα
ξεχ**ν**ώ – ξέχασα
περ**ν**ώ – πέρασα
κερ**ν**ώ – κέρασα

3. Αόριστος σε **-ηξα**
βουτώ – βούτηξα
πηδώ – πήδηξα

ρουφώ – ρούφηξα
τραβώ – τράβηξα
φυσώ – φύσηξα

διαιρώ – διαίρεσα
εκτελώ – εκτέλεσα
εξαιρώ – εξαίρεσα
επαινώ – επαίνεσα
καλώ – κάλεσα
μπορώ – μπόρεσα
παρακαλώ – παρακάλεσα
πονώ – πόνεσα
στενοχωρώ – στενοχώρεσα
συγχωρώ – συγχώρεσα
φορώ – φόρεσα
χωρώ – χώρεσα

5. Αόριστος σε **-αξα**

βαστώ – βάσταξα
κοιτώ – κοίταξα
πετώ – πέταξα

6. μεθώ – μέθ**υσα**

7. ζω – ζούσα – **έ**ζησα

Συχνά στα ρήματα β΄ συζυγίας της α΄ τάξης χρησιμοποιούμε το β΄ ενικό πρόσωπο της συνεχούς προστακτικής στη θέση της απλής.

Πέρνα (πέρασε) από το σπίτι, όταν τελειώσεις.
Ρώτα (ρώτησέ) με ό,τι θέλεις· θα σου το πω.

Το ρήμα **χρωστώ** δεν έχει αόριστο.

Μου έδωσε τα χρήματα που μου **χρωστούσε** και έφυγε.

ΑΣΚΗΣΕΙΣ

Α. Να βάλετε τα ρήματα που είναι στην παρένθεση στο σωστό τύπο.

1. .... πολύ χθες και μου .... τα πόδια. (περπατώ, πονώ)

2. Όταν μέναμε στην Πάτρα, ... συχνά τον Ηλία και τη Χρυσούλα στο σπίτι, γιατί μας .... η παρέα τους. (καλώ, ευχαριστώ)

3. Ό,τι έγινε, έγινε. Τώρα .... όσα σου είπαν. (προσπαθώ, ξεχνώ)

4. Θέλω ... σε ...., αλλά δεν μπορώ. (βοηθώ)

5. Μην τον ζηλεύεις που πέτυχε στο Πανεπιστήμιο. .... τον πόσες ώρες .... τα τρία τελευταία χρόνια. (ρωτώ, μελετώ)

6. Δε θέλω ... τον ...., γιατί δεν τον ξέρω καλά. (καλώ)

7. .... σου .... μια μικρή χάρη; (μπορώ, ζητώ)

8. Χθες .... τόσο δυνατά, που ο αέρας σού .... τα κόκαλα. (φυσώ, τρυπώ)

9. Μαρία, ... τα ρούχα σου, σε παρακαλώ, και μην τα .... δεξιά κι αριστερά. (κρεμώ, πετώ)

10. .... τον να ανεβάσει τις βαλίτσες του. (βοηθώ)

11. Όλοι βγήκαμε ζαλισμένοι από το πλοίο, γιατί είχε αέρα και .... πολύ. (κουνώ)

12. Του .... να έρθει για το γάμο, είχε, όμως, δουλειές και δεν .... (τηλεφωνώ, μπορώ)

13. Είσαι συνέχεια κρυωμένος, γιατί .... πολλά ρούχα και ιδρώνεις. (φορώ)

14. Μην .... τόσο σιγά. .... (περπατώ, αργώ)

15. Λέω .... από το σπίτι κατά τις 8 το βράδυ. Θα είσαι εκεί; (περνώ)

16. Στις διακοπές έβαλε μερικά κιλά και τώρα δεν του .... τα ρούχα. (χωρώ)

17. Όλοι τον .... γι' αυτά που κάνει, αλλά αυτός .... (κατηγορώ, αδιαφορώ)

18. Δεν .... στις ερωτήσεις σου, γιατί τις .... κουτές. (απαντώ, θεωρώ)

19. .... γιατί ήταν τυχεροί, όχι, όμως, οι πιο καλοί. (νικώ)

20. Μην .... ποτέ τους ανθρώπους που σε .... (ξεχνώ, βοηθώ)

21. .... πολλά χρήματα μετά το θάνατο του παππού του. (κληρονομώ)

22. Πήρε πολλά φάρμακα, αλλά κανένα δεν την .... (ωφελώ)

23. Δε θέλω ... σου .... προβλήματα, γι' αυτό θα φύγω από τη ζωή σου. (δημιουργώ)

24. Μη .... άδικα το κουδούνι. Δεν είναι κανένας μέσα. (χτυπώ)

25. Στην Ελλάδα .... καπνό, σταφύλια και βαμβάκι. (καλλιεργώ)

B. *Να συμπληρώσετε τα κενά της ιστορίας με το σωστό τύπο των ρημάτων που είναι στην παρένθεση.*

Το Σαββατοκύριακο μάς .... ο Άλκης στο εξοχικό του σπίτι. Ήμασταν πέντε ζευγάρια και, επειδή δεν είχε κρεβάτια για όλους, μας .... να πάρουμε μαζί μας τρία στρώματα της θάλασσας για .... να κοιμηθούμε. Ήταν ένα παλιό σπίτι όπου .... οι γονείς του πριν .... και έρθουν στην πόλη. (καλώ, παρακαλώ, μπορώ, ζω, γερνώ)

Παρόλο που είναι ακόμη άνοιξη, έκανε υπερβολική ζέστη, και το μεσημέρι του Σαββάτου .... τα μαγιό μας και πήγαμε στην παραλία. Ο Άλκης με το Γιώργο .... στη θάλασσα και έβγαλαν δυο χταπόδια. (φορώ, βουτώ)

Μόλις νύχτωσε, καταλάβαμε όλοι ότι .... σαν λύκοι. Ανάψαμε με δυσκολία φωτιά στην άμμο, γιατί .... και ψήσαμε τα χταπόδια που τα φάγαμε μαζί μ' ένα σωρό μεζέδες που ετοιμάσαμε από νωρίς. (πεινώ, φυσώ)

Η Ισμήνη μάς .... ένα υπέροχο κρασί που έφερε από το χωριό της. Ο Πέτρος, όμως, και η Λένα ήπιαν πολύ και .... Αυτό μας .... και μας .... το κέφι εκείνο το βράδυ. (κερνώ, μεθώ, στενοχωρώ, χαλώ)

Την άλλη μέρα ευτυχώς όλα ήταν πάλι ωραία. Παίξαμε μπάλα, ..., χορέψαμε και .... τόσο πολύ, που δε θέλαμε να φύγουμε.

Αργά το απόγευμα με τη δύση του ήλιου, μαζέψαμε τα πράγματά μας, ... τον Άλκη για τη φιλοξενία του και .... για τη Θεσσαλονίκη. (τραγουδώ, γελώ, ευχαριστώ, ξεκινώ)

Ιδιωτισμοί – Εκφράσεις

ο γραμματέας   ο κλητήρας

Κάνω την εγγραφή μου.

Η προθεσμία εγγραφής λήγει σε λίγες μέρες.

Ανανεώνω την εγγραφή μου.

Ανανεώνω το διαβατήριό μου.

Ανανεώνω την άδεια παραμονής.
αίτηση με χαρτόσημο

Διαβάζω την εφημερίδα.
Μελετώ το μάθημα.
Σπουδάζω στο πανεπιστήμιο.

Ρίχνω μια ματιά στο περιοδικό.

Το τρένο ξεκινά.   Η βροχή σταματά.
Ξεκινώ για το σχολείο.   Το λεωφορείο σταματάει.
Ξεκινώ μια δουλειά.   Το ρολόι σταματά.
                             Το ασανσέρ σταματάει.
                             Τα μαθήματα σταματούν.
                             Σταματώ στη βιτρίνα.
                             Σταματώ κάποιον ή κάτι.

ΧΑΡΤΟΣΗΜΟ	Προς την Πρυτανεία του Αριστοτελείου Πανεπιστημίου Θεσσαλονίκης
ΑΙΤΗΣΗ **ΟΝΟΜΑ:** **ΕΠΩΝΥΜΟ:** **ΠΑΤΡΩΝΥΜΟ:** **ΕΠΑΓΓΕΛΜΑ:** **ΔΙΕΥΘΥΝΣΗ:** ΘΕΜΑ: «Για χορήγηση πιστοποιητικού». Θεσσαλονίκη,	Παρακαλώ να μου χορηγήσετε.... Με τιμή

Τα διάφορα επαγγέλματα

ΓΙΑΤΡΟΣ   ΔΙΚΗΓΟΡΟΣ   ΚΑΘΗΓΗΤΗΣ

Τα διάφορα επαγγέλματα είναι αποτέλεσμα της εξέλιξης του ανθρώπου και της κοινωνίας. Σήμερα υπάρχουν περισσότερα επαγγέλματα απ' ό,τι στα παλιά χρόνια και αυτό γιατί, καθώς ο άνθρωπος προοδεύει, δημιουργούνται καινούριες ανάγκες. Τα σπουδαιότερα, όμως, από αυτά τα επαγγέλματα υπάρχουν εδώ και πολλούς αιώνες, όπως του γιατρού, του δικαστή, του δασκάλου, του εμπόρου, του γεωργού.

Είναι το επάγγελμα του γιατρού ωραιότερο από του δασκάλου; Κανείς δεν μπορεί να πει. Οι προτιμήσεις διαφέρουν από άνθρωπο σε άνθρωπο. Για άλλους το καλύτερο επάγγελμα είναι το δικό τους, ενώ γι' άλλους το δικό τους είναι το χειρότερο. Πάντως όλοι συμφωνούν ότι το επάγγελμα του γιατρού και του δασκάλου είναι από τα πιο ανθρώπινα, όταν φυσικά οι άνθρωποι που τα εξασκούν είναι οι κατάλληλοι.

Θέλω να γίνω...

Α — Τι θα σπουδάσεις;

Β — Μου αρέσει το επάγγελμα του μηχανικού, όμως δεν ήμουν ποτέ καλός στα μαθηματικά, γι' αυτό θα σπουδάσω κάτι πιο θεωρητικό, νομικά.

Α — Νομικά; Μα είναι η πιο δύσκολη επιστήμη. Θέλει πολλή μελέτη.

Β — Μην είσαι υπερβολικός! Υπάρχουν πολύ πιο δύσκολες επιστήμες.

Α — Εννοείς την ιατρική;

Β — Όχι μόνο αυτή. Κάθε επιστήμη έχει τις δυσκολίες της. Ο καθένας πρέ-

πει να διαλέγει την επιστήμη που θα σπουδάσει σύμφωνα με την κλί-
ση του και τις ικανότητές του.

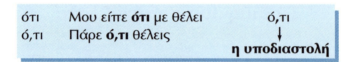

ότι	Μου είπε **ότι** με θέλει	ό,τι
ό,τι	Πάρε **ό,τι** θέλεις	↓
		η υποδιαστολή

Παραθετικά επιθέτων

Επίθετα σε -ος, -η, -ο και -ος, -α, -ο

Θετικός:
1. Ο Γιώργος είναι **έξυπνος**.
2. Τα ιταλικά είναι **εύκολη** γλώσσα.

Συγκριτικός:
1. Ο Γιώργος είναι **εξυπνότερος** από το Δημήτρη.
   ή   **πιο έξυπνος**
2. Τα ιταλικά είναι **ευκολότερη** γλώσσα από τα γερμανικά.
   ή   **πιο εύκολη**

Υπερθετικός:
1. Ο Γιώργος είναι **ο εξυπνότερος** μαθητής **στην τάξη.**
   ή   **ο πιο έξυπνος**   **της τάξης.**
                                             που ξέρω.
                                             απ' όλους.

2. Τα ιταλικά είναι **η ευκολότερη** γλώσσα **στην Ευρώπη.**
   ή   **η πιο εύκολη**   **της Ευρώπης.**
                                             που ξέρω.
                                             απ' όλες.

Απόλυτος υπερθετικός:
1. Ο Γιώργος είναι **εξυπνότατος**.
   ή   **(πάρα) πολύ έξυπνος.**
   ή   **υπερβολικά έξυπνος.**
2. Τα ιταλικά είναι **ευκολότατα**.
   ή   **(πάρα) πολύ εύκολα.**
   ή   **υπερβολικά εύκολα.**

Συγκριτικός:	**-ότερος, -ότερη, -ότερο**
	ή **πιο -ος, -η, -ο πιο -ος, -α, -ο**
Υπερθετικός:	**ο -ότερος, η -ότερη, το -ότερο**
	ή **ο πιο -ος, η πιο -η, το πιο -ο**
	ο πιο -ος, η πιο -α, το πιο -ο
Απόλυτος υπερθετικός:	**-ότατος, -ότατη, -ότατο**
	ή **(πάρα) πολύ -ος, -η, -ο / -ος, -α, -ο**
	ή **υπερβολικά -ος, -η, -ο / -ος, -α, -ο**

Ανώμαλα παραθετικά

Θετικός	Συγκριτικός	Υπερθετικός	Απόλυτος Υπερθετικός
καλός	καλύτερος	ο καλύτερος	άριστος
μεγάλος	μεγαλύτερος	ο μεγαλύτερος	(μέγιστος)
πολύς	περισσότερος	ο περισσότερος	(πλείστος)
κακός	χειρότερος	ο χειρότερος	(χείριστος)
			(κάκιστος)
άσχημος	χειρότερος	ο χειρότερος	(χείριστος)
γέρος	γεροντότερος	ο γεροντότερος	
απλός	απλούστερος	ο απλούστερος	απλούστατος
μικρός	μικρότερος	ο μικρότερος	ελάχιστος
λίγος	λιγότερος	ο λιγότερος	ελάχιστος

Σημείωση: Ο Γρηγόρης είναι **λιγότερο έξυπνος από** τον Αλέξη.

Ο Γρηγόρης είναι **τόσο έξυπνος όσο** ο Αλέξης.

Ο Γρηγόρης είναι το **ίδιο έξυπνος όσο** (και) ο Αλέξης.

Ο Γρηγόρης είναι το **ίδιο έξυπνος με** τον Αλέξη.

Ψάχνω για σπίτι

Α — Μου δίνεις την εφημερίδα σου, σε παρακαλώ;

Β — Ορίστε. Θέλεις να δεις τι παίζουν οι κινηματογράφοι;

Α — Όχι. Ψάχνω για σπίτι και θέλω να δω τις μικρές αγγελίες.

Β — Πάλι σπίτι θ' αλλάξεις; Εσύ ήσουν παρά πολύ ευχαριστημένος από το σπίτι που μένεις.

Α — Και είμαι, αλλά πέρασε στο πανεπιστήμιο η μικρότερη αδελφή μου και θά 'ρθει να μείνει μαζί μου.

Β — Καταλαβαίνω. Δηλαδή ψάχνεις για μεγαλύτερο σπίτι.

Α — Ναι. Θέλουμε τουλάχιστον ένα ακόμα δωμάτιο. Αλλά, βρε παιδί μου, τι νοίκια είναι αυτά!

Β — Ε, όσο καλύτερη είναι μια γειτονιά τόσο ακριβότερα τα ενοίκια.

Α — Ποια καλή γειτονιά! Αυτά ξέχασέ τα. Θέλουμε σπίτι κοντά στο πανεπιστήμιο για να μην έχουμε ναύλα. Βλέπεις, τώρα πρέπει να κάνουμε λιγότερα έξοδα.

Β — Δε θα σας στέλνει περισσότερα λεφτά ο πατέρας σας;

Α — Βέβαια θα μας στέλνει· αλλιώς, πώς θα τα βγάλουμε πέρα; Αλλά και πάλι πρέπει να κάνουμε οικονομία.

Β — Γιατί δε μένετε στη Φοιτητική Εστία;

Α — Για τον απλούστατο λόγο ότι δεν υπάρχουν άδεια δωμάτια.

Β — Ε, τότε καλή επιτυχία στο ψάξιμο.

Α — Σ' ευχαριστώ. Δεν το βλέπω όμως εύκολο.

ΑΣΚΗΣΗ

Να συμπληρώσετε τα κενά με το σωστό τύπο των επιθέτων που είναι στην παρένθεση.

1. Βάζω στο γάλα μου .... ζάχαρη. Εσύ θέλεις ....;
   – Ναι. (λίγος)

2. Έχουμε .... φίλους του κόσμου. (καλός)

3. Γιατί έκανες λάθος; Το πρόβλημα ήταν .... (απλός)

4. Σ' εκείνο το σπίτι μένει ένας από .... ανθρώπους της πόλης μας. (πλούσιος)

5. Ο παππούς έχει .... μαλλιά από τον πατέρα μου. (πολύς)

6. Βγαίνω πολύ σπάνια. .... μέρες της βδομάδας μένω σπίτι. (πολύς)

7. Η φίλη σου είναι .... γυναίκα που είδα ποτέ. (ωραίος)

8. Ο γιος .... αδελφού μου είναι μόλις 14 χρονών και είναι ήδη .... από τον πατέρα του. (μεγάλος, ψηλός)

9. Η πόλη μας έχει .... κλίμα της Ελλάδας. (άσχημος)

10. Πατέρα, θέλω .... χρήματα. Δε μου φτάνουν αυτά. (πολύς)

11. Δεν είχα ποτέ μου .... φίλο από τον Αριστείδη. (καλός)

12. Τι .... που είναι ο Αλέκος! Δε συνάντησα άνθρωπο με .... χαρακτήρα απ' αυτόν. (κακός)

13. Αυτοί οι δύο έχουν .... διαφορά στο ύψος. (μικρός)

14. Όλο και .... άνθρωποι μαθαίνουν ξένες γλώσσες τα τελευταία χρόνια. (πολύς)

15. Δεν ξανάφαγα ποτέ μου .... φαγητό. (ωραίος)

16. Του αρέσει να κάνει παρέα με .... του. (μεγάλος)

17. Με το αεροπλάνο το ταξίδι γίνεται .... και οι ώρες που χάνεις στο πήγαινε έλα είναι .... (σύντομος, λίγος)

18. Έχει .... τιμές απ' όλα τα μαγαζιά, αλλά και .... πράγματα. (ακριβός, καλός)

19. Το αυγό είναι μια από .... τροφές. (ωφέλιμος)

20. Το φθινόπωρο .... πουλιά φεύγουν και πάνε σε .... κλίματα. (πολύ, ζεστός)

21. Ο καινούριος δρόμος είναι .... και δεν έχει .... στροφές (σύντομος, πολύς)

Ιδιωτισμοί – Εκφράσεις

Καλή σταδιοδρομία!

ο, η πολιτικός μηχανικός
ο, η αρχιτέκτονας (η αρχιτεκτόνισσα)
ο, η χημικός
ο, η φυσικός
ο, η γεωπόνος
ο, η δασολόγος
ο, η θυρωρός
ο, η δημόσιος υπάλληλος
ο, η ιδιωτικός υπάλληλος
ο διακοσμητής, η διακοσμήτρια
το ελεύθερο επάγγελμα   προγραμματιστής-στρια/τεχνικός ηλεκτρονικών υπολογιστών (Η/Υ)

Πώς (τα) πας; – Μια χαρά.
Πώς (τα) πας; – Με δυσκολία τα βγάζω πέρα.
Πώς (τα) πας με το στομάχι σου; – Έτσι κι έτσι.
Πώς (τα) πας με τη δουλειά σου; – Ωραία.
Πώς (τα) πας με τα μαθήματά σου; – Δεν είμαι ευχαριστημένος από τον εαυτό μου.
Πώς (τα) πας με τους φίλους σου; – Καλά.

Η πόλη ξυπνάει

Είναι πρωί· η πόλη ξυπνά. Πόρτες και παράθυρα σε σπίτια και σε μαγαζιά ανοίγουν και οι δρόμοι γεμίζουν ζωή και κίνηση. Γι' άλλους η μέρα αρχίζει νωρίτερα και γι' άλλους αργότερα, όμως όλοι, μικροί και μεγάλοι, αγουροξυπνημένοι και βιαστικοί τρέχουν στις δουλειές τους. Όσοι μένουν κοντά πάνε με τα πόδια, κι όσοι μένουν μακρύτερα, περιμένουν ανυπόμονα στις στάσεις. Μέσα σε μια ώρα η πόλη αλλάζει εντελώς όψη. Άνθρωποι και αυτοκίνητα πλημμυρίζουν δρόμους και πεζοδρόμια. Ο θόρυβος γίνεται όλο και μεγαλύτερος. Φωνές, κορναρίσματα, φρεναρίσματα. Άλλη μια μέρα αρχίζει.

Παραθετικά επιθέτων

Επίθετα σε -ύς, -ιά, -ύ

Θετικός:
>   Μην τρως πολύ, γιατί είσαι **παχύς.**

Συγκριτικός:
>   Κάθε φορά που σε βλέπω, μου φαίνεσαι **παχύτερος.**
>   ή   **πιο παχύς**

Υπερθετικός:
>   Σε λίγο θα είσαι **ο παχύτερος** άντρας της γειτονιάς
>   ή   **ο πιο παχύς**

Απόλυτος υπερθετικός:
>   Ο αδελφός μου είναι **(πάρα) πολύ παχύς.**

Συγκριτικός: **-ύτερος, -ύτερη, -ύτερο**
                                ή **πιο -ύς, -ιά, -ύ**

Υπερθετικός: **ο -ύτερος, η -ύτερη, το -ύτερο**
                                ή **ο πιο -ύς, η πιο -ιά, το πιο -ύ**

Απόλυτος υπερθετικός: **-ύτατος, -ύτατη, -ύτατο**
                                ή **(πάρα) πολύ -ύς, -ιά, -ύ**

Σημείωση

Θετικός:
>   ελαφρύς, -ιά, -ύ   και   ελαφρός, -ιά, -ό
>   γλυκός, -ιά, -ό
>   κοντός, -ή, -ό

Συγκριτικός:
>   ελαφρύτερος, -η, -ο   και   ελαφρότερος, -η, -ο
>   ή πιο ελαφρύς, -ιά, -ύ και   πιο ελαφρός, -ιά, -ό
>
>   γλυκύτερος, -η, -ο   και   γλυκότερος, -η, -ο
>   ή πιο γλυκός, -ιά, -ό
>
>   κοντύτερος, -η, -ο   και   κοντότερος, -η, -ο
>   ή πιο κοντός, -ή, -ό

Υπερθετικός:

    ο, η, το ελαφρύτερος, -η, -ο   και ο, η, το ελαφρότερος, -η, -ο

ή ο, η, το πιο ελαφρύς, -ιά, -ύ   και ο, η, το πιο ελαφρός, -ιά, -ό

    ο, η, το γλυκύτερος, -η, -ο   και ο, η, το γλυκότερος, -η, -ο

ή ο, η, το πιο γλυκός, -ιά, -ό

    ο, η, το κοντύτερος, -η, -ο   και ο, η, το κοντότερος, -η, -ο

ή ο, η, το πιο κοντός, -ή, -ό

Απόλυτος υπερθετικός:

    ελαφρότατος, -η, -ο   και ελαφρύτατος, -η, -ο

ή (πάρα) πολύ ελαφρός, -ιά, -ό και (πάρα) πολύ ελαφρύς, -ιά, -ύ

    γλυκύτατος, -η, -ο

ή (πάρα) πολύ γλυκός, -ιά, -ό

    (πάρα) πολύ κοντός, -ή, -ό

Πολύ στενή είναι αυτή η φούστα, πάρε μια **φαρδύτερη.**

Νομίζω ότι τα μαλλιά σου θα ήταν καλύτερα, αν ήταν λίγο **μακρύτερα.**

Η γαλλική κουζίνα είναι **ελαφρύτερη** από την ελληνική.

Είχα να τον δω αρκετά χρόνια και τον βρήκα αρκετά **παχύτερο.**

Συμφωνώ μαζί σου, είναι **γλυκύτατος** άνθρωπος.

Επίθετα σε -ής, -ής, -ές

Θετικός:

    Η φίλη μου η Εύα είναι **επιμελής.**

Συγκριτικός:

    Η ξαδέλφη της όμως είναι **επιμελέστερη**

    ή   **πιο επιμελής.**

Υπερθετικός:

    Είναι **η επιμελέστερη** φοιτήτρια που γνώρισα.

    ή   **η πιο επιμελής**

Απόλυτος υπερθετικός:

    Είναι **επιμελέστατη.**

    ή   **(πάρα) πολύ επιμελής.**

| Συγκριτικός: | **-έστερος, -έστερη, -έστερο** |
| | ή **πιο -ής, πιο -ής, πιο -ές** |

| Υπερθετικός: | **ο -έστερος, η -έστερη, το -έστερο** |
| | ή **ο πιο -ής, η πιο -ής, το πιο -ές** |

| Απόλυτος υπερθετικός: | **-έστατος, -έστατη, -έστατο** |
| | ή **(πάρα) πολύ -ής, -ής, -ές** |

Ήταν τρεις μήνες στο νοσοκομείο. Αυτή τη στιγμή, όμως, είναι **υγιέστερος** από κάθε άλλη φορά.

Ήταν πολύ **αμελής.** Με τα χρόνια, όμως, έγινε **επιμελέστερος** και **συνεπέστερος** στις υποχρεώσεις του.

Μιλάει πάντα απότομα. Είναι **αγενέστατος** και **αναιδέστατος.**

Είναι **ευγενέστατος,** αλλά πολύ κουραστικός.

Επίθετα σε -ης, -α, -ικο

Θετικός:

   Ο αδελφός μου είναι **τεμπέλης.**

Συγκριτικός:

   Δε συμφωνώ. Εσύ είσαι **πιο τεμπέλα** απ' αυτόν.

Υπερθετικός:

   Ό,τι θέλεις, λέγε. Εγώ πιστεύω ότι εσύ είσαι **(πάρα) πολύ τεμπέλα.**

Συγκριτικός:	**πιο -ης, -α, -ικο**
Υπερθετικός:	**ο πιο -ης, η πιο -α, το πιο -ικο**
Απόλυτος υπερθετικός:	**(πάρα) πολύ -ης, -α, -ικο**

Δεν άκουσα **πιο περίεργο** πράγμα από αυτό που λες.

Δεν τον συμπαθώ, ό,τι και να πεις. **Πιο κρύο** άνθρωπο δε συνάντησα ποτέ μου.

Εγώ κάθισα πιο λίγο από σένα στον ήλιο, αλλά είμαι πολύ **πιο κόκκινη.**

Γελά εύκολα. Ακόμα και **τις πιο ανόητες** ιστορίες τις βρίσκει αστείες.

Πάντα γκρίνιαζε, αλλά όσο περνούν τα χρόνια γίνεται ακόμη **πιο γκρινιάρα.**

Λέμε ότι τα παιδιά ζηλεύουν, αλλά συχνά και οι μεγάλοι άνθρωποι είναι **πολύ ζηλιάρηδες.**

Τα επίθετα σε **-ης, -α, -ικο** δεν έχουν μονολεκτικά παραθετικά.

Τα επίθετα που δείχνουν χρώμα (άσπρος, -η, -ο, πορτοκαλής, -ιά, -ί κτλ.) δεν έχουν μονολεκτικά παραθετικά.

Το επίθετο κρύος, -α, -ο και αυτά που έχουν περισσότερες από τρεις συλλαβές (περίεργος, -η, -ο, παράξενος, -η, -ο, αδύνατος, -η, -ο) δεν έχουν συνήθως μονολεκτικά παραθετικά.

Παραθετικά επιρρημάτων

Η Νίκη τραγουδά **ωραία.**
Η αδελφή της τραγουδά **ωραιότερα** απ' αυτήν.
Η μητέρα τους όμως τραγουδά **ωραιότερα** απ' όλες.
Η μητέρα τους τραγουδά **ωραιότατα.**

Επίθετο	Επίρρημα		
	Θετικός	Συγκριτικός Υπερθετικός	Απόλυτος Υπερθετικός
α) ωρα**ίος**	ωραία	ωραι**ότερα** **πιο** ωραία	ωραι**ότατα** **(πάρα) πολύ** ωραία
β) βα**θύς**	βαθιά	βαθ**ύτερα** **πιο** βαθιά	βαθ**ύτατα** **(πάρα) πολύ** βαθιά
γ) ακρι**βής**	ακρι**βώς**	ακρι**βέστερα** —	ακρι**βέστατα** —
δ) τεμπέλ**ης**	τεμπέλ**ικα**	— **πιο** τεμπέλικα	— **(πάρα) πολύ** τεμπέλικα
ε) Τα επίθετα που δείχνουν χρώματα δε σχηματίζουν επιρρήματα			
ς) κρύος περίεργος	κρύα περίεργα	**πιο** κρύα **πιο** περίεργα	**(πάρα) πολύ** κρύα **(πάρα) πολύ** περίεργα

Ανώμαλα παραθετικά επιρρημάτων

Ο άρρωστος είναι **χειρότερα** από χθες.
Φέτος μιλά τα ελληνικά **καλύτερα** από πέρσι.
Όσο **νωρίτερα** αρχίσεις το διάβασμα τόσο **καλύτερα** για σένα.

Είμαι μια χαρά. **Απλούστατα** δεν έχω κέφι νά 'ρθω μαζί σας.
Και μη **χειρότερα**! Τι άλλο θα ακούσουμε από σένα!
Πολύ κακώς της το έδωσες χωρίς να με ρωτήσεις.
Όσο περνούν τα χρόνια, όλο και **λιγότερο** κοιμάμαι.

Επίθετο	Επίρρημα		
	Θετικός	Συγκριτικός Υπερθετικός	Απόλυτος Υπερθετικός
κοντός	κοντά	κοντύτερα πιο κοντά	— (πάρα) πολύ κοντά
γλυκός	γλυκά	γλυκύτερα πιο γλυκά	γλυκύτατα (πάρα) πολύ γλυκά
καλός	καλά	καλύτερα πιο καλά	άριστα (κάλλιστα) (πάρα) πολύ καλά
κακός	κακώς	χειρότερα —	κάκιστα (χείριστα)
άσχημος	άσχημα	χειρότερα πιο άσχημα	κάκιστα (χείριστα) (πάρα) πολύ άσχημα
απλός	απλά	απλούστερα πιο απλά	απλούστατα (πάρα) πολύ απλά
λίγος	λίγο	λιγότερο πιο λίγο	ελάχιστα (πάρα) πολύ λίγο
πολύς	πολύ	περισσότερο πιο πολύ	— πάρα πολύ
	νωρίς	νωρίτερα πιο νωρίς	— (πάρα) πολύ νωρίς
	σιγά	σιγότερα πιο σιγά	— (πάρα) πολύ σιγά

Είναι πιο ευχάριστο να ταξιδεύεις με τρένο **παρά** με αεροπλάνο.
Καλύτερα να διαβάζω **παρά να** γράφω.
Προτιμούν να πεινούν **παρά να** δουλεύουν. Τόσο τεμπέληδες είναι.
Από το να δουλεύουν προτιμούν να πεινούν. Τόσο τεμπέληδες είναι.

ΑΣΚΗΣΕΙΣ

Α. Να βάλετε τα επιρρήματα στο σωστό βαθμό.

1. Ο χειμώνας μού αρέσει .... από τις άλλες εποχές. (λίγο)
2. Δε θέλω να μαλώσουμε. .... να φύγω. (καλά)
3. Η μητέρα του τον αγαπά .... από όλα τα παιδιά της. (πολύ)
4. Στη θάλασσα η Αλέκα πηγαίνει .... απ' όλους. (βαθιά)
5. Δεν ξανάκουσα ποτέ μου να τραγουδούν .... (γλυκά)
6. Το φως τρέχει .... από τον ήχο. (γρήγορα)
7. Η γιαγιά μου τρώει όλο και .... (λίγο)
8. Μίλα ...., γιατί μας ακούν. (σιγά)

Β. Να κάνετε προτάσεις σύμφωνα με το παρακάτω παράδειγμα:

Ο Πέτρος — η Αλίκη   (μεγάλος – μικρός)
Ο Πέτρος είναι μεγαλύτερος από την Αλίκη.
Η Αλίκη είναι μικρότερη από τον Πέτρο.

1. το αυτοκίνητο — το ποδήλατο   (βαρύς — ελαφρύς)
2. ο δρόμος — η πλατεία   (στενός — φαρδύς)
3. το φόρεμα — το παλτό   (κοντός — μακρύς)
4. το δωμάτιο — η τάξη   (μικρός — μεγάλος)
5. το τραπέζι — η καρέκλα   (ακριβός — φτηνός)

Γ. Να συμπληρώσετε τα κενά με τον κατάλληλο τύπο των επιθέτων που
είναι στην παρένθεση.

1. Τι έχεις και μέρα με τη μέρα γίνεσαι όλο και ....; (γκρινιάρης)
2. Χθες ήταν .... μέρα του χρόνου. (κρύος)
3. Το ταξίδι από την Αθήνα ως τη Θεσσαλονίκη με αυτοκίνητο δεν είναι πια .... απ' ό,τι είναι με το τρένο. (σύντομος)
4. Τα καυσαέρια είναι .... για την ατμόσφαιρα της πόλης. (επιβλαβής)
5. Ή αδυνάτισες ή αυτό το φόρεμα σε κάνει .... (αδύνατος)
6. Στους τρεις .... μαθητές του σχολείου έδωσαν από ένα βραβείο. (επιμελής)
7. Φόρεσε κάτι ...., γιατί κάνει ζέστη. (ελαφρός)

8. Στο ζωολογικό κήπο του Παρισιού είδα ένα από .... ζώα. (περίεργος)

9. Φαίνεται ψηλός, γιατί είναι αδύνατος, και όμως είναι δέκα εκατοστά .... από τον άντρα μου. (κοντός)

10. Χρειαζόμαστε ένα .... τραπέζι, για να τρώμε άνετα. (φαρδύς)

Ιδιωτισμοί – Εκφράσεις

Ξυπνώ από τ' άγρια χαράματα.
αγουροξυπνημένος, -η, -ο
Κοιμάμαι με τις κότες.
ξενυχτώ
ο ξενύχτης, η ξενύχτισσα
το ξενύχτι
ξαγρυπνώ
ξαγρυπνισμένος, -η, -ο

Ο ταχυδρόμος μοιράζει τα γράμματα.
Μοιράζω ένα μήλο στα τέσσερα.
Μοιράζω την κληρονομιά.
ο, η κληρονόμος
πεθαίνω, ο θάνατος

Τι τρέχει;
Τι συμβαίνει;
Τι γίνεται;

Μη βιάζεσαι. Έλα με την ησυχία σου.

Επανάληψη μαθημάτων 14–22

A. *Να αλλάξετε τις παρακάτω προτάσεις στον πληθυντικό αριθμό:*

1. Δεν υπάρχει γαλατάς σήμερα.
2. Στην κεντρική αγορά της πόλης υπάρχει ψαράς, μανάβης, χασάπης και παλιατζής.
3. Αυτό που έκανες ήταν μεγάλο λάθος.
4. Έχω έναν συγγενή στην Αυστραλία πολύ πλούσιο.
5. Το δάσος είναι ο πνεύμονας της πόλης.

B. *Να συμπληρώσετε τα κενά με τον κατάλληλο τύπο των επιθέτων που είναι στην παρένθεση.*

1. Το ποτάμι αυτό είναι ...., αλλά δεν έχει μεγάλο βάθος. (πλατύς)
2. Άντε, ..., σήκω. Δέκα πήγε η ώρα. (τεμπέλης)
3. Του αρέσουν πολύ .... μαλλιά της Αθηνάς. (μακρύς)
4. Τι χρώμα είναι η μπλούζα σου; - Είναι .... (θαλασσής)
5. Είσαι πολύ ...., Μαργαρίτα. Να κάνεις δίαιτα. (παχύς)
6. Η UNICEF είναι μια .... οργάνωση που προστατεύει τα παιδιά. (διεθνής)
7. Δύο πολύ .... τραγουδιστές δίνουν συναυλία στο ανοιχτό Θέατρο Κήπου. (δημοφιλής)
8. Όλοι είστε .... Κανένας δεν διαβάζει. (τεμπέλης)
9. Σήμερα .... θεωρούνται νέοι άντρες. (σαραντάρης)
10. Πάρε .... αναπνοές και θα σου περάσει η ζάλη. (βαθύς)

Γ. *Τι είναι η υπογραμμισμένη λέξη, επίθετο ή επίρρημα; Γράψτε στο κενό.*

1. Μίλα πιο <u>καθαρά</u>. ....
2. Μου αρέσουν τα <u>γρήγορα</u> αυτοκίνητα. ....
3. Μένει σε ένα από τα <u>τελευταία</u> σπίτια του χωριού. ....
4. Ο Χρίστος έχει <u>ωραία</u> φωνή. ....
5. Άκουσε κάτι <u>βαριά</u> βήματα να πλησιάζουν. ....
6. Μην πας <u>βαθιά</u>, όταν κολυμπάς. ....
7. Το αγόρασα πολύ <u>φτηνά</u> αυτό το πουκάμισο. ....
8. Τώρα <u>τελευταία</u> κάνει πολλή ζέστη. ....
9. Φορά <u>καθαρά</u> ρούχα. ....
10. Η μαμά μου περπατά <u>βαριά</u>. ....

Δ. Να βάλετε τις αντωνυμίες στο σωστό τύπο.

1. Ήταν .... χθες σπίτι σου; Άκουσα φωνές. – Ναι, ήταν .... φίλοι μου (κανείς, μερικοί)

2. .... κοπέλα ήταν μαζί σας στον κινηματογράφο; – .... φίλη μας από τη Γερμανία. (ποιος, κάποιος)

3. Μου αρέσει το τσάι με .... ζάχαρη. (αρκετός)

4. Αύριο έχουμε μόνο Βιολογία. Δεν έχουμε .... άλλο μάθημα. (κανείς)

5. Έχω .... φίλους στην Ελλάδα. (κάμποσος)

6. Ποτέ μου δεν είδα .... λάθη σε μια άσκηση. (τόσος)

7. Δεν πρέπει να λες .... λόγια. (τέτοιος)

8. Πάρε .... βιβλίο θέλεις. (οποιοδήποτε)

9. .... έχει δουλειά, μπορεί να φύγει. (όποιος)

10. Μη ζητάς τη γνώμη .... (κανένας)

Ε. Να συμπληρώσετε με τον κατάλληλο τύπο της υποτακτικής ή του μέλλοντα.

1. Δε μου αρέσει .... (μαγειρεύω)

2. .... σου .... συχνά από την Ισπανία. (γράφω)

3. Του χρόνου θέλει .... και δεύτερη γλώσσα. (αρχίζω)

4. Επειδή κρατούσε πολλά δέματα, μας ζήτησε ... της .... την πόρτα. (ανοίγω)

5. Η μητέρα τους τους είπε .... νωρίς στο σπίτι. (επιστρέφω)

6. ... σας το .... το κοστούμι στο σπίτι νωρίς το απόγευμα. (στέλνω)

7. Είναι δύσκολο .... καινούρια ζωή σε μια ξένη χώρα. (αρχίζω)

8. Συνηθίζω .... έναν καφέ το πρωί, πριν φύγω για το γραφείο. (πίνω)

9. Τώρα που ο καιρός είναι καλός, ... συχνά τη γιαγιά μου. (πηγαίνω, βλέπω)

10. Ο γιατρός μού είπε πως το .... θα μου κάνει πολύ κακό στην καρδιά. Γι' αυτό αποφάσισα .... το .... (συνεχίζω, καπνίζω, κόβω)

ΣΤ. Να συμπληρώσετε με τον κατάλληλο τύπο των επιθέτων που είναι στην παρένθεση.

1. Ποιο είναι .... μάθημά σας φέτος; (δύσκολος)

2. Η Αθηνά είναι .... από την αδελφή της. (ψηλός)

3. Η αδελφή της είναι .... κοπέλα της παρέας. (ωραίος)

4. Οι σκύλοι είναι .... από τις γάτες. (έξυπνος)

5. Φέτος έχουμε .... βροχές από πέρσι. (πολύς)

6. Φορά πάντα .... ρούχα. (ακριβός)

7. Η Νίνα είναι .... από το Γιώργο. (παχύς)

8. Ο Φελίνι ήταν .... σκηνοθέτης της Ιταλίας. (καλός)

9. Θεωρώ την Ιστορία .... από τη Γεωγραφία, γιατί θυμάμαι εύκολα ημερομηνίες. (απλός)

10. Τα κινέζικα είναι μία από .... γλώσσες του κόσμου. (δύσκολος)

Z. *Να συμπληρώσετε με τον σωστό βαθμό των επιρρημάτων μονολεκτικά.*

1. Αγαπά τη μουσική .... από καθετί στον κόσμο. (πολύς)

2. Δες, αγόρασα τα φρούτα .... από σένα. (φτηνός)

3. Αρρώστησα .... από την προηγούμενη φορά. (άσχημα)

4. Οι Αφρικανοί αθλητές έρχονται πάντα πρώτοι στους αγώνες δρόμου, γιατί τρέχουν .... απ' όλους. (γρήγορος)

5. Πώς είσαι; – .... από χθες. (καλός)

6. Η Δανάη μένει .... από μένα. Παίρνει δύο λεωφορεία για να πάει στο σπίτι της. (μακριά)

7. Πολύ .... της τηλεφώνησες χωρίς να με ρωτήσεις! (κακός)

8. Το καλοκαίρι κοιμάμαι .... από το χειμώνα. (λίγος)

9. Έλα αύριο λίγο .... (νωρίς). – Μπα, θα 'ρθω λίγο ...., γιατί έχω πολλές δουλειές. (νωρίς, αργά)

10. Όταν κολυμπάς, μην πας .... από πεντακόσια μέτρα. (βαθύς)

H. *Να συμπληρώσετε τα κενά με τον κατάλληλο τύπο των ρημάτων.*

1. Καθώς .... εισιτήρια για το θέατρο χθες, ... δίπλα μου το Στέλιο. (κόβω, βλέπω)

2. Όταν δεν ξέρουμε το δρόμο, ... κάποιον και τον .... (σταματώ, ρωτώ)

3. .... τους λογαριασμούς σου εγκαίρως, σε παρακαλώ! Μην τους ξεχνάς. (πληρώνω)

4. .... το ψυγείο, γιατί δεν έχουμε ρεύμα. (ανοίγω)

5. Όταν ήμουν φοιτητής, ... ως τα ξημερώματα. (μελετώ)

6. Ο Γιάννης μου .... συχνά και μου λέει τα νέα του. (τηλε-φωνώ)

7. Μου έδωσε χθες τα λεφτά που μου .... (χρωστώ)

8. ..... σε .... να μην μπαίνεις με τα παπούτσια σου στο σπί-τι. ... τα .... έξω από την πόρτα. (παρακαλώ, βγάζω)

9. Γιατί .... ; Εγώ .... πολύ σοβαρά. (γελώ, μιλώ)

10. – Πρέπει .... μας .... , όταν γίνεται κάποια αλλαγή στο πρό-γραμμα. – Εντάξει, την άλλη φορά .... σας .... οπωσδήπο-τε. (ειδοποιώ, ειδοποιώ)

11. Δε με .... ό,τι και ...... μου .... (παρηγορώ, λέω)

12. Την ώρα που .... από το σπίτι, ... μια δυνατή βρο-χή. (βγαίνω, πιάνω)

Εικοστο Τριτο Μαθημα

Ένα αυτοκινητικό δυστύχημα

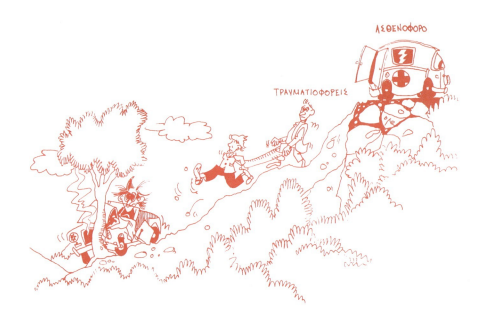

ΑΣΘΕΝΟΦΟΡΟ

ΤΡΑΥΜΑΤΙΟΦΟΡΕΙΣ

Ό πως οι περισσότεροι άνθρωποι, έτσι κι εγώ δεν είχα καταλάβει πόσο εύκολο είναι να γίνει ένα δυστύχημα. Είμαι εμπορικός αντιπρόσωπος και η δουλειά μου με αναγκάζει να κάνω πολλά ταξίδια. Έχω αγοράσει ένα μικρό αυτοκίνητο, γιατί έτσι ταξιδεύω και ευκολότερα και φθηνότερα.

Τις προάλλες γυρνούσα σπίτι μου, αφού είχα τελειώσει τις δουλειές μου στη Φλώρινα. Είχα ανοίξει το ραδιόφωνο, άκουγα μουσική και οδηγούσα προσεκτικά χωρίς μεγάλη ταχύτητα, γιατί είχε αρχίσει να βρέχει και ο δρόμος γλιστρούσε.

Ξαφνικά είδα να έρχεται καταπάνω μου ένα λεωφορείο. Μηχανικά έστριψα το τιμόνι δεξιά, και το αυτοκίνητό μου, αφού έκανε δύο τούμπες, σταμάτησε μέσα στα χωράφια.

Όταν άνοιξα τα μάτια μου, είδα ότι ήμουν στο νοσοκομείο και έμαθα ότι κάποιο αυτοκίνητο είχε σταματήσει στον τόπο του ατυχήματος, και ο οδηγός του με έφερε ως εδώ.

Όσο για τον οδηγό του λεωφορείου, τον σταμάτησε η τροχαία λίγο πιο κάτω και τον συνέλαβε για υπερβολική ταχύτητα και γιατί οδηγούσε μεθυσμένος. Ευτυχώς δεν έπαθα τίποτα το σοβαρό και ελπίζω ότι θα έχω γυρίσει σπίτι μου ως το τέλος της εβδομάδας.

Παρακείμενος

Δεν **έχω διαβάσει** ποτέ μου τέτοιο ανόητο βιβλίο.
Έχεις σβήσει το φως ή είναι αναμμένο ακόμη; – Το **έχω σβήσει**.
Έχει βάψει τα μαλλιά της, αλλά δεν της πάνε.
Έχουμε αλλάξει σπίτι. Ξέρεις τη διεύθυνσή μας; – Όχι, ποια είναι;
Έχετε ταξιδέψει ποτέ με αεροπλάνο; – Μόνο μια φορά.
Έχουν ξυπνήσει από τα άγρια χαράματα και νυστάζουν.

(δεν)	έχω	διαβάσει
	έχεις	διαβάσει
	έχει	διαβάσει
	έχουμε	διαβάσει
	έχετε	διαβάσει
	έχουν	διαβάσει

έχω + θέμα αορίστου + -ει

Ο Παρακείμενος δείχνει μια πράξη που έγινε στο παρελθόν. Δείχνει περισσότερο το αποτέλεσμα της πράξης. Τις περισσότερες φορές τον παρακείμενο μπορούμε να τον αντικαταστήσουμε με αόριστο, όταν δεν υπάρχει χρονικός προσδιορισμός.

Αόριστος

Πριν από λίγες μέρες διάβασα ένα βιβλίο για τη θέση της γυναίκας στην αρχαία Ελλάδα.

Θα 'ρθω με το δικό μου αυτοκίνητο. Το **διόρθωσα χθες.**

Περίμενέ τους, έρχονται. **Ξεκίνησαν πριν από αρκετή ώρα.**

Παρακείμενος

Έχω διαβάσει ένα βιβλίο για τη θέση της γυναίκας στην αρχαία Ελλάδα.

Θα 'ρθω με το δικό μου αυτοκίνητο. Το **έχω διορθώσει.**

Περίμενέ τους, έρχονται. **Έχουν ξεκινήσει** κιόλας.

Υπερσυντέλικος

Είχα ακούσει τα νέα στο ραδιόφωνο και μετά τα διάβασα στην εφημερίδα.

Σου τηλεφώνησα, αλλά δεν **είχες γυρίσει** ακόμη.

Όταν ο Κώστας έφτασε στο σχολείο, το μάθημα **είχε ήδη αρχίσει.**

Είχαμε ξοδέψει και την τελευταία μας δεκάρα, πριν τελειώσει ο μήνας.

Χθες αργά τη νύχτα, όταν πέρασα από το σπίτι σας, δεν **είχατε σβήσει** ακόμη το φως.

Πήγαν να ψωνίσουν πρωί πρωί, αλλά τα μαγαζιά δεν **είχαν ανοίξει** ακόμη.

(δεν)	είχα	διαβάσει
	είχες	διαβάσει
	είχε	διαβάσει
	είχαμε	διαβάσει
	είχατε	διαβάσει
	είχαν	διαβάσει

είχα + θέμα αορίστου + **-ει**

Ο Υπερσυντέλικος δείχνει μια πράξη που τελείωσε στο παρελθόν πριν από μία άλλη.

Συντελεσμένος Μέλλοντας

Έλα κατά τις 5. **Θα έχω τελειώσει** τις δουλειές μου ως εκείνη την ώρα.

Το άλλο Σάββατο έχω πάρτι. **Θα έχεις γυρίσει** από την Αθήνα;

Ας μην περάσουμε από το σπίτι του, γιατί **θα έχει** κιόλας **ξεκινήσει.**

(δεν) θα έχω	διαβάσει
θα έχεις	διαβάσει
θα έχει	διαβάσει
θα έχουμε	διαβάσει
θα έχετε	διαβάσει
θα έχουν	διαβάσει

θα έχω + θέμα αορίστου + **-ει**

Ο Συντελεσμένος Μέλλοντας δείχνει ότι μια πράξη θα τελειώσει πριν από ένα ορισμένο χρονικό σημείο στο μέλλον.

Μέλλοντας

Θα γράψω τα μαθήματά μου το απόγευμα.

Θα μαγειρέψω στις 11.

Συντελεσμένος Μέλλοντας

Θα έχω γράψει τα μαθήματά μου ως το απόγευμα.

Θα έχω μαγειρέψει, ώσπου να γυρίσεις.

Υποτακτική Παρακειμένου

Μήπως είδες τα κλειδιά μου; Πρέπει **να** τα **έχω αφήσει** εδώ.

Εντάξει, να πας σινεμά με την παρέα σου, **να έχεις γυρίσει**, όμως, ως τις δώδεκα.

Είπα να μου τηλεφωνήσει, αλλά δε με πήρε ακόμη. Λες **να** μην του το **έχουν πει**;

να (μην) έχω	διαβάσει
να (μην) έχεις	διαβάσει
να (μην) έχει	διαβάσει
να (μην) έχουμε	διαβάσει
να (μην) έχετε	διαβάσει
να (μην) έχουν	διαβάσει

να+(μην)+έχω+θέμα αορίστου+ **-ει**

παρακείμενος, υπερσυντέλικος, συντελεσμένος μέλλοντας, υποτακτική παρακειμένου με αντικείμενα αντωνυμίες

Δεν έχω πλύνει **τα πιάτα** ακόμα.
Δεν **τα** έχω πλύνει ακόμα.

Δεν έχω συναντήσει ποτέ μου **την αδελφή σου.**
Δεν **την** έχω συναντήσει ποτέ μου.

Όταν έφτασα στο σπίτι μου, είχα κιόλας ξεχάσει **το δυσάρεστο επεισόδιο.**
Όταν έφτασα στο σπίτι μου, **το** είχα κιόλας ξεχάσει.

Πρέπει να έχει καλέσει **το Γιώργο και τη Μαίρη** το βράδυ.
Πρέπει να **τους** έχει καλέσει το βράδυ.

(δεν) να (μην)	+ ά.α. (αντωνυμία) + βοηθητικό ρήμα + ρήμα

Πιστεύω ότι θα **μας** έχουν ήδη στείλει **τις επιταγές.**
Πιστεύω ότι θα **μας τις** έχουν ήδη στείλει.

Λες να μην **της** έχει πληρώσει **το νοίκι;**
Λες να μην **της το** έχει πληρώσει;

Του είχα επιστρέψει **τα δανεικά**, πριν μου τα ζητήσει.
Του τα είχα επιστρέψει, πριν μου τα ζητήσει.

(δεν)	
να (μην)	+ έ.α. + ά.α. (αντωνυμίες) + βοηθητικό ρήμα + ρήμα

ΑΣΚΗΣΗ

Να συμπληρώσετε τα κενά της ιστορίας με τον παρακείμενο, υπερσυντέλικο ή συντελεσμένο μέλλοντα των ρημάτων που είναι στην παρένθεση.

Α — Αλέκο, ... αυτή την κακή συνήθεια του καπνίσματος. Τώρα γιατί ξανάρχισες; (κόβω)

Β — Ε, όταν πίνεις καφέ και διαβάζεις την εφημερίδα σου, δεν μπορείς να μην καπνίσεις και δυο τρία τσιγάρα.

Α — Αυτή ακριβώς η κατάσταση με ενοχλεί· ότι κάαααθεσαι δύο ώρες τώρα, ενώ εγώ δουλεύω σα σκυλί. .... τα πιάτα, ... όλο το σπίτι, ... το φαγητό στη φωτιά, ... τα κρεβάτια κι ένα σωρό άλλες δουλειές. Εσύ τι .... ως τώρα; (πλένω, σκουπίζω, βάζω, στρώνω, κάνω)

Β — Έλα βρε Λιλή, μην γκρινιάζεις. Μια Κυριακή έχω ο καημένος για λίγη ξεκούραση.

Α — Γιατί η Κυριακή είναι μόνο για σένα; Αυτά δε μου τα ...., όταν παντρευτήκαμε. Δηλαδή εγώ δεν έχω δικαίωμα για ξεκούραση; (λέω)

Β — Φτάνει! Με .... Κάτσε και, ώσπου να διαβάσεις την εφημερίδα, ... όλες τις άλλες δουλειές. (πείθω, τελειώνω)

Α — Κάτι είναι κι αυτό μπρος στο τίποτα.

Ιδιωτισμοί – Εκφράσεις

Πιάνω δουλειά αύριο.
Με πιάνει το αυτοκίνητο (= με πειράζει).

Ξαφνικά έπιασε μια δυνατή βροχή (= άρχισε).
Έπιασε φωτιά το δάσος.
Έπιασε το λουλούδι.
Έπιασε το φαγητό.

Υπάρχουν διάφορα φαγητά στο τραπέζι.
Κάθε μέρα τρώω διαφορετικό φαγητό.

Γυρίζω στο σπίτι μου (= επιστρέφω).
Γυρίζω στους δρόμους.
Γυρίζω γύρω από το σπίτι της.
Γυρίζω πίσω κάτι που αγόρασα (= επιστρέφω).
Το κεφάλι μου γυρίζει (= ζαλίζομαι).
Είναι αγύριστο κεφάλι (= πεισματάρης).

οι τηλεπικοινωνίες	Στρίβω το τιμόνι.
το αυτόματο τηλέφωνο	Στρίβω σ' ένα δρόμο.
το αστικό τηλεφώνημα	Στρίβω τη γωνία.
το υπεραστικό τηλεφώνημα	Το αυτοκίνητο στρίβει.
ο τηλεφωνητής, η τηλεφωνήτρια	Του έστριψε (= τρελλάθηκε).
το τηλεφωνικό κέντρο	Μου τα στρίβει.
ο τηλεφωνικός θάλαμος	

Πέφτω κάτω.
Του έπεσε το λαχείο (= κέρδισε).
Έπεσε η αξία του χρυσού.
Έπεσα έξω στους υπολογισμούς μου.
Έπεσα πάνω του (= τον συνάντησα τυχαία).

ο αυτόματος τηλεφωνητής
το κινητό τηλέφωνο
η τηλεκάρτα
το καρτοτηλέφωνο
το τηλεγράφημα

Εικοστο Τεταρτο Μαθημα

Ελληνικές γιορτές και έθιμα

ΠΡΩΤΟΧΡΟΝΙΑ

ΘΕΟΦΑΝΙΑ

Πρωτοχρονιά (1η Ιανουαρίου): Γιορτή του Αγίου Βασιλείου. Ο Αϊ-Βασίλης είναι ο πιο αγαπημένος άγιος των παιδιών. Ο συμπαθητικός αυτός γέροντας με την άσπρη γενειάδα τούς φέρνει δώρα. Την παραμονή (31 Δεκεμβρίου) ο κόσμος αγοράζει μια βασιλόπιτα, που έχει μέσα ένα νόμισμα. Πολλές νοικοκυρές έχουν τη συνήθεια να τη φτιάχνουν στο σπίτι τους. Ο αρχηγός της οικογένειας κόβει την πίτα στις 12 τα μεσάνυχτα, την ώρα ακριβώς που ο παλιός χρόνος δίνει τη θέση του στον καινούριο. Μοιράζει τα κομμάτια σε όλα τα μέλη της οικογένειας. Όποιος βρει το νόμισμα θα είναι ο τυχερός της χρονιάς. Μετά, σύμφωνα με το έθιμο, παίζουν χαρτιά για να δοκιμάσουν την τύχη τους. Χρόνια πολλά, καλή χρονιά, ευτυχισμένος ο καινούριος χρόνος!

Θεοφάνια ή Φώτα (6 Ιανουαρίου): Η μέρα που ο παπάς αγιάζει τα νερά. Ρίχνει το σταυρό στη θάλασσα, και τα παλικάρια πέφτουν στο παγωμένο νερό για να τον βρουν. Αυτή την ημέρα γιορτάζουμε τη βάφτιση του Χριστού.

25η Μαρτίου: Διπλή γιορτή. Θρησκευτική και εθνική. Την ημέρα αυτή γιορτάζουμε τον Ευαγγελισμό της Θεοτόκου. Η 25η Μαρτίου είναι επίσης η επέτειος της επανάστασης του 1821. Τότε άρχισε ο απελευθερωτικός αγώνας των Ελλήνων εναντίον των Τούρκων.

Καθαρή Δευτέρα: Η μέρα αυτή πέφτει μετά την τελευταία Κυριακή της Αποκριάς και είναι η πρώτη μέρα της νηστείας του Πάσχα. Οι Έλληνες συνηθίζουν να την περνούν στην εξοχή. Τα παιδιά πετούν χαρταετούς, όταν κάνει καλό καιρό.

Πρωταπριλιά (1η Απριλίου): Ο καθένας μας σκαρώνει και από μια φάρσα την ημέρα αυτή. Τα παιδιά, και οι μεγάλοι ακόμα, ψάχνουν να βρουν τα πιο απίθανα ψέματα.

Πάσχα: Η Μεγάλη Εβδομάδα κυλά γρήγορα. Τη Μεγάλη Πέμπτη βάφουμε κόκκινα αβγά. Τα σπίτια μοσχοβολούν από τα τσουρέκια. Τη Μεγάλη Παρασκευή παρακολουθούμε τον Επιτάφιο. Το Μεγάλο Σάββατο είναι η Ανάσταση. Παίρνουμε τη λαμπάδα μας και πηγαίνουμε στην εκκλησία αργά τη νύχτα. Στις 12 τα μεσάνυχτα καμπάνες, βεγγαλικά. Τσουγκρίζουμε τα κόκκινα αβγά. «Χριστός Ανέστη!» «Αληθώς Ανέστη!» Γυρίζουμε στο σπίτι και τρώμε τη ζεστή μαγειρίτσα. Ανήμερα το Πάσχα ψήνουμε το αρνί στη σούβλα.

Πρωτομαγιά (1η Μαΐου): Γιορτή των εργαζομένων και των λουλουδιών. Είναι άνοιξη πια. Κάνει καλό καιρό. Η φύση ανθίζει και μοσχοβολά. Όλοι

μας μαζεύουμε λουλούδια και φτιάχνουμε το μαγιάτικο στεφάνι που θα κρεμάσουμε στο μπαλκόνι ή στην πόρτα του σπιτιού μας.

28η Οκτωβρίου: Εθνική γιορτή. Οι Έλληνες εμπόδισαν τον εχθρό να μπει στα χώματά τους. Τότε είπαν εκείνο το αποφασιστικό και ηρωικό «Όχι». Αρχή του Β΄ Παγκοσμίου Πολέμου για την Ελλάδα.

Χριστούγεννα (25 Δεκεμβρίου): Μεγάλη γιορτή. Γιορτάζουμε τη γέννηση του Χριστού. Στήνουμε το χριστουγεννιάτικο δέντρο και το στολίζουμε με πολύχρωμα φωτάκια και λογιών λογιών στολίδια. Την παραμονή τα παιδιά λένε τα κάλαντα από σπίτι σε σπίτι. Ανήμερα τρώμε την πατροπαράδοτη γαλοπούλα.

Ρήματα με τρία ή τέσσερα θέματα

Ενεστώτας	Αόριστος	Απλός Μέλλοντας	Προστακτική
βλέπ-ω	είδ-α	θα δ-ω*	δες-δείτε (δέστε)
βρίσκ-ω	βρήκ-α	θα βρ-ω*	βρες-βρείτε (βρέστε)
λέ(γ)-ω	είπ-α	θα π-ω*	πες-πείτε (πέστε)
πηγαίν-ω	πήγ-α	θα πά-ω+	πήγαινε (πάνε)
(πάω)			πηγαίνετε (πάτε)
πίν-ω	ήπια	θα πι-ω*	πιες-πιείτε (πιέστε)
παίρν-ω	πήρ-α	θα πάρ-ω	πάρε-πάρτε
τρώ(γ)-ω	έ-φαγ-α	θα φά-ω+	φάε-φάτε
θέλ-ω	θέλησ-α	θα θελήσ-ω	—
ξέρ-ω	ήξερ-α	θα ξέρ-ω	—

ΠΡΟΣΟΧΗ

Ενεστώτας: υπάρχ-ω   Παρατατικός: υπήρχ-α
Αόριστος: υπήρξ-α   Απλός Μέλλοντας: θα υπάρξ-ω

*

θα δω
θα δεις
θα δει
θα δούμε
θα δείτε
θα δουν

+

θα πάω
θα πας
θα πάει
θα πάμε
θα πάτε
θα πάνε

ΑΣΚΗΣΕΙΣ

A. *Να συμπληρώσετε τα κενά με το σωστό τύπο των ρημάτων που είναι στην παρένθεση.*

1. Αύριο οι φοιτητές .... στο μουσείο για .... τα εκθέματα. (πηγαίνω, βλέπω)

2. Πονάει το κεφάλι σου; .... μια ασπιρίνη. (πίνω)

3. Ποιος .... το βιβλίο μου και δεν μπορώ ... το ....;
   (παίρνω, βρίσκω)

4. Γιάννη, ο καθηγητής θέλει ... σε .... (βλέπω)

5. Δεν .... ζωή στο φεγγάρι. (υπάρχω)

6. Δεν .... πολύ το πρωί και πεινώ τώρα. (τρώω)

7. .... στενοί φίλοι, αλλά σήμερα ούτε καν χαιρετά ο ένας τον άλλο. (υπάρχω)

8. Ο γιατρός τής είπε ... μην .... καθόλου γλυκά, γιατί είναι πολύ παχιά. (τρώω)

9. Αν συμφωνείς κι εσύ, ... τους να έρθουν το βράδυ. (λέω)

10. Περίμενέ με, πάω .... μια βεβαίωση από τη Γραμματεία. (παίρνω)

11. Ανάλατο είναι το φαγητό. Δεν μπορώ ... το .... (τρώω)

12. Πάμε μετά τη δουλειά .... καμιά ρετσίνα και ... τα ....;
    – Γιατί όχι; (πίνω, λέω)

13. Φεύγω αύριο, γιατί δε .... εισιτήριο γι' απόψε. (βρίσκω)

14. .... πολύ να δουν αυτό το έργο, αλλά τελικά τους απογοήτεψε. (θέλω)

15. Γιατί δεν ήρθες; Δεν .... ότι είχα τα γενέθλιά μου χτες;
    – Αχ, το ξέχασα. (ξέρω)

Β. *Να συμπληρώσετε τα κενά της ιστορίας με το σωστό τύπο των ρημάτων που είναι στην παρένθεση.*

Καθίστε ... σας .... τι έπαθε ο Γρηγόρης την Κυριακή το βράδυ. .... με κάτι φίλους στο θέατρο και όταν τελείωσε το έργο, ό-λοι πεινούσαν και .... μια μακαρονάδα και .... καμιά μπίρα. Η Μαριάνθη, που μόλις .... τα πρώτα λεφτά από τη δουλειά της, τους κέρασε όλους. (λέω, πάω, πάω, τρώω, πίνω, παίρνω)

Γύρω στις 2:00 π.μ. ο Γρηγόρης .... ένα ταξί για .... σπίτι. Όταν έφτασαν, βάζει το χέρι στην τσέπη για να πληρώσει και τι ....! Το πορτοφόλι του είχε κάνει φτερά! Λεφτά .... στο σπίτι, αλλά πώς ν' ανοίξει, που τα κλειδιά ήταν στο πορτοφόλι του; Δεν .... ούτε τι να κάνει ούτε τι .... στον ταξιτζή. (παίρνω, πάω, βλέπω, υπάρχω, ξέρω, λέω)

Τελικά του έδωσε το όνομά του και το τηλέφονό του και του .... να περάσει τη Δευτέρα για .... τα λεφτά. Του έδωσε και την ταυτότητά του, αλλά ο ταξιτζής δε .... την .... και του

.... πως δεν ήταν πρώτη φορά που του τύχαινε κάτι τέτοιο. (λέω, παίρνω, θέλω, παίρνω, λέω)

Έτσι, ο Γρηγόρης πέρασε το υπόλοιπο βράδυ σ' ένα παγκάκι περιμένοντας να ξημερώσει, για .... έναν κλειδαρά να του ανοίξει την πόρτα. (βρίσκω)

Ιδιωτισμοί – Εκφράσεις

Πότε πέφτει φέτος το Πάσχα;
κινητή γιορτή ≠ ακίνητη γιορτή

Κόβω το ψωμί.
Κόβω το χέρι μου.
Κόβω το κάπνισμα.
Κόβω δρόμο.
Κόβω κάποιον στις εξετάσεις.
Μου έκοψε την καλημέρα.
Η ΔΕΗ έκοψε το ρεύμα.
Ο ΟΥΘ έκοψε το νερό.
Ο ΟΤΕ έκοψε το τηλέφωνο.

τα μέλη της οικογένειας
τα μέλη ενός συλλόγου
τα μέλη του σώματος

Τα πουλιά πετούν.
Πετώ τα άχρηστα πράγματα στα σκουπίδια.
Πετά στα σύννεφα.
Πετώ απ' τη χαρά μου.
Είμαι γεμάτος χαρά.
Είμαι όλο χαρά.
Είμαι τρελός από χαρά.

Τα λέω μ' ένα φίλο μου.
Τα λέω έξω απ' τα δόντια.
Να τα πούμε; (τα κάλαντα)

Πρόσκληση για φαγητό

A — Νίκο, είσαι ελεύθερος αύριο βράδυ; Έχω καλέσει μερικούς φίλους και θα ήθελα πολύ να είσαι μαζί μας.

B — Ευχαριστώ πολύ, Κυβέλη. Η ατμόσφαιρα στο σπίτι σου είναι πάντα ζεστή και η παρέα σου ευχάριστη. Μόνο που έχω λίγο διάβασμα και … . Αν έρθω λίγο αργά, σε πειράζει;

A — Όχι, αν αργήσεις όμως πολύ, μπορεί να μη βρεις τίποτε να φας.

B — Μακάρι να μπορούσα να 'ρθω νωρίς! Ξέρεις πόσο μου αρέσουν οι ωραίοι μεζέδες σου. Φταίνε όμως οι εξετάσεις που πλησιάζουν. Αν έκανες αυτήν τη συγκέντρωση τον άλλο μήνα, θα ήμουν πιο ξένοιαστος και θα διασκέδαζα με την ψυχή μου.

A — Λοιπόν, Νίκο, άκου τι προτείνω. Αν έρθεις νωρίς, θα φύγεις πριν από τις δώδεκα κι έτσι την άλλη μέρα θα μπορέσεις να ξυπνήσεις νωρίς για να συνεχίσεις τη μελέτη σου.

B — Εντάξει. Μ' έπεισες. Άλλωστε, αν το ρίχνω λίγο έξω πότε πότε, θα έχω ύστερα περισσότερη όρεξη για διάβασμα.

> Μόνο που έχω λίγο διάβασμα και …
> **… τα αποσιωπητικά**

Δυνητική

Το άλλο σαββατοκύριακο η Νίκη και η παρέα της **θα κάνουν** μια εκδρομή στην Καβάλα και στη Θάσο. **Θα πάρουν** το πρώτο λεωφορείο από τη Θεσσαλονίκη και **θα φτάσουν** στην Καβάλα πριν από το μεσημέρι. **Θα φάνε** και **θα πάρουν** στις τρεις το φέρι–μποτ για να περάσουν στη Θάσο. **Θα μείνουν** εκεί την Κυριακή και **θα πάνε** να δουν το μουσείο και το αρχαίο θέατρο. Αν είναι καλός ο καιρός, **θα κάνουν** και κανένα μπάνιο. **Θα επιστρέψουν** στην Καβάλα τη Δευτέρα το πρωί και αμέσως **θα φύγουν** για τη Θεσσαλονίκη.

Την τελευταία φορά που είδα τη Νίκη ήταν έτοιμη να φύγει με την παρέα της για εκδρομή.

Το Σάββατο το πρωί **θα έπαιρναν** το πρώτο λεωφορείο από τη Θεσσαλονίκη και **θα έφταναν** στην Καβάλα πριν από το μεσημέρι. **Θα έτρωγαν** και **θα έπαιρναν** στις τρεις το φέρι–μποτ για να περάσουν στη Θάσο. **Θα έμεναν** εκεί την Κυριακή και **θα πήγαιναν** να δουν το μουσείο και το αρχαίο θέατρο. Αν ήταν καλός ο καιρός, **θα έκαναν** και κανένα μπάνιο. **Θα επέστρεφαν** στην Καβάλα τη Δευτέρα το πρωί και αμέσως **θα έφευγαν** για τη Θεσσαλονίκη.

1. Το Σάββατο το πρωί **θα έπαιρναν** το πρώτο λεωφορείο από τη Θεσσαλονίκη και **θα έφταναν** στην Καβάλα πριν από το μεσημέρι.
2. **Θα** την **αγόραζα** αυτή την μπλούζα, αλλά δε μου φτάνουν τα λεφτά.
3. **Θα πήγαινα** μαζί τους την άλλη Κυριακή στην Αθήνα, αλλά δε θα μπορέσω γιατί θα εφημερεύω.
4. **Θα** σου **είχα τηλεφωνήσει,** αλλά το ξέχασα.

Δυνητική

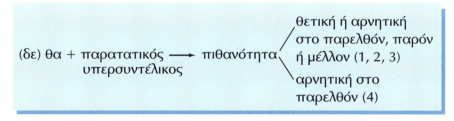

(δε) θα + παρατατικός ⟶ πιθανότητα
υπερσυντέλικος

θετική ή αρνητική
στο παρελθόν, παρόν
ή μέλλον (1, 2, 3)

αρνητική στο
παρελθόν (4)

Ευχετική

1. **Μακάρι να** τον **βρω** εκεί.
2. **Μακάρι να μην** την **ξαναδώ** μπροστά μου.

3. **Θα ήθελα να ήξερα** πολλές ξένες γλώσσες.
4. **Καλύτερα να** με **έλεγαν** Ελπίδα παρά Γλυκερία.
5. **Μακάρι να πέρασε** στις εξετάσεις.
6. **Τι καλά να έχει πάρει** το γράμμα μου.
7. **Θα ήθελα να πήγαινα** κι εγώ ταξίδι μαζί τους.
8. **Ας μην είχαν τελειώσει** ακόμη οι διακοπές.

Ευχετική

μακάρι να
θα ήθελα να
καλύτερα να   **+**
αχ (και) να
τι καλά να
ας
	(Α) υποτακτική
	
	(Β) παρατατικός
	
	(Γ) αόριστος ή
	      παρακείμενος
	(Δ) παρατατικός ή
	      υπερσυντέλικος
		⟶
		
		⟶
		
		⟶
		
		⟶
			ευχή πιθανή/δυνατή στο
			παρόν ή μέλλον (1, 2)
			ευχή απίθανη/αδύνατη
			στο παρόν ή μέλλον (3, 4)
			ευχή πιθανή στο παρελ-
			θόν (5, 6)
			ευχή αδύνατη/απραγμα-
			τοποίητη στο παρελθόν
			(7, 8)

Άρνηση: μακάρι να + μη(ν)

Πιθανολογική

Άραγε, τι να κάνει ο Σταύρος τώρα; — **Θα διαβάζει.**

Λες να άκουσε το τηλέφωνο και να μην το σήκωσε επίτηδες;
— Μπα, δεν πιστεύω. Μάλλον **θα είχε φύγει**, όταν εμείς τηλεφωνήσαμε.

Η Ρένα πήγε στη Γαλλία;
— **Θα πήγε.** Αυτή ταξίδεψε σ' όλον τον κόσμο, στη Γαλλία δε **θα πήγε;**

Πώς δεν είδε τη φωτιά στο λιμάνι;
— **Θα έλειπε,** φαίνεται, και δεν το πήρε είδηση.

Τι σου είπε ο Χρίστος για τη χθεσινή εκπομπή;
— Δε μου είπε τίποτα, γι' αυτό υποθέτω πως δε **θα** την **άκουσε.**

Πιθανολογική

(δε(ν)) θα + οριστική όλων των χρόνων εκτός από το μέλλοντα.

Φανερώνει κάτι που είναι πιθανό να έχει συμβεί στο παρελθόν
ή να συμβαίνει στο παρόν.

<h2 style="text-align:center">Υποθετικές προτάσεις</h2>

Α. Φανερώνει το πραγματικό, μια απλή σκέψη του ομιλητή στο παρόν ή στο μέλλον.

Αν διαβάζεις εφημερίδα κάθε μέρα, **θα μαθαίνεις** τα νέα.

Αν τρως πολύ, **θα παχύνεις.**

Αν το **κατόρθωσε** αυτό η Μάρθα, τη **θαυμάζω.**

Αν δεις το Γιάννη, **πες** του να μου τηλεφωνήσει.

Αν το **έχεις τελειώσει, να** μου το **δώσεις.**

Αν πληρώσετε τη συνδρομή τώρα, **θα** σας **στέλνουμε** το περιοδικό κάθε μήνα στο σπίτι σας.

Υπόθεση	Απόδοση
αν + οποιοσδήποτε χρόνος εκτός από παρατατικό και υπερσυντέλικο	οποιαδήποτε έγκλιση και οποιοσδήποτε χρόνος εκτός από παρατατικό και υπερσυντέλικο

Β. Φανερώνει το απραγματοποίητο ή την απλή σκέψη στο παρελθόν, παρόν ή μέλλον.

α) **Αν πηγαίναμε** στο θέατρο χθες, **θα** σε **παίρναμε** μαζί μας.

Αν είχα τη διεύθυνσή του, **θα** του **έγραφα.**

Αν μπορούσα, θα τον **συγχωρούσα,** αλλά μου είναι αδύνατο.

β) Σκέφτομαι πως, **αν** δεν **είχε** τα δυο της εγγόνια, **θα ήταν** έρημη στον κόσμο.

Ο ταχυδρόμος **θα** μου **έδινε** το συστημένο γράμμα, **αν** με **έβρισκε** στο σπίτι.

Αν πρόσεχε λιγάκι το φαγητό του και **αν έκοβε** και το τσιγάρο, δε **θα πάθαινε** η καρδιά του.

Υπόθεση	Απόδοση
αν + παρατατικός ⟶	δυνητική

Γ. Φανερώνει το απραγματοποίητο μόνο στο παρελθόν.

Θα τον **είχα πείσει, αν προσπαθούσα** περισσότερο.
Θα είχα βρει εισιτήρια για το θέατρο, **αν είχα πάει** νωρίτερα.
Αν είχε πάρει το τηλεγράφημα, **θα** μου **έστελνε** οπωσδήποτε λεφτά.
Αν το **ήξερε,** δε **θα** μου το **έλεγε;**
Αν δε **χάζευες** τόσο στην τάξη, κάτι **θα είχες μάθει.**

Υπόθεση	Απόδοση
αν + παρατατικός ———→ υπερσυντέλικος	θα + δυνητική υπερσυντέλικος

Συνηρημένα ρήματα

φταίω – καίω – κλαίω – ακούω

Εσύ **φταις** για ό,τι έγινε.
Δε **φταίω** εγώ, αν δεν πέρασα στις εξετάσεις. Ήταν άγνωστα τα θέματα.
Η φωτιά **καίει** στο τζάκι.
Ο ήλιος μ' **έκαψε.**
Το παιδί **κλαίει,** γιατί το μάλωσε η μητέρα του.
Μην **κλαις,** θα θυμώσω.
Σταμάτα να μιλάς και **άκου** τι σου λέω.

Θέμα ενεστώτα: φται(γ)-, και(γ)-, κλαι(γ)-, ακου(γ)-

Ενεστώτας				Παρατατικός			
φταίω	καίω	κλαίω	ακούω	έφταιγα	έκαιγα	έκλαιγα	άκουγα
φταις	καις	κλαις	ακούς	έφταιγες	έκαιγες	έκλαιγες	άκουγες
φταίει	καίει	κλαίει	ακούει	έφταιγε	έκαιγε	έκλαιγε	άκουγε
φταίμε	καίμε	κλαίμε	ακούμε	φταίγαμε	καίγαμε	κλαίγαμε	ακούγαμε
φταίτε	καίτε	κλαίτε	ακούτε	φταίγατε	καίγατε	κλαίγατε	ακούγατε
φταίνε	καίνε	κλαίνε	ακούνε	έφταιγαν	έκαιγαν	έκλαιγαν	άκουγαν

Θέμα αορίστου: φταιξ-, καψ-, κλαιψ-, ακουσ-

Αόριστος

έφταιξα, έκαψα, έκλαψα, άκουσα

Συνεχής προστακτική του ακούω
άκου
ακούτε

Συνηρημένα είναι και τα ρήματα **λέω, πάω, τρώω.**

ΑΣΚΗΣΕΙΣ

A. *Να συμπληρώσετε τα κενά με το σωστό τύπο των ρημάτων που είναι στην παρένθεση.*

1. Θα διαβάσω το περιοδικό, αν .... καιρό. (βρίσκω)
2. Αν τα ακούσει κανείς αυτά, ... ότι είναι παραμύθι. (νομίζω)
3. Αν τον δεις, ... του ότι τον θέλω. (λέω)
4. Αν είχα καιρό, ... περίπατο. (πηγαίνω)
5. Αν ήταν εδώ, ... τα λουλούδια μου. (ποτίζω)
6. Πόσο κουρασμένος είμαι! Τι καλά .... στο σπίτι μου. (γυρίζω)
7. .... την ομπρέλα σου, αν δεις άσχημο τον καιρό. (παίρνω)
8. Θα πάρουμε τα παλτά μας, αν .... ότι κάνει κρύο. (βλέπω)
9. Θα πηγαίναμε στο θέατρο απόψε, αν .... εισιτήρια. (βγάζω)
10. Αν δε βάλεις το φαγητό στο ψυγείο, ... (χαλώ)
11. Θα ήθελα κι εσύ .... αυτό το βιβλίο. (διαβάζω)
12. Θα ψώνιζα, αν .... χρήματα. (έχω)
13. Αν δεν .... τα φάρμακα που σου είπε ο γιατρός, πολύ δύσκολα θα γίνεις καλά. (παίρνω)
14. Αν δεν ήταν τόσο τίμιος, ... πολλά λεφτά. (κερδίζω)
15. Δε θα έπαιζα μαζί σου χαρτιά, αν .... ότι κλέβεις. (ξέρω)
16. Αν ξέρεις τη διεύθυνσή της, ... τα βιβλία στο σπίτι. (στέλνω)
17. Δε βλέπει, αν δε .... τα γυαλιά του. (φορώ)
18. Αν αργήσω, μη .... (φεύγω)
19. Αν τα παιδιά έβλεπαν τον Κώστα, θα τον .... πώς είναι η μητέρα του. (ρωτώ)

20. Αν δεν είχες αργήσει, ... κι εσύ γλυκό. (τρώω)
21. Τι ...., αν χαλούσε το αυτοκίνητό σου στη μέση του δρόμου;
    – .... για βοήθεια. (κάνω, τηλεφωνώ)
22. Μακάρι .... λεφτά και να ερχόμουν μαζί σας στο Βέλγιο.
    (βρίσκω)

B. *Να αλλάξετε τις παρακάτω προτάσεις σύμφωνα με το παράδειγμα:*

Αν συναντούσα την Ελένη, θα της έλεγα τα νέα.
Αν συναντήσω την Ελένη, θα της πω τα νέα.

1. Δε θα τον γνώριζα, αν τον έβλεπα ύστερα από τόσον καιρό.
2. Θα σου δάνειζα, αν είχα λεφτά.
3. Αν μας τηλεφωνήσουν νωρίς, θα πάμε στο θέατρο.
4. Αν είχες πάει στην ώρα σου, θα είχες τελειώσει νωρίτερα.
5. Θα πήγαινε στο Πολυτεχνείο, αν ήταν καλός στα μαθηματικά.
6. Θα μας πάρουν το αυτοκίνητο, αν δεν πληρώσουμε το γραμμάτιο.
7. Θα σας διορθώνω, αν κάνετε λάθη.
8. Θα του πω τους χαιρετισμούς σου, αν τον δω.
9. Θα τον μαλώσω, αν δε γυρίσει νωρίς.
10. Αν μου έμεναν χρήματα, θ' αγόραζα και παπούτσια.
11. Θα μείνω στο σπίτι, αν χιονίσει.
12. Αν μπορέσω, θα το κάνω.
13. Θα σου το έλεγα, αν ήμουν βέβαιος ότι δε θα το πεις σε κανέναν.
14. Θα το αγοράσω, αν είναι φτηνό.
15. Θα με ξυπνήσεις, αν μάθεις κάτι; – Ναι, αμέσως.

Γ. *Να συμπληρώσετε τα κενά με τα ρήματα* **φταίω, καίω, κλαίω, ακούω**
   στον κατάλληλο τύπο.

1. Εσύ .... που έσπασε το τζάμι.
2. Ξέχασες να σβήσεις το φως, και .... όλο το βράδυ.
3. Πρόσεχε μην .... το χέρι σου.
4. Γιατί ....; Ποιος σε μάλωσε; – Ο μπαμπάς.
5. Δε μίλησε, γιατί ήξερε ότι ....
6. .... πολύ, όταν πέθανε η γιαγιά μου.
7. Τι έπαθες; Σε .... που .... όλο το βράδυ.

Ιδιωτισμοί – Εκφράσεις

ελεύθερος ≠ σκλαβωμένος
παντρεμένος
απασχολημένος
πιασμένος (κατειλημμένος)

Κάνει καλή παρέα.
Πάμε παρέα σινεμά;
Με ποιους κάνεις παρέα;

Η ατμόσφαιρα είναι μολυσμένη
Η ζεστή ατμόσφαιρα της οικογένειας.

Μου κάνουν το τραπέζι.

Μια δίκη

Πριν από λίγο καιρό έτυχε να παρακολουθήσω μια συνταρακτική δίκη σχετικά με ένα έγκλημα. Μου έκανε ιδιαίτερη εντύπωση η στάση του κατηγορουμένου, ο οποίος κατά τη διάρκεια της δίκης έμενε απαθής. Ήταν η τελευταία και η πιο σημαντική μέρα της δίκης. Πώς θα τελείωνε άραγε;

Μπαίνοντας στην αίθουσα του δικαστικού μεγάρου ο κατηγορούμενος τα είχε χαμένα. Προχωρώντας ανάμεσα στους δύο αστυνομικούς που τον συνόδευαν, δεν κοίταζε καν γύρω του. Μόνο τη στιγμή που κάθισε στο εδώλιο, ρώτησε τι ώρα ήταν. Μπήκαν οι ένορκοι, η υπεράσπιση, ο εισαγγελέας, οι δικαστές, και η δίκη άρχισε. Με την εξέταση των μαρτύρων η ώρα πέρασε πολύ γρήγορα. Έφτασε το μεσημέρι και η αγωνία μεγάλωνε. Ο κατηγορούμενος δεν έλεγε τίποτα. Καθόταν σιωπηλός κοιτάζοντας μπροστά του με βλέμμα απλανές. Όταν έφτασε η ώρα της απολογίας του, δεν είπε ούτε μια λέξη. Μάταια η υπεράσπιση τον πίεζε να μιλήσει. Έφτασε και η μεγάλη στιγμή της απόφασης. Το δικαστήριο έκρινε τον κατηγορούμενο «ένοχο». Μόνο τη στιγμή εκείνη ο κατηγορούμενος, λες και κατάλαβε τι συνέβαινε, έπεσε στο κάθισμά του κλαίγοντας σιωπηλά.

Είναι γλυκιά η ζωή

Α — Τελικά τι έγινε με τη δίκη;

Β — Δεν το έμαθες; Τον καταδίκασαν σε ισόβια. Όλοι πίστευαν πως η ποινή του θα ήταν θάνατος, όμως το δικαστήριο ήταν πολύ επιεικές.

Α — Δε νομίζω πως, αν ήμουν στη θέση του κατηγορουμένου, θα προτιμούσα ισόβια. Είναι απάνθρωπο να ζει κανείς ως την τελευταία του στιγμή μέσα στη φυλακή.

Β — Μπορεί να είναι απάνθρωπο, όμως πάντα υπάρχει η ελπίδα να του δώσουν χάρη. Είναι γλυκιά η ζωή, φίλε μου, ακόμα και στη φυλακή.

Μετοχή ενεργητικής φωνής (επίρρημα)

Ο Κώστας διαβάζει εφημερίδα καπνίζ**οντας** το τσιγάρο του.
Τα παιδιά περπατούν τραγουδ**ώντας.**
Ο Παύλος έφυγε τρέχ**οντας.**
Ρωτ**ώντας** μαθαίνει κανείς πολλά πράγματα.
Λέγ**οντας** αυτά, άνοιξε την πόρτα και έφυγε.
Μην έχ**οντας** πια χρήματα, γύρισε στην πατρίδα του.
Θέλ**οντας** και μη, ήρθε μαζί μας.

παίζ-οντας **αλλά** τραγουδ-ώντας	μη(ν) + θέμα ενεστώτα + $\begin{cases} \textbf{-οντας} \\ \textbf{-ώντας} \end{cases}$

Η μετοχή δείχνει μια πράξη στο παρελθόν, στο παρόν ή στο μέλλον και συμφωνεί χρονικά με το ρήμα. Έχει πάντοτε σχεδόν το ίδιο υποκείμενο με το ρήμα. Μπορεί να έχει και αντικείμενο.
Εξηγεί τι κάνει το υποκείμενο του ρήματος· **πώς** το κάνει, **πότε** το κάνει, **γιατί** το κάνει, **αν** το κάνει.

α) πώς το κάνει: Ήρθε από τη δουλειά του **τρέχοντας.**
                         Τον χαιρετούν **κουνώντας** τα μαντίλια τους.

β) πότε το κάνει: Τον συνάντησα χθες το βράδυ, **γυρίζοντας** στο σπίτι.
                         Ανοίγοντας την πόρτα, την είδα μπροστά μου.

γ) γιατί το κάνει: Μη **βρίσκοντας** το λεξικό μου, πήρα του αδελφού μου.
                         Μην **έχοντας** τι να πει, σώπασε.

δ) αν το κάνει: Θα το βρεις, **ανοίγοντας** το πρώτο ντουλάπι.

Κάνοντας μερικές οικονομίες, θα μπορέσεις να πας διακοπές το καλοκαίρι.

Μετοχή με αντικείμενο αντωνυμία

Μιλώντας **στο δάσκαλό της** κοκκίνισε.
Μιλώντας **του** κοκκίνισε.

Βλέποντας **αυτές τις κοπέλες** νομίζεις ότι είναι Ελληνίδες, αλλά ακούγοντάς **τες** να μιλούν καταλαβαίνεις ότι είναι ξένες.

Ρωτώντας τον, βρήκε το δρόμο.
Ρωτώντας, τον βρήκε στο καφενείο.
Ρωτώντας τον τον κοίταζε στα μάτια.

Σπρώχνοντάς τον, έβγαλε έξω κι αυτόν και τους φίλους του.
Σπρώχνοντας, τον έβγαλε έξω.
Σπρώχνοντάς τον τον έβγαλε έξω.

ΑΣΚΗΣΗ

Να συμπληρώσετε τα κενά με τις μετοχές των παρακάτω ρημάτων:

έχω, μπορώ, περπατώ, φτάνω, διαβάζω, πίνω, μπαίνω, μιλώ, ακούω, τραγουδώ, βλέπω

1. Πέρασαν όλο το απόγευμα ....
2. .... στο δρόμο, ξαφνικά, ακούσαμε μια φωνή πίσω μας.
3. Της αρέσει να διαβάζει .... μουσική.
4. Ο πατέρας διαβάζει εφημερίδα, ... τον καφέ του.
5. Μην .... τι να κάνει, πήγε για ύπνο.
6. .... στο σταθμό, άκουσαν το σφύριγμα του τρένου.
7. .... στο δωμάτιο, άναψε το φως.
8. Μη .... κανένα φίλο του εκεί, έφυγε.
9. Οι φίλοι πέρασαν το απόγευμά τους, ... και ....
10. Μην .... να απαντήσει, κοκκίνισε.

Ιδιωτισμοί – Εκφράσεις

αθώος ≠ ένοχος

το έγκλημα

ο φόνος

το θύμα, ο δολοφόνος

ο μάρτυρας κατηγορίας

ο αυτόπτης μάρτυρας

η πολιτική αγωγή

σιωπηρά, σιωπηλά

Κάναμε μια σιωπηρή συμφωνία.

σιωπηρός, -ή, -ό

Τι σου συμβαίνει και κάθεσαι έτσι σιωπηλός;

σιωπηλός, -ή, -ό

Χάνω το βιβλίο μου.

Χάνω το κέφι μου.

Χάνω τη δίκη.

Χάνω το τρένο.

Χάνω το παιχνίδι.

Χάνω το δρόμο.

Χάνω την ώρα μου.

Τα χάνω.

Τα έχω χαμένα.

Τα μέσα συγκοινωνίας άλλοτε και τώρα

Σήμερα οι ανάγκες της ζωής έγιναν περισσότερες. Ο άνθρωπος έγινε πολυάσχολος, ταξιδεύει συχνότερα και έρχεται σε επαφή με ανθρώπους που ζουν στα πιο μακρινά μέρη της γης. Σ' αυτό τον βοηθούν και τα μέσα συγκοινωνίας, που κι αυτά εξελίχτηκαν, έγιναν ταχύτερα και ανετότερα. Θυμηθείτε πώς ήταν τα πράγματα παλιά! Φέρτε στο μυαλό σας, το τρένο του 1900. Πολλά βαγόνια, μαύρος, καπνός, μηχανή με κάρβουνα.

Το αυτοκίνητο της εποχής εκείνης είχε άλλο σχήμα. Σκεφτείτε ότι σήμερα ένα τέτοιο αυτοκίνητο ονομάζεται αντίκα. Και στη θάλασσα τα πράγματα δεν ήταν διαφορετικά. Δεν υπήρχαν ούτε φέρι–μποτ, ούτε υπερωκεάνια. Ένα ταξίδι από το ένα ημισφαίριο της γης στο άλλο διαρκούσε ολόκληρους μήνες ή και χρόνο, με τα ιστιοφόρα που περίμεναν το φύσημα του αέρα για να ξεκινήσουν και πολλές φορές χάνονταν στο πέλαγος.

Αεροπλάνο δεν υπήρχε. Διάβασα κάποτε πόσο τρόμαξαν οι άνθρωποι όταν το είδαν για πρώτη φορά. Ήταν ένα πελώριο σιδερένιο πουλί, που έβγαζε ένα δυνατό, άγριο ήχο. Πέρασε πολύς καιρός, ώσπου να συνηθίσουν να ταξιδεύουν μ' αυτό.

Στην εποχή μας οι επιστήμες προχωρούν με ασύλληπτο ρυθμό. Η ηλεκτρονική τεχνολογία, οι υπολογιστές, η τηλεόραση, τα κινητά τηλέφωνα, τα αυτοκίνητα..., έχουν κυριεύσει τη ζωή μας και η ιατρική μάς υπόσχεται μακροζωία, χωρίς αρρώστιες.

Και στο διάστημα, όμως, έχει χαθεί το πρώτο μυστήριο. Σε λίγο θα αρχίσουμε να ταξιδεύουμε στη Σελήνη με τα διαστημικά λεωφορεία, και το ταξίδι θα μας φαίνεται τόσο απλό όσο ένα ταξίδι με τρένο το 1900.

Παθητική φωνή

Ρήματα σε -ομαι, -ιέμαι, -ούμαι*

Οριστική		
Ενεστώτας	**Παρατατικός**	**Αόριστος**
ντύν-ομαι	ντυν-όμουν	ντύθ-ηκα
ντύν-εσαι	ντυν-όσουν	ντύθ-ηκες
ντύν-εται	ντυν-όταν	ντύθ-ηκε
ντυν-όμαστε	ντυν-όμασταν	ντυθ-ήκαμε
ντύν-εστε	ντυν-όσασταν	ντυθ-ήκατε
ντύν-ονται	ντύν-ονταν	ντύθ-ηκαν

Μέλλοντας	
Συνεχής	**Απλός**
θα ντύν-ομαι	θα ντυθ-ώ
θα ντύν-εσαι	θα ντυθ-είς
θα ντύν-εται	θα ντυθ-εί
θα ντυν-όμαστε	θα ντυθ-ούμε
θα ντύν-εστε	θα ντυθ-είτε
θα ντύν-ονται	θα ντυθ-ούν

Παρακείμενος		Υπερσυντέλικος		Συντελεσμένος Μέλλοντας	
έχω	ντυθ-εί	είχα	ντυθ-εί	θα έχω	ντυθ-εί
έχεις	ντυθ-εί	είχες	ντυθ-εί	θα έχεις	ντυθ-εί
έχει	ντυθ-εί	είχε	ντυθ-εί	θα έχει	ντυθ-εί
έχουμε	ντυθ-εί	είχαμε	ντυθ-εί	θα έχουμε	ντυθ-εί
έχετε	ντυθ-εί	είχατε	ντυθ-εί	θα έχετε	ντυθ-εί
έχουν	ντυθ-εί	είχαν	ντυθ-εί	θα έχουν	ντυθ-εί

---

* Σημείωση: Η κλίση των ρημάτων σε -ιέμαι και σε -ούμαι βρίσκεται στο 33° μάθημα.

Υποτακτική	
Συνεχής	**Απλή**
να ντύν-ομαι	να ντυθ-ώ
να ντύν-εσαι	να ντυθ-είς
να ντύν-εται	να ντυθ-εί
να ντυν-όμαστε	να ντυθ-ούμε
να ντύν-εστε	να ντυθ-είτε
να ντύν-ονται	να ντυθ-ούν
Προστακτική	
Συνεχής	**Απλή**
—— να ντύν-εσαι	ντύσ-ου ή να ντυθ-είς
—— να ντύν-εστε	ντυθ-είτε ή ντυθ-είτε

Δυνητική	Ευχετική	Μετοχή
θα ντυ-νόμουν	να ντυ-νόμουν	ο ντυ-μένος
θα ντυν-όσουν	να ντυν-όσουν	η ντυ-μένη
θα ντυν-όταν	να ντυν-όταν	το ντυ-μένο
θα ντυν-όμασταν	να ντυν-όμασταν	
θα ντυν-όσασταν	να ντυν-όσασταν	
θα ντύν-ονταν	να ντύν-ονταν	

Παρατηρήσεις

Α. Ο παρατατικός, η δυνητική και η ευχετική μπορούν να είναι και:

(θα) (να) ντυν-όμουν(α)   (θα) (να) ντυν-όμαστε

(θα) (να) ντυν-όσουν(α)   (θα) (να) ντυν-όσαστε

(θα) (να) ντυν-όταν(ε)   (θα) (να) ντύν-ονταν

Β. Ο χαρακτήρας και το θέμα του αορίστου και της μετοχής της παθητικής φωνής:

1. α) δένω   έδε-σα   δέ-θηκα   δε-μένος, -η, -ο

   λύνω   έλυ-σα   λύ-θηκα   λυ-μένος, -η, -ο

   ντύνω   έντυ-σα   ντύ-θηκα   ντυ-μένος, -η, -ο

   πληρώνω   πλήρω-σα   πληρώ-θηκα   πληρω-μένος, -η, -ο

   Τα ρήματα σε **-νομαι** σχηματίζουν τον αόριστο σε **-θηκα** εκτός από τα ρήματα **πιάνομαι, κλείνομαι, σβήνομαι** που σχηματίζουν τον αόριστο σε **-στηκα**.

β) ετοιμάζω   ετοίμα-σα   ετοιμά-στηκα   ετοιμα-σμένος, -η, -ο
   κλείνω   έκλει-σα   κλεί-στηκα   κλει-σμένος, -η, -ο
   λούζω   έλου-σα   λού-στηκα   λου-σμένος, -η, -ο
   πείθω   έπει-σα   πεί-στηκα   πει-σμένος, -η, -ο
   πιάνω   έπια-σα   πιά-στηκα   πια-σμένος, -η, -ο
   σβήνω   έσβη-σα   σβή-στηκα   σβη-σμένος, -η, -ο
   χτενίζω   χτένι-σα   χτενί-στηκα   χτενι-σμένος, -η, -ο

Τα ρήματα σε **-ζομαι** (αόριστος ενεργητικής -σα) σχηματίζουν τον αόριστο σε **-στηκα**.

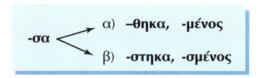

2. αλλάζω   άλλα-ξα   αλλά-χτηκα   αλλα-γμένος, -η, -ο
   ανοίγω   άνοι-ξα   ανοί-χτηκα   ανοι-γμένος, -η, -ο
   αρπάζω   άρπα-ξα   αρπά-χτηκα   αρπα-γμένος, -η, -ο
   διώχνω   έδιω-ξα   διώ-χτηκα   διω-γμένος, -η, -ο
   (εξελίσσω)   (εξέλι-ξα)   εξελί-χτηκα   εξελι-γμένος, -η, -ο
   μπλέκω   έμπλε-ξα   μπλέ-χτηκα   μπλε-γμένος, -η, -ο
   παίζω   έπαι-ξα   παί-χτηκα   παι-γμένος, -η, -ο
   πλέκω   έπλε-ξα   πλέ-χτηκα   πλε-γμένος, -η, -ο
   στηρίζω   στήρι-ξα   στηρί-χτηκα   στηρι-γμένος, -η, -ο
   σφίγγω   έσφι-ξα   σφί-χτηκα   σφι-γμένος, -η, -ο
   τραντάζω   τράντα-ξα   τραντά-χτηκα   τραντα-γμένος, -η, -ο

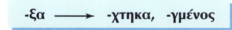

3. ανάβω   άνα-ψα   ανά-φτηκα   ανα-μμένος, -η, -ο
   γράφω   έγρα-ψα   γρά-φτηκα   γρα-μμένος, -η, -ο
   εγκαταλείπω   εγκατάλει-ψα   εγκαταλεί-φτηκα   (εγκαταλει-μμένος, -η, -ο)
                                                     (εγκαταλελει-μμένος, -η, -ο)

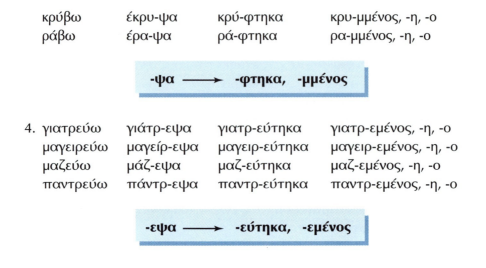

κρύβω   έκρυ-ψα   κρύ-φτηκα   κρυ-μμένος, -η, -ο
ράβω   έρα-ψα   ρά-φτηκα   ρα-μμένος, -η, -ο

-ψα ⟶ -φτηκα, -μμένος

4. γιατρεύω   γιάτρ-εψα   γιατρ-εύτηκα   γιατρ-εμένος, -η, -ο
   μαγειρεύω   μαγείρ-εψα   μαγειρ-εύτηκα   μαγειρ-εμένος, -η, -ο
   μαζεύω   μάζ-εψα   μαζ-εύτηκα   μαζ-εμένος, -η, -ο
   παντρεύω   πάντρ-εψα   παντρ-εύτηκα   παντρ-εμένος, -η, -ο

-εψα ⟶ -εύτηκα, -εμένος

Γ. Η προστακτική της παθητικής φωνής.

1. Σ υ ν ε χ ή ς   π ρ ο σ τ α κ τ ι κ ή

   Η συνεχής προστακτική υπάρχει μόνο ως τύπος (καταλήξεις: -ου, -εστε), αλλά δε χρησιμοποιείται. Στη θέση της χρησιμοποιείται η συνεχής υποτακτική.

θέμα ενεστώτα			
παθητικής φωνής + -ου	(χτενίζ-ου)		να χτενίζεσαι
θέμα ενεστώτα			
παθητικής φωνής + -εστε	(χτενίζ-εστε)		να χτενίζεστε

2. Α π λ ή   π ρ ο σ τ α κ τ ι κ ή

   Το δεύτερο ενικό πρόσωπο της απλής προστακτικής σχηματίζεται από το θέμα του αορίστου της ενεργητικής φωνής και την κατάληξη **-ου**.
   Το δεύτερο πληθυντικό πρόσωπο της απλής προστακτικής σχηματίζεται κανονικά από το θέμα του αορίστου της παθητικής φωνής και την κατάληξη **-είτε**.

θέμα αορίστου			
ενεργητικής φωνής + -ου	χτενίσ-ου	ή	να χτενιστείς
θέμα αορίστου			
παθητικής φωνής + -είτε	χτενιστ-είτε	ή	να χτενιστείτε

Ενεστώτας		Θέμα αορίστου		Προστακτική Παθητικής φωνής	
Εν. φωνή	Παθ. φωνή	Εν. φωνή	Παθ. φωνή	Εν. φωνή	Παθ. φωνή
γράφω	γράφομαι	γραψ-	γραφτ-	γράψου	γραφτείτε
δανείζω	δανείζομαι	δανεισ-	δανειστ-	δανείσου	δανειστείτε
διορθώνω	διορθώνομαι	διορθωσ-	διορθωθ-	διορθώσου	διορθωθείτε
ντύνω	ντύνομαι	ντυσ-	ντυθ-	ντύσου	ντυθείτε
σηκώνω	σηκώνομαι	σηκωσ-	σηκωθ-	**σήκω**	σηκωθείτε
ξυρίζω	ξυρίζομαι	ξυρισ-	ξυριστ-	ξυρίσου	ξυριστείτε
σκουπίζω	σκουπίζομαι	σκουπισ-	σκουπιστ-	σκουπίσου	σκουπιστείτε
στηρίζω	στηρίζομαι	στηριξ-	στηριχτ-	στηρίξου	στηριχτείτε
χτενίζω	χτενίζομαι	χτενισ-	χτενιστ-	χτενίσου	χτενιστείτε

Ρήματα σε -ομαι, -ιέμαι, -ούμαι

1. Παθητικά ρήματα
   Αυτό το σπίτι δεν **κατοικείται.**

2. (α) Μέσα αυτοπαθή ρήματα
       Ένα λεπτό **να χτενιστώ,** και φύγαμε.

   (β) Μέσα αλληλοπαθή ρήματα
       Μάλωσαν με τον Κώστα και δε **μιλιούνται** πια.

3. Ουδέτερα ρήματα
   Κάθεται πάντα στην πρώτη σειρά.

4. Αποθετικά ρήματα
   Αισθάνομαι πολύ άσχημα.

ΑΣΚΗΣΗ

Να συμπληρώσετε τα κενά της ιστορίας με τα παρακάτω ρήματα στο σωστό τύπο:

βιάζομαι, ακούγομαι, χτίζομαι, κλείνομαι, ετοιμάζομαι, πιάνομαι, αναγκάζομαι, στέκομαι.

Το σπίτι του Μάνου είναι παλιό. Όταν .... δεν είχε ασανσέρ, και πολύ αργότερα έβαλαν ένα μικρό για δύο μόνο άτομα. Χθες αργά το βράδυ .... να μπούμε στο ασανσέρ μαζί με τον Ηλία, όταν ήρθε και η Αντιγόνη και μας είπε ότι .... να προφτάσει το τελευταίο λεωφορείο. Έτσι, μπήκαμε και οι τρεις μαζί.

Η Αντιγόνη που .... άκρη άκρη, δεν πρόσεξε ότι η φούστα της .... στην πόρτα και έτσι, μόλις ξεκίνησε το ασανσέρ, ... ένας θόρυβος. Η φούστα της Αντιγόνης σκίστηκε και το ασανσέρ σταμάτησε.

Αρχίσαμε να φωνάζουμε ότι ...., και όλοι έτρεξαν να βοηθήσουν. Όμως .... να περιμένουμε δυο ώρες, ώσπου νά 'ρθει το 100 και να μας βγάλει.

Ιδιωτισμοί – Εκφράσεις

ο, η αεροσυνοδός   ο, η, πιλότος
ο κυβερνήτης του σκάφους
το αεροσκάφος
καθυστέρηση μιας ώρας
η άφιξη ≠ η αναχώρηση
ο σιδηροδρομικός σταθμός
οι σιδηροδρομικές γραμμές
η ταχεία, η αυτοκινητάμαξα
η υπερταχεία, η αμαξοστοιχία
ο επιβάτης

Βγάζω φωτογραφία
Βγάζω ένα μαθητή έξω.
Βγάζω δόντια.
Βγάζω σπυριά.
Βγάζω λεφτά.
Βγάζω το ψωμί μου.
Τα βγάζω πέρα.

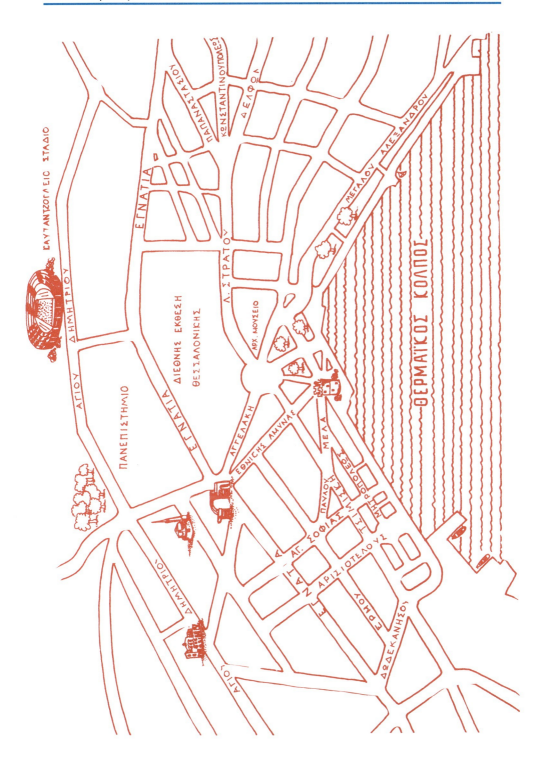

Η Θεσσαλονίκη

Χτισμένη από το βασιλιά Κάσσανδρο στο τέλος του 4ου π.Χ. αιώνα, η Θεσσαλονίκη είναι σήμερα η δεύτερη σε πληθυσμό πόλη της Ελλάδας και μια από τις αρχαιότερες πόλεις της Ευρώπης. Απλώνεται σε μήκος δώδεκα περίπου χιλιομέτρων στο ανατολικό τμήμα της παραλίας του Θερμαϊκού ως τους πρόποδες σχεδόν του Χορτιάτη. Στα χρόνια της κυριαρχίας των Ρωμαίων ήταν η σπουδαιότερη πόλη της Μακεδονίας. Όταν στα μέσα του 1ου μ.Χ. αιώνα ο Απόστολος Παύλος ήρθε για πρώτη φορά στην Ευρώπη από την Ασία, επισκέφτηκε τη Θεσσαλονίκη και κήρυξε εδώ τη νέα θρησκεία.

Στα βυζαντινά χρόνια ήταν το δεύτερο, μετά την Κωνσταντινούπολη, πνευματικό και καλλιτεχνικό κέντρο της αυτοκρατορίας. Το 15ο αιώνα κατακτήθηκε από τους Τούρκους. Απελευθερώθηκε το 1912 από τον ελληνικό στρατό.

Τα μόνα σημάδια από το πέρασμα των κατακτητών είναι ορισμένα κάστρα και μερικά άλλα μνημεία. Το πλήθος των βυζαντινών εκκλησιών φέρνει στο νου μας την ακμή της Θεσσαλονίκης στα χρόνια της βυζαντινής αυτοκρατορίας, τότε που ήταν πλούσια, δοξασμένη, περήφανη και αήττητη· τότε που ο πολιούχος της, ο Άγιος Δημήτριος, καλπάζοντας γύρω από τα κάστρα της, την προστάτευε και έδιωχνε τους εχθρούς της, που την πολιορκούσαν.

Σήμερα η Θεσσαλονίκη μεγαλώνει πολύ γοργά. Έχει γίνει το εμπορικό, βιομηχανικό και πνευματικό κέντρο της Βόρειας Ελλάδας. Είναι μια μεγάλη πόλη γεμάτη κίνηση και ζωή.

Παθητικά ρήματα

Ο υπάλληλος **πληρώνεται** από τον ταμία.
Η Θεσσαλονίκη **απελευθερώθηκε** το 1912 από τον ελληνικό στρατό.
Η γη **φωτίζεται** από τον ήλιο.
Η αίτηση **υπογράφτηκε** από το διευθυντή.

Παθητικά ρήματα ⟶ Το υποκείμενο παθαίνει κάτι

Οριστική	Ενεργητικός τύπος	Παθητικός τύπος
Ενεστώτας:	**πληρώνω:** (Εγώ) πληρώνω τους υπαλλήλους.	**πληρώνομαι:** Οι υπάλληλοι πληρώνονται (από μένα).
Παρατατικός:	**πλήρωνα:** (Εγώ) πλήρωνα τους υπαλλήλους.	**πληρωνόμουν:** Οι υπάλληλοι πληρώνονταν (από μένα).
Αόριστος:	**πλήρωσα:** (Εγώ) πλήρωσα τους υπαλλήλους.	**πληρώθηκα:** Οι υπάλληλοι πληρώθηκαν (από μένα).
Μέλλοντας συνεχής:	**θα πληρώνω:** (Εγώ) θα πληρώνω τους υπαλλήλους.	**θα πληρώνομαι:** Οι υπάλληλοι θα πληρώνονται (από μένα).
Μέλλοντας απλός:	**θα πληρώσω:** (Εγώ) θα πληρώσω τους υπαλλήλους.	**θα πληρωθώ:** Οι υπάλληλοι θα πληρωθούν (από μένα).

Παρακείμενος:	**έχω πληρώσει:** (Εγώ) έχω πληρώσει τους υπαλλήλους.	**έχω πληρωθεί:** Οι υπάλληλοι έχουν πληρωθεί (από μένα).
Υπερσυντέλικος:	**είχα πληρώσει:** (Εγώ) είχα πληρώσει τους υπαλλήλους.	**είχα πληρωθεί:** Οι υπάλληλοι είχαν πληρωθεί (από μένα).
Μέλλοντας συντελεσμένος:	**θα έχω πληρώσει:** (Εγώ) θα έχω πληρώσει τους υ-παλλήλους.	**θα έχω πληρωθεί:** Οι υπάλλη-λοι θα έχουν πληρωθεί (από μέ-να).

Υποτακτική

Συνεχής:	**να πληρώνω:** Πρέπει να πληρώνω τους υπαλλήλους τακτικά.	**να πληρώνομαι:** Οι υπάλληλοι πρέπει να πληρώνονται (από μένα) τακτικά.
Απλή:	**να πληρώσω:** Πρέπει να πληρώσω τους υπαλλήλους.	**να πληρωθώ:** Οι υπάλληλοι πρέπει να πληρωθούν (από μένα).
Δυνητική:	**θα πλήρωνα:** Θα πλήρωνα καλύτερα τους υπαλλήλους, αν είχα περισσότερα χρήματα.	**θα πληρωνόμουν:** Οι υπάλλη-λοι θα πληρώνονταν καλύτερα, αν είχα περισσότερα χρήματα.
Ευχετική:	**να πλήρωνα:** Θα ήθελα να πλήρωνα καλύτερα τους υπαλλήλους.	**να πληρωνόμουν:** Θα ήθελα να πληρώνονταν καλύτερα οι υπάλληλοι.

Μετατροπή από τον ενεργητικό στον παθητικό τύπο

1. **Η βροχή** —— πλένει —— **το δρόμο.**

    Ο δρόμος —— πλένεται —— **από τη βροχή.**

2. **Ο δάσκαλος** —— διορθώνει —— **την έκθεση.**

    Η έκθεση —— διορθώνεται —— **από το δάσκαλο.**

3. **Ο γραμματέας** —— ετοιμάζει —— **το γράμμα.**

    Το γράμμα —— ετοιμάζεται —— **από το γραμματέα.**

Ενεργητικός τύπος: υποκείμενο + ρήμα + αντικείμενο

Παθητικός τύπος: υποκείμενο + ρήμα + ποιητικό αίτιο
                                                      (από + αιτιατική)
                                       σπάνια   (με + αιτιατική)

1. Το αντικείμενο του ενεργητικού τύπου γίνεται υποκείμενο του παθητι-
   κού τύπου **πάντοτε** σε ονομαστική.

   π.χ.   Ο ήλιος φωτίζει **τη γη**.
           Η γη φωτίζεται από τον ήλιο.

2. Αλλάζουμε το ρήμα από την ενεργητική φωνή στην παθητική φωνή.
   Προσοχή: στον ίδιο χρόνο με το ρήμα της ενεργητικής φωνής.
   Ο **αριθμός** και το **πρόσωπο** του ρήματος εξαρτώνται από τον αριθμό
   και το πρόσωπο του αντικειμένου του ενεργητικού τύπου που γίνεται
   υποκείμενο του παθητικού.

   π.χ.   (α) Η κοπέλα **πλένει** το ποτήρι.
                Το ποτήρι **πλένεται** από την κοπέλα.

           Τα δύο ρήματα είναι στον ίδιο χρόνο   : ενεστώτα
                                στον ίδιο αριθμό   : ενικό
                                στο ίδιο πρόσωπο   : τρίτο

           (β) Η κοπέλα **πλένει** τα ρούχα.
                Το ρούχα **πλένονται** από την κοπέλα.

           Τα δύο ρήματα είναι στον ίδιο χρόνο   : ενεστώτα
                                σε άλλον αριθμό   : ενικός–πληθυντικός
                                στο ίδιο πρόσωπο   : τρίτο

           (γ) (Εσύ) **πλένεις** τα ρούχα.
                Το ρούχα **πλένονται** από σένα.

           Τα δύο ρήματα είναι στον ίδιο χρόνο   : ενεστώτα
                                σε άλλον αριθμό   : ενικός–πληθυντικός
                                σε άλλο πρόσωπο   : δεύτερο–τρίτο

3. Το υποκείμενο του ενεργητικού τύπου (ονομαστική) μετατρέπεται σε
   αιτιατική. Μπαίνει **πάντοτε** μετά την πρόθεση **από** και σπάνια μετά
   την πρόθεση **με**.

από, με + αιτιατική (ουσιαστικού ή αντωνυμίας) ⟶ ποιητικό αίτιο

Το ποιητικό αίτιο στον παθητικό τύπο μάς δείχνει από ποιον γίνεται η πράξη που δηλώνει το ρήμα.

Παράδειγμα:

(α) Ο **Γιώργος** θα δανείσει χίλια ευρώ στον Πέτρο.
Ο Πέτρος θα δανειστεί χίλια ευρώ **από το Γιώργο**.

(β) **Οι κάτοικοι** εγκατέλειψαν το χωριό.
Το χωριό εγκαταλείφτηκε **από τους κατοίκους**.

(γ) **Χιόνι** σκέπασε τα βουνά.
Τα βουνά σκεπάστηκαν **με χιόνι**.

(δ) Με έπεισαν **τα επιχειρήματά του.**
Πείστηκα **με τα επιχειρήματά του.**

Παρατηρήσεις

1. Η δουλειά **με** κουράζει.
    (Εγώ) κουράζομαι από τη δουλειά.
    Ο ταμίας **τούς** πληρώνει.
    (Αυτοί) πληρώνονται από τον ταμία.
    Εγώ **τις** διόρθωσα τις ασκήσεις και όχι ο Γιώργος.
    (Αυτές) διορθώθηκαν από μένα και όχι από το Γιώργο.

2. Δε **μου** έστειλαν **καμιά πρόσκληση.**
    Δε **μου** στάλθηκε **καμιά πρόσκληση.**
    ή Δε στάλθηκε **καμιά πρόσκληση σ' εμένα.**
    Τους έδωσαν **άδεια** να φύγουν.
    Τους δόθηκε **άδεια** να φύγουν.
    Δόθηκε **άδεια σ' αυτούς** να φύγουν.

    αλλά

    Του δάνεισα **ένα βιβλίο.**
    (Αυτός) δανείστηκε **ένα βιβλίο** από μένα.

3. **Ποιος** έπλυνε τα πιάτα;
    Από ποιον πλύθηκαν τα πιάτα;

    Τον θεωρούν **μεγάλο γιατρό.**
    Θεωρείται **μεγάλος γιατρός.**

Το δικαστήριο τον έκρινε **ένοχο.**
Κρίθηκε **ένοχος** από το δικαστήριο.

Τον διόρισαν **διευθυντή** στο Υπουργείο Παιδείας.
Διορίστηκε **διευθυντής** στο Υπουργείο Παιδείας.

Οι γείτονες τον βρήκαν **νεκρό.**
Βρέθηκε **νεκρός** από τους γείτονες.

Μετοχή παθητικού παρακειμένου (επίθετο)

Κοίταξέ τον. Κάθεται με τα χέρια **σταυρωμένα** και δεν κάνει τίποτα!
Ο Λάμπρος **τρομαγμένος** φώναξε: «βοήθεια!»
Ο θησαυρός έμεινε **κρυμμένος** για πολλά χρόνια.
Τα **κουρασμένα** μάτια του έκλειναν από τη νύστα.
Τι ώρα θα έρθουν οι **καλεσμένοι;**
Για πρώτη φορά είδε **πεθαμένο** χθες.
«Ο **πνιγμένος** απ' τα μαλλιά του πιάνεται».
Ό,τι έγινε, έγινε. **Περασμένα, ξεχασμένα.**

Παραθετικά μετοχής

Δίπλα μας μένει μια **χαρούμενη** οικογένεια.
Σήμερα είμαι **πιο χαρούμενη** από χθες, γιατί πήρα γράμμα από τους γονείς μου.
Στην εκδρομή περάσαμε **τις πιο χαρούμενες** μέρες της ζωής μας.
Ο Πέτρος είναι **ο πιο καλλιεργημένος** άνθρωπος που γνώρισα ποτέ.
Ο φίλος μου είναι σήμερα **πιο στενοχωρεμένος** από κάθε άλλη φορά.
Η μητέρα είναι **πάρα πολύ κουρασμένη.**
Πολύ αλλαγμένος μου φαίνεται ύστερα από το ταξίδι του στο εξωτερικό.

Θετικός	Συγκριτικός
αλλαγμένος, -η, -ο	πιο αλλαγμένος, -η, -ο
καλλιεργημένος, -η, -ο	πιο καλλιεργημένος, -η, -ο
κουρασμένος, -η, -ο	πιο κουρασμένος, -η, -ο
στενοχωρεμένος, -η, -ο	πιο στενοχωρεμένος, -η, -ο
χαρούμενος, -η, -ο	πιο χαρούμενος, -η, -ο

Υπερθετικός	Απόλυτος Υπερθετικός
ο, η, το πιο αλλαγμένος, -η, -ο	(πάρα) πολύ αλλαγμένος, -η, -ο
ο, η, το πιο καλλιεργημένος, -η, -ο	πολύ καλλιεργημένος, -η, -ο
ο, η, το πιο κουρασμένος, -η, -ο	πολύ κουρασμένος, -η, -ο
ο, η, το πιο στενοχωρεμένος, -η, -ο	πολύ στενοχωρεμένος, -η, -ο
ο, η, το πιο χαρούμενος, -η, -ο	πολύ χαρούμενος, -η, -ο

Μετοχή και επίρρημα

Μου αρέσουν τα **χαρούμενα** παιδιά.
Τα παιδιά παίζουν **χαρούμενα.**

Με κοίταξε με **λυπημένα** μάτια.
Με κοίταξε **λυπημένα,** όταν άκουσε τα δυσάρεστα νέα.

Παραθετικά επιρρημάτων

Το παιδί παίζει **χαρούμενα** στον κήπο.
Το παιδί παίζει **πιο χαρούμενα**, όταν έχει παρέα.

Θετικός	Συγκριτικός	Απόλυτος Υπερθετικός
χαρούμενα	πιο χαρούμενα	(πάρα) πολύ χαρούμενα

Τα παραθετικά των επιθέτων και των επιρρημάτων που προέρχονται από μετοχές σχηματίζονται μόνο περιφραστικά.

Μετοχή παθητικού παρακειμένου από ενεργητικά ρήματα που δεν έχουν παθητική φωνή

αδυνατίζω	αδυνατισμένος, -η, -ο
θυμώνω	θυμωμένος, -η, -ο
κιτρινίζω	κιτρινισμένος, -η, -ο
κρυώνω	κρυωμένος, -η, -ο
λαχανιάζω	λαχανιασμένος, -η, -ο
νυστάζω	νυσταγμένος, -η, -ο
παγώνω	παγωμένος, -η, -ο
πετυχαίνω	πετυχημένος, -η, -ο
πέφτω	πεσμένος, -η, -ο
συννεφιάζω	συννεφιασμένος, -η, -ο
τελειώνω	τελειωμένος, -η, -ο
τρομάζω	τρομαγμένος, -η, -ο

Μερικά ανώμαλα παθητικά ρήματα

Ενεστώτας		Αόριστος		Μετοχή
Ενεργ. φωνή	Παθητ. φωνή	Ενεργ. φωνή	Παθητ. φωνή	Παθ. παρακειμένου
——	αισθάνομαι	——	αισθάνθηκα	——
απομακρύνω	απομακρύνομαι	απομάκρυνα	απομακρύνθηκα	απομακρυσμένος
μολύνω	μολύνομαι	μόλυνα	μολύνθηκα	μολυσμένος
αναβάλλω	αναβάλλομαι	ανέβαλα	αναβλήθηκα	——
αυξάνω	αυξάνομαι	αύξησα	αυξήθηκα	αυξημένος
βλέπω	βλέπομαι	είδα	ειδώθηκα	ιδωμένος
βρίσκω	βρίσκομαι	βρήκα	βρέθηκα	
δίνω	δίνομαι	έδωσα	δόθηκα	δοσμένος
καίω	καί(γ)ομαι	έκαψα	κάηκα	καμένος
καταστρέφω	καταστρέφομαι	κατέστρεψα	καταστράφηκα	κατεστραμμένος
κόβω	κόβομαι	έκοψα	κόπηκα	κομμένος
λέω	λέγομαι	είπα	ειπώθηκα	ειπωμένος
μαθαίνω	μαθαίνομαι	έμαθα	μαθεύτηκα	μαθημένος
μετατρέπω	μετατρέπομαι	μετέτρεψα	μετατράπηκα	
παίρνω	παίρνομαι	πήρα	πάρθηκα	παρμένος
πλένω	πλένομαι	έπλυνα	πλύθηκα	πλυμένος
προτείνω	προτείνομαι	πρότεινα	προτάθηκα	——
στέλνω	στέλνομαι	έστειλα	στάλθηκα	σταλμένος
τρώω	τρώγομαι	έφαγα	φαγώθηκα	φαγωμένος .

ΑΣΚΗΣΕΙΣ

Α. *Να μετατραπούν οι παρακάτω προτάσεις από τον ενεργητικό στον πα-*
θητικό τύπο:

1. Ο υπάλληλος του ταχυδρομείου θα σφραγίσει τον ταχυδρομικό σάκο.
2. Το κρύο μάς ανάγκασε να μη βγούμε έξω.
3. Το δικαστήριο τον καταδίκασε σε θάνατο.
4. Η βροχή θα μας δροσίσει.
5. Το χιόνι θα εμπόδιζε το ταξίδι μας, αλλά ευτυχώς οι δρόμοι άνοιξαν πριν ξεκινήσουμε.
6. Ο πόλεμος έχει ερημώσει την πόλη μας.
7. Τον πλήγωσε άσχημα μια εχθρική σφαίρα.

8. Ο ήλιος φωτίζει τη γη και το φεγγάρι.
9. Ο υπουργός θα διορίσει καινούριους υπαλλήλους.
10. Η τάξη μας θα οργανώσει μια γιορτή.
11. Πρέπει να περιορίσεις τα έξοδά σου.
12. Η κοινή δυστυχία ενώνει τους ανθρώπους.
13. Ένα αυτοκίνητο τον τραυμάτισε άσχημα.
14. Μας έχει υποχρεώσει με τις φροντίδες της.
15. Τα μικρόβια μολύνουν τις πληγές.
16. Δεν πίνουμε αυτό το νερό, γιατί δεν είναι καθαρό.
17. Κάποιος άγνωστος δηλητηρίασε το σκύλο μου.
18. Ο κανονισμός του νοσοκομείου απαγορεύει το κάπνισμα.
19. Ποιος πλήρωσε το λογαριασμό της ΔΕΗ; – Εγώ.
20. Τον υποχρέωσαν να πληρώσει τη ζημιά.

B. *Να μετατραπούν οι παρακάτω προτάσεις από τον παθητικό στον ε-*
   νεργητικό τύπο:

1. Ο φίλος μου κουράστηκε από την πολλή δουλειά.
2. Η εκδρομή έχει οργανωθεί από το διευθυντή του σχολείου μας.
3. Τα χωράφια θα ποτιστούν από τις βροχές το φθινόπωρο.
4. Δανείστηκα ένα εκατοστάρικο από τον αδελφό μου.
5. Οι δάσκαλοι πληρώνονται από το κράτος.
6. Τα φύλλα των δέντρων πλύθηκαν από τη βροχή.
7. Τα λιβάδια θα σκεπαστούν με πράσινο χόρτο την άνοιξη.
8. Αναγκάστηκα από την παγωνιά να μείνω σπίτι.
9. Κηρύχτηκε πόλεμος εντελώς ξαφνικά.
10. Με φωνές και κλάματα δε διορθώνεται η κατάσταση.
11. Διώχτηκε από τη δουλειά του.
12. Κάν' το προσεκτικά, γιατί διαφορετικά θα υποχρεωθείς να το ξα-
    νακάνεις.

Ιδιωτισμοί – Εκφράσεις

η νίκη ≠ η ήττα
ο νικητής, η νικήτρια ≠ νικημένος, -η, -ο, ηττημένος, -η, -ο

γερασμένος, -η, -ο ≠ αγέραστος, -η, -ο
τα γεράματα, τα γερατειά ≠ τα νιάτα, η νιότη
η νεολαία

Εικοστο Ενατο Μαθημα

Μια εκδρομή στον Όλυμπο

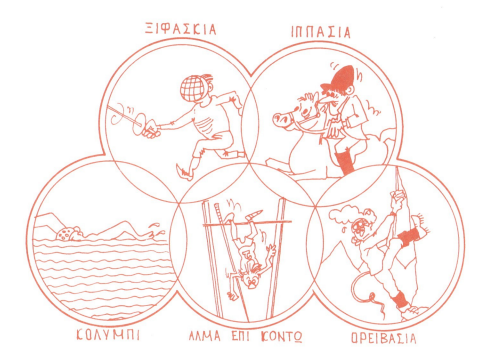

ΞΙΦΑΣΚΙΑ ΙΠΠΑΣΙΑ ΚΟΛΥΜΠΙ ΑΛΜΑ ΕΠΙ ΚΟΝΤΩ ΟΡΕΙΒΑΣΙΑ

Ήταν Απρίλιος, όταν αποφασίσαμε να ανεβούμε στην κορυφή του Ολύμπου. Ήμασταν μια κεφάτη παρέα, που αγαπούσε τις εκδρομές, το σκι, την ιστιοπλοΐα. Το χειμώνα ανεβαίναμε στο Σέλι κάθε σαββατοκύριακο και κάναμε σκι. Το καλοκαίρι περνούσαμε ώρες ατέλειωτες στη θάλασσα, πάνω σ' ένα μικρό, ανάλαφρο σκάφος. Την άνοιξη και το φθινόπωρο, τα ελληνικά βουνά αντηχούσαν από τις φωνές μας, καθώς σκαρφαλώναμε σ' αυτά.

Ξεκινήσαμε λοιπόν εκείνο το Σάββατο φορτωμένοι με σακίδια, κουβέρτες, σκηνές, μαγειρικά σκεύη. Μπήκαμε στο παλιό μας αυτοκίνητο, που βογκούσε με όλο αυτό το βάρος. Φτάσαμε στο Λιτόχωρο, κατεβήκαμε από

το αυτοκίνητο, φορτωθήκαμε τις αποσκευές μας και ξεκινήσαμε για το κα-
ταφύγιο. Σταματήσαμε για να ξεκουραστούμε εκεί και ύστερα πήραμε πά-
λι το δρόμο. Σε δύο ώρες είχαμε φτάσει στο μέρος όπου σκοπεύαμε να κα-
τασκηνώσουμε. Στήσαμε τις σκηνές και ετοιμάσαμε τη φωτιά. Ήταν πε-
ρίπου οκτώ το βράδυ. Ένας από μας πήγε να φέρει το σακίδιο με τα τρό-
φιμα και ξαφνικά τον ακούσαμε να φωνάζει. Τι είχε συμβεί; Πάνω στη βια-
σύνη μας είχαμε ξεχάσει το σακίδιο στο σπίτι, και κανείς δεν το είχε πάρει
είδηση.

Εκείνη τη νύχτα αναγκαστήκαμε να κοιμηθούμε με άδειο στομάχι. Και
από τότε, κάθε φορά που ετοιμαζόμασταν για εκδρομή, φροντίζαμε ιδι-
αίτερα να ελέγχουμε όλα μας τα πράγματα πριν ξεκινήσουμε. Δεν είναι κα-
θόλου ευχάριστο να περάσει κανείς μια ολόκληρη νύχτα στο βουνό, νη-
στικός, ύστερα από μια κοπιαστική πορεία.

Πρωινό ξύπνημα

Α — Τι ώρα σηκώνεσαι το πρωί, Κώστα;

Β — Συνήθως στις 7, γιατί στις 8 πρέπει να είμαι στο γραφείο μου.

Α — Και χρειάζεσαι μια ώρα για να ετοιμαστείς;

Β — Όχι και μια ώρα! Σε μισή ώρα ξυρίζομαι, πλένομαι, ντύνομαι και βρί-
σκομαι στη δουλειά. Θέλω όμως μισή ώρα περίπου για να φτάσω στη
δουλειά μου με το λεωφορείο.

Α — Εγώ ξυρίζομαι και κάνω μπάνιο το βράδυ κι έτσι σηκώνομαι αργότε-
ρα το πρωί. Εξάλλου, κάθομαι στο κέντρο και πηγαίνω στη δουλειά
μου σε πέντε λεπτά.

Μέσα ρήματα

Ο άντρας σου **ξυρίζεται** κάθε μέρα; – Όχι, μέρα παρά μέρα.

Λούζομαι μια φορά την εβδομάδα.

Ο Πέτρος **σηκώνεται** στις 7 κάθε πρωί.

Σε πόση ώρα **ετοιμάζεστε** για το γραφείο; – Σ' ένα τέταρτο.

Μετά το θάνατο του πατέρα του **φορτώθηκε** τα βάρη της οικογένειάς
του.

Μην **ανακατεύεσαι** στις ξένες δουλειές.

Αυτά τα παιδιά **γυμνάζονται** τακτικά.

> Μέσα ρήματα ⟶ Το υποκείμενο κάνει
> κάτι και δέχεται αυτή
> την ενέργεια

Χτενίζομαι πολλές φορές τη μέρα.

Ξεκουράζεσαι τα μεσημέρια; — Συνήθως ναι.

Σηκωνόταν στις 7, όταν εργαζόταν στο εργοστάσιο.

Τα παιδιά **κρύβονταν** κάθε φορά που έκαναν αταξίες.

Παρουσιάστηκες τόσο ξαφνικά, που τρομάξαμε.

Οπλίστηκε με θάρρος και υπομονή και ξεκίνησε.

Θα ντύνομαι πιο γρήγορα άλλη φορά.

Θα απομακρύνεστε κάθε φορά που η μπάλα θα έρχεται κοντά σας· είναι κανόνας αυτού του παιχνιδιού.

Θα κουραστείς, αν συνεχίσεις να δουλεύεις μ' αυτόν το ρυθμό.

Θα σκεπαστούμε με κουβέρτα, αν κρυώσουμε.

Έχεις χαθεί ποτέ σε ξένη πόλη; — Αρκετές φορές.

Ο ήλιος **έχει κρυφτεί** πίσω από το βουνό.

Είχα λουστεί, πριν φάω.

Είχε κλειστεί στο δωμάτιό του και δεν ήθελε να ανοίξει.

Όλα τα παιδιά **θα έχουν μαζευτεί** στην αυλή του σχολείου ως τις 5 το απόγευμα.

Σε πόση ώρα **θα έχετε ετοιμαστεί;** — Σε δέκα λεπτά.

Δεν πρέπει **να ανοίγεται** κανείς πολύ βαθιά, όταν δεν ξέρει καλό κολύμπι.

Προσπάθησε **να διορθωθείς,** παιδί μου.

Πρέπει **να δεθείτε** καλά στις θέσεις σας, πριν απογειωθεί το αεροπλάνο.

Να γυμνάζεσαι κάθε πρωί, Κώστα.

Να μην **αρπάζεσαι** τόσο εύκολα. Συγκράτησε τα νεύρα σου.

Ντύσου (να ντυθείς) γρήγορα.

Ετοιμαστείτε (να ετοιμαστείτε) αμέσως, γιατί φεύγουμε σε λίγο.

Θα χανόμουν σίγουρα, αν δε ρωτούσα τον αστυνομικό πού είναι το ξενοδοχείο μου.

Θα ντυνόσουν νωρίτερα, αν ήξερες ότι το θέατρο άρχιζε στις 8; — Μην γκρινιάζεις πάλι.

Μέσα ρήματα

Αόριστος				
-θηκα	**-στηκα**	**-χτηκα**	**-φτηκα**	**-εύτηκα**
γδύνομαι	βουρτσίζομαι	ανοίγομαι	βάφομαι	μαζεύομαι
δένομαι	γυμνάζομαι	αρπάζομαι	κρύβομαι	μπερδεύομαι
διορθώνομαι	εμφανίζομαι	μπλέκομαι		
λύνομαι	εξαφανίζομαι	στηρίζομαι		
ντύνομαι	ετοιμάζομαι	σφίγγομαι		
ξαπλώνομαι	καθαρίζομαι			
ξεντύνομαι	κουράζομαι			
σηκώνομαι	λούζομαι			
φέρομαι	ξεκουράζομαι			
χάνομαι	ξεσκεπάζομαι			
	ξυρίζομαι			
απομακρύνομαι	οπλίζομαι			
(απομακρύνθηκα)	παρουσιάζομαι			
	σκεπάζομαι			
πλένομαι	σκουπίζομαι			
(πλύθηκα)	στολίζομαι			
	χτενίζομαι			
	κλείνομαι			
	πιάνομαι			
	σβήνομαι			

Μεταβατικά ρήματα	Αμετάβατα ρήματα
ανεβάζω	ανεβαίνω
κατεβάζω	κατεβαίνω
βάζω	μπαίνω
βγάζω	βγαίνω

Ανέβασε το παιδί στην καρέκλα, γιατί θέλει να βλέπει έξω.

Κατέβασε το κεφάλι της και δεν είπε τίποτα.

Να βάζεις πάντα τα φαγητά στο ψυγείο.

Ανέβηκαν στον Όλυμπο τον περασμένο μήνα.

Κατέβηκαν μια στάση πριν από μας.

Στο ασανσέρ μπορούν **να μπουν** μόνο τρία άτομα.

Έβγαλε τα σπίρτα και άναψε ένα   **Βγήκε** στο μπαλκόνι.
τσιγάρο.

Σημείωση: μεταβατικά ρήματα που προήλθαν από αμετάβατα.

Ανέβηκα **τις σκάλες.**	**αλλά**	Ανέβηκα **στον έκτο όροφο.**
Κατέβηκα **τις σκάλες**		Κατέβηκα **στο ισόγειο.**

Ενεστώτας	Αόριστος	Απλός μέλλοντας Απλή υποτακτική
βάζω	έβαλα	θα, να βάλω
βγάζω	έβγαλα	θα, να βγάλω
ανεβαίνω	ανέβηκα	θα, να ανεβώ (ανέβω)
κατεβαίνω	κατέβηκα	θα, να κατεβώ (κατέβω)
μπαίνω	μπήκα	θα, να μπω
βγαίνω	βγήκα	θα, να βγω

Παρακείμενος – Υπερσυντέλικος Συντελεσμένος μέλλοντας		Απλή προστακτική
έχω/είχα/θα έχω	βάλει	βάλε – βάλτε
	βγάλει	βγάλε – βγάλτε
	ανεβεί (ανέβει)	ανέβα – ανεβείτε
	κατεβεί (κατέβει)	κατέβα – κατεβείτε
	μπει	μπες (έμπα) – μπείτε
	βγει	βγες (έβγα) – βγείτε

Ανακεφαλαίωση

Μεταβατικά ρήματα
Το υποκείμενο παθαίνει κάτι.

Αμετάβατα ρήματα
Το υποκείμενο κάνει κάτι και δέχεται αυτή την ενέργεια.

Ενεργητικό	Παθητικό	Μέσο
Η βροχή πλένει το δρόμο.	Ο δρόμος πλένεται από τη βροχή.	Το παιδί πλένεται.
Ο υδραυλικός θα διορθώσει την βρύση.	Η βρύση θα διορθωθεί από τον υδραυλικό.	Κάνε υπομονή. Σιγά σιγά θα διορθωθεί ο γιος σου.
Το γραφείο ταξιδίων ετοίμασε το πρόγραμμα της εκδρομής.	Το πρόγραμμα της εκδρομής ετοιμάστηκε από το γραφείο ταξιδίων.	Η Αμαλία ετοιμάστηκε.

ΑΣΚΗΣΕΙΣ

A. Να συμπληρώσετε τα κενά με το σωστό τύπο των ρημάτων που είναι στην παρένθεση.

1. Ο Παύλος .... πολύ σήμερα. (κουράζομαι)
2. Από πότε έχεις ....; – Πολύ καιρό. (γυμνάζομαι)
3. Με πόσες κουβέρτες .... το χειμώνα; – Με δύο. (σκεπάζομαι)
4. Ο σκύλος .... και άρχισε να τρέχει. (λύνομαι)
5. Ο Βαγγέλης .... δύο φορές σήμερα. (ξυρίζομαι)
6. .... λίγο από το σπίτι, όταν άκουσα το τηλέφωνο να χτυπά. (απομακρύνομαι)
7. Ο Αλέκος είναι άσχημα .... (μπλέκομαι)
8. Αν είχε νερό, τα παιδιά .... (λούζομαι)
9. Πριν φάτε, ... (πλένομαι)
10. Αυτό το παιδί είναι .... στον εαυτό του. (κλείνομαι)
11. Πέτρο, όλα τα πράγματα εσύ ... τα ....; Δώσε κάτι και σ' εμένα. (φορτώνομαι)
12. Είστε πολύ ωραία .... απόψε. (ντύνομαι)

B. Να συμπληρώσετε τα κενά με το σωστό τύπο των ρημάτων που είναι στην παρένθεση.

1. Κάθε πρωί η Μαρία .... με κρύο νερό και σαπούνι. (πλένω, -ομαι)
2. Άρτεμη, μην .... με το παραμικρό. (αρπάζω, -ομαι)
3. .... καλά, γιατί είσαι αδιάθετος. (σκεπάζω, -ομαι)
4. Να μη .... ποτέ με ξένη χτένα. (χτενίζω, -ομαι)
5. Το πλυντήριο χάλασε. Πώς .... τα ρούχα; (πλένω, -ομαι)
6. Η επιτυχία του τον έκανε .... με θάρρος. (οπλίζω, -ομαι)
7. Ε, βρε παιδιά, πού .... όλοι; (εξαφανίζω, -ομαι)
8. .... πολύ νεανικά για την ηλικία του. (ντύνω, -ομαι)
9. Τι ώρα .... για το θέατρο; – Στις 8:00. (ετοιμάζω, -ομαι)
10. Για πού ....; Πάω στο θέατρο. (στολίζω, -ομαι)
11. .... να καθίσει η κυρία με το μωρό. (σηκώνω, -ομαι)
12. Χθες .... στο δωμάτιό του και δεν άνοιγε σε κανέναν. (κλείνω, -ομαι)
13. Πριν παντρευτούν, όλες οι συμμαθήτριες .... συχνά και τα έλεγαν. (μαζεύω, -ομαι)

14. Πέφτοντας .... από την καρέκλα και δε χτύπησε πολύ. (πιά-
νω, -ομαι)
15. Ποιανού σειρά είναι .... το τραπέζι; – Όχι η δική μου. (στρώ-
νω, -ομαι)

Γ. *Να συμπληρώσετε τα κενά με τα παρακάτω ρήματα στο σωστό τύπο:*

κατεβάζω, κατεβαίνω, ανεβάζω, ανεβαίνω, βάζω, μπαίνω, βγάζω,
βγαίνω

1. Οι ναύτες .... τη σκάλα, και οι επιβάτες άρχισαν ....
σιγά–σιγά.
2. .... γρήγορα στο αυτοκίνητο, Δανάη, και .... μπρος
τη μηχανή. Αργήσαμε.
3. .... το πόδι σου στην καρέκλα, για να δω τι έπαθες.
4. Η Ελπίδα πρώτα .... τα πράγματά της από τη βαλίτσα και
ύστερα .... στο μπαρ του ξενοδοχείου.
5. Οι νοικοκυρές .... τα σκουπίδια στην είσοδο, για να τα πά-
ρει ο σκουπιδιάρης.
6. Τρέχοντας .... στο τρίτο πάτωμα, για να του πει τα ευχά-
ριστα νέα.
7. Ο Μανόλης .... τις βαλίτσες στο πατάρι.
8. Όταν τα παπούτσια σας είναι λασπωμένα, ... τα .... αμέ-
σως.
9. Μη .... έτσι έξω. Θα κρυώσεις.

Ιδιωτισμοί – Εκφράσεις

Ο στρατιώτης σκοπεύει με το όπλο του.
Πού σκοπεύεις να πας;
Πρόκειται να πάω στη θάλασσα.

Παίρνω μια απόφαση (= αποφασίζω)
το παίρνω απόφαση
η αποφασιστική μάχη
ο αποφασιστικός τύπος ≠ ο αναποφάσιστος τύπος
ο κλειστός τύπος

στήνω αυτί – βάζω αυτί – Είμαι όλος αυτιά.

η κατασκήνωση – ο κατασκηνωτής, η κατασκηνώτρια

Στην Πανεπιστημιούπολη

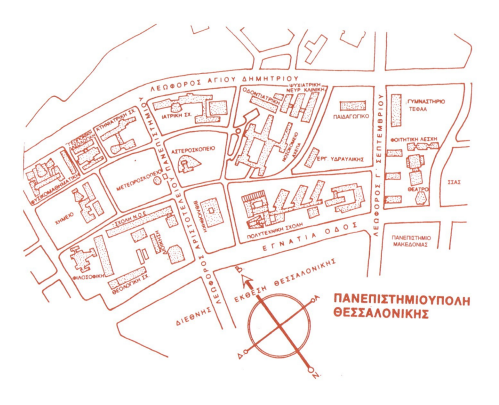

A — Γιάννη, πώς πάνε στη Φοιτητική Λέσχη; Έχω ένα ραντεβού εκεί στις 12:30.

B — Δεν ξέρεις καθόλου την Πανεπιστημιούπολη; Πόσον καιρό είσαι εδώ;

A — Είμαι αρκετό καιρό στη Θεσσαλονίκη, αλλά δεν έτυχε να πάω προς τα εκεί.

B — Έλα τότε να σου δείξω το Πανεπιστήμιο.

A — Εντάξει. Πάμε.

B — Βρισκόμαστε μπροστά στη Φιλοσοφική Σχολή, που ήταν το πρώτο κτίριο του Πανεπιστημίου, όταν άρχισε να λειτουργεί το 1926. Στρίβουμε δεξιά, προχωρούμε λίγο κι έχουμε στα δεξιά μας την καινούρια Φιλοσοφική Σχολή κι αριστερά μας την πλατεία και το κτίριο του Χημείου.

A — Εδώ είναι που γίνονταν οι φοιτητικές συγκεντρώσεις;

Β — Ναι. Η πλατεία του Χημείου είναι ένα κομμάτι της ιστορίας του Πα-
νειστημίου. Συνεχίζουμε τη βόλτα μας;

Α — Βέβαια.

Β — Λοιπόν, το κτίριο που φαίνεται πάνω από την πλατεία είναι η Φυσι-
κομαθηματική Σχολή, δίπλα η Γεωπονοδασολογική Σχολή και μετά η
Κτηνιατρική.

Α — Ως εδώ εντάξει. Αλλά τη Φοιτητική Λέσχη δεν τη βλέπω.

Β — Μη βιάζεσαι τόσο. Θα φτάσουμε κι εκεί. Προχωρούμε ίσια μπροστά.
Να η Νομική Σχολή και το Μετεωροσκοπείο και φτάσαμε στη δια-
σταύρωση. Αν στρίψουμε δεξιά προς την Έκθεση θα συναντήσουμε
το κτίριο Διοικήσεως και μετά τη Θεολογική Σχολή.

Α — Και πηγαίνοντας ίσια, αν δεν κάνω λάθος, βρίσκουμε το νοσοκομείο
ΑΧΕΠΑ.

Β — Σωστά. Πίσω από το νοσοκομείο είναι η Λέσχη.

Α — Ωραία. Δεν είναι πολύ μακριά. Με περιμένουν κάτι φίλοι εκεί.

Β — Τότε φύγε αμέσως, γιατί είναι ήδη 12:25. Συνεχίζουμε την ξενάγησή
μας μια άλλη φορά.

Α — Σύμφωνοι. Σ' ευχαριστώ πολύ.

Καθημερινά

Α — Ε κύριε, πού πάτε; Πού αφήνετε το αυτοκίνητό σας; Τα πεζοδρόμια
είναι για να περπατάμε, όχι για να παρκάρουμε.

Β — Τι φωνάζεις, άνθρωπέ μου; Τροχονόμος είσαι; Τι σ' ενδιαφέρει πού
θ' αφήσω το αυτοκίνητό μου;

Α — Και βέβαια μ' ενδιαφέρει. Η πόλη ανήκει σ' όλους μας.

Β — Άσε με ήσυχο, κύριέ μου. Κοίταξε τη δουλειά σου.

Α — Τι κόσμος είναι αυτός! Ο καθένας κάνει ό,τι θέλει. Δες την κι αυτήν.
Γιατί περνάτε με το κόκκινο, κυρία;

Γ — Σ' εμένα μιλάτε κύριε; Τι πάθατε;

Α — Εγώ δεν έπαθα τίποτα, αλλά εσείς θα πάθετε, αν εξακολουθήσετε να
περνάτε με το κόκκινο.

Γ — Κόκκινο; Τι κόκκινο λέτε τώρα;

Α — Ολόκληρος σηματοδότης μπροστά σας και δεν τον βλέπετε;

Γ — Α! Δεν τον πρόσεξα. Πότε τον έβαλαν;

Α — Πριν από δύο εβδομάδες. Γίνονταν πολλά τροχαία δυστυχήματα
σ' αυτή τη διασταύρωση, και γι' αυτό έκαναν τις διαβάσεις και έβα-
λαν και φώτα.

Γ — Δίκιο έχετε. Εγώ έφταιγα.

Α — Άλλη φορά να προσέχετε, γιατί στα δυστυχήματα δε φταίνε πάντα
     οι οδηγοί, αλλά και οι πεζοί.

Γ — Και πάλι δίκιο έχετε. Σας ευχαριστώ πολύ.

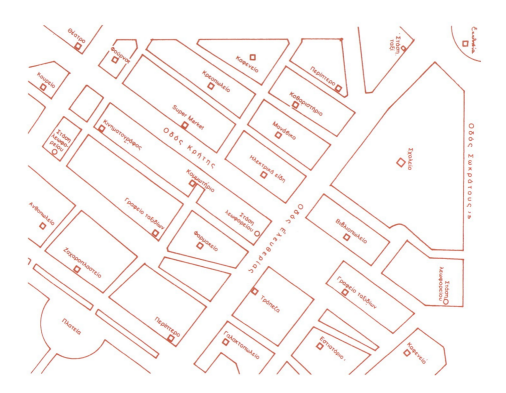

ΑΣΚΗΣΕΙΣ

A. *α)* *Ένας ξένος είναι στη στάση των* **ταξί.** *Πείτε τι ρωτάει και τι πληρο-*
   φορίες παίρνει για να πάει στο **ανθοπωλείο.**

   β) *Είστε στο* **εστιατόριο.** *Πώς θα πάτε στο* **θέατρο;**

   γ) *Μια κοπέλα είναι στην* **πλατεία** *και θέλει να πάει στο* **κρεοπωλείο.**
   Πώς θα πάει ως εκεί;

B.   Κοιτάξτε το σχεδιάγραμμα της Πανεπιστημιούπολης.

α) Αν βρίσκεστε στη Διεθνή Έκθεση, πώς μπορείτε να πάτε στην Κτη-
νιατρική Σχολή;

β) Αν βρίσκεστε στο Γυμναστήριο, πώς μπορείτε να πάτε στο κτίριο Δι-
οικήσεως;

Γ.   Να συμπληρώσετε τον παρακάτω διάλογο:

Α — Ταξί! Είστε ελεύθερος;

Β — ....

Α — Στην οδό Σαρανταπόρου, στην Άνω Τούμπα.

Β — ....

Α — Θα σας οδηγήσω εγώ. Πηγαίνετε ίσια μπροστά και στη διασταύρω-
ση στρίψτε αριστερά.

Β — ....

Α — Πώς δε στρίβει; Την περασμένη εβδομάδα πέρασα με ταξί από εκεί.

Β — ....

Α — Γιατί είναι κλειστός ο δρόμος; Τι κάνουν πάλι;

Β — ....

Α — Α, τώρα που το λέτε θυμήθηκα ότι διάβασα στην εφημερίδα κάτι
σχετικά με έργα του ΟΤΕ και της ΔΕΗ.

Β — ....

Α — Ε, τι να γίνει. Μεγαλώνει ο πληθυσμός της πόλης, μεγαλώνουν και οι
ανάγκες της.

Δ. Να συμπληρώσετε την ιστορία με λέξεις του μαθήματος.

Το σπίτι μου είναι πάνω σ' έναν πολύ κεντρικό δρόμο. Απ' το παράθυ-
ρό μου βλέπω .... των οδών Αγ. Σοφίας και Τσιμισκή. Αν και υ-
πάρχει .... σε κάθε γωνία, τις ώρες της μεγάλης κυκλοφορίας υ-
πάρχει συχνά και .... Όταν έχω καιρό, κοιτάζω από το παρά-
θυρό μου .... και τους οδηγούς και βλέπω ότι στα περισσότερα
.... φταίνε και οι δύο. Οι πεζοί περνούν από τη μέση του δρόμου
και όχι από .... Οι οδηγοί πάλι τρέχουν πολύ, περνούν με
.... φως, κάνουν προσπεράσματα εκεί που απαγορεύεται, δε
.... στις διαβάσεις, και γενικά, οδηγούν σαν να είναι οι δρόμοι δι-
κοί τους. Κανένας δε σκέφτεται ότι το τίμημα ενός .... δυστυχή-
ματος είναι συχνά ανθρώπινες .... Τίμημα πολύ ακριβό, για να
είμαστε όλοι τόσο απρόσεκτοι.

Ιδιωτισμοί – Εκφράσεις

Βρίσκει στη δουλειά της μια διέξοδο.
Βρίσκομαι σε αδιέξοδο.
Πάρε δρόμο (= φύγε), έχω δουλειά.
Πήρε τον κακό δρόμο.

ο σηματοδότης – το φανάρι

ο Σταμάτης, ο Γρηγόρης

Πήραν το πράσινο φως και αρχίζουν τη δουλειά αύριο.
Ποιος δρόμος πάει στο σταθμό; – Πάρτε τον πρώτο δρόμο δεξιά.

Οι δρόμοι μας διασταυρώθηκαν.
Τα βλέμματα διασταυρώθηκαν.
Διασταυρώνω γνώμες.
Διασταυρώνω ποικιλίες φυτών.

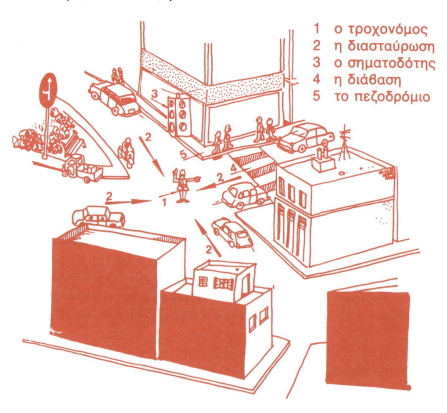

1 ο τροχονόμος
2 η διασταύρωση
3 ο σηματοδότης
4 η διάβαση
5 το πεζοδρόμιο

Το τσίρκο

Οι εικόνες του τσίρκου, που οι μεγαλύτεροι από μας έχουμε στο μυαλό μας, είναι περίπου οι ίδιες. Γυμνασμένα άλογα που σηκώνονται στα πίσω πόδια τους χορεύοντας σε μοντέρνους ρυθμούς. Άγρια ζώα που υπακούνε στους εκπαιδευτές τους. Κλόουν που με τα κόλπα και τις τούμπες τους σκορπίζουν ευθυμία και ξενοιασιά... Τα τελευταία χρόνια, όμως, το τσίρκο έχει αρχίσει να αλλάζει.

Τις περισσότερες φορές δεν υπάρχουν ζώα. Οι διαμαρτυρίες των οικολογικών οργανώσεων, για κακή μεταχείριση των ζώων, έφεραν αποτέλεσμα. Οι παραστάσεις του νέου τσίρκου στηρίζονται στη μουσική, στους ακροβάτες που γυμνάζονται ώρες πολλές για να αποκτήσουν δύναμη και ακρίβεια στις κινήσεις τους και στους κλόουν που παριστάνουν με έξυπνο και κωμικό τρόπο καθημερινές καταστάσεις προκαλώντας τα γέλια μικρών και μεγάλων.

Όμως, με την παλιά ή την καινούρια μορφή του ο χώρος του τσίρκου είναι ασυνήθιστος και μαγικός. Είναι σαν να βρίσκεσαι σ' έναν άλλο κόσμο, που ξαναζωντανεύει κάθε φορά που φωτίζουν την πίστα οι προβολείς και χάνεται μαζί με τα τελευταία χειροκροτήματα των θεατών.

Θηλυκά σε -ος, πληθ. -οι

Η Νέα Υόρκη έχει μεγάλες **λεωφόρους.**
Με τη χρήση των υπολογιστών το επάγγελμα της **δακτυλογράφου** άλλαξε.
Διάβασε και την επόμενη **παράγραφο** για να καταλάβεις το νόημα.
Στα θέατρα και στους κινηματογράφους υπάρχει πάντα μια **έξοδος** κινδύνου.

Ενικός αριθμός				
Ον.	η	είσοδος	λεωφόρος	**-ος**
Γεν.	της	εισόδου	λεωφόρου	**-ου**
Αιτ.	τη(ν)	είσοδο	λεωφόρο	**-ο**
Κλ.		είσοδε(-ο)	λεωφόρο	**-ε(-ο)**
Πληθυντικός αριθμός				
Ον.	οι	είσοδοι	λεωφόροι	**-οι**
Γεν.	των	εισόδων	λεωφόρων	**-ων**
Αιτ.	τις	εισόδους	λεωφόρους	**-ους**
Κλ.		είσοδοι	λεωφόροι	**-οι**

Θηλυκά σε -η, πληθ. -εις

Κάθε πρωί πολλοί άνθρωποι περιμένουν στις **στάσεις** των λεωφορείων.
Κύριε των **δυνάμεων!** Τι άλλο θα ακούσω;
Μη σηκώνεις βάρος στην **κατάσταση** που είσαι.

Έκανε τρεις **εγχειρίσεις,** αλλά τώρα είναι καλά.
Δεν το τρώω αυτό το σάντουιτς. Έχει παράξενη **γεύση**.

Ενικός αριθμός				
Ον.	η	τάξη	δύναμη	**-η**
Γεν.	της	τάξης (τάξεως)	δύναμης (δυνάμεως)	**-ης (-εως)**
Αιτ.	τη(ν)	τάξη	δύναμη	**-η**
Κλ.		τάξη	δύναμη	**-η**
Πληθυντικός αριθμός				
Ον.	οι	τάξεις	δυνάμεις	**-εις**
Γεν.	των	τάξεων	δυνάμεων	**-εων**
Αιτ.	τις	τάξεις	δυνάμεις	**-εις**
Κλ.		τάξεις	δυνάμεις	**-εις**

Θηλυκά σε **-ού,** πληθ. **-ούδες**

Μαϊμούδες και άλλα ζώα χρησιμοποιούνται σε ιατρικά πειράματα.
Δυστυχώς, ακόμα και σήμερα κάνουν ζακέτες και παλτά από το δέρμα
των **αλεπούδων**, παρόλο που οι **αλεπούδες** είναι προστατευόμενο είδος.

Μερικά επίθετα σε **-ής, -ήδες** και **-άς, -άδες** σχηματίζουν το θηλυκό σε
-ού, -ούδες. π.χ. καβγατζής – καβγατζού, υπναράς – υπναρού.

Ξύπνα, **υπναρού.** Είναι μεσημέρι πια.
Έχω δύο γειτόνισσες **γλωσσούδες** και **καβγατζούδες**.
Κοίταξέ την τη **φαγού**! Δεν άφησε τίποτε για μας.
Η γιαγιά μου στα νιάτα της ήταν μεγάλη **χορευταρού**.

Ενικός αριθμός			Πληθυντικός αριθμός			
Ον.	η	αλεπού	οι	αλεπούδες	**-ού**	**-ούδες**
Γεν.	της	αλεπούς	των	αλεπούδων	**-ούς**	**-ούδων**
Αιτ.	την	αλεπού	τις	αλεπούδες	**-ού**	**-ούδες**
Κλ.		αλεπού		αλεπούδες	**-ού**	**-ούδες**

Θηλυκά σε -ά, πληθ. -άδες

Μεγάλωσε μέσα στα πλούτη με υπηρέτριες και **νταντάδες.**
Ζουν και οι δυο **γιαγιάδες** σου; – Όχι, μόνο η μία.
Ανησυχεί υπερβολικά για τα παιδιά της, όπως όλες οι **μαμάδες.**

Ενικός αριθμός			Πληθυντικός αριθμός		
Ον.	η	μαμά	οι	μαμάδες	-ά · -άδες
Γεν.	της	μαμάς	των	μαμάδων	-άς · -άδων
Αιτ.	τη	μαμά	τις	μαμάδες	-ά · -άδες
Κλ.		μαμά		μαμάδες	-ά · -άδες

Αρσενικά σε -ές, πληθ. -έδες

Σήμερα θα φάμε **κεφτέδες** με **πουρέ.**
Καθάρισε γρήγορα τον **καναπέ,** γιατί θα μείνει **λεκές** από τον **καφέ** που έριξες.
Φέραμε από το χωριό τρεις **τενεκέδες** λάδι.

Ενικός αριθμός			Πληθυντικός αριθμός		
Ον.	ο	καφές	οι	καφέδες	-ές · -έδες
Γεν.	του	καφέ	των	καφέδων	-έ · -έδων
Αιτ.	τον	καφέ	τους	καφέδες	-έ · -έδες
Κλ.		καφέ		καφέδες	-έ · -έδες

Αρσενικά σε -ούς, πληθ. -ούδες

Στην εποχή των **παππούδων** μας λίγα σπίτια είχαν τηλέφωνο.
Φεύγω. Έχε το **νου** σου στο φαγητό.
Τα Χριστούγεννα γιορτάζουμε τη γέννηση του **Ιησού** Χριστού.

Ενικός αριθμός			Πληθυντικός αριθμός		
Ον.	ο	παππούς	οι	παππούδες	-ούς · -ούδες
Γεν.	του	παππού	των	παππούδων	-ού · -ούδων
Αιτ.	τον	παππού	τους	παππούδες	-ού · -ούδες
Κλ.		παππού		παππούδες	-ού · -ούδες

Όμοια κλίνονται, αλλά δεν έχουν πληθυντικό: ο νους, ο Ιησούς.

Αρσενικά σε **-έας**, πληθ. **-είς**

Η βιομηχανική ζώνη βρίσκεται στον ανατολικό **τομέα** της πόλης.
Γίνεται διαγωνισμός για δύο θέσεις **διερμηνέων** στο Υπουργείο Εξωτερικών.
Ένας καλός **γραμματέας** χρειάζεται να ξέρει οπωσδήποτε ξένες γλώσσες
και να χειρίζεται υπολογιστή.

Ενικός αριθμός			Πληθυντικός αριθμός				
Ον.	ο	συγγραφέας	οι	συγγραφείς	**-έας**	**-είς**
Γεν.	του	συγγραφέα	των	συγγραφέων	**-έα**	**-έων**
Αιτ.	το	συγγραφέα	τους	συγγραφείς	**-έα**	**-είς**
Κλ.		συγγραφέα		συγγραφείς	**-έα**	**-είς**

ΑΣΚΗΣΗ

*Να συμπληρώσετε τα κενά με το σωστό τύπο των ουσιαστικών που είναι
στην παρένθεση.*

1. Η Φιλοσοφική Σχολή έχει δύο .... (η είσοδος)
2. Σε πολλές χώρες υπάρχει έλεγχος .... (η γέννηση)
3. Δε θέλει να θυμάται αυτή .... της ζωής του. (η περίοδος)
4. Αυτός ο κανόνας έχει πολλές .... (η εξαίρεση)
5. Κανείς δεν τις θέλεις στην παρέα του, γιατί είναι .... (η φω-
   νακλού)
6. Όλοι φωνάζουν για τη μεγάλη .... των τιμών. (η άνοδος)
7. Οι γονείς του είναι στη Γερμανία, και έτσι αυτός μεγαλώνει με τις δύο
   .... του. (η γιαγιά)
8. Πες μου μερικά ονόματα Ελλήνων .... (ο συγγραφέας)
9. .... είναι ζώα μιμητικά. (η μαϊμού)
10. Η λέξη .... σημαίνει παπάς. (ο ιερέας)

Ιδιωτισμοί – Εκφράσεις

πονηρός σαν αλεπού
καλωσορίζω ≠ αποχαιρετώ
ξεπροβοδίζω

ηλεκτρονικός υπολογιστής (Η/Υ)

το αστείο,
το ανέκδοτο,
η γελοιογραφία

Λείπει ταξίδι.
Μου λείπεις πολύ.
Λείπουν μερικά βιβλία από τη βιβλιοθήκη.

Θεάματα

Αύριο ένας αξιόλογος θίασος θα ανεβάσει ένα από τα αγαπημένα μου θεατρικά έργα στο μεγαλύτερο θέατρο της πόλης μας. Ο ίδιος θίασος ήταν εδώ πριν από δύο χρόνια, και όποιος είδε το έργο που έπαιζε τότε είμαι σίγουρος πως θα τρέξει να βγάλει εισιτήριο, για να παρακολουθήσει μια από τις παραστάσεις του. Θα παίζουν οι ίδιοι ηθοποιοί, όπως τότε. Οι περισσότεροι απ' αυτούς έχουν τέτοιο ταλέντο, ώστε μπορούν να α- ποδώσουν πολύ καλά οποιονδήποτε ρόλο. Παίζουν κωμωδία, δράμα, α- κόμη και αρχαία τραγωδία. Όση ώρα παρακολουθεί κανείς μια παράστασή τους, διαπιστώνει ότι δίνουν τον καλύτερο εαυτό τους στο ρόλο τους. Θυ- μάμαι, μετά την πρεμιέρα, όλοι οι κριτικοί έγραψαν ότι ήταν πραγματικά μια τέλεια παράσταση· ο κόσμος τούς καταχειροκρότησε. Θα είναι μεγά- λη απόλαυση για το θεατρόφιλο κοινό της πόλης μας να δει στη σκηνή αυ- τόν το θίασο και πάλι.

Διάφορες γνώμες

Α — Είστε όλοι σύμφωνοι να πάμε στον κινηματογράφο;

Β — Ναι, αλλά πρέπει να διαλέξουμε ένα καλό έργο.

Γ — Ξέρεις τι έργα παίζουν αυτή την εβδομάδα;

Β — Παίζουν αυτό που πήρε το πρώτο βραβείο στις Κάννες.

Γ — Ναι, αλλά του Γιάννη δεν του άρεσε καθόλου.

Α — Λοιπόν, τι άλλο έχει;

Β — Παίζουν και μια χαριτωμένη κωμωδία.

Α — Α, ξέρω. Φαίνεται ότι είναι πολύ αστείο έργο. Η Σοφία, που το είδε, μου είπε ότι γέλασε πολύ.

Γ — Αυτό δε σημαίνει τίποτε, γιατί η Σοφία γελά με το παραμικρό.

Β — Τι λέτε για κανένα αστυνομικό;

Γ — Έτσι δε θα αποφασίσουμε ποτέ. Προτείνω να ρίξουμε κορόνα γράμματα.

ο εαυτός (μου) / ίδιος, -α, -ο / μόνος, -η, -ο / ο, η, το οποίος, -α, -ο

Είμαι κύριος **του εαυτού μου.**

Σ' αυτό που διάβασε αναγνώρισε την εικόνα **του εαυτού του.**

Εσύ κοιτάζεις μόνο **τον εαυτό σου.**

Τον εαυτό της πολύ λίγο τον λογαριάζει.

Μερικές φορές μιλάμε με **τον εαυτό μας.**

Πρόσεχε **τον εαυτό σου.**

Μη σκέφτεσαι μόνο **τον εαυτό σου.**

Ύστερα από ό,τι έγινε, πρέπει να ντρέπονται για **τον εαυτό τους.**

Με αυτά που λες, προσβάλλεις **τον ίδιο τον εαυτό σου.**

Κοίταξε στον καθρέφτη και δε γνώρισε **τον ίδιο τον εαυτό της.**

Αυτό το βιβλίο είναι **ίδιο** με το δικό μου.

Μη λες συνέχεια **τα ίδια** πράγματα.

Σου αρέσει αυτός ο πίνακας; Εγώ **ο ίδιος** τον ζωγράφισα.

Έχει **τον ίδιο** χαρακτήρα με τον αδελφό του.

Σε ζήτησε **η ίδια** κυρία που σε είχε ζητήσει προχθές.

Ο Στέφανος είναι **ίδιος** ο πατέρας του.

Θέλω να δω **τον ίδιο** το διευθυντή.

Τα παιδιά μαγείρεψαν το φαγητό τους **μόνα τους.**

Τα παιδιά μαγείρεψαν το φαγητό τους **μοναχά τους.**

Αλήθεια, το έραψες **μόνη σου** αυτό το ωραίο φόρεμα; – Ναι.
Αλήθεια, το έραψες **μοναχή σου** αυτό το ωραίο φόρεμα; – Ναι.

Μαμά μη μας αφήνετε **μόνους μας** τα βράδια, φοβόμαστε.
Θα είσαι **μόνη σου** το βράδυ, όταν έρθω; Θέλω να σου πω κάτι.
Για τις εξετάσεις διαβάζω πάντα **μόνος.**
Είσαι **ο μόνος** που με καταλαβαίνει.

Ο άνθρωπος **ο οποίος** μου μίλησε ήταν ο δάσκαλός μου.
Ο άνθρωπος **που** μου μίλησε ήταν ο δάσκαλός μου.

Η γυναίκα **η οποία μου** τηλεφώνησε ήταν η θεία μου.
Η γυναίκα **που** μου τηλέφωνησε ήταν η θεία μου.

Το βιβλίο **το οποίο** διάβασα την περασμένη εβδομάδα ήταν ωραίο.
Το βιβλίο **που** διάβασα την περασμένη εβδομάδα ήταν ωραίο.

Οι φίλοι, **τους οποίους** είδα χθες το βράδυ φεύγουν αύριο.
Οι φίλοι, **που** είδα χθες το βράδυ φεύγουν αύριο.

Το παιδί **του οποίου** ο πατέρας πέθανε είναι συμμαθητής μου.
Το παιδί **που** ο πατέρας **του** πέθανε είναι συμμαθητής μου.

Οι φίλοι, τα έπιπλα **των οποίων** αγόρασα, έφυγαν στο εξωτερικό.
Οι φίλοι, **που** τα έπιπλά **τους** αγόρασα, έφυγαν στο εξωτερικό.

Η κοπέλα, **με την οποία** έμενα πέρσι, έφυγε για σπουδές στην Αγγλία.

Αυτές οι κάρτες, **από τις οποίες** λείπουν τα γραμματόσημα, δε θα φτά-σουν ποτέ στον προορισμό τους.

Το τρένο, **με το οποίο** ήρθαν, είχε μισή ώρα καθυστέρηση.

Πήρα το γράμμα **που** μου έστειλες, **στο οποίο** μου μιλάς για το ταξίδι σου.
Πήρα το γράμμα **που** μου έστειλες, **όπου** μου μιλάς για το ταξίδι σου.

Το σπίτι, **στο οποίο** μένει, έχει κήπο.
Το σπίτι, **όπου** μένει, έχει κήπο.

Αυτά τα διάβασα σ' εκείνο το βιβλίο **που** έγραψε ο Α.Δ. Κομνηνός και **το οποίο** μιλά για τις ανθρώπινες σχέσεις.

του εαυτού	μου	τον εαυτό	μου
	σου		σου
	του		του
	της		της
	του		του
των εαυτών	μας	τους εαυτούς	μας
του εαυτού	σας	τον εαυτό	σας
	τους		τους

μόνος, -η, -ο	μου	μόνοι, -ες, -α	μας
μονάχος, -η, -ο	σου	μονάχοι, -ες, -α	σας
μοναχός, -ή, -ό	του	μοναχοί, -ές, -ά	τους
	της		
	του		

ο ίδιος, η ίδια, το ίδιο, οι ίδιοι, οι ίδιες, τα ίδια

ο οποίος, η οποία, το οποίο, οι οποίοι, οι οποίες, τα οποία

ΑΣΚΗΣΕΙΣ

Α. Να συμπληρώσετε τα κενά με την κατάλληλη αντωνυμία.

ίδιος, εαυτός, μόνος (μοναχός), ο οποίος

1. Είναι πολύ μικρός ακόμη και δεν τρώει .... του.
2. Θέλει να είναι κύριος .... του.
3. .... η μαμά της είναι.
4. Άλλαξε τόσο πολύ, που και .... δεν αναγνωρίζει .... της.
5. Θέλω να φτιάξω .... μου τη ζωή μου.
6. Το αυτοκίνητο, που αγόρασα πέρσι από δεύτερο χέρι και .... ακριβοπλήρωσα, είναι για πέταμα τώρα.
7. Μη χρησιμοποιείς συνεχώς .... λέξεις.
8. Φορά πάντα .... καπέλο, χειμώνα καλοκαίρι.
9. Το να μην μπλέκομαι στις υποθέσεις των άλλων είναι μια αρχή, ... πάντα εφαρμόζω στη ζωή μου.
10. .... σου το αποφάσισες. Εγώ δεν έχω καμιά ευθύνη για ό,τι γίνει.

B. *Να αντικαταστήσετε την αντωνυμία* **ο οποίος** *με την αντωνυμία* **που**, *και να κάνετε τις απαραίτητες αλλαγές, όπου χρειάζεται.*

1. Η μουσική την οποία ακούσατε είναι από την ταινία «Μοντέρνοι Καιροί» του Τσάρλι Τσάπλιν.
2. Σ' αυτό το ταμείο πληρώνουν μόνο αυτοί των οποίων τα ονόματα αρχίζουν από Α, Β, Γ και Δ.
3. Από το βιβλίο, το οποίο αγόρασα, λείπουν δύο φύλλα.
4. Εκείνο το σπίτι, του οποίου ο κήπος έχει πολλά λουλούδια, είναι του θείου μου.
5. Η ζακέτα, την οποία αγόρασες, έχει ένα λεκέ στην πλάτη.
6. Οι αδελφές μου, οι οποίες ήρθαν με τρένο, έφεραν πολλά πράγματα μαζί τους.
7. Ο δικηγόρος, του οποίου τη γυναίκα γνώρισα χθες, είναι πολύ καλός στη δουλειά του.
8. Τώρα μόνο καταλαβαίνω ότι η μητέρα μου, της οποίας τα λόγια ποτέ δεν άκουγα, είχε δίκιο.
9. Δεν κάνει παρέα με ανθρώπους τους οποίους δε συμπαθεί.
10. Ποιοι είναι αυτοί οι οποίοι θέλουν να έρθουν μαζί μας; – Δύο φίλοι μου.

Γ. *Να συμπληρώσετε τα κενά με την κατάλληλη αντωνυμία.*

1. Αυτό το παλτό είναι .... με το δικό μου. (μοναχό, το οποίο, ίδιο, άλλο)
2. Συνάντησα ξανά τους ηθοποιούς .... μου γνώρισες χθες. (τον οποίο, που, τους εαυτούς μας)
3. Μένω στον ίδιο δρόμο .... μένεις κι εσύ. (στον εαυτό μου, μόνο, στον οποίο)
4. Κανείς δεν μπορεί να πει ότι ξέρει καλά .... (τον εαυτό του, τον εαυτό μας, τον οποίο)
5. Τα αποτελέσματα .... περιμένω δε βγήκαν ακόμα. (τι, όποιος, άλλος, που)
6. Πηγαίνουν πάντα .... εκδρομές. (μόνοι τους, μόνοι μας, μοναχός μου)
7. Θέλω να δω τα παιδιά .... οι γονείς ήταν εδώ χθες. (πόσων, όλων, των οποίων, όποιων)
8. Τα παιδιά τους σπουδάζουν μακριά, και αυτοί ζουν .... (οποίους, μόνοι τους, τι, τέτοιους)

9. Δε μου αρέσει να πίνω νερό και κρασί με .... ποτήρι. (το ί-
   διο, κανένα, όποια, τα οποία)

10. Αυτός μιλά πάντα για .... (τον οποίο, μοναχός του, κανέ-
    νας, τον εαυτό του)

Ιδιωτισμοί – Εκφράσεις

τα θεάματα
οι καλλιτεχνικές εκδηλώσεις
το Κρατικό Θέατρο
το υπαίθριο θέατρο
η Λυρική Σκηνή
η συναυλία
η σάτιρα
το χορόδραμα
ο πρωταγωνιστής – η πρωταγωνίστρια
ο σκηνοθέτης – η σκηνοθέτρια (σκηνοθέτιδα)
ο ταξιθέτης – η ταξιθέτρια
το φιλοδώρημα
ο υποβολέας
η υπόθεση του έργου

η έξοδος κινδύνου
η πυρκαγιά
η Πυροσβεστική Υπηρεσία (τηλ. 199)
ο πυροσβέστης
ο πυροσβεστήρας

ο μοναχός = ο καλόγερος
η μοναχή = η καλόγρια

περιαυτολογώ
Πολύ προσέχεις τον εαυτούλη σου.
Τον ενδιαφέρει μόνο ο εαυτός του. Δε δίνει δεκάρα για τους άλλους.

Επανάληψη μαθημάτων 23–32

A. *Να συμπληρώσετε τα κενά με τον αόριστο των ρημάτων που είναι στην παρένθεση.*

1. .... τα βιβλία στη θέση τους. (βάζω)
2. Τα πλακάκια του μπαλκονιού .... από την πολλή ζέστη. (ανάβω)
3. Δεν τον .... καθόλου. (βλέπω)
4. Τι ήταν αυτό που ....; Τηλέφωνο; (ακούγομαι)
5. .... άσχημα στους γονείς του. (φέρομαι)
6. Το παιδί .... πολύ, γιατί του .... το αυτί. (κλαίω, πονώ)
7. Η μητέρα .... τα παιδιά της περίπατο. (βγάζω)
8. Τι σου .... και μας ....; (φταίω, μαλώνω)
9. .... το κάπνισμα σ' όλους τους δημόσιους χώρους. (απαγορεύομαι)
10. .... ότι ο Γιώργος σάς .... την αλήθεια; – Μάλλον ναι. (πιστεύω, λέω)

B. *Να συμπληρώσετε τα κενά με τα παρακάτω ρήματα στο σωστό τύπο:*

τραβώ, μελετώ, περνώ, διψώ, περνώ, φορώ, τραβώ, πετώ, γελώ, θεωρώ

1. Τι .... στο πάρτι του Αντρέα; – Το κόκκινό μου φόρεμα.
2. Ευτυχώς που με .... από το χέρι· αλλιώς, θα με είχε χτυπήσει το αυτοκίνητο.
3. ... το .... προσβολή, αν δε δεχτείς την πρόσκλησή μου.
4. .... πολύ με την κωμωδία που είδαμε χθες το βράδυ.
5. Όταν επέστρεψα από το σχολείο, ... πολύ, όμως δεν είχε νερό στο ψυγείο.
6. Χθες γύρισα στο σπίτι πολύ αργά, κι όμως τα παιδιά μου ακόμα ....
7. Με συγχωρείς που δεν .... από το σπίτι σου, αλλά είχα πολλή δουλειά.
8. .... άσχημες στιγμές στον πόλεμο.
9. Γιατί .... τα παλιά σου βιβλία; Τα ήθελα.
10. .... τις κουρτίνες, γιατί είχε πολύ ήλιο.

Γ. *Να συμπληρώσετε τα κενά με το μέλλοντα (συνεχή ή απλό) των ρημά-*
    των που είναι στην παρένθεση.

1. Αν δεν το θέλεις, ... το .... στα σκουπίδια. (πετώ)
2. Τώρα που ο καιρός είναι γλυκός, ... από το σπίτι σου κά-
    θε απόγευμα, για να πηγαίνουμε βόλτα. (περνώ)
3. .... να είμαι στην ώρα μου· αν όμως αργήσω, μη φύγετε.
    (προσπαθώ)
4. Ο παππούς μου φέτος καλλιεργεί σιτάρι, του χρόνου όμως ....
    καλαμπόκι. (καλλιεργώ)
5. Μαμά, να βάλω την άσπρη μπλούζα σου ή ... τη .... εσύ;
    – Βάλ' την. (φορώ)
6. Αύριο στα γενέθλια της κόρης σας .... φωτογραφίες;
    – Μα, και βέβαια. (τραβώ)
7. Τι ώρα .... για την Αθήνα; – Στις 5 το απόγευμα. (ξεκινώ)
8. ... με .... άραγε ο Τάσος γι' αυτό που είπα; – Νομίζω πως
    ναι. (συγχωρώ)
9. Μην τρως πολλές σοκολάτες, ... σου .... το στομάχι.
    (πονώ)
10. Από αύριο .... νωρίτερα, γιατί θα πιάνουμε δουλειά στις 7
    το πρωί. (ξυπνώ)

Δ. *Να συμπληρώσετε τα κενά με την υποτακτική (συνεχή ή απλή) των ρη-*
    μάτων που είναι στην παρένθεση.

1. Την είδε που έκλαιγε και της είπε κάτι αστείο για .... (γελώ)
2. Ο Λουκάς παραλίγο .... το ρολόι του αδελφού του. (χαλώ)
3. Η μητέρα μας μας απαγορεύει .... τις καρέκλες τις ώρες
    της κοινής ησυχίας. (τραβώ)
4. Συνηθίζουμε .... χαρταετό την Καθαρή Δευτέρα. (πετώ)
5. Μας ζήτησε ... τον .... για ό,τι έκανε. (συγχωρώ)
6. Καθώς προσπαθούσα .... ένα κάδρο, χτύπησα το χέρι μου.
    (κρεμώ)
7. Πρέπει .... πιο νωρίς, για ... μην .... στο ραντε-
    βού μας. (ξεκινώ, αργώ)
8. Τα βράδια μού αρέσει .... στους φωτισμένους δρόμους.
    (περπατώ)
9. Έφτασαν στο σπίτι την ώρα που το ρολόι άρχισε .... με-
    σάνυχτα. (χτυπώ)

10. Προσπαθήστε .... σε όλες τις ερωτήσεις. (απαντώ)

11. Δεν είναι σωστό .... για τους συνανθρώπους σας. (αδια-
φορώ)

12. Έτρεχε τόσο γρήγορα, που δεν μπόρεσε .... στο κόκκινο
φανάρι. (σταματώ)

E. *Να συμπληρώσετε τα κενά με το σωστό τύπο των ουσιαστικών που εί-*
ναι στην παρένθεση.

1. Χθες γνώρισα .... του θεατρικού έργου που παίζεται στο
«Αμαλία». (ο συγγραφέας)

2. Γράψτε μια ιστορία, όχι μικρότερη από τρεις .... (η παρά-
γραφος)

3. Ο γραμματέας έχει κάνει λάθος σ' όλες .... (η διεύθυνση)

4. Αγαπούν πολύ .... τους. (ο παππούς)

5. Θα αλλάξω μόνος μου το ύφασμα .... (ο καναπές)

ΣΤ. *Να συμπληρώσετε τα κενά με τον παρακείμενο, υπερσυντέλικο ή συ-*
ντελεσμένο μέλλοντα των ρημάτων που είναι στην παρένθεση.

1. Μόλις .... στο σπίτι, όταν έπιασε μια δυνατή βροχή. (επι-
στρέφω, -ομαι)

2. ... το .... ως το απόγευμα; Θα περάσω να το πάρω. (τε-
λειώνω)

3. Τα μαλλιά της είναι γκρίζα. Δεν τα .... ποτέ της. (βάφω,
-ομαι)

4. Ευτυχώς που .... όλοι από το ασανσέρ, τη στιγμή που κό-
πηκε το ρεύμα. (βγαίνω)

5. Αυτό το δωμάτιο δεν .... εδώ και βδομάδες. (σκουπίζω,
-ομαι)

6. Μην κλαις, ... το .... ως το βράδυ. (ξεχνώ, -ιέμαι)

7. Ήρθε μόλις .... (τρώω, -γομαι)

8. Ως το τέλος της βδομάδας .... όλα τα αξιοθέατα της Θεσ-
σαλονίκης. (βλέπω, -ομαι)

9. Κάποιο λάθος πρέπει να κάνω στη διεύθυνση, γιατί είναι η τρίτη φο-
ρά που .... τα γράμματά μου. (επιστρέφω, -ομαι)

10. Είχα να τον δω δέκα χρόνια, και όμως δεν .... καθόλου. (αλ-
λάζω, -ομαι)

11. Τρώει πάντα έξω. Δεν .... ποτέ της. (μαγειρεύω, -ομαι)

12. Πιστεύω πως ο άρρωστος .... ως αύριο. (καλυτερεύω)
13. Δεν .... ποτέ σε τόσο ακριβό ξενοδοχείο. (μένω)
14. Δεν .... ποτέ μου τόσο νόστιμο φαγητό. (τρώω, -γομαι)
15. .... στη Νότια Αμερική; – Όχι, αλλά θα το ήθελα πολύ. (πηγαίνω)
16. .... μετά τη γυμναστική που έκανε, γι' αυτό περπατά έτσι. (πιάνω, -ομαι)

Z. *Να συμπληρώσετε τα κενά με τη μετοχή (ενεργητική ή παθητική) των παρακάτω ρημάτων:*

πλένω, ρωτώ, περνώ, αυξάνω, γυρίζω, ακούω, γελώ, αναγκάζω, πολεμώ, κλαίω, μαθαίνω, πουλώ, ψάχνω, μιλώ, μολύνω

1. .... στο σπίτι, έπεσα και χτύπησα.
2. .... για τα παλιά, δεν κατάλαβαν πώς πέρασε η ώρα.
3. .... τον συνεχώς, μάθαμε την αλήθεια.
4. Πέρασαν από μπροστά μας .... δυνατά.
5. Βγάζει το ψωμί του .... λουλούδια.
6. Η κόρη μου γύρισε στο σπίτι ....
7. Βάλε τις καφέ τις κάλτσες, γιατί οι μαύρες είναι .... και δε στέγνωσαν ακόμη.
8. Τα βρήκα .... στα συρτάρια μου.
9. Η θάλασσα στην παραλία είναι ....
10. .... από τη γειτονιά του, τον συνάντησα τυχαία.
11. Λυπάμαι, αλλά είμαι .... να φύγω.
12. Δεν κουράζομαι εύκολα. Είμαι .... στη δουλειά.
13. Σκοτώθηκε .... για την πατρίδα του.
14. Τα τροχαία δυστυχήματα είναι .... τα τελευταία χρόνια.
15. .... το πλοίο να σφυρίζει, τρέξαμε στο λιμάνι.

H. *Να συμπληρώσετε τα κενά με το σωστό τύπο των ρημάτων που είναι στην παρένθεση.*

1. Όλοι πίστευαν ότι .... σε ισόβια. (καταδικάζω, -ομαι)
2. Πηγαίνετε. ... σας .... στο σπίτι. (βρίσκω, -ομαι)
3. Τα παιδιά .... ένα παιδικό έργο στην τηλεόραση, την ώρα που χτύπησε το κουδούνι. (βλέπω, -ομαι)
4. Τι βαθμό .... στις εξετάσεις; – Πήρα οκτώ. (παίρνω, -ομαι)

5. Συχνά .... λεφτά από την αδελφή μου. (δανείζω, -ομαι)
6. Πώς .... εδώ το κλειδί του υπογείου; Εγώ το ....
στο συρτάρι. (βρίσκω, -ομαι, βάζω)
7. Όταν ήμασταν μικροί, η μητέρα μας δε μας επέτρεπε ....
νερό την ώρα που .... (πίνω, -ομαι, τρώω, -ομαι)
8. .... εισιτήρια για τον αγώνα; – Δυστυχώς .... όλα.
(βγάζω, τελειώνω)
9. Έλα .... μαζί το μεσημέρι. (τρώω, -γομαι)
10. Μη στενοχωριέσαι, ... σ' εμένα. (στηρίζω, -ομαι)

Θ. *Να συμπληρώσετε τα κενά με το σωστό τύπο των ρημάτων που είναι*
στην παρένθεση.

1. Αν .... τίποτε για τον Κώστα, τηλεφωνήστε μου. (μαθαίνω,
-ομαι)
2. Αν .... να βρέχει, θα μείνουμε στο σπίτι. (αρχίζω)
3. Αν δεν ...., θα τραυματιζόμουν οπωσδήποτε. (απομακρύ-
νω, -ομαι)
4. Αν .... μακριά από τη Θεσσαλονίκη, δε θα πάω. (διορίζω,
-ομαι)
5. Αν δεν έχει τίποτα στην τηλεόραση, ... σινεμά. (πηγαίνω)
6. Αν .... σ' αυτό το μάθημα, θα είναι η πέμπτη φορά που κό-
βομαι. (κόβω, -ομαι)
7. Αν σου .... να πας μαζί του, θα πήγαινες; – Θα το σκεφτό-
μουν. (προτείνω, -ομαι)
8. .... η συγκέντρωση, αν βρέχει. (αναβάλλω, -ομαι)
9. Αν έρθουν καινούρια περιοδικά, ... μού τα στο σπίτι. (στέλ-
νω, -ομαι)
10. Αν ο αγώνας κρατούσε λίγα λεπτά ακόμα, ... οπωσδήπο-
τε. (χάνω, -ομαι)
11. Αν νυστάξεις, ... για ύπνο πριν επιστρέψω. (πηγαίνω)
12. Αν δε μου δάνειζαν 1500 €, δε .... να ξεπληρώσω τα χρέη
μου. (μπορώ)

Επιστροφή στη φύση

Γύρω από την πόλη μας υπάρχουν μεγάλες βιομηχανικές μονάδες. Διυλιστήρια πετρελαίου, εργοστάσια που εμφιαλώνουν αναψυκτικά, εργοστάσια ξυλείας, τσιμέντων, κεραμοποιίας, και άλλα μικρότερα, επίπλων, ετοίμων ενδυμάτων, πλεκτών. Ο καπνός τους σκεπάζει την πόλη μ' ένα θολό σύννεφο, και οι κάτοικοί της παραπονιούνται πως σε λίγα χρόνια δε θα μπορούν να αναπνέουν, εξαιτίας της μολυσμένης ατμόσφαιρας.

Ένας άλλος παράγοντας που προκαλεί τη μόλυνση του περιβάλλοντος είναι και τα αυτοκίνητα, που ο αριθμός τους έχει αυξηθεί σημαντικά τα τελευταία χρόνια.

Πολλοί κάτοικοι ισχυρίζονται πως αυτοί είναι οι λόγοι που τους αναγκάζουν να χτίσουν ένα σπίτι έξω από την πόλη και πως σε λίγα χρόνια το κέντρο των πόλεων δε θα είναι δυνατό να κατοικείται. Γιατί πιστεύουν πως, μπορεί η κατοικία στο κέντρο της πόλης να εξυπηρετεί τον κάθε εργαζόμενο, όμως η ζωή σ' αυτό γίνεται συνεχώς πιο ανυπόφορη και επικίνδυνη. Έτσι, θεωρούν ότι τελικά όλοι θα αναγκαστούν να αποζητήσουν τη γαλήνη και τον καθαρό αέρα στην εξοχή.

Ενώ ορισμένοι αρνούνται να μετακινηθούν επιμένοντας, πως το κέντρο δε θα πάψει ποτέ να είναι κατοικήσιμο, όπως δεν έχει πάψει να είναι σε κάθε μεγάλη πόλη σ' όλο τον κόσμο.

Τα επιχειρήματα που χρησιμοποιούνται και από τις δύο πλευρές είναι εξίσου πειστικά. Το μέλλον θα δείξει ποιοι θα δικαιωθούν.

Παθητική φωνή ρημάτων β' συζυγίας

Η αγάπη δε μετρ**ιέται**.

Συγκιν**ούμαι**, όταν ακούω αυτή τη μουσική.

Όταν ήμασταν μικροί, βαρ**ιόμασταν** στην τάξη και πολλές φορές δεν προσέχαμε.

Η πόλη τους χτυπ**ήθηκε** από το σεισμό.

Ωφελ**ηθήκατε** από τα θαλασσινά μπάνια; – Ναι, πολύ.

Από τώρα και στο εξής δε θα στενοχωρ**ιέμαι** με το παραμικρό.

Όσοι περνούν με κόκκινο θα τιμωρ**ούνται** αυστηρά.

Πότε θα πουλ**ηθεί** το σπίτι σας; – Μακάρι να ήξερα.

Η καινούρια πολυκατοικία θα κατοικ**ηθεί** σε δύο μήνες.

Δεν έχει γενν**ηθεί** ακόμη ο άνθρωπος που θα με γελάσει.

Τα τελευταία χρόνια οι άνθρωποι των πόλεων έχουν στερ**ηθεί** τον καθαρό αέρα.

Η χώρα τους έχει απειλ**ηθεί** πολλές φορές από πλημμύρες.

Είχε πετ**αχτεί** ως το ταχυδρομείο, γι' αυτό δεν τον βρήκα σπίτι.

Ως αύριο θα έχουν ειδοποι**ηθεί** όλοι για την αλλαγή του προγράμματος.

Έχει δημιουργ**ηθεί** μεγάλος θόρυβος από τις τελευταίες αυξήσεις των τιμών.

Μην κρεμ**ιέσαι** στα κάγκελα του μπαλκονιού, θα πέσεις.

Πρέπει να κρατ**ιέστε** γερά, όταν κατεβαίνετε τις σκάλες.

Δεν πρέπει να αφαιρ**ούμαστε** την ώρα που οδηγούμε.

Πρόσεξε να μην τρυπ**ηθείς** με τη βελόνα.

Ο Δ. Μητρόπουλος μπορεί να θεωρ**ηθεί** ένας από τους μεγαλύτερους μαέστρους ολόκληρου του κόσμου.

Τραβ**ήξου** πιο πέρα, για να βλέπω.

Παρακαλώ, μετρηθ**είτε** να δούμε πόσοι λείπουν.

Θα ξεχν**ιόμασταν** με την κουβέντα, αν δε μας τηλεφωνούσες.

Θα πληροφορ**ούμασταν** τις πολιτικές εξελίξεις νωρίτερα, αν είχαμε ανοίξει την τηλεόραση.

Δεν του ζήτησα να με πάει στο σπίτι με το αυτοκίνητό του, γιατί ήμουν σίγουρη ότι θα μου το αρν**ιόταν.**

Οριστική			
Ενεστώτας		**Παρατατικός**	
α΄ τάξη	β΄ τάξη	α΄ τάξη	β΄ τάξη
αγαπ-ιέμαι	ωφελ-ούμαι	αγαπ-ιόμουν	ωφελ-ούμουν
αγαπ-ιέσαι	ωφελ-είσαι	αγαπ-ιόσουν	ωφελ-ούσουν
αγαπ-ιέται	ωφελ-είται	αγαπ-ιόταν	ωφελ-ούνταν
αγαπ-ιόμαστε	ωφελ-ούμαστε	αγαπ-ιόμασταν	ωφελ-ούμασταν
αγαπ-ιέστε	ωφελ-είστε	αγαπ-ιόσασταν	ωφελ-ούσασταν
αγαπ-ιούνται	ωφελ-ούνται	αγαπ-ιόνταν	ωφελ-ούνταν
		(αγαπ-ιούνταν)	
Αόριστος		**Συνεχής μέλλοντας**	
α΄ τάξη	β΄ τάξη	α΄ τάξη	β΄ τάξη
αγαπ**ήθ**-ηκα	ωφελ**ήθ**-ηκα	θα αγαπ-ιέμαι	θα ωφελ-ούμαι
αγαπ**ήθ**-ηκες	ωφελ**ήθ**-ηκες	θα αγαπ-ιέσαι	θα ωφελ-είσαι
αγαπ**ήθ**-ηκε	ωφελ**ήθ**-ηκε	θα αγαπ-ιέται	θα ωφελ-είται
αγαπ**ήθ**-ήκαμε	ωφελ**ήθ**-ήκαμε	θα αγαπ-ιόμαστε	θα ωφελ-ούμαστε
αγαπ**ήθ**-ήκατε	ωφελ**ήθ**-ήκατε	θα αγαπ-ιέστε	θα ωφελ-είστε
αγαπ**ήθ**-ηκαν	ωφελ**ήθ**-ηκαν	θα αγαπ-ιούνται	θα ωφελ-ούνται
Απλός μέλλοντας		**Παρακείμενος**	
α΄ τάξη	β΄ τάξη	α΄ τάξη	β΄ τάξη
θα αγαπ**ηθ**-ώ	θα ωφελ**ηθ**-ώ	έχω αγαπ**ηθ**-εί	έχω ωφελ**ηθ**-εί
θα αγαπ**ηθ**-είς	θα ωφελ**ηθ**-είς	έχεις αγαπ**ηθ**-εί	έχεις ωφελ**ηθ**-εί
θα αγαπ**ηθ**-εί	θα ωφελ**ηθ**-εί	έχει αγαπ**ηθ**-εί	έχει ωφελ**ηθ**-εί
θα αγαπ**ηθ**-ούμε	θα ωφελ**ηθ**-ούμε	έχουμε αγαπ**ηθ**-εί	έχουμε ωφελ**ηθ**-εί
θα αγαπ**ηθ**-είτε	θα ωφελ**ηθ**-είτε	έχετε αγαπ**ηθ**-εί	έχετε ωφελ**ηθ**-εί
θα αγαπ**ηθ**-ούν	θα ωφελ**ηθ**-ούν	έχουν αγαπ**ηθ**-εί	έχουν ωφελ**ηθ**-εί

Υπερσυντέλικος		Συντελ. Μέλλοντας	
α′ τάξη	β′ τάξη	α′ τάξη	β′ τάξη
είχα αγαπ**ηθ**-εί	είχα ωφελ**ηθ**-εί	θα έχω αγαπ**ηθ**-εί	θα έχω ωφελ**ηθ**-εί
είχες αγαπ**ηθ**-εί	είχες ωφελ**ηθ**-εί	θα έχεις αγαπ**ηθ**-εί	θα έχεις ωφελ**ηθ**-εί
είχε αγαπ**ηθ**-εί	είχε ωφελ**ηθ**-εί	θα έχει αγαπ**ηθ**-εί	θα έχει ωφελ**ηθ**-εί
είχαμε αγαπ**ηθ**-εί	είχαμε ωφελ**ηθ**-εί	θα έχουμε αγαπ**ηθ**-εί	θα έχουμε ωφελ**ηθ**-εί
είχατε αγαπ**ηθ**-εί	είχατε ωφελ**ηθ**-εί	θα έχετε αγαπ**ηθ**-εί	θα έχετε ωφελ**ηθ**-εί
είχαν αγαπ**ηθ**-εί	είχαν ωφελ**ηθ**-εί	θα έχουν αγαπ**ηθ**-εί	θα έχουν ωφελ**ηθ**-εί

Υποτακτική			
Συνεχής		Απλή	
α′ τάξη	β′ τάξη	α′ τάξη	β′ τάξη
να αγαπ-ιέμαι	να ωφελ-ούμαι	να αγαπ**ηθ**-ώ	να ωφελ**ηθ**-ώ
να αγαπ-ιέσαι	να ωφελ-είσαι	να αγαπ**ηθ**-είς	να ωφελ**ηθ**-είς
να αγαπ-ιέται	να ωφελ-είται	να αγαπ**ηθ**-εί	να ωφελ**ηθ**-εί
να αγαπ-ιόμαστε	να ωφελ-ούμαστε	να αγαπ**ηθ**-ούμε	να ωφελ**ηθ**-ούμε
να αγαπ-ιέστε	να ωφελ-είστε	να αγαπ**ηθ**-είτε	να ωφελ**ηθ**-είτε
να αγαπ-ιούνται	να ωφελ-ούνται	να αγαπ**ηθ**-ούν	να ωφελ**ηθ**-ούν

Προστακτική	
Συνεχής	
α′ τάξη	β′ τάξη
— να αγαπ-ιέσαι	— να ωφελ-είσαι
— να αγαπ-ιέστε	— να ωφελ-είστε
Απλή	
α′ τάξη	β′ τάξη
αγαπ**ήσ**-ου ή να αγαπ**ηθ**-είς	ωφελ**ήσ**-ου ή να ωφελ**ηθ**-είς
αγαπ**ηθ**-είτε ή να αγαπ**ηθ**-είτε	ωφελ**ηθ**-είτε ή να ωφελ**ηθ**-είτε
Δυνητική	
α′ τάξη	β′ τάξη
θα αγαπ-ιόμουν	θα ωφελ-ούμουν
θα αγαπ-ιόσουν	θα ωφελ-ούσουν
θα αγαπ-ιόταν	θα ωφελ-ούνταν
θα αγαπ-ιόμασταν	θα ωφελ-ούμασταν
θα αγαπ-ιόσασταν	θα ωφελ-ούσασταν
θα αγαπ-ιόνταν	θα ωφελ-ούνταν
(θα αγαπ-ιούνταν)	

Ευχετική	
α′ τάξη	β′ τάξη
να αγαπ-ιόμουν	να ωφελ-ούμουν
να αγαπ-ιόσουν	να ωφελ-ούσουν
να αγαπ-ιόταν	να ωφελ-ούνταν
να αγαπ-ιόμασταν	να ωφελ-ούμασταν
να αγαπ-ιόσασταν	να ωφελ-ούσασταν
να αγαπ-ιόνταν	να ωφελ-ούνταν
(να αγαπ-ιούνταν)	
Μετοχή	
α′ τάξη	β′ τάξη
ο αγαπ-ημένος	ο ωφελ-ημένος
η αγαπ-ημένη	η ωφελ-ημένη
το αγαπ-ημένο	το ωφελ-ημένο

Παρατηρήσεις

Α. Μερικά από τα ρήματα της β′ τάξης στον παρατατικό έχουν και καταλήξεις του παρατατικού των ρημάτων της α′ τάξης:

αρν-ούμουν   —   αρν-ιόμουν

εξυπηρετ-ούμουν   —   εξυπηρετ-ιόμουν

Αλλά όταν ο χαρακτήρας είναι |**-ι**| ή **γ**, τότε από την κατάληξη παραλείπεται το **ι.**

ικανοπ**οι**-όμουν	διη**γ**-όμουν
ικανοπ**οι**-όσουν	διη**γ**-όσουν
ικανοπ**οι**-όταν	διη**γ**-όταν
ικανοπ**οι**-όμασταν	διη**γ**-όμασταν
ικανοπ**οι**-όσασταν	διη**γ**-όσασταν
ικανοπ**οι**-όνταν	διη**γ**-όνταν

Β. Ο χαρακτήρας και το θέμα του αορίστου και της μετοχής της παθητικής φωνής.

1. αγαπώ   αγάπ-ησα   αγαπ-ήθηκα   αγαπ-ημένος
   ωφελώ   ωφέλ-ησα   ωφελ-ήθηκα   ωφελ-ημένος

αλλά

κυλώ	κύλ-ησα	κυλ-ίστηκα	κυλ-ισμένος

-ησα ⟶ **-ήθηκα, -ημένος**

2. γελώ   γέλ-ασα   γελ-άστηκα   γελ-ασμένος

-ασα ⟶ **-άστηκα, -ασμένος**

3. (α) αφαιρώ   αφαίρ-εσα   αφαιρ-έθηκα   αφαιρ-εμένος
                                                                  (αφηρ-ημένος)

βαριέμαι	—	βαρ-έθηκα	—
παραπονιέμαι	—	παραπον-έθηκα	παραπον-εμένος
στενοχωρώ	στενοχώρ-εσα	στενοχωρ-έθηκα	στενοχωρ-εμένος
			(στενοχωρ-ημένος)
συγχωρώ	συγχώρ-εσα	συγχωρ-έθηκα	συγχωρ-εμένος

  (β) αποτελώ   αποτέλ-εσα   αποτελ-έστηκα   αποτελ-εσμένος

αρκώ	—	αρκ-έστηκα	—
εκτελώ	εκτέλ-εσα	εκτελ-έστηκα	εκτελ-εσμένος
καλώ	κάλ-εσα	καλ-έστηκα	καλ-εσμένος

αλλά

προκαλώ	προκάλ-εσα	προ-κλήθηκα	—
προσκαλώ	προσκάλ-εσα	προ-σκλήθηκα	προσκαλ-εσμένος
		προσκαλ-έστηκα	

-εσα ⟨ **-έθηκα, -εμένος** / **-έστηκα, -εσμένος**

4. τραβώ   τράβ-ηξα   τραβ-ήχτηκα   τραβ-ηγμένος

-ηξα ⟶ **-ήχτηκα, -ηγμένος**

5. πετώ   πέτ-αξα   πετ-άχτηκα   πετ-α(γ)μένος

-αξα ⟶ **-άχτηκα, -αγμένος**

Γ. Ο σχηματισμός της προστακτικής της παθητικής φωνής των ρημάτων β′ συζυγίας είναι ίδιος με το σχηματισμό της προστακτικής της παθητικής φωνής των ρημάτων της α′ συζυγίας (μάθημα 27).

Δ. Μετοχή παθητικού παρακειμένου από ενεργητικά ρήματα που δεν έχουν παθητική φωνή:

αργοπορώ	αργοπορ-ημένος, -η, -ο
γερνώ	γερ-ασμένος, -η, -ο
διψώ	διψ-ασμένος, -η, -ο
δυστυχώ	δυστυχ-ισμένος, -η, -ο
ευτυχώ	ευτυχ-ισμένος, -η, -ο
μεθώ	μεθ-υσμένος, -η, -ο
πεινώ	πειν-ασμένος, -η, -ο
πονώ	πον-εμένος, -η, -ο
χαλώ	χαλ-ασμένος, -η, -ο

Ρήματα β′ συζυγίας

Ε.

α′ τάξη

αναρωτιέμαι (—)	κυβερνιέμαι (κυβερνώ)	περνιέμαι (περνώ)
βαριέμαι (—)	κυλιέμαι (κυλώ)	πετιέμαι (πετώ)
γελιέμαι (γελώ)	μιλιέμαι (μιλώ)	πουλιέμαι (πουλώ)
γεννιέμαι (γεννώ)	μετριέμαι (μετρώ)	τραβιέμαι (τραβώ)
κουνιέμαι (κουνώ)	νικιέμαι (νικώ)	τρυπιέμαι (τρυπώ)
κρατιέμαι (κρατώ)	ξεχνιέμαι (ξεχνώ)	χασμουριέμαι (—)
κρεμιέμαι (κρεμώ)	παραπονιέμαι (—)	χτυπιέμαι (χτυπώ)

αλλά

παρηγορώ (β′ τάξη)	παρηγοριέμαι (α′ τάξη)
στενοχωρώ (α′ και β′ τάξη)	στενοχωριέμαι (α′ τάξη)
τηλεφωνώ (α′ και β′ τάξη)	τηλεφωνιέμαι (α′ τάξη)
φορώ (α′ και β′ τάξη)	φοριέμαι (α′ τάξη)

β′ τάξη

απειλούμαι (απειλώ)	διηγούμαι (—)
αποτελούμαι (αποτελώ)	δικαιολογούμαι (δικαιολογώ)
αρκούμαι (αρκώ)	ειδοποιούμαι (ειδοποιώ)
αρνούμαι (—)	εξαιρούμαι (εξαιρώ)

ασχολούμαι (—)
αφαιρούμαι (αφαιρώ)
δημιουργούμαι (δημιουργώ)
καλλιεργούμαι (καλλιεργώ)
κατοικούμαι (κατοικώ)
κινούμαι (κινώ)
μετακινούμαι (μετακινώ)
μιμούμαι (—)
περιποιούμαι (—)
πληροφορούμαι (πληροφορώ)

εξυπηρετούμαι (εξυπηρετώ)
θεωρούμαι (θεωρώ)
ικανοποιούμαι (ικανοποιώ)
στερούμαι (στερώ)
συγκινούμαι (συγκινώ)
συμφωνούμαι (συμφωνώ)
τιμωρούμαι (τιμωρώ)
χρησιμοποιούμαι (χρησιμοποιώ)
ωφελούμαι (ωφελώ)

αλλά

αδικούμαι	και	αδικιέμαι
αρνούμαι	και	αρνιέμαι
δικαιολογούμαι	και	δικαιολογιέμαι
παραπονούμαι	και	παραπονιέμαι

ΑΣΚΗΣΕΙΣ

A. *Να συμπληρώσετε τα κενά με τον ενεστώτα των ρημάτων που είναι στην παρένθεση.*

1. .... τι άνθρωπος είναι. (αναρωτιέμαι)
2. Το βιβλίο αυτό .... από πολλά κεφάλαια. (αποτελούμαι)
3. Η γιαγιά .... από τον εγγονό της όταν περπατά, για να μην πέσει. (κρατιέμαι)
4. .... τα νέα από την τηλεόραση. (πληροφορούμαι)
5. Ο καιρός είναι ακόμη κρύος, και η ζακέτα .... άνετα. (φοριέμαι)
6. Ειλικρινά σας λέω ότι σ' αυτή την πόλη μόνο αγενείς ανθρώπους συνάντησα· .... φυσικά οι παρόντες. (εξαιρούμαι)
7. Ο καπνός .... σε ορισμένα μέρη της Ελλάδας. (καλλιεργούμαι)
8. Τι θέλεις επιτέλους και δεν .... με τίποτα; (ικανοποιούμαι)
9. Με τι .... τον ελεύθερο χρόνο σου; Κάνεις σπορ; (ασχολούμαι)
10. Γιατί .... συνέχεια; Μήπως ....; (χασμουριέμαι, βαριέμαι)

11. Αυτή η έκφραση δε .... στη γλώσσα μας. (χρησιμοποιούμαι)
12. Τα παιδικά χρόνια δεν .... εύκολα. (ξεχνιέμαι)
13. Δε .... εύκολα, αλλά χθες κλάψαμε με την ψυχή μας στο σινεμά. (συγκινούμαι)
14. Δεν μπορώ να καταλάβω, γιατί .... συνεχώς. (παραπονιέμαι)
15. Μας .... πολύ, όταν πηγαίνουμε στο σπίτι του. (περιποιούμαι)

B. *Να συμπληρώσετε τα κενά με τον παρατατικό των ρημάτων που είναι στην παρένθεση.*

1. Θα στενοχωριόμουν πολύ, αν δεν .... εγκαίρως. (ειδοποιούμαι)
2. Κάθε φορά που τον ρωτούσαμε γιατί έφυγε από το σπίτι του, ... να απαντήσει. (αρνούμαι)
3. .... πολύ τον εαυτό της, γι' αυτό έδειχνε νεότερη από μας. (περιποιούμαι)
4. Κάθε φορά που τους έβλεπα, ... ότι δεν τους έφταναν τα χρήματα. (παραπονιέμαι)
5. Θα .... αδιάκριτος, αν σε ρωτούσα τι μισθό παίρνεις; (θεωρούμαι)
6. Όταν έκανε δίαιτα .... τα γλυκά, κι αυτό την τρέλαινε. (στερούμαι)
7. Αυτή η περιοχή δεν .... άλλοτε. (καλλιεργούμαι)

Γ. *Να συμπληρώσετε τα κενά με τον αόριστο των ρημάτων που είναι στην παρένθεση.*

1. .... πολύ διαβάζοντας το γράμμα της. (συγκινούμαι)
2. Το αυτοκίνητό του .... σε πολύ καλή τιμή, γιατί ήταν σε καλή κατάσταση. (πουλιέμαι)
3. Δεν .... ακόμη από το θάνατο του γιου τους. (παρηγοριέμαι)
4. .... στην Αμερική, αλλά ζει στην Ελλάδα. (γεννιέμαι)
5. Μονάδες στρατού .... χθες προς βορρά. (μετακινούμαι)

Δ. *Να συμπληρώσετε τα κενά με τον παρατατικό ή αόριστο των ρημάτων που είναι στην παρένθεση.*

1. Δεν .... όλοι για την αυριανή συνεδρίαση. (ειδοποιούμαι)
2. Πού ...., κυρία Λαζαρίδη; – Στη Θεσσαλονίκη. (γεννιέμαι)
3. Όταν ήμουν στο χωριό, ... πολύ με την κηπουρική. (ασχολούμαι)

4. .... και δεν άκουσα τι είπες. (αφαιρούμαι)

5. Όταν ήμασταν στο νησί, ... τα νέα από το ραδιόφωνο, γιατί εκεί δεν έφταναν εφημερίδες. (πληροφορούμαι)

6. .... για να μη με χτυπήσει το αυτοκίνητο. (τραβιέμαι)

7. Εξαιτίας της κακοκαιρίας .... πολλά δυστυχήματα. (προκαλούμαι)

8. Η Ελένη θα γυρίσει σε λίγο. .... ως το περίπτερο να αγοράσει τσιγάρα. (πετιέμαι)

9. Κρύωσα, γιατί .... να στεγνώσω τα μαλλιά μου πριν βγω έξω. (βαριέμαι)

Ε. Να συμπληρώσετε τα κενά με το μέλλοντα (συνεχή ή απλό) των ρημάτων που είναι στην παρένθεση.

1. Αν πηγαίνετε πρωί πρωί στην τράπεζα, ... αμέσως. (εξυπηρετούμαι)

2. Όποιος πουλά τρόφιμα με καπέλο, ... αυστηρά. (τιμωρούμαι)

3. ...., αν μάθει πως τον αδίκησες. (παραπονιέμαι)

4. Αυτό το σπίτι ...., γιατί ο ιδιοκτήτης του φεύγει στο εξωτερικό. (πουλιέμαι)

5. .... πολύ, αν κάνεις παρέα μαζί του. (ωφελούμαι)

6. Δεν τους παίρνω μαζί μου σ' αυτή τη συναυλία, γιατί είμαι σίγουρη ότι .... (βαριέμαι)

7. Αν το κάνεις αυτό, ... άδικος. (θεωρούμαι)

8. Αν διορθώσω το παλτό μου, ... φέτος; (φοριέμαι)

9. .... πολύ οι γονείς του, όταν μάθουν ότι πέρασε στις εξετάσεις. (ικανοποιούμαι)

ΣΤ. Να συμπληρώσετε τα κενά με την υποτακτική (συνεχή ή απλή) των ρημάτων που είναι στην παρένθεση.

1. Μάθε .... σ' αυτά που έχεις. (αρκούμαι)

2. Σε παρακαλώ ... τον ...., σαν να ήμουν εγώ. (περιποιούμαι)

3. Δεν είναι σωστό .... για κάτι που δεν έκαναν. (τιμωρούμαι)

4. Δεν ωφελεί .... Δε σε πιστεύω. (δικαιολογούμαι)

5. Αν ...., δε θα μπορέσω να σε φωτογραφίσω καλά. (κουνιέμαι)

6. Μην .... πάνω μου. Με εκνευρίζεις. (κρεμιέμαι)

7. Δεν μπορείς .... ότι ήσουν εκεί, αφού σε είδα. (αρνούμαι)

8. Δουλεύει σκληρά, γιατί προσπαθεί .... μόνος του. (δημιουργούμαι)

9. Καθίστε λίγο .... με τα μαθήματά σας και μη γυρνάτε όλο στους δρόμους. (ασχολούμαι)

10. Τα αυτοκίνητα δεν μπορούν .... λόγω της μεγάλης παγωνιάς. (κινούμαι)

Z. *Να συμπληρώσετε τα κενά με τα παρακάτω ρήματα στο σωστό τύπο:*

μετακινούμαι, εξυπηρετούμαι, χτυπιέμαι, διηγούμαι, αρνούμαι, κρατιέμαι, στερούμαι, κουνιέμαι, καλούμαι, αναρωτιέμαι

1. Η φτώχεια κάνει τον άνθρωπο .... πολλά πράγματα.
2. Μην .... να μου κάνεις αυτήν τη χάρη, φίλε μου.
3. Κύριε, ... μόνος σας, γιατί το κατάστημα λειτουργεί χωρίς υπαλλήλους.
4. Βρίσκεται στο νοσοκομείο άσχημα ....
5. Αν σου φανεί αστεία μ' αυτά που φοράει, ... και μη γελάσεις, γιατί θα θυμώσει.
6. Είναι αδύνατο ... σας .... όλα όσα έγιναν στο ταξίδι.
7. Σε άκουγα να μιλάς και .... πού τη βρήκες τόση όρεξη ύστερα από τέτοια κούραση.
8. Άντε, ..., πέρασε η ώρα.
9. Εγώ κερνώ σήμερα, γιατί είστε δικοί μου ....
10. Με το σεισμό τα έπιπλα .... από τη θέση τους.

Ιδιωτισμοί – Εκφράσεις

Κατασκευάζουμε αυτοκίνητα.
Προκατασκευάζουμε ένα σπίτι.
Παρασκευάζουμε φάρμακα από βότανα.
Συσκευάζουμε τα πράγματά μας, όταν αλλάζουμε σπίτι.
Προπαρασκευάζουμε τους μαθητές για τις εξετάσεις.
Επισκευάζουμε τα χαλασμένα πράγματα.
Διασκευάζουμε ένα λογοτεχνικό έργο.
Ανασκευάζουμε επιχειρήματα.

βιομηχανική μονάδα
στρατιωτική μονάδα

οι μονάδες μετρήσεως
Το κιλό είναι μονάδα βάρους.

1 κιλό έχει 1000 γραμμάρια.
1/2 κιλό έχει 500 γραμμάρια.
1/4 του κιλού έχει 250 γραμμάρια.

Το μέτρο είναι μονάδα μήκους.
Το μέτρο έχει 100 εκατοστά.
Το εκατοστό διαιρείται σε 10 χιλιοστά.
Η Αθήνα απέχει από τη Θεσσαλονίκη 500 χιλιόμετρα περίπου.

Έχω μερικά χρήματα στην Τράπεζα· ο τόκος των καταθέσεων είναι
......% (τοις εκατό, στα εκατό).
Η πιθανότητα να μου πέσει το λαχείο είναι ένα στα χίλια.

Έχω περίπου είκοσι ευρώ ψιλά.
Ήρθαν κάπου δεκαπέντε φίλοι στο σπίτι.
Ήταν πάνω κάτω είκοσι στρατιώτες.
Θα ήταν καμιά εικοσαριά άνθρωποι.

Χθες έφαγα διπλή μερίδα φαγητό.
Ράβω με τριπλή κλωστή τα κουμπιά μου.

Το σπίτι μου είναι διπλάσιο από το δικό σου.
Η χώρα σας είναι τριπλάσια σε έκταση από τη δική τους.
Αγόρασα μια δωδεκάδα πιάτα.
δυάδα, τριάδα, τετράδα, πεντάδα, εξάδα,
δεκάδα, δωδεκάδα, εικοσάδα, εκατοντάδα, χιλιάδα

Αναμνήσεις από τα παιδικά χρόνια

Καμιά φορά, τελείως ξαφνικά, ακούγοντας ένα παλιό τραγούδι, βλέποντας μια ξεχασμένη φωτογραφία που κάτι μας θυμίζει, χωρίς να το καταλάβουμε, γυρίζουμε χρόνια πίσω, γινόμαστε πάλι παιδιά. Βλέπουμε τον εαυτό μας μικρό να φοβάται, να λυπάται και να κλαίει κι άλλες πάλι φορές να γελάει και να χαίρεται. Θυμόμαστε όλα τα παιχνίδια που κάναμε με τ' άλλα γειτονόπουλα και σαν ν' ακούμε ακόμη τη φωνή του παππού και της γιαγιάς, που άλλοτε μας κοίμιζαν κι άλλοτε μας φόβιζαν με τα παραμύθια τους. Βρισκόμαστε και πάλι στο σπίτι που καθόμασταν, στο πατρικό μας σπίτι. Μεγάλο ή μικρό, παλιό ή καινούριο, ήταν για μας ο κόσμος όλος την εποχή εκείνη.

Τι χαρές και τι λύπες, τι όνειρα και τι ελπίδες κλείνει μέσα της η παιδική ηλικία και πόσο όλοι αλλάζουμε με τον καιρό. Άραγε, αν ήταν δυνατό να γίνουμε για λίγο παιδιά, θ' αναγνωρίζαμε το σημερινό μας εαυτό, το γεμάτο πείρα, προβλήματα και άγχος; Ίσως, όμως, ένα κομμάτι του εαυτού μας μένει για πάντα παιδί, και έτσι εξακολουθούμε να κάνουμε όνειρα και να έχουμε ελπίδες και σχέδια για ένα καλύτερο μέλλον.

Η παλιά γειτονιά

Α — Παναγιώτη, δώσε χαιρετισμούς στον Περικλή, όταν τον δεις. Ξέρεις, μεγαλώσαμε στην ίδια γειτονιά.

Β — Μη μου πεις! Κι εγώ έμενα λίγο παρακάτω, αλλά δε σε θυμάμαι.

Α — Ούτε κι εγώ! Φαίνεται ότι δεν ερχόσουν συχνά στην πλατεία όπου παίζαμε. Πέρασες τώρα τελευταία από εκεί;

Β — Πριν από δυο τρεις μήνες. Αν δεν έβλεπα το όνομα του δρόμου, θα νόμιζα ότι έκανα λάθος. Τίποτα δε μου θύμιζε το μέρος που μεγάλωσα.

Α — Πήγα κι εγώ τις προάλλες και λυπήθηκα για όλες τις αυλές και τα δέντρα που χάθηκαν μέσα σε λίγα χρόνια.

Β — Πάνε οι γειτονιές, χάθηκαν μία μία. Τώρα πια δεν υπάρχουν παρά μόνο δρόμοι με αυτοκίνητα και πολυκατοικίες, όπου κανένας δεν ξέρει ποιος κάθεται δίπλα του.

Α — Δίκιο έχεις. Πριν από λίγες μέρες θυμόμασταν με τ' αδέλφια μου πόσο μας λύπησε η απόφαση των γονιών μας ν' αλλάξουμε σπίτι και πόσο μας φόβιζαν στην αρχή η κίνηση και τ' αυτοκίνητα.

Β — Τα σημερινά παιδιά δε φοβούνται πια τις μηχανές, είναι κομμάτι της ζωής τους. Φοβάμαι, όμως, πως, αν δε βάλουμε γρήγορα ένα φρένο στην καταστροφή του περιβάλλοντος, θα βλέπουμε δέντρα και λουλούδια μόνο στις εικόνες.

Α — Κάτι πρέπει να κάνουμε όλοι μαζί, να σταματήσει το κακό.

Γίνομαι

Όταν με μαλώνουν χωρίς λόγο, **γίνομαι** έξαλλος.
Όταν κάνει πολύ κρύο, το νερό **γίνεται** πάγος.
Ο θείος των παιδιών **έγινε** αεροπόρος.
Ο Σταύρος **θα γίνει** καλός μουσικός, γιατί έχει ταλέντο και θέληση.

Άλκη, αν θέλεις να βγάζεις πολλά λεφτά, **να γίνεις** υδραυλικός.
Τα λάθη πρέπει **να** μας **γίνονται** μαθήματα.

Τι **έγινες** φίλε μου; Σ' έχασα.
Κώστα, τι **έγινε** το στιλό που σου έδωσα; – Το χρειάζομαι ακόμα.
Δεν ξέρω τι **θα γίνουμε.** Η κατάσταση είναι πολύ δύσκολη.

Αν **γίνει** ο χορός της σχολής μας, θα πάω με την παρέα μου.
Η συνεδρίαση **έγινε** χθες, αλλά δεν πάρθηκε καμιά απόφαση.
Ο αδελφός μου θα πάει ταξίδι, μόλις **γίνει** η εγχείριση του πατέρα.
Η δουλειά **θα γίνει** όπως τη θέλεις.

Πρέπει να περιμένετε. Δεν **έγινε** το φαγητό ακόμη.
Φέτος **έγιναν** νωρίς τα φρούτα, γιατί δεν είχαμε βαρύ χειμώνα.
Τα φρούτα είναι πολύ **γινωμένα.** Εμένα μου αρέσουν πιο άγουρα.

Τώρα καπνίζεις για αστείο, αλλά αν δε σταματήσεις εγκαίρως, **θα** σου **γίνει** συνήθεια.
Η Αθηνά τού **έγινε** έμμονη ιδέα και δεν μπορεί να την ξεχάσει.

θέμα ενεστώτα: | **γιν-** | θέμα αορίστου: | **γιν-** |

Οριστική

Ενεστώτας:	γίνομαι
Παρατατικός:	γινόμουν(α)
Αόριστος:	έγινα
Μέλλοντας Συνεχής:	θα γίνομαι
Μέλλοντας Απλός:	θα γίνω
Παρακείμενος:	έχω γίνει
Υπερσυντέλικος:	είχα γίνει
Συντελ. Μέλλοντας:	θα έχω γίνει

Υποτακτική

Συνεχής: να γίνομαι
Απλή: να γίνω

Προστακτική

Συνεχής: να γίνεσαι
          να γίνεστε
Απλή: γίνε
          γίνετε

Δυνητική

θα γινόμουν(α)

Ευχετική

να γινόμουν(α)

Μετοχή

γινωμένος, -η, -ο

Έρχομαι

Θα έρθει την Πέμπτη αεροπορικώς από την Ολλανδία.
Αν **ερχόταν** εκδρομή και η άλλη τάξη, θα νοικιάζαμε ένα πούλμαν.
Έφυγα νωρίς από τη δουλειά μου, γιατί μου **ήρθε** ζάλη.
Εύχομαι **να** σου **έρθουν** όλα δεξιά.
Βάλε την μπλούζα μου. Σου **έρχεται** γάντι.

θέμα ενεστώτα: **ερχ-**   θέμα αορίστου: **ήρθ-**

θέμα απλών χρόνων: **έρθ-**   **ρθ-**

Οριστική

Ενεστώτας:	έρχομαι
Παρατατικός:	ερχόμουν(α)
Αόριστος:	ήρθα
Μέλλοντας Συνεχής:	θα έρχομαι
Μέλλοντας Απλός:	θα έρθω – θα 'ρθω – θά 'ρθω
Παρακείμενος:	έχω έρθει – έχω 'ρθει
Υπερσυντέλικος:	είχα έρθει – είχα 'ρθει
Συντελ. Μέλλοντας:	θα έχω έρθει – θα έχω 'ρθει

Υποτακτική	**Προστακτική**

Συνεχής: να έρχομαι
Απλή: να έρθω – να 'ρθω
	Συνεχής: να έρχεσαι
	                να έρχεστε
	Απλή: έλα
	                ελάτε

Δυνητική	**Ευχετική**	**Μετοχή**
θα ερχόμουν(α)	να ερχόμουν(α)	ερχόμενος, -η, -ο

Κάθομαι

Γιατί δεν **κάθεσαι** και είσαι όρθιος; Έχει θέσεις.

Καθίστε, παρακαλώ. Ο γιατρός θα σας δεχτεί σε λίγο.

Κάθομαι στη Νέα Κρήνη.

Διαβάζει **καθισμένος** στον καναπέ.

Αυτός ο άνθρωπος μου **κάθεται** στο στομάχι.

θέμα ενεστώτα: **καθ-**   θέμα αορίστου: **καθισ-** , **κατσ-**

Οριστική

Ενεστώτας:	κάθομαι
Παρατατικός:	καθόμουν(α)
Αόριστος:	κάθισα – έκατσα
Μέλλοντας Συνεχής:	θα κάθομαι
Μέλλοντας Απλός:	θα καθίσω – θα κάτσω
Παρακείμενος:	έχω καθίσει – έχω κάτσει
Υπερσυντέλικος:	είχα καθίσει – είχα κάτσει
Συντελ. Μέλλοντας:	θα έχω καθίσει – θα έχω κάτσει

Υποτακτική	**Προστακτική**

Συνεχής: να κάθομαι
Απλή: να καθίσω – να κάτσω
	Συνεχής: να κάθεσαι
	                να κάθεστε
	Απλή: κάθισε – κάτσε
	                καθίστε – κάτσετε

Δυνητική	**Ευχετική**	**Μετοχή**
θα καθόμουν(α)	να καθόμουν(α)	καθισμένος, -η, -ο

Ρήματα σε -άμαι (-ούμαι)

θυμίζω	θυμάμαι – θυμούμαι
κοιμίζω	κοιμάμαι – κοιμούμαι*
λυπώ	λυπάμαι – λυπούμαι
φοβίζω	φοβάμαι – φοβούμαι

Θύμισέ μου να πάρω το φάρμακό μου μετά το φαγητό.

Η μητέρα **κοιμίζει** το μωρό της στις 8 κάθε βράδυ.

Με **λύπησαν** με την άσχημη συμπεριφορά τους.

Ο δυνατός θόρυβος **φόβισε** τα παιδιά.

Πάντα **θυμάμαι** να παίρνω το φάρμακό μου μετά το φαγητό.

Οι γονείς μου **κοιμούνται** από τις 10 κάθε βράδυ.

Λυπήθηκαν πολύ για το θάνατο του θείου.

Η Χριστίνα **φοβάται** να μένει μόνη της στο σπίτι το βράδυ.

Ενεστώτας	**Παρατατικός**
θυμ-άμαι (-ούμαι)	θυμ-όμουν
θυμ-άσαι	θυμ-όσουν
θυμ-άται	θυμ-όταν
θυμ-όμαστε (-ούμαστε)	θυμ-όμασταν
θυμ-άστε	θυμ-όσασταν
θυμ-ούνται	θυμ-όνταν (-ούνταν)

Προστακτική απλή	
Ενεργητική	Παθητική
θύμισ-ε	θυμήσ-ου
θυμίσ-τε	θυμηθ-είτε

---

* Μόνο το ρήμα **κοιμάμαι – κοιμούμαι** δεν παίρνει αντικείμενο.

Αόριστος		Μετοχή	
Ενεργητικός	**Παθητικός**	**Ενεργητική**	**Παθητική**
θύμισα	θυμήθηκα	θυμίζοντας	—
κοίμισα	κοιμήθηκα	κοιμίζοντας	κοιμισμένος, -η, -ο
λύπησα	λυπήθηκα	λυπώντας	λυπημένος, -η, -ο
φόβισα	φοβήθηκα	φοβίζοντας	φοβισμένος, -η, -ο

ΑΣΚΗΣΕΙΣ

A. *Να συμπληρώσετε τα κενά με τα ρήματα* **έρχομαι, γίνομαι, κάθομαι** *στο σωστό τύπο.*

1. Πέτρο, ... εδώ, σε παρακαλώ.
2. Κάναμε παρέα, όταν .... στην ίδια γειτονιά.
3. .... να σας δούμε την άλλη βδομάδα.
4. Τι .... ο Αλέξανδρος; Ακόμη .... ;
5. Δεν μπορώ .... άλλο. Με περιμένουν.
6. Λυπάμαι, αλλά αυτό που ζητάτε δεν μπορεί ....
7. Παιδιά, ... να σας δώσω κάτι.
8. .... να σου εξηγήσω τι ...., και μετά φωνάζεις.
9. Τι ώρα .... το τρένο από τη Λάρισα τις Κυριακές;
   – Στις 17:00.
10. Μας είπαν .... στη δουλειά μας στις οκτώμισι το πρωί.
11. .... να σε δω, αν είχα καιρό, αλλά κάτι μου έτυχε.
12. Όταν ήρθε, ... κιόλας για φαγητό.
13. Μην .... , έλα να σου δείξω κάτι.
14. Θέλεις .... στο σπίτι μου αύριο το απόγευμα; – Ευχαρίστως.
15. Την ώρα που .... ο σεισμός, ήμουν .... μπροστά στην τηλεόραση.

B. *Να συμπληρώσετε τα κενά με το κατάλληλο ρήμα στο σωστό τύπο.*

1. .... πολύ που δεν ήρθατε! (λυπώ, λυπάμαι)
2. Μερικοί άνθρωποι μιλούν τόσο μονότονα, που μας .... όταν τους ακούμε. (κοιμίζω, κοιμάμαι)
3. .... να πληρώσεις και το δικό μου λογαριασμό της ΔΕΗ. (θυμίζω, θυμάμαι)

4. Οι ποντικοί .... τις γάτες. (φοβίζω, φοβάμαι)
5. .... στο σπίτι της γιαγιάς μου χθες. (κοιμίζω, κοιμάμαι)
6. .... που σε .... με τα λόγια μου, αλλά αυτή είναι η αλήθεια. (λυπώ, λυπάμαι)
7. Με .... καθόλου στο ταξίδι που έκανες; – Μα, το ρωτάς; (θυμίζω, θυμάμαι)
8. Μη .... το παιδί με τρομακτικές ιστορίες. (φοβίζω, φοβάμαι)
9. Τόσο μεγάλο παιδί και ακόμη το .... με παραμύθια και τραγούδια! (κοιμίζω, κοιμάμαι)
10. .... μου να πληρώσω το νοίκι. (θυμίζω, θυμάμαι)
11. Μην τον .... Είναι άξιος της τύχης του. (λυπώ, λυπάμαι)
12. Βιάζεται, γιατί .... μήπως δεν προλάβει το τρένο. (φοβίζω, φοβάμαι)

Ιδιωτισμοί – Εκφράσεις

Κιτρίνισα από το φόβο μου.
Κοκκίνισα από θυμό, από ντροπή, από τον ήλιο.
Χάνω την ψυχραιμία μου.

Βρίσκομαι σε δύσκολη θέση.
Πώς βρέθηκε εδώ;
Βρέθηκαν τα βιβλία σου;
Σου βρίσκονται τίποτε ψιλά;

Πηγαίνω για ύπνο.
Πέφτω στο κρεβάτι.
Με παίρνει ο ύπνος.
Υποφέρω από αϋπνία.

Τα ελληνικά νησιά

Τα ελληνικά νησιά είναι ο μεγαλύτερος ελληνικός θησαυρός. Πριν από χρόνια ο θησαυρός αυτός ήταν μόνο για τους Έλληνες. Τώρα, όμως, έχουν γίνει γνωστά σ' όλο τον κόσμο· χιλιάδες ξένοι έρχονται κάθε χρόνο να ζήσουν λίγες μέρες σ' αυτά και, όταν φύγουν, ονειρεύονται να γυρίσουν και πάλι μια μέρα.

Είναι πολλά τα ελληνικά νησιά. Άλλα πασίγνωστα, όπως η Κρήτη, η Ρόδος, η Κέρκυρα, η Ύδρα, η Μύκονος, και άλλα όχι τόσο γνωστά όπως η Χίος, η Λέσβος, η Σάμος, ο Πόρος, η Θάσος.

Δε χρειάζονται λόγια για να περιγράψει κανείς τα νησιά. Δεν υπάρχει σχεδόν ούτε ένα από αυτά που να μην έχει ομορφιές. Σαν βρεθείς σ' αυτά, βλέπεις την ομορφιά τριγύρω σου, τη ζεις, την αισθάνεσαι. Χαίρεσαι τον ήλιο, το γαλανό ουρανό, την κρυσταλλένια θάλασσα, την πρασινάδα. Εύχεσαι να ήταν δυνατό να περάσεις εκεί όλη σου τη ζωή, κοντά στους απλούς καλούς νησιώτες, που είναι πρόθυμοι να βοηθήσουν κάθε ξένο, λες και γνωρίζονται μαζί του χρόνια. Όποιος γνωρίσει τα ελληνικά νησιά, δεν τα ξεχνά ποτέ.

Αφηρημάδα

Α — Πόσο αφηρημένος είναι ο Βαγγέλης! Λες και ονειρεύεται με ανοιχτά μάτια. Τόση ώρα του εξηγούσα τι θέλω, αλλά μου φαίνεται ότι δεν κατάλαβε τίποτα.

Β — Μη στενοχωριέσαι. Γνωριζόμαστε με το Βαγγέλη χρόνια, και τον ξέρω καλά. Να είσαι σίγουρος ότι η δουλειά σου θα γίνει όπως πρέπει.

Α — Πολύ αμφιβάλλω. Απορώ πώς ταιριάξατε εσείς οι δύο. Είστε τόσο διαφορετικοί!

Β — Είναι αλήθεια. Και όμως, από την ημέρα που συναντηθήκαμε για πρώτη φορά, δεν έχουμε μαλώσει ποτέ. Είναι εξαιρετικό παιδί.

Α — Όσο γι' αυτό, σε πιστεύω. Τον θυμάμαι από τότε που ήμασταν συμμαθητές στο σχολείο. Ήταν πάντα πρόθυμος να βοηθήσει τον καθένα. Μόνο που καμιά φορά εκνευρίζεσαι με την αφηρημάδα του.

Μέσα ρήματα

Α. Τα μέσα ρήματα που εξετάσαμε στο 29ο μάθημα φανερώνουν ότι η ενέργεια του υποκειμένου πηγαίνει **άμεσα** στο ίδιο το υποκείμενο και ονομάζονται **μέσα αυτοπαθή** ρήματα, π.χ.: Ο πατέρας **ξυρίζεται** κάθε πρωί με ηλεκτρική ξυριστική μηχανή.

Β. Υπάρχουν όμως και μέσα ρήματα που φανερώνουν ότι το υποκείμενο ενεργεί για τον εαυτό του **έμμεσα,** δηλαδή με τη βοήθεια άλλου. Αυτά λέγονται **μέσα πλάγια** ρήματα, π.χ.: Ο πατέρας **ξυρίζεται** στο κουρείο.

Γ. Υπάρχουν ακόμη και τα **μέσα αλληλοπαθή** ρήματα που φανερώνουν μια όμοια ενέργεια δύο ή περισσότερων υποκειμένων, η οποία πηγαίνει **από το ένα στο άλλο**, π.χ.: Ο Γιώργος κι εγώ **αγαπιόμαστε** πολύ.

Μέσα αλληλοπαθή ρήματα

Βλεπόμαστε κάθε μέρα με τον Πέτρο στη στάση.
Γνωρίζονται καλά ο Βασίλης και η Καίτη.
Κοροϊδευόμαστε τώρα; Πώς να πιστέψω όλα αυτά τα παραμύθια που μου λες;
Έχουμε **να ιδωθούμε** πολύ καιρό, και δεν ξέρω τι κάνει.

Δε **γνωριζόμαστε** μεταξύ μας.

Πρέπει **να μοιράζεστε** δίκαια τα κέρδη μεταξύ σας.

Είναι αδύνατο **να συμβιβαστούν.** Είναι και οι δύο φιλοχρήματοι.

Αλληλοθαυμάζονται η Μαρία και η Νίκη.

Γιατί οι άνθρωποι **αλληλοσκοτώνονται;**

Οι φίλοι **αλληλοϋποστηρίζονται.**

Το θετικό και το αρνητικό φορτίο ενός ατόμου **αλληλοεξουδετερώνονται.**

Συναντιέμαι με την παρέα μου κάθε βράδυ.

Θα συνεννοηθώ μαζί της και θα σου τηλεφωνήσω.

Ο ένας **καταλαβαίνει** τον άλλο.

Ο ένας **περιμένει** τον άλλο.

Χρειαζόμαστε η μία την άλλη.

Βοηθάτε ο ένας τον άλλο;

Δε **μιλούν** ο ένας στον άλλο.

γνωριζόμαστε   = αλληλογνωριζόμαστε = γνωριζόμαστε μεταξύ μας

γνωρίζεστε   = αλληλογνωρίζεστε   = γνωρίζεστε μεταξύ σας

γνωρίζονται   = αλληλογνωρίζονται   = γνωρίζονται μεταξύ τους

> γνωρίζουμε ο ένας τον άλλο
>
> γνωρίζετε   ο ένας τον άλλο
>
> γνωρίζουν   ο ένας τον άλλο

Ουδέτερα ρήματα

Ο Νίκος **είναι** γεωργός.

Υπάρχει κανένα γλυκό και για μένα; – Κοίταξε στο ψυγείο.

Φαίνεται ότι θα βρέξει σήμερα, γιατί κάνει υπερβολική ζέστη.

Η γιαγιά μου **υποφέρει** από το στομάχι της.

Παντελή, **κρυώνεις;** – Όχι, αντίθετα, **ζεσταίνομαι** πολύ.

Πεινάς πολύ; – Σαν λύκος.

Θα ήθελα να πιω κάτι. **Διψώ** αφάνταστα.

Στενοχωριέμαι που σε βλέπω να πονάς.

Ζούμε στη Θεσσαλονίκη από το 1960.

Μου **φαίνεται** ότι **νυστάζεις**, άντε πήγαινε στο κρεβάτι σου.

Αισθάνομαι άσχημα σήμερα.

Μου αρέσει **να κάθομαι** στην πολυθρόνα και να διαβάζω.

Πού **κάθεσαι;** – Στις Σαράντα Εκκλησιές.

Χάρηκα που σε είδα.

Το γραφείο μου **βρίσκεται** στο κέντρο της πόλης.

Δεν τους το είπα ακόμη, γιατί ξέρω ότι **θα λυπηθούν** πολύ.

Τα **ουδέτερα ρήματα** φανερώνουν πως το υποκείμενο ούτε ενεργεί ούτε δέχεται ενέργεια, αλλά βρίσκεται σε μία κατάσταση. Τα ουδέτερα ρήματα στην κλίση ακολουθούν άλλοτε την ενεργητική και άλλοτε την παθητική φωνή.

Μερικά από τα πιο σπουδαία ουδέτερα ρήματα

| είμαι | κρυώνω
νυστάζω
υπάρχω
υποφέρω | διψώ
ζω
πεινώ
πονώ | αισθάνομαι
βρίσκομαι
εκνευρίζομαι
ζεσταίνομαι
κάθομαι
στενοχωριέμαι
φαίνομαι
χαίρομαι | θυμάμαι
κοιμάμαι
λυπάμαι
φοβάμαι |

Αποθετικά ρήματα

Αναρωτήθηκες ποτέ σου πού θα πάει αυτή η κατάσταση;

Αρνούμαι να σας ακολουθήσω.

Με τι **ασχολείσαι** τις ελεύθερες ώρες σου; – Διαβάζω.

Βαριέμαι να βγω· προτιμώ να μείνω σπίτι.

Τι **θα γίνεις** όταν μεγαλώσεις; – Ναυτικός.

Δέχτηκε την πρότασή του και **θα συνεργαστούν.**

Μας **διηγήθηκαν** πώς πέρασαν στο ταξίδι τους.

Χθες το βράδυ που ήμασταν όλοι μαζί, η Δάφνη **μιμήθηκε** τόσο καλά τη δασκάλα μας, που όλοι σκάσαμε στα γέλια.

Ο πατέρας μου **εργάστηκε** 25 χρόνια στην Εθνική Τράπεζα.

΄Ερχεσαι μαζί μας στη θάλασσα; – Αν τα καταφέρω, **θα έρθω.**

Σας **εύχομαι** καλή επιτυχία.

Συχνά **θυμάται** τα περασμένα.

Ισχυρίζεται ότι έχει να φάει κρέας είκοσι χρόνια.

Καθίστε, παρακαλώ, δε βλέπουμε.

Μεταχειρίζομαι πολύ το λεξικό μου, όταν γράφω ελληνικά.

Μην **ντραπείς** να ζητήσεις τη βοήθειά του.

Φεύγουν από την Ελλάδα και **ονειρεύονται** να γυρίσουν μια μέρα.

Παραπονέθηκε στον ΟΤΕ για τις πολλές διακοπές του τηλεφώνου του.

Μας **περιποιείται** πολύ κάθε φορά που πάμε σπίτι της.

Ο Γεράσιμος **προφασίστηκε** ότι είχε δουλειά και έφυγε.

Να σέβεσαι τους άλλους, αν θέλεις **να** σε **σέβονται** κι αυτοί.

Σε **σκέφτομαι** πολύ.

Κερδίζει κανείς πολλά, όταν **φέρεται** καλά.

Φοβάται να κάνει εγχείριση.

Όταν μυρίζω πιπέρι, **φτερνίζομαι.**

Από την ώρα που ήρθες, συνέχεια **χασμουριέσαι.** Δεν κοιμήθηκες καλά;

Χρειάζομαι ένα καινούριο λεξικό.

Μου **χρειάζεται** ένα καινούριο λεξικό.

Αδύνατο **να συνεννοηθώ** μαζί του. Λες και μιλάμε άλλη γλώσσα.

Αποθετικά είναι τα ρήματα που έχουν καταλήξεις μόνο της παθη-
τικής φωνής (-ομαι, -ιέμαι, -ούμαι). Ως προς τη σημασία μπορεί να
είναι:

α) ενεργητικά: εύχομαι, παραπονιέμαι, διηγούμαι

β) μέσα αυτοπαθή: αναρωτιέμαι

γ) ουδέτερα: ντρέπομαι, βαριέμαι, κοιμάμαι

Μερικά από τα πιο σπουδαία αποθετικά ρήματα

αναρωτιέμαι	εύχομαι	περιποιούμαι
αρνούμαι	θυμάμαι	προφασίζομαι
ασχολούμαι	ισχυρίζομαι	σέβομαι
βαριέμαι	κάθομαι	σκέφτομαι
γίνομαι	μεταχειρίζομαι	συνεννοούμαι
δέχομαι	μιμούμαι	φέρομαι
διηγούμαι	ντρέπομαι	φοβάμαι
εργάζομαι	ονειρεύομαι	φτερνίζομαι
έρχομαι	παραπονιέμαι	χασμουριέμαι
		χρειάζομαι

ΑΣΚΗΣΗ

Να συμπληρώσετε τα κενά της ιστορίας με το σωστό τύπο των ρημάτων που είναι στην παρένθεση.

Α — Γιατί είσαι τόσο ...., Κατερίνα; .... όταν σε βλέπω .... τόσο περίεργα. (εκνευρίζομαι, στενοχωριέμαι, φέρομαι)

Β — Μην .... με μένα, δεν είναι τίποτα. .... λίγο να ξεκουραστώ και όλα θα μου περάσουν. (ασχολούμαι, κάθομαι)

Α — .... ότι .... τόσα χρόνια και όμως ακόμη με δυσκολία μού ανοίγεις την καρδιά σου. Πιστεύω ότι οι φίλοι πρέπει .... στις δύσκολες στιγμές. (σκέφτομαι, γνωρίζομαι, αλληλοβοηθιέμαι)

Β — Εντάξει, μην ...., Αντώνη. Θα σου πω τι έχω. Πρόκειται για το Στέλιο. Χωρίζουμε. (παραπονιέμαι)

Α — Μα χθες σας άκουσα .... στο τηλέφωνο ότι .... σήμερα το βράδυ. (συνεννοούμαι, συναντιέμαι)

Β — Ναι, μου ζήτησε .... σε μια καφετέρια και ...., αλλά τώρα .... πολύ άσχημα που θα πάω να του πω ότι θέλω να χωρίσουμε. (βρίσκομαι, δέχομαι, αισθάνομαι)

Α — Νομίζω ότι τον τελευταίο καιρό οι σχέσεις σας πήγαιναν από το κακό στο χειρότερο. Το μόνο που .... είναι λίγο θάρρος για .... και ... μην .... πια κανένας. (χρειάζομαι, εξηγούμαι, υποφέρω)

Ιδιωτισμοί – Εκφράσεις

ο νησιώτης, η νησιώτισσα, νησιώτικος, -η, -ο
η θάλασσα, το πέλαγος, ο ωκεανός
το τεχνητό λιμάνι ≠ το φυσικό λιμάνι
ο φάρος
Τραβώ κουπί.
Το πλοίο πλευρίζει. ≠ Το πλοίο στέκεται ανοιχτά.
Το πλοίο αράζει. ≠ Το πλοίο σαλπάρει.
Το πλοίο ρίχνει άγκυρα. ≠ Το πλοίο σηκώνει άγκυρα.
ο μανιώδης ψαράς, κυνηγός, καπνιστής κτλ.
ο συλλέκτης γραμματοσήμων
η συλλογή γραμματοσήμων, νομισμάτων κτλ.
ο ερασιτέχνης ζωγράφος ≠ ο επαγγελματίας ζωγράφος

Ο ημερήσιος τύπος

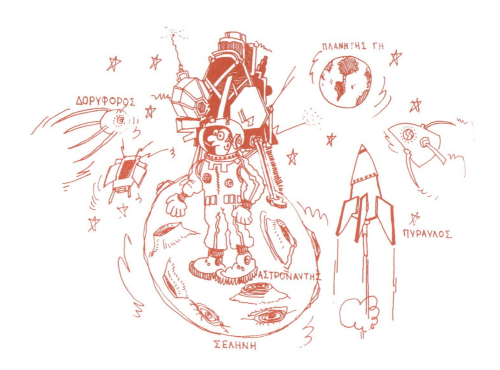

Ένα από τα σπουδαιότερα ενημερωτικά μέσα είναι και ο ημερήσιος τύπος. Πολλοί δημοσιογράφοι και τεχνικοί εργάζονται για την έκδοση μιας εφημερίδας. Σ' αυτή μπορεί κανείς να διαβάσει διάφορα θέματα, γεγονότα πολιτικά, ιστορικά, κοινωνικά, πολεμικά. Επίσης, αναφέρονται διάφορα συμβάντα καθημερινού ενδιαφέροντος, όπως γεννήσεις, γάμοι, θάνατοι, δυστυχήματα.

Πολλές φορές οι δημοσιογράφοι, παίρνοντας αφορμή από ένα σημαντικό γεγονός, γράφουν ένα άρθρο σχετικό μ' αυτό, π.χ. τις εξερευνήσεις του σύμπαντος από τον άνθρωπο.

Είναι πολλά τα ενδιαφέροντα θέματα που μπορούμε να διαβάσουμε σε μια εφημερίδα, αρκεί οι υπεύθυνοι να έχουν συναίσθηση του καθήκοντός τους απέναντι στο αναγνωστικό κοινό.

Παρελθόν, παρόν ή μέλλον;

Α — Παιδιά, σε ποια εποχή θα θέλατε να ζείτε; Στο παρόν, στο παρελθόν ή στο μέλλον;

Β — Εγώ θα ήθελα να ζούσα στο παρελθόν. Και μάλιστα στην αρχαία Ελλάδα. Να γνώριζα τους μεγάλους φιλοσόφους, πολιτικούς, συγγραφείς και ποιητές που δημιούργησαν τον αρχαίο πολιτισμό και έβαλαν τις βάσεις των επιστημών.

Γ — Εμένα μου αρέσει η εποχή μας, η κίνηση και η ζωή. Σήμερα μπορείς να ζήσεις πιο άνετα από πριν, χάρη στις εφευρέσεις, που είναι αποτέλεσμα της επιστημονικής έρευνας. Στον τομέα της ιατρικής έχουν γίνει θαύματα, όπως για παράδειγμα το ποσοστό θνησιμότητας στην παιδική ηλικία που έχει ελαττωθεί σημαντικά. Και ας μην ξεχνάμε τα θαύματα της σύγχρονης τεχνολογίας.

Δ — Εγώ θα επιθυμούσα να ζούσα στο πολύ μακρινό μέλλον, όταν ο άνθρωπος θα έχει προοδέψει υπερβολικά σ' όλους τους τομείς της επιστήμης. Ίσως οι άνθρωποι εκείνων των χρόνων να θεωρούν μηδέν αυτά που εμείς θαυμάζουμε σήμερα.

Ουδέτερα ουσιαστικά

Το ακριβοπλήρωσα **το κρέας,** αλλά νομίζω πως ήταν κατεψυγμένο.

Στα ολοκληρωτικά **καθεστώτα** δεν υπάρχει ελευθερία λόγου.

Έμαθες τα τελευταία **γεγονότα;** – Ναι, τα έμαθα και λυπήθηκα πολύ.

Οι σταφίδες και το λάδι είναι από τα κύρια **προϊόντα** της Ελλάδας.

Καθήκον κάθε ανθρώπου είναι να σέβεται το συνάνθρωπό του.

Σε μερικές χώρες η θερμοκρασία σπάνια πέφτει κάτω από **το μηδέν.**

Πόσα **φωνήεντα** έχει η λέξη Πανεπιστήμιο; – Έξι.

«Η αρχή είναι το ήμισυ **του παντός**».

Τα οξέα προσβάλλουν τα μέταλλα.

Διαβάζοντας το γράμμα του, δεν μπόρεσε να συγκρατήσει **τα δάκρυά** της.

Μου ζήτησαν πολλά λεφτά για **το βάψιμο** δύο δωματίων, και αποφάσισα να τα βάψω μόνη μου.

Άλλαξα σκόνη **πλυσίματος,** γιατί αυτή που είχα δεν καθάριζε καλά.

Ξοδεύει πολλά χρήματα για **το ντύσιμό** του.

Ενικός αριθμός						
Ον.	το	κρέας	φως	γεγονός	προϊόν	καθήκον
Γεν.	του	κρέατος	φωτός	γεγονότος	προϊόντος	καθήκοντος
Αιτ.	το	κρέας	φως	γεγονός	προϊόν	καθήκον
Κλ.		κρέας	φως	γεγονός	προϊόν	καθήκον

Πληθυντικός αριθμός						
Ον.	τα	κρέατα	φώτα	γεγονότα	προϊόντα	καθήκοντα
Γεν.	των	κρεάτων	φώτων	γεγονότων	προϊόντων	καθηκόντων
Αιτ.	τα	κρέατα	φώτα	γεγονότα	προϊόντα	καθήκοντα
Κλ.		κρέατα	φώτα	γεγονότα	προϊόντα	καθήκοντα

Ενικός αριθμός						
Ον.	το	παν	φωνήεν	οξύ	δάκρυ	γράψιμο
Γεν.	του	παντός	φωνήεντος	οξέος	—	γραψίματος
Αιτ.	το	παν	φωνήεν	οξύ	δάκρυ	γράψιμο
Κλ.		παν	φωνήεν	οξύ	δάκρυ	γράψιμο

Πληθυντικός αριθμός						
Ον.	τα	πάντα	φωνήεντα	οξέα	δάκρυα	γραψίματα
Γεν.	των	πάντων	φωνηέντων	οξέων	δακρύων	γραψιμάτων
Αιτ.	τα	πάντα	φωνήεντα	οξέα	δάκρυα	γραψίματα
Κλ.		πάντα	φωνήεντα	οξέα	δάκρυα	γραψίματα

Σημείωση: Τα ουσιαστικά σε **-ιμο** σχηματίζονται συνήθως από το θέμα του αορίστου και δείχνουν την πράξη του ρήματος ή το αποτέλεσμά της, π.χ.: έ-τρεξ-α, το τρέξ-ιμο.

ΑΣΚΗΣΗ

Να συμπληρώσετε τα κενά βάζοντας τα ουσιαστικά που βρίσκονται στην παρένθεση στη σωστή πτώση.

1. Η τιμή .... ανέβηκε τελευταία. (το κρέας)
2. .... της κουζίνας χάλασε. Άλλαξα λάμπα, αλλά και πάλι δεν ανάβει. (το φως)

3. Παρακολουθούμε με .... την εξέλιξη .... στη Λατινική Αμερική. (το ενδιαφέρον, το γεγονός)

4. Δεν προφέρει καθαρά ορισμένα .... (το φωνήεν)

5. Έχει πολλά .... και είναι γεμάτη η ζωή της. (το ενδιαφέρον)

6. Ποιος είναι ο τύπος του θειικού ....; – Α, δεν τον ξέρω. (το οξύ)

7. Κάνει ότι ξέρει ...., αλλά δεν ξέρει τι του γίνεται. (το παν)

8. Είσαι τρελός για .... (το δέσιμο)

9. Τι φωνάζεις; .... είναι δικό σου. (το φταίξιμο)

10. «Το τέλος .... » είναι ο τίτλος ενός βιβλίου που διάβασα και μου άρεσε πολύ. (το τέρας)

Ιδιωτισμοί – Εκφράσεις

παίρνω αφορμή	φυσικός θάνατος ≠ βίαιος θάνατος
δίνω αφορμή	το ληξιαρχείο
ζητώ αφορμή	η ληξιαρχική πράξη γεννήσεως
	γάμου
	θανάτου

οριστικό άρθρο
άρθρο εφημερίδας
άρθρο νόμου

Ενδιαφέρομαι για κάποιον.
Δε μ' ενδιαφέρει τίποτε.
το ενδιαφέρον
ενδιαφέρων, -ουσα, -ον
Είναι σε ενδιαφέρουσα (κατάσταση).

εφευρίσκω	εξερευνώ	το διάστημα
ο εφευρέτης	ο εξερευνητής	το διαστημόπλοιο
η εφεύρεση	η εξερεύνηση	ο αστροναύτης

Κάνε μου μια χάρη.
Χάρη σ' εσένα έμαθα κολύμπι.
Θα το κάνω για χατίρι σου.
Εξαιτίας σου έχασα το τρένο.
Λόγω της κακοκαιρίας αναβλήθηκε η εκδρομή.

ΤΡΙΑΚΟΣΤΟ ΕΒΔΟΜΟ ΜΑΘΗΜΑ

Εμπόριο και βιομηχανία

Το εμπόριο και η βιομηχανία είναι δύο βασικοί παράγοντες για την α-
νάπτυξη ενός κράτους. Ένα κράτος που είναι σε θέση να παράγει και
να εξάγει προϊόντα είναι οικονομικά ανεξάρτητο. Δίνει δουλειά σε εργατι-
κά χέρια, και έτσι ανεβαίνει το βιοτικό επίπεδο.

Στην Ελλάδα η βιομηχανία άρχισε να αναπτύσσεται τα τελευταία χρό-
νια, και οι προοπτικές παρουσιάζονται καλύτερες για το μέλλον. Η κα-
πνοβιομηχανία, η βιομηχανία σακχάρεως, η βιομηχανία λιπασμάτων, χαρ-
τιού και μετάλλων βρίσκονται στην πρώτη θέση. Ιδιαίτερη σημασία απο-
δίδεται στην εκμετάλλευση του ορυκτού πλούτου.

Το εμπόριο είναι απόλυτα συνυφασμένο με την παραγωγή. Ένα κρά-
τος εισάγει ή εξάγει προϊόντα, κι αυτό γίνεται με την εμπορική συναλλα-
γή.

Η Ελλάδα σήμερα διαθέτει έναν από τους σπουδαιότερους εμπορικούς
στόλους, που βοηθά στο εμπόριο και των άλλων χωρών. Οι μεγαλύτερες
ναυτιλιακές επιχειρήσεις είναι ελληνικές. Ο Έλληνας, από τα πολύ παλιά
χρόνια, έχει μέσα του το εμπορικό δαιμόνιο. Ίσως γιατί ζει κοντά στη θά-
λασσα, και αυτή του ενέπνευσε την ιδέα για υπερπόντια, επικερδή ταξίδια.

Βιομηχανικές μονάδες

Α — Πού πήγατε χθες;

Β — Επισκεφτήκαμε το εργοστάσιο σακχάρεως στο Πλατύ. Ακούσαμε πολ-
λά ενδιαφέροντα πράγματα και είδαμε πώς παρασκευάζεται η ζά-
χαρη.

Α — Θα επισκεφτείτε και άλλες βιομηχανικές μονάδες;

Β — Ασφαλώς. Το εργοστάσιο παραγωγής ηλεκτρικού ρεύματος στον Άγρα,
το διυλιστήριο πετρελαίου στη Θεσσαλονίκη και ένα εργοστάσιο κον-
σερβοποιίας.

Α — Δε βρίσκεις ότι ωφελήθηκες από την επίσκεψή σου στην πόλη μας;

Β — Πάρα πολύ· γιατί έτσι μου δόθηκε η ευκαιρία να ασχοληθώ με τα ερ-
γοστάσια της Μακεδονίας. Και τώρα είμαι έτοιμος να τελειώσω τη με-
λέτη μου σχετικά με τη βιομηχανία στην Ελλάδα.

ΠΙΝΑΚΑΣ ΡΗΜΑΤΩΝ ΠΟΥ ΠΑΡΟΥΣΙΑΖΟΥΝ ΔΥΣΚΟΛΙΕΣ

Ενεργητική φωνή			Παθητική φωνή			
Ενεστώτας	Παρατατικός	Αόριστος	Ενεστώτας	Παρατατικός	Αόριστος	Μετοχή
—	—	—	αισθάνομαι	αισθανόμουν	αισθάνθηκα	—
αμφιβάλλω	αμφέβαλλα	αμφέβαλα	—	—	—	—
αναγγέλω	ανάγγελα	ανάγγειλα	αναγγέλλομαι	αναγγελλόμουν	αναγγέλθηκα	—
αναπνέω	ανάπνεα	ανάπνευσα	—	—	—	—
ανατέλλω	ανάτελλα	ανάτειλα	—	—	—	—
αναφέρω	ανάφερα	ανάφερα	αναφέρομαι	αναφερόμουν	αναφέρθηκα	αναφερόμενος, -η, -ο*
ανεβαίνω	ανέβαινα	ανέβηκα	—	—	—	ανεβασμένος, -η, -ο
ανήκω	ανήκα	—	—	—	—	—
απέχω	απείχα	—	—	—	—	—
αποδίδω	απόδιδα	απόδωσα	αποδίδομαι	αποδιδόμουν	αποδόθηκα	—
απομακρύνω	απομάκρυνα	απομάκρυνα	απομακρύνομαι	απομακρυνόμουν	απομακρύνθηκα	απομακρυσμένος, -η, -ο
αποτελώ	αποτελούσα	αποτέλεσα	αποτελούμαι	αποτελούμουν	αποτελέστηκα	αποτελούμενος, -η, -ο*
αυξάνω	αύξανα	αύξησα	αυξάνομαι	αυξανόμουν	αυξήθηκα	αυξημένος, -η, -ο
—	—	—	—	—	—	αυξανόμενος, -η, -ο*
αφαιρώ	αφαιρούσα	αφαίρεσα	αφαιρούμαι	αφαιρούμουν	αφαιρέθηκα	αφαιρεμένος, -η, -ο
βάζω	έβαζα	έβαλα	—	—	βάλθηκα	βαλμένος, -η, -ο
—	—	—	βαριέμαι	βαριόμουν	βαρέθηκα	—
βγάζω	έβγαζα	έβγαλα	—	—	—	βγαλμένος, -η, -ο
βγαίνω	έβγαινα	βγήκα	—	—	—	—
βλέπω	έβλεπα	είδα	βλέπομαι	βλεπόμουν	ειδώθηκα	ιδωμένος, -η, -ο
βρέχω	έβρεχα	έβρεξα	βρέχομαι	βρεχόμουν	βράχηκα	βρε(γ)μένος, -η, -ο
βρίσκω	έβρισκα	βρήκα	βρίσκομαι	βρισκόμουν	βρέθηκα	—
γελώ	γελούσα	γέλασα	γελιέμαι	γελιόμουν	γελάστηκα	γελασμένος, -η, -ο
—	—	—	γίνομαι	γινόμουν	έγινα	γινωμένος, -η, -ο

* Μετοχή Ενεστώτα.

Ενεργητική φωνή			Παθητική φωνή			
Ενεστώτας	Παρατατικός	Αόριστος	Ενεστώτας	Παρατατικός	Αόριστος	Μετοχή
διαρκώ	διαρκούσα	διάρκεσα	—	—	—	—
διαφέρω	διέφερα	—	—	—	—	—
δίνω	έδινα	έδωσα	δίνομαι	δινόμουν	δόθηκα	δοσμένος, -η, -ο
διψώ	διψούσα	δίψασα	—	—	—	διψασμένος, -η, -ο
—	—	—	είμαι	ήμουν	—	—
εισάγω	εισήγα	εισήγαγα	εισάγομαι	εισαγόμουν	εισήχθηκα	εισαγόμενος, -η, -ο*
ενδιαφέρω	ενδιέφερα	—	ενδιαφέρομαι	ενδιαφερόμουν	ενδιαφέρθηκα	ενδιαφερόμενος, -η, -ο*
εξάγω	εξήγα	εξήγαγα	εξάγομαι	εξαγόμουν	—	εξαγόμενος, -η, -ο*
εξαιρώ	εξαιρούσα	εξαίρεσα	εξαιρούμαι	εξαιρούμουν	εξαιρέθηκα	—
εξαρτώ	εξαρτούσα	εξάρτησα	εξαρτιέμαι (-ώμαι)	εξαρτιόμουν	εξαρτήθηκα	εξαρτημένος, -η, -ο
επαναλαμβάνω	επαναλάμβανα	επανάλαβα	επαναλαμβάνομαι	επαναλαμβανόμουν	επαναλήφτηκα	επανειλημμένος, -η, -ο / επαναλαμβανόμενος, -η, -ο*
επιμένω	επέμενα	επέμεινα	—	—	—	—
επιστρέφω	επέστρεφα	επέστρεψα	επιστρέφομαι	επιστρεφόμουν	επιστράφηκα	επιστρεφόμενος, -η, -ο*
—	—	—	έρχομαι	ερχόμουν	ήρθα	ερχόμενος, -η, -ο*
έχω	είχα	—	—	—	—	—
θέλω	ήθελα	θέλησα	—	—	—	—
—	—	—	κάθομαι	καθόμουν	κάθισα (έκατσα)	καθισμένος, -η, -ο
καίω	έκαιγα	έκαψα	καίγομαι	καιγόμουν	κάηκα	καμένος, -η, -ο
κάνω	έκανα	έκανα	—	—	—	καμωμένος, -η, -ο
καλώ	καλούσα	κάλεσα	καλούμαι	καλούμουν	καλέστηκα	καλεσμένος, -η, -ο
καταλαβαίνω	καταλάβαινα	κατάλαβα	—	—	—	—
—	—	—	καταριέμαι	καταριόμουν	καταράστηκα	καταραμένος, -η, -ο
καταστρέφω	κατάστρεφα	κατάστρεψα	καταστρέφομαι	καταστρεφόμουν	καταστράφηκα	κατεστραμμένος, -η, -ο
κατεβαίνω	κατέβαινα	κατέβηκα	—	—	—	κατεβασμένος, -η, -ο
κλαίω	έκλαιγα	έκλαψα	κλαίγομαι	κλαιγόμουν	κλάφτηκα	κλαμένος, -η, -ο
κλείνω	έκλεινα	έκλεισα	κλείνομαι	κλεινόμουν	κλείστηκα	κλεισμένος, -η, -ο

* Μετοχή Ενεστώτα.

Ενεργητική φωνή			Παθητική φωνή			
Ενεστώτας	Παρατατικός	Αόριστος	Ενεστώτας	Παρατατικός	Αόριστος	Μετοχή
κλίνω	έκλινα	έκλινα	κλίνομαι	κλινόμουν	κλίθηκα	κλιμένος, -η, -ο
κρεμώ	κρεμούσα	κρέμασα	κρεμιέμαι	κρεμιόμουν	κρεμάστηκα	κρεμασμένος, -η, -ο
λέω	έλεγα	είπα	λέγομαι	λεγόμουν	ειπώθηκα	λεγόμενος, -η, -ο* / ειπωμένος, -η, -ο*
μαθαίνω	μάθαινα	έμαθα	μαθαίνομαι	μαθαινόμουν	μαθεύτηκα	μαθημένος, -η, -ο
μένω	έμενα	έμεινα	—	—	—	—
μετατρέπω	μετάτρεπα	μετέτρεψα	μετατρέπομαι	μετατρεπόμουν	μετατράπηκα	μετατρεπόμενος, -η, -ο*
μολύνω	μόλυνα	μόλυνα	μολύνομαι	μολυνόμουν	μολύνθηκα	μολυσμένος, -η, -ο
μπαίνω	έμπαινα	μπήκα	—	—	—	μπασμένος, -η, -ο
μπορώ	μπορούσα	μπόρεσα	—	—	—	—
ξέρω	ήξερα	ήξερα	—	—	—	—
ξεχνώ	ξεχνούσα	ξέχασα	ξεχνιέμαι	ξεχνιόμουν	ξεχάστηκα	ξεχασμένος, -η, -ο
παθαίνω	πάθαινα	έπαθα	παίρνομαι	παρνόμουν	πάρθηκα	παρμένος, -η, -ο
παίρνω	έπαιρνα	πήρα	παίρνομαι			
παραμένω	παρέμενα	παρέμεινα	—	—	—	—
πεθαίνω	πέθαινα	πέθανα	—	—	—	πεθαμένος, -η, -ο
πεινώ	πεινούσα	πείνασα	—	—	—	πεινασμένος, -η, -ο
περιέχω	περιείχα	περιείχα	περιέχομαι	περιεχόμουν	—	—
περιμένω	περίμενα	περίμενα	—	—	—	—
περνώ	περνούσα	πέρασα	περνιέμαι	περνιόμουν	περάστηκα	περασμένος, -η, -ο
πετώ	πετούσα	πέταξα	πετιέμαι	πετιόμουν	πετάχτηκα	πεταμένος, -η, -ο
πέφτω	έπεφτα	έπεσα	—	—	—	πεσμένος, -η, -ο
πηγαίνω (πάω)	πήγαινα	πήγα	—	—	—	—

* Μετοχή Ενεστώτα.

Ενεργητική φωνή			Παθητική φωνή			
Ενεστώτας	Παρατατικός	Αόριστος	Ενεστώτας	Παρατατικός	Αόριστος	Μετοχή
πηδώ	πηδούσα	πήδησα (-ξα)	πηδιέμαι	πηδιόμουν	πηδήχτηκα	πηδημένος, -η, -ο
πίνω	έπινα	ήπια	πίνομαι	πινόμουν	πιόθηκα	πιωμένος, -η, -ο
πνίγω	έπνιγα	έπνιξα	πνίγομαι	πνιγόμουν	πνίγηκα	πνιγμένος, -η, -ο
πονώ	πονούσα	πόνεσα	–	–	–	πονεμένος, -η, -ο
προκαλώ	προκαλούσα	προκάλεσα	προκαλούμαι	προκαλούμουν	προκλήθηκα	–
προσφέρω	πρόσφερα	πρόσφερα	προσφέρομαι	προσφερόμουν	προσφέρθηκα	προσφερόμενος, -η, -ο*
προτείνω	πρότεινα	πρότεινα	προτείνομαι	προτεινόμουν	προτάθηκα	προτεινόμενος, -η, -ο*
σέρνω	έσερνα	έσυρα	σέρνομαι	συρόμουν	σύρθηκα	συρμένος, -η, -ο
σημαίνω	σήμαινα	σήμανα	σημαίνομαι	σημαινόμουν	σημάνθηκα	σημασμένος, -η, -ο*
στέλνω	έστελνα	έστειλα	στέλνομαι	στελνόμουν	στάλθηκα	σταλμένος, -η, -ο
στενοχωρώ	στενοχωρούσα	στενοχώρεσα	στενοχωριέμαι	στενοχωριόμουν	στενοχωρέθηκα	στενοχωρημένος, -η, -ο
συγχωρώ	συγχωρούσα	συγχώρεσα	συγχωριέμαι	συγχωριόμουν	συγχωρέθηκα	συγχωρεμένος, -η, -ο
συμπεραίνω	συμπέρανα	συμπέρανα	συμπεραίνομαι	συμπεραινόμουν	–	–
τραβώ	τραβούσα	τράβηξα	τραβιέμαι	τραβιόμουν	τραβήχτηκα	τραβηγμένος, -η, -ο
τρέμω	έτρεμα	–	–	–	–	–
τρώω	έτρωγα	έφαγα	τρώγομαι	τρωγόμουν	φαγώθηκα	φαγωμένος, -η, -ο*
τυχαίνω	τύχαινα	έτυχα	–	–	–	–
φαίνομαι	–	–	φαίνομαι	φαινόμουν	φάνηκα	–
φέρνω	έφερνα	έφερα	φέρνομαι	φερνόμουν	φέρθηκα	–
φεύγω	έφευγα	έφυγα	–	–	–	–
φορώ	φορούσα	φόρεσα	φοριέμαι	φοριόμουν	φορέθηκα	φορεμένος, -η, -ο
φταίω	έφταιγα	έφταιξα	–	–	–	–

* Μετοχή Ενεστώτα.

	Ενεργητική φωνή			Παθητική φωνή			
Ενεστώτας	Παρατατικός	Αόριστος	Ενεστώτας	Παρατατικός	Αόριστος	Μετοχή	
χαίρω	έχαιρα	–	χαίρομαι	χαιρόμουν	χάρηκα	χαρούμενος, -η, -ο*	
χαλ(ν)ώ	χαλ(ν)ούσα	χάλασα	–	–	–	χαλασμένος, -η, -ο	
χρωστώ	χρωστούσα	–					

Μερικά σύνθετα ρήματα διατηρούν τον τύπο της καθαρεύουσας στον παρατατικό και στον αόριστο

π.χ.

Ενεστώτας	Παρατατικός	Αόριστος
αμφιβάλλω	αμφέβαλλα	αμφέβαλα
εγκαταλείπω	εγκατέλειπα	εγκατέλειψα
εγκρίνω	ενέκρινα	ενέκρινα
εκλέγω	εξέλεγα	εξέλεξα
εκφράζω	εξέφραζα	εξέφρασα
εμπνέω	ενέπνεα	ενέπνευσα
ενδιαφέρω	ενδιέφερα	ενδιέφερα
επιτρέπω	επέτρεπα	επέτρεψα
επιστρέφω	επέστρεφα	επέστρεψα
μεταφέρω	μετέφερα	μετέφερα
παραμένω	παρέμενα	παρέμεινα
περιγράφω	περιέγραφα	περιέγραψα
συμβαίνει	συνέβαινε	συνέβη
συμφέρει	συνέφερε	συνέφερε
υπάρχω	υπήρχα	υπήρξα

* Μετοχή Ενεστώτα.

Ιδιωτισμοί – Εκφράσεις

εισάγω ≠ εξάγω

η εισαγωγή ≠ η εξαγωγή

η εισαγωγή στο μάθημα

η ωφέλεια, το όφελος

οι ωφέλειες, τα οφέλη, ωφελώ

οφείλω = χρωστώ

η οφειλή = το χρέος

πολιτιστικό επίπεδο

μορφωτικό επίπεδο

Το σπίτι είναι χτισμένο σε πολλά επίπεδα.

Οι πράξεις της Αριθμητικής

Πρόσθεση

$1 + 1 = 2$ Ένα και ένα κάνουν (= ίσον) δύο.

$6 + 3 = 9$ Έξι και τρία κάνουν εννέα.

$$\begin{array}{r} 383 \\ + 254 \\ \hline 637 \end{array}$$

Τέσσερα και τρία ίσον επτά.

Πέντε και οκτώ ίσον δεκατρία, γράφω τρία και κρατώ ένα· ένα το κρατούμενο και δύο ίσον τρία· τρία και τρία κάνουν έξι.

Το άθροισμα είναι εξακόσια τριάντα επτά.

Το σημείο της πρόσθεσης είναι το **+** (συν, και).

Αφαίρεση

$5 - 2 = 3$ Δύο από πέντε κάνουν τρία.

Πέντε πλην (μείον) δύο ίσον τρία.

$8 - 4 = 4$ Τέσσερα από οκτώ ίσον τέσσερα.

Οκτώ μείον (πλην) τέσσερα ίσον τέσσερα.

$$\begin{array}{r} 753 \\ - 382 \\ \hline 371 \end{array}$$

Δύο από τρία, ένα.

Οκτώ από δεκαπέντε, επτά· ένα το κρατούμενο και τρία, τέσσερα· από επτά, τρία.

Το υπόλοιπο είναι τριακόσια εβδομήντα ένα.

Το σημείο της αφαίρεσης είναι το **–** (πλην, μείον, από).

Πολλαπλασιασμός

$4 \times 4 = 16$ Τέσσερα επί τέσσερα ίσον δεκάξι.

$3 \times 8 = 24$ Τρεις (οι) οκτώ (ίσον) είκοσι τέσσερα.

$5 \times 9 = 45$ Πέντε εννιά, σαράντα πέντε.

$4 \times 6 = 24$ Τέσσερις φορές το έξι ίσον είκοσι τέσσερα.

45   Τρεις (οι) πέντε, δεκαπέντε· γράφω πέντε και κρατώ ένα·
×3   τρεις (οι) τέσσερις, δώδεκα· και ένα, δεκατρία.
135   Το γινόμενο είναι εκατόν τριάντα πέντε.
      Το σημείο του πολλαπλασιασμού είναι το **x** (επί).

Διαίρεση

10 : 2 = 5   Δέκα διά δύο ίσον πέντε.
20 : 5 = 4   Είκοσι διά πέντε ίσον τέσσερα.

235 | 5   Ο διαιρετέος είναι το 235. Ο διαιρέτης είναι το 5.
 35 |47   Το πέντε στο είκοσι τρία, τέσσερις· τέσσερα επί πέντε, εί-
  =   κοσι· από είκοσι τρία, τρία. Κατεβάζω το πέντε. Το πέντε
              στο τριάντα πέντε, επτά. Πέντε επτά, τριάντα πέντε· από
              τριάντα πέντε, μηδέν.
              Το πηλίκο της διαίρεσης είναι σαράντα επτά.
              Το υπόλοιπο της διαίρεσης είναι μηδέν.
              Το σημείο της διαίρεσης είναι το **:** (διά).

Κλάσματα

$\frac{1}{5}$ ένα πέμπτο, $\frac{5}{8}$ πέντε όγδοα, $\frac{9}{16}$ εννέα δέκατα έκτα.

$3\frac{2}{6}$ τρία και δύο έκτα (ακέραιος + κλάσμα = μικτός αριθμός).

Δεκαδικοί αριθμοί

η υποδιαστολή   (,)
  0,4   τέσσερα δέκατα.
  3,7   τρία και επτά δέκατα.
  1,65   ένα και εξήντα πέντε εκατοστά.
  4,23   τέσσερα και είκοσι τρία εκατοστά.
  0,123   εκατόν είκοσι τρία χιλιοστά.
  2,016   δύο και δεκαέξι χιλιοστά.

Ιδιωτισμοί – Εκφράσεις

$$\frac{\text{ο αριθμητής}}{\text{ο παρονομαστής}} = \text{το κλάσμα}$$

τα Μαθηματικά   η Στερεομετρία
η   Άλγεβρα   η Τριγωνομετρία
η   Γεωμετρία

Οι γραμμές

1. η ευθεία

2. η καμπύλη

3. η τεθλασμένη

4. η μικτή

      οι παράλληλες γραμμές

Οι γωνίες

1. η οξεία   60°

2. η ορθή   90°

3. η αμβλεία   120°

Τα σχήματα

1. το τρίγωνο   (η πλευρά, η βάση, το ύψος)

2. το τετράπλευρο:

     α. το πλάγιο παραλληλόγραμμο

     β. το ορθογώνιο παραλληλόγραμμο

     γ. το τετράγωνο

δ. ο ρόμβος

ε. το τραπέζιο

3. Το πολύγωνο: (το πεντάγωνο, το εξάγωνο κτλ.)

4. Ο κύκλος (το κέντρο, η ακτίνα, η διάμετρος, η περιφέρεια)

Τα σώματα

1. το πλάγιο παραλληλεπίπεδο

2. το ορθογώνιο παραλληλεπίπεδο

3. ο κύβος

4. η πυραμίδα: (τριγωνική, τετραγωνική κτλ.)

5. το πρίσμα: (τριγωνικό, τετραγωνικό κτλ.)

6. ο κύλινδρος

το αξίωμα	το πόρισμα
η απόδειξη	το σημείο
το θεώρημα	η ταυτότητα
η εξίσωση	έστω, έστωσαν

ΠΕΡΙΕΧΟΜΕΝΑ

ΕΥΡΕΤΗΡΙΟ ΓΡΑΜΜΑΤΙΚΗΣ

(οι αριθμοί παραπέμπουν στα μαθήματα)

1ο μάθημα

Α.

1. Εγώ 2. Εμείς 3. Αυτός 4. Εσείς 5. Αυτά 6. Αυτή, αυτή 7. Εσείς 8. Αυτοί 9. Εσείς 10. Αυτό 11. αυτές 12 Εμείς, εσείς

Β.

1. Αυτή 2. Αυτός 3. Εμείς 4. Αυτό 5. αυτοί 6. Εσείς 7. Αυτά 8. Αυτές 9. Αυτοί 10. Αυτοί 11. Αυτές

Γ.

1. το, ένα 2. ο, ένας 3. ο, ένας 4. η, μια 5. ο, ένας 6. η, μια 7. το, ένα 8. η, μια 9. το, ένα 10. ο, ένας

Δ.

1. Ο 2. Το 3. το 4. Ο 5. Η 6. η

Ε.

1. είμαι 2. δεν είμαι 3. είναι 4. δεν είμαστε 5. είναι 6. δεν είσαι 7. είστε 8. δεν είναι

ΣΤ.

1. είναι 2. είμαστε 3. είναι 4. είναι 5. είναι 6. είναι 7. είστε 8. είναι 9. είμαστε 10. είσαι

Ζ.

1. Τι 2. Πού 3. Πώς 4. Πώς 5. Από πού

2ο μάθημα

Α.

οι ταμίες	τα τετράδια	τα δέματα	ξένοι
οδηγοί	τραπέζια	γράμματα	οι μαθητές
γυναίκες	οι βιβλιοθήκες	τα λεωφορεία	άνθρωποι

B.

1. Οι σπουδαστές μαθαίνουν ελληνικά. 2. Οι δασκάλες κάνουν μάθημα. 3. Υπάρχουν εισπράκτορες στα λεωφορεία; 4. Από πού είναι οι ξένοι; 5. Είστε Έλληνες; 6. Τα παιδιά μένουν εδώ; 7. Οι καρέκλες είναι εδώ. 8. Δεν ξέρουμε πού μένουν. 9. Πού είναι τα γράμματα; 10. Οι βιβλιοθήκες έχουν βιβλία.

Γ.

1. διαβάζει 2. πηγαίνουν 3. ξέρουμε 4. γράφει 5. Υπάρχει 6. έχετε / έχεις 7. κάνει 8. μένουν 9. Πηγαίνει 10. κάνουν

3ο μάθημα

A.

1. τον πίνακα 2. την πόρτα 3. Ο πατέρας 4. την άσκηση 5. τα εισιτήρια 6. κύριε 7. μαθητές 8. στη φωτογραφία, τον Πέτρο, το κορίτσι, στην παραλία 9. Κυρίες, κύριοι 10. η φίλη, η Λουκία 11. το διάλογο 12. Θόδωρε, την τηλεόραση 13. τα παιδιά 14. η εφημερίδα 15. τον πληθυντικό

B.

1. στη 2. στον 3. στον 4. στην 5. στον 6. στην 7. στη 8. στο 9. Στο 10. στον

Γ.

1. άνοιξε, Ανοίγω 2. ανοίξτε, Ανοίγουμε 3. κλείσε, Κλείνω 4. κλείστε, Κλείνουμε 5. άναψε, Ανάβω 6. ανάψτε, Ανάβουμε 7. πάρε, Παίρνω 8. πάρτε, Παίρνουμε

4ο μάθημα

A.

1. Η αδελφή 2. καθηγητές, καθηγήτριες 3. τη μητέρα 4. τη θεία 5. την πατρίδα 6. στη Φιλοσοφική Σχολή 7. τον ανιψιό 8. Θείε, στην αυλή 9. το λεωφορείο 10. τα παιδιά 11. τους δασκάλους, τις δασκάλες 12. τον αδελφό 13. τον ανιψιό, την ανιψιά 14. την έκφραση 15. άνθρωποι 16. τη Μαρία 17. την πόρτα/ τις πόρτες 18. τη φίλη 19. Θόδωρε 20. γράμματα

B.

1. στις 2. στο 3. στους 4. στους, στις 5. στην 6. στο 7. στη 8. στα 9. στους 10. στον

5ο μάθημα

Α.

1. πολλούς, πολλά 2. πολλοί 3. πολλοί, πολλοί 4. πολλές 5. πολλούς 6. Πολλές

Β.

1. ένα 2. τρεις 3. τέσσερις 4. Τρία 5. ένας 6. τέσσερις 7. ένα 8. τρεις 9. Μία 10. τέσσερα, τρία, ένα

Γ.

1. Αυτοί ξέρουν καλά ελληνικά.
2. Ξέρουμε αυτούς τους κυρίους.
3. Ανοίξτε τα παράθυρα.
4. Αυτές είναι Ελληνίδες, όμως εκείνες είναι Γαλλίδες.
5. Βλέπετε αυτές τις καρέκλες;

Δ.

1. αυτά τα 2. αυτούς τους 3. Αυτός ο 4. αυτές τις 5. αυτή τη

Ε.

1. Εκείνη η 2. εκείνους τους 3. εκείνες τις 4. εκείνα τα 5. εκείνος ο

ΣΤ.

1. Ποιον 2. Ποιες 3. Ποια 4. Ποιους 5. Ποια

Ζ.

1. Πόσες 2. Πόσους 3. Πόσες 4. Πόσα 5. πόσοι

6ο μάθημα

Α.

1. μπλε 2. το (ένα) κόκκινο 3. άσπρος 4. Η μαύρη 5. πράσινα 6. η γκρίζα 7. μαύροι, πράσινοι, άσπροι 8. κίτρινες

Β.

1. του φαγητού 2. του δασκάλου 3. του πατέρα 4. της φίλης 5. του σπι-τιού 6. της μαθήτριας 7. της κόρης 8. του γιατρού 9. της αυλής 10. των ο-δηγών 11. των φίλων 12. αυτών των γυναικών 13. της εφημερίδας 14. της

Ελλάδας 15. του παιδιού, των παιδιών

Γ.

1. Πηγαίνουμε στα σπίτια μας. 2. Ξέρουμε τους φίλους σας. 3. Αυτές γρά-
φουν τα μαθήματά τους. 4.Τα παιδιά μένουν εδώ με τις αδελφές τους. 5. Τα
αγόρια παίζουν μπάλα στους κήπους/στον κήπο.

Δ.

1. του   2. της, της   3. τους   4. σας   5. τους   6. τους   7. μου   8. μας
9. τους 10. σου

Ε.

1. του 2. της 3. (τα τετράδιά) τους 4. του 5. τους

7ο μάθημα

Α.

1. το τρίτο 2. η πέμπτη 3. η τέταρτη 4. στο ένατο 5. το δεύτερο

Β.

(ενδεικτικές απαντήσεις)
1. σήμερα 2. εβδομάδα ήμουν στην Αθήνα 3. δε θα είμαι εδώ 4. πας σινεμά;
5. μια φορά το μήνα 6. είναι Κυριακή 7. χθες 8. μαθαίνω ελληνικά 9. θα έχει
πάρτι ο Γιάννης 10. θα είμαι ελεύθερος μόνο την Τετάρτη

Γ.

1. Τι μέρα ήταν προχθές; 2. Πηγαίνω στον κινηματογράφο δύο φορές την ε-
βδομάδα. 3. Δε θα έχω πολλή δουλειά αύριο. 4. Πού ήσασταν πριν από δύο
ώρες; 5. Κάθε Κυριακή πάω με τους φίλους μου βόλτα στην παραλία.

Δ.

1. την Κυριακή. 2. Την περασμένη Πέμπτη 3. τον άλλο μήνα 4. το περασμέ-
νο Σάββατο 5. Την άλλη Δευτέρα

Ε.

1. Ήμουν 2. είχαμε 3. θα είμαι 4. Έχουμε 5. θα είμαστε 6. ήταν 7. ήμασταν
8. θα έχω/έχουμε 9. θα είναι 10. έχετε 11. Είστε, είμαστε 12. έχουμε, θα έ-
χουμε 13. ήμουν 14. ήσουν, Ήμουν 15. Ήταν

8ο μάθημα

A.

1. το καλοκαίρι 2. την άνοιξη 3. τον Ιανουάριο 4. το μήνα 5. Το χειμώνα

B.

9/10/19...	στις εννιά	Οκτωβρίου	χίλια εννιακόσια ...
5/5/19...	στις πέντε	Μαΐου	χίλια εννιακόσια ...
14/1/19...	στις δεκατέσσερις	Ιανουαρίου	χίλια εννιακόσια ...
23/8/19...	στις είκοσι τρεις	Αυγούστου	χίλια εννιακόσια ...
12/3/19...	στις δώδεκα	Μαρτίου	χίλια εννιακόσια ...
18/12/20...	στις δεκαοκτώ	Δεκεμβρίου	δύο χιλιάδες...
1/2/20...	την πρώτη	Φεβρουαρίου	δύο χιλιάδες...
21/4/20...	στις είκοσι μία	Απριλίου	δύο χιλιάδες...
22/6/20...	στις είκοσι δύο	Ιουνίου	δύο χιλιάδες...
30/11/19...	στις τριάντα	Νοεμβρίου	χίλια εννιακόσια ...
31/7/19...	στις τριάντα μία	Ιουλίου	χίλια εννιακόσια ...
20/9/19...	στις είκοσι	Σεπτεμβρίου	χίλια εννιακόσια ...

Γ.

1. ακριβές 2. ψηλούς 3. των ξανθών 4. η γκρίζα 5. τους παλιούς
6. Οι έξυπνοι, έξυπνα 7. όμορφα, γλυκιά 8. μικρές 9. ευγενικά 10. φτωχή
11. νέες 12. σίγουρη 13. άσπρα 14. έξυπνες 15. τις παλιές 16. πλούσιο 17. μελαχρινοί 18. ακριβή, μαύρη 19. άσπρη, γαλάζια 20. έτοιμες

9ο μάθημα

A.

1. στη, το 2. στις, το 3. στη, το 4. κατά τις 5. στις 6. τη, το 7. στις, το
8. Το 9. τα 10. Την

B.

1. Βλέπω τη φίλη μου στις εννιά κάθε πρωί.
3. Δε θα είμαι εδώ ούτε στις έξι ούτε στις εφτά.
5. Το φθινόπωρο βρέχει πολύ συχνά.

2. Το ρολόι μου δεν πάει καλά.
4. Κάθε πότε πηγαίνεις στο θέατρο;
6. Ξέρω ότι έχω μήνυμα, γιατί χτυπάει το κινητό μου.

ΕΠΑΝΑΛΗΨΗ 1-9

Α.

1. τον 2. ο 3. τις 4. Η 5. Οι 6. τα 7. στο 8. Οι, στην 9. το, στην 10. την 11. στο, την 12. το, στις, στις 13. στους 14. τους 15. στα, τις

Β.

1. ήσουν 2. (θα) έχουμε 3. Θα είμαι 4. ήμουν, είχα 5. έχετε, έχω 6. θα είμαι 7. Έχεις, θα είμαι 8. έχουν 9. είσαι, Είμαι 10. θα είσαι 11. ήταν 12. είμαστε 13. ήμασταν 14. είστε 15. ήσασταν 16. είσαι, Είμαι 17. Θα έχεις 18. έχει, είχε 19. Έχουμε 20. έχουν, Έχουν, θα έχουν, ήμουν, είχαν

Γ.

1. Πώς 2. Πόσω 3. Γιατί 4. Δεν 5. και 6. Με 7. Από 8. Όχι 9. Ναι 10. με

Δ.

1. Αύριο 2. Σήμερα 3. τώρα 4. εδώ, εκεί 5. πάνω 6. κάτω 7. Χθες 8. Κάθε 9. πριν, ύστερα 10. Πέρσι 11. πίσω 12. μπροστά

Ε.

1. ποιον 2. Πόσους, πόσες 3. ποιες   4. αυτό το 5. εκείνη 6. τους 7. μας 8. σου 9. Ποιος, αυτός ο 10. σας 11. αυτές τις 12. της 13. Πόσα, μου 14. της 15. αυτών των 16. μου 17. εκείνο το, σου

ΣΤ.

1. της βρύσης 2. τα φύλλα, των δέντρων 3. τη Φιλοσοφική Σχολή 4. Η δουλειά του γιου 5. τις πόρτες 6. κίτρινους φακέλους 7. τον αδελφό 8. γράμματα

Ζ.

1. όμορφη 2. ωραία φορέματα, ακριβό 3. πολλά παλιά 4. νέους 5. ψηλά 6. στο τρίτο 7. η έβδομη 8. το πέμπτο 9. Ο έκτος 10. πράσινες 11. κόκκινη 12. λίγη

Η.

1. Άναψε, βλέπω 2. θα κάνεις 3. Πάρε, δώσε 4. μαθαίνεις 5. διαβάζω 6. γράφουμε 7. Σβήσε 8. πηγαίνει

Θ.

κακός, # εκεί, # πίσω, # ακριβός, # σήμερα (αύριο), # φέτος, # σιγά, αργά, # κάτω # ανάβω, # παίρνω, # ανοίγω, # όχι, # βράδυ, # νύχτα, # αργά, # μετά, ύστερα # πολύ, # έξω, # κοντά, # μικρός, # ξημερώνει, # κάνει κρύο, # το σκοτάδι, # τελευταίος

10ο μάθημα

Α.

έσβησα, έσβησες, έσβησε, σβήσαμε, σβήσατε, έσβησαν
διάβασα, διάβασες, διάβασε, διαβάσαμε, διαβάσατε, διάβασαν
σκούπισα, σκούπισες, σκούπισε, σκουπίσαμε, σκουπίσατε, σκούπισαν
έλειψα, έλειψες, έλειψε, λείψαμε, λείψατε, έλειψαν
ανακάλυψα, ανακάλυψες, ανακάλυψε, ανακαλύψαμε, ανακαλύψατε, ανακάλυψαν
ταξίδεψα, ταξίδεψες, ταξίδεψε, ταξιδέψαμε, ταξιδέψατε, ταξίδεψαν
έτρεξα, έτρεξες, έτρεξε, τρέξαμε, τρέξατε, έτρεξαν
πρόσεξα, πρόσεξες, πρόσεξε, προσέξαμε, προσέξατε, πρόσεξαν
άνοιξα, άνοιξες, άνοιξε, ανοίξαμε, ανοίξατε, άνοιξαν

Β.

1. διάβασε 2. πρόσεξες 3. συνέχισαν 4. Έχασα 5. ανακάλυψε 6. Ταξίδεψες
7. τρόμαξε 8. άρχισε, έσβησαν

Γ.

1. έφτασε 2. δούλεψαν 3. τελείωσε 4. έβρεξε 5. γιόρτασα 6. άνοιξες 7. γύρισαν 8. άρχισαν 9. μαγείρεψα 10. άλλαξε

Δ.

1. η δικιά 2. τις δικές, τους δικούς 3. του δικού 4. τα δικά, τα δικά 5. στη δικιά 6. το δικό 7. της δικιάς 8. οι δικές 9. το δικό 10. τη δικιά

Ε.

1. Τίνος (Ποιανού) τα μαλλιά είναι μακριά;
2. Πόσες φορές την εβδομάδα πηγαίνεις στη βιβλιοθήκη;
3. Τίνος (Ποιανής) τα βιβλία αγόρασες;
4. Ποια βλέπεις συχνά;
5. Πόσες εφημερίδες διαβάζεις τη μέρα;

6. Τι ακούς από το ραδιόφωνο;

7. Ποιους ξέρεις;

8. Γιατί δε θα είναι εδώ;

9. Ποιος/Τι είναι αυτός ο κύριος;

10. Τίνος (Ποιανής) η τσάντα είναι κόκκινη;

ΣΤ.

δώδεκα, είκοσι, εκατό, σαράντα έξι, τριάντα τρία, ενενήντα δύο
πενήντα εννιά, εξήντα οκτώ, πέντε, ογδόντα ένα, ένδεκα, έξι
εβδομήντα τέσσερα, δεκατρία, δέκα, δεκαεπτά (δεκαεφτά), τέταρτος, εικο-
στός έκτος, ογδοηκοστός όγδοος, τέταρτος, εβδομηκοστός δεύτερος, έβδομη,
πεντηκοστός έβδομος, τεσσαρακοστό πρώτο, τρίτη, εξηκοστή ένατη, όγδοο,
ενδέκατη, ενενηκοστή πέμπτη, δωδέκατος
εκατοστή, τεσσαρακοστός, πρώτη, εξηκοστός, δέκατη τρίτη, έκτο

Z.

1. ο δωδέκατος 2. στην τριακοστή πέμπτη 3. την τρίτη, του εικοστού ένατου
4. στο δέκατο τρίτο 5. στο δέκατο τέταρτο 6. το δέκατο πέμπτο

11ο μάθημα

Α.

1. Το 2. Τους 3. Τις 4. το 5. τις 6. τον 7. Τον, τον 8. τα / τις 9. τις 10. σε
11. Τον 12. με, την 13. τη 14. μας 15. μας

Β.

1. Τις γράφω 2. Την ανοίγω3. Τους έγραψε 4. Τα ακούει 5. Τους φώναξαν 6.
Τα φροντίζουν 7. Τα ξοδεύω 8. Τον βλέπει 9. Τα καταλαβαίνω 10. Τα ψάχνει
11. τον ξέρει 12. Τις τελείωσαν 13. τις ξέρουν 14. Τα άνοιξα 15. Τις αγοράζω

Γ.

1. εγώ 2. τους 3. τους 4. Τον 5. σου 6. σας 7. Τον 8. Με, σε 9. τους, σας
10. Εγώ 11. Τα 12. τους

Δ.

1. Τον 2. με 3. Μας 4. τις 5. Τους 6. σε 7. Σας 8. Το 9. την 10. Το

12ο μάθημα

Α.

1. Του 2. μου 3. τους 4. της 5. Τους 6. τους 7. του 8. σου 9. μας 10. Σου
11. Μου, μου 12. Τους 13. τους 14. της, της 15. τους 16. Σου 17. Σας

Β.

1. Εμένα, σου 2. σας 3. μας, σας 4. μας, σας 5. Εμένα

Γ.

1. Τους έδωσα τα λεφτά. 2. Της τηλεφωνώ κάθε μέρα. 3. Τους χρωστώ 100 ευρώ. 4. Σου αγόρασα αυτό το καπέλο ... 5. Του χάρισα αυτή τη φωτογραφία. 6. Τους έστειλα κάρτες. 7. Ο τροχονόμος του παίρνει τα στοιχεία του. 8. Τους μαθαίνω ελληνικά. 9. Τους πρόσφερα πορτοκαλάδα χθες το βράδυ. 10. Τους αγοράζω εφημερίδες κάθε μέρα. 11. Τους λέμε ανέκδοτα. 12. Της έδωσα ένα εισιτήριο για το θέατρο. 13. Γιατί μου είπες ψέματα; 14. Μας μαθαίνει γαλλικά. 15. Σας φέρνει το φαγητό.

Δ.

1. τους 2. σου 3. σας 4. του 5. μας 6. μου 7. σου 8. μου 9. σας 10. σου 11. τους 12. του

13ο μάθημα

Α.

1. ... μας το έδωσες; 2. ... του το ετοιμάζει. 3. ... τους τις δάνεισε. 4. Της την έδωσα. 5. Τους τα είπατε. 6. ... σας τα φέρνουν... 7. Του το παίρνω. 8. ... μου τα δίνει. 9. ... τους τον άφησε. 10. ... σου τους άφησε; 11. ... σου τις έφερε. 12. Τους τις δωρίσαμε. 13. Του το έγραψα. 14. Της τα έφερα. 15. ... του τα έδωσε. 16. ... μου το ετοίμασε.

ΕΠΑΝΑΛΗΨΗ 10-13

Α.

1. ανακάλυψε 2. δίδαξε 3. Στήριξε 4. έλουσε, έντυσε 5. έκρυψες 6. έδιωξαν 7. Έτρεξαν, έσφιξαν 8. Κοίταξε 9. πρόσεξε, έκοψε 10. Έπλεξα

Β.

1. στο έβδομο, στο τρίτο 2. στην τριακοστή όγδοη 3. πέμπτος 4. τη δέκατη πέμπτη 5. οι πρώτοι 6. η τεσσαρακοστή έκτη 7. το δέκατο τρίτο

Γ.

1. μου, εγώ 2. του, του 3. της, της 4. μας, μας 5. μου, του, του 6. τους, τους 7. σου, σου 8. τον 9. μου, το 10. Εμένα, μου, μου, το, τους 11. μου, σ' εμένα 12. μας, Εσείς, σας 13. Σου, μου, Το 14. Εσάς, σας μας, τα 15. Τους 16. μας 17. σ' αυτόν 18. της, της

Δ.

1. τους δικούς του, τους δικούς μου 2. δικό τους 3. τα δικά μου 4. τη δική σας 5. δικά σου 6. της δικιάς σας

Ε.

1. σου αγόρασα, Τα 2. μου δανείζετε 3. τους τηλεφωνώ 4. τους έστειλαν 5. της χρωστώ 6. Τους βλέπεις 7. την κλείνω, την κλείνεις 8. τις άλλαξα 9. τους καταλαβαίνω 10. Μας δίνετε

<h2 style="text-align:center;color:#c0392b;">14ο μάθημα</h2>

Α.

1.φαρδύ, ωραίο 2. ελαφριά 3. θαλασσιού, φαρδιά 4. καφετιούς 5. πεισμα-τάρη, αγενή 6. πεισματάρικα 7. παραπονιάρηδες, κουραστικοί 8. βαριά, ε-πιβλαβή 9. επιμελείς 10. σγουρομάλλικο

Β.

1.Η φίλη μου δεν είναι αναιδής και αγενής...
2. Μου αρέσει αυτό το φαρδύ παντελόνι.
3. Άλλη φορά, σε παρακαλώ, να είσαι ακριβής στα ραντεβού σου.
4. Δεν τον θέλω στην παρέα μου, γιατί είναι γκρινιάρης.
5. Αυτός ο ηθοποιός είναι πολύ δημοφιλής στην πατρίδα του.

Γ.

1. καλλιεργούν 2. αγαπούν, θεωρούν 3. τηλεφωνώ, απαντάει 4. Αργεί 5. νι-κάνε 6. πονάει, ωφελούν 7. συγχωρώ, δημιουργείς 8. φοράμε 9. κατοικεί 10. ζει

Δ.

1. καλούμε 2. Πεινάμε 3. Περπατάει 4. διψώ 5. Περνούν 6. περπατούν 7. Πονάει 8. Πουλάει 9. χτυπούν (χτυπάνε) 10. ωφελεί

<h2 style="text-align:center">15ο μάθημα</h2>

Α.

1. μακριά 2. καλά 3. γλυκά 4. δυνατά 5. ψηλά

(Οι προτάσεις είναι ενδεικτικές)

Μένει μακριά από τη δουλειά της./ Σήμερα νιώθω πιο καλά από χθες./ Μιλάει γλυκά σ' όλους, γι' αυτό όλοι την αγαπούν./ Φωνάζει πάντα δυνατά, όταν μιλάει, και με θυμώνει./ Τι κοιτάς εκεί ψηλά;

Β.

1. άνοιξα 2. έσβησες 3. τελείωνε 4. καθάριζε, έκοψε 5. έλουζε 6. πήγαιναν, μάζευαν 7. άλλαζε, άνοιξε 8. έπαιζαν 9. τρόμαξαν 10. έστελνα 11. χάρισε, είχα 12. τρόμαζαν 13. τελείωνα, πήγαινα 14. έφυγε 15. σκούπιζε, έσπασε 16. λείπαμε, ήμασταν 17. έκλεψε, γύριζα 18. μεγάλωσαν 19. άρχιζαν, άρχισαν 20. δάνεισαν 21. άνοιγα, άκουσα 22. έλαμπε

Γ.

1. μεγάλωσε 2. πλήρωσα 3. αγόρασα 4. νιώθω/ένιωσα 5. έλυσαν 6. τελείωσαν 7. έβαψε 8. Άνοιξα, έκλεισα 9. άρχιζε 10. φώναξες/φωνάζεις 11. έτρεχε

<h2 style="text-align:center">16ο μάθημα</h2>

Α.

1. θα τελειώσετε 2. θα ετοιμάσουν 3. θα δουλεύει 4. θα λείψω 5. θα βάψουμε 6. θα ελέγχεις 7. θα κλείνουν 8. Θα πάω 9. θα ψάχνουν 10. θα φτάσει 11. θα τριγυρίζει 12. Θα ψωνίσω 13. θα πιστέψουν 14. Θα αγοράσω 15. Θα ανοίξεις

Β.

1. να μην ξοδεύουν 2. να βλέπω 3. να μην παίρνει 4. να πηγαίνετε 5. να τρώμε

Γ.

1. να γράψεις 2. να διαλέξεις 3. να αγοράσεις 4. να παίξουμε 5. να μαγειρέψω

Δ.

1. να χορέψω 2. να τρώει 3. να γυρίσει 4. να ρίχνει 5. να επιστρέψουν 6. να παίζουν 7. να γράψεις 8. να τρώω 9. να αφήσω 10. να χιονίσει 11. να μη θέλει, να είναι 12. να ταξιδεύω 13. (να) μην κοιτάζεις / κοιτάζετε 14. να μαγειρεύουμε 15. να μαζέψω, να μαζέψεις 16. να κόψω 17. να διαβάζεις, να μιλάς, να γράφεις 18. να ετοιμάσεις 19. να παίξω, να παίξεις 20. να επιπλώσει, να έχει 21. να τρως/ τρώμε 22. επιστρέψει 23. ξημερώσει 24. Να χαρίσω 25. να κοιτάζω, βρέχει 26. κόψει 27. να ζωγραφίζετε 28. Να πληρώσω 29. να μην αγαπάει 30. να κολυμπάει 31. δουλέψω 32. να σιδερώσεις 33. να τελειώσεις 34. Να μην ποτίσεις

Ε.

1. διασκέδαζαν, άνοιξε, μπήκε 2. Χόρεψες 3. να διαβάσετε 4. τηλεφωνείτε 5. ταξιδεύαμε 6. άλλαξες 7. να διώχνει 8. διάλεξες 9. να μαγειρεύεις 10. έψαχνα

17ο μάθημα

Α.

1. άλλαζε 2. στείλτε (στέλνετε) 3. δέσε 4. σκουπίζετε 5. Αφήστε 6. ρίξε 7. δώστε 8. πότιζέ 9. φέρτε 10. φωνάξτε

Β.

1. Μην ανοίξεις... 2. Μην κλείσετε... 3. Μη μαζέψεις... 4. Μη βάψετε... 5. Μη μου παίξετε... 6. Μην αγοράσεις... 7. Μην αφήσεις.. 8. Μην ανάψεις... 9. Μη διώξεις... 10. Μην κόψετε...

Γ.

1. ... φέρε τής τα. 2. .. Δώστε τούς τα. 3. Δώστε τού την. 4. Μην τους τα γράψετε. 5. Μην της τις στείλεις. 6. ... άνοιξέ την 7. ... σκούπισέ τα. 8. ... κλείσ᾽ το 9. Σβήστε το. 10. ... μην τον περιμένεις.

Δ.

1. Μην το διαβάσεις. 2. Μην τα γράψετε. 3. Μην την ανοίξετε. 4. Μη μας περιμένετε. 5. Μην τις αφήσετε. 6. Μην τους φωνάξεις. 7. Μην τον προσέχεις.

8. Μην τα αλλάξεις. 9. Μη με κοιτάξεις.10. Μην το φυλάξεις. 11. Μη μου το γράψεις. 12. Μην του τη δώσεις. 13. Μην τους τα στείλετε. 14. Μη μου την α-γοράσεις. 15. Μη μου τα διδάξεις. 16. Μην της τον φέρετε. 17. Μην του το ρά-ψεις. 18. Μην της την ετοιμάσεις. 19. Μην τους το μαγειρέψεις. 20. Μη μας τα φυλάξεις.

E.

1. Να φωνάζεις... 2. Να κοιτάξεις... 3. Να βλέπεις... 4. Να με αφήσετε... 5. Να προσέχεις... 6. Να διαβάσεις..., να μην παίζεις. 7. Να καθαρίζεις... 8. Να ψά-ξεις... 9. Να λύσετε... 10. Να μου γράφεις... 11. Να φοράτε... 12. Να τα βάζε-τε...

18ο μάθημα

A.

1. του φούρναρη 2. ταξιτζής 3. Ο ψωμάς 4. τον τσαγκάρη 5. μπακάληδες 6. του δάσους 7. ύψος 8. Ο καφετζής 9. των ψαράδων / του ψαρά 10. τα λά-θη

B.

1. Πάντα περιμένουμε πολλή ώρα στα μαγαζιά των μανάβηδων, γιατί έχουν ουρές.
2. Δεν υπάρχουν πια γαλατάδες που μοιράζουν γάλα στις γειτονιές.
3. Είναι πλούσια βιομηχανικά κράτη.
4. Τις Κυριακές τρώμε στα σπίτια συγγενών μας.
5. Οι βαρκάρηδες νοίκιασαν τις βάρκες τους σε ξένους.

Γ.

1. εννιακόσιες χιλιάδες 2. Στο εκατοστό 3. χίλιους, χίλιες διακόσιες 4. πέντε χι-λιάδες τριακόσιους σαράντα έναν 5. της εκατοστής τριακοστής τρίτης 6. τρια-κόσιες εξήντα πέντε

19ο μάθημα

A.

1. Πόσες 2. κανένας 3. Κάποιος 4. Πόση 5. που 6. αρκετό/κάμποσο 7. κά-μποση/αρκετή 8. στην καθεμιά, ό,τι 9. Μερικοί, τι 10. τέτοιο 11. αυτή 12. τίποτα 13. εκείνο το 14. Κανένας 15. οποιαδήποτε 16. οποιοσδήποτε 17. Μερικές

Β.

1. πολλή 2. Πολλοί 3. πολύ, πολλή 4. πολλών 5. πολλούς 6. πολλές, πολύ
7. Πολλά 8. πολλή, πολύ

Γ.

1. Όλα τα 2. Όλοι οι 3. των άλλων 4. όλες τις άλλες 5. ο άλλος 6. άλλο 7.
Τον άλλο 8. τα άλλα 9. άλλη 10. Όλο το

Δ.

1. καθώς 2. αλλιώς 3. Τότε 4. όπως 5. όπου 6. πουθενά 7. όποτε 8. καθό-
λου 9. έτσι 10. παντού

Ε.

1. έτσι 2. Κάποτε/Άλλοτε 3. κάπου 4. που 5. όπως 6. Άλλοτε/Κάποτε 7.
Οπουδήποτε 8. έτσι 9. Τίποτε 10. καθόλου

20ο μάθημα

Α.

1. περπάτησα, πόνεσαν 2. καλούσαμε, ευχαριστούσε 3. προσπάθησε να
ξεχάσεις 3. να βοηθήσω 5. Ρώτησέ, μελετούσε 6. να καλέσω 7. Μπορώ να
ζητήσω 8. φυσούσε, τρυπούσε 9. κρέμασε, πετάς 10. Βοήθησε/Βοήθα 11.
κουνούσε 12. τηλεφώνησα, μπορούσε 13. φοράς 14. περπατάς, Αργήσα-
με 15. να περάσω 16. χωράνε 17. κατηγορούν, αδιαφορεί 18. απαντώ, θε-
ωρώ 19. Νίκησαν 20. ξεχνάς (ξεχάσεις), βοήθησαν (βοηθούν) 21. Κληρονό-
μησε 22. ωφέλησε 23. να δημιουργήσω 24. χτυπάς 25. καλλιεργούν

Β.

κάλεσε, παρακάλεσε, να μπορέσουμε, ζούσαν, γεράσουν, φορέσαμε, βούτη-
ξαν, πεινούσαμε, φυσούσε, κέρασε, μέθυσαν, στενοχώρεσε, χάλασε, τραγου-
δήσαμε, γελάσαμε, ευχαριστήσαμε, ξεκινήσαμε

21ο μάθημα

Άσκηση

1. λίγη, λιγότερη 2. τους καλύτερους 3. απλό/απλούστατο 4. τους πλουσιό-
τερους 5. περισσότερα 6. Τις περισσότερες 7. η ωραιότερη 8. του μεγαλύ-
τερου/του μεγάλου, ψηλότερος 9. το χειρότερο 10. περισσότερα 11. καλύ-

τερο 12. κακός, χειρότερο 13. μικρή 14. περισσότεροι 15. ωραιότερο 16. μεγαλύτερούς 17. συντομότερο/σύντομο, λιγότερες/λίγες 18. τις ακριβότερες, τα καλύτερα 19. τις πιο ωφέλιμες 20. πολλά, πιο ζεστά 21. συντομότερος, πολλές

22ο μάθημα

Α.

1. λιγότερο 2.Καλύτερα 3. περισσότερο 4. βαθύτερα (πιο βαθιά) 5.γλυκύτερα (πιο γλυκά) 6. γρηγορότερα (πιο γρήγορα) 7.λιγότερο 8. σιγότερα (πιο σιγά)/σιγά

Β.

1. Το αυτοκίνητο είναι βαρύτερο από το ποδήλατο.
   Το ποδήλατο είναι ελαφρύτερο από το αυτοκίνητο.
2. Ο δρόμος είναι στενότερος από την πλατεία.
   Η πλατεία είναι φαρδύτερη από το δρόμο.
3. Το φόρεμα είναι κοντότερο από το παλτό.
   Το παλτό είναι μακρύτερο από το φόρεμα.
4. Το δωμάτιο είναι μικρότερο από την τάξη.
   Η τάξη είναι μεγαλύτερη από το δωμάτιο.
5. Το τραπέζι είναι ακριβότερο από την καρέκλα.
   Η καρέκλα είναι φτηνότερη από το τραπέζι.

Γ.

1. πιο γκρινιάρης (πιο γκρινιάρα) 2. η πιο κρύα 3. συντομότερο (πιο σύντομο) 4. επιβλαβή 5. πιο αδύνατη 6. επιμελέστερους (πιο επιμελείς) 7. ελαφρύτερο (ελαφρότερο, πιο ελαφρό)/ελαφρό 8.τα πιο περίεργα 9. κοντότερος (πιο κοντός) 10. φαρδύτερο (πιο φαρδύ)

ΕΠΑΝΑΛΗΨΗ 14-22

Α.

1. Δεν υπάρχουν γαλατάδες σήμερα.
2. Στις κεντρικές αγορές των πόλεων υπάρχουν ψαράδες, μανάβηδες, χασάπηδες και παλιατζήδες.
3. Αυτά που κάνατε ήταν μεγάλα λάθη.
4. Έχουμε συγγενείς στην Αυστραλία πολύ πλούσιους.
5. Τα δάση είναι οι πνεύμονες των πόλεων.

B.

1. (πολύ) πλατύ 2. τεμπέλη/α 3. τα μακριά 4. θαλασσιά 5. παχιά 6. διεθνής 7. δημοφιλείς 8. τεμπέληδες 9. οι σαραντάρηδες 10. βαθιές

Γ.

1. επίρρημα 2. επίθετο 3. επίθετο 4. επίρρημα 5. επίθετο 6. επίρρημα 7. ε-πίρρημα 8. επίθετο 9. επίθετο 10. επίρρημα

Δ.

1. κανείς, μερικοί 2. Ποια, Κάποια 3. αρκετή 4. κανένα 5. κάμποσους 6. τόσα 7. τέτοια 8. οποιοδήποτε 9. Όποιος 10. κανενός.

E.

1. να μαγειρεύω 2. Θα γράφω 3. να αρχίσει 4. να ανοίξουμε 5. να επιστρέψουν 6. Θα στείλω 7. να αρχίσεις 8. να πίνω 9. πηγαίνω, να δω 10. να συνεχίσω να καπνίζω, να κόψω

ΣΤ.

1. το δυσκολότερο 2. ψηλότερη 3. η ωραιότερη 4. εξυπνότεροι 5. περισσό-τερες 6. ακριβά 7. παχύτερη 8. ο καλύτερος 9. απλούστερη 10. τις δυσκο-λότερες

Z.

1. περισσότερο 2. φτηνότερα 3. χειρότερα 4. γρηγορότερα 5. Καλύτερα 6. μα-κρύτερα 7. κακώς 8. λιγότερο 9. νωρίτερα, αργότερα 10. βαθύτερα

H.

1. έκοβα, είδα 2. σταματάμε, ρωτάμε 3. Να πληρώνεις/Πλήρωνε 4. Άνοιξε 5. μελετούσα 6. τηλεφωνεί 7. χρωστούσε 8. Θα παρακαλέσω, Να βγάζεις 9. γε-λάτε, μιλώ 10. να ειδοποιείτε, θα ειδοποιήσω 11. παρηγορείς, να πεις/λες 12. έβγαινα, έπιασε

23ο μάθημα

Άσκηση

είχες κόψει, Έχω πλύνει, έχω σκουπίσει, έχω βάλει, έχω στρώσει, έχεις κάνει, είχες πει, έχεις πείσει, θα έχω τελειώσει

24ο μάθημα

A.

1. θα πάνε, να δουν 2. Πιες 3. πήρε, να βρω 4. να δει 5. υπάρχει 6. έφαγα
7. Υπήρξαν 8. να τρώει 9. πες 10. να πάρω 11. να φάω 12. να πιούμε, να
πούμε 13. βρήκα/βρίσκω 14. Ήθελαν 15. ήξερες

B.

να πω, Πήγε, πήγαν να φάνε, να πιουν, είχε πάρει, πήρε, να πάει, να δει, υ-
πήρχαν, ήξερε, να πει, είπε, να πάρει, ήθελε/θέλησε, να πάρει, είπε, να βρει

25ο μάθημα

A.

1. βρω 2. θα νομίσει 3. πες 4. θα πήγαινα 5. θα πότιζε 6. να γυρίσω/να γύρι-
ζα. 7. Πάρε 8. δούμε 9. βγάζαμε 10. θα χαλάσει 11. να διάβαζες 12. είχα 13.
πάρεις 14. θα κέρδιζε 15. ήξερα 16. στείλε 17.φορέσει/φοράει 18. φύγεις 19.
ρωτούσαν 20. θα έτρωγες 21. θα έκανες, Θα τηλεφωνούσα 22. να έβρισκα

B.

1. Δε θα τον γνωρίσω, αν τον δω ... . 2. Θα σου δανείσω, αν έχω ... .
3. Αν μας τηλεφωνούσαν (είχαν τηλεφωνήσει) νωρίς, θα πηγαίναμε ... . 4. Αν
πας στην ώρα σου, θα τελειώσεις ...5. Θα πάει στο Πολυτεχνείο, αν είναι ...
. 6. Θα μας έπαιρναν το αυτοκίνητο, αν δεν πληρώναμε (είχαμε πληρώσει) ...
.7. Θα σας διόρθωνα, αν κάνατε ... . 8. Θα του έλεγα τους χαιρετισμούς σου,
αν τον έβλεπα. 9. Θα τον μάλωνα, αν δε γύριζε ... . 10. Αν μου μείνουν χρή-
ματα, θ' αγοράσω ... . 11. Θα έμενα στο σπίτι, αν χιόνιζε. 12. Αν μπορούσα,
θα το έκανα (είχα κάνει). 13. Θα σου το πω, αν είμαι βέβαιος... .14. Θα το α-
γόραζα, αν ήταν ... . 15. Θα με ξυπνούσες, αν μάθαινες (είχες μάθει) ... .

Γ.

1. φταις 2. έκαιγε 3. κάψεις 4. κλαις 5. φταίει, έφταιγε 6. Έκλαψα 7. άκου-
γα, έκλαιγες

26ο μάθημα

Άσκηση

1. διαβάζοντας 2. Περπατώντας 3. ακούγοντας 4. πίνοντας 5. ξέροντας 6.
Φτάνοντας 7. Μπαίνοντας 8. βλέποντας 9. μιλώντας, τραγουδώντας 10. μπο-
ρώντας

27ο μάθημα

Άσκηση

χτίστηκε, ετοιμαζόμασταν, βιαζόταν, στεκόταν, είχε πιαστεί/πιάστηκε, ακούστηκε, κλειστήκαμε, αναγκαστήκαμε

28ο μάθημα

A.

1. Ο ταχυδρομικός σάκος θα σφραγιστεί από τον υπάλληλο του ταχυδρομείου.
2. Αναγκαστήκαμε από το κρύο να μη βγούμε έξω.
3. Καταδικάστηκε σε θάνατο από το δικαστήριο.
4. Θα δροσιστούμε από τη βροχή.
5. Το ταξίδι μας θα εμποδιζόταν από το χιόνι, αλλά ευτυχώς οι δρόμοι άνοιξαν πριν ξεκινήσουμε.
6. Η πόλη μας έχει ερημωθεί από τον πόλεμο.
7. Πληγώθηκε άσχημα από μια εχθρική σφαίρα.
8. Η γη και το φεγγάρι φωτίζονται από τον ήλιο.
9. Καινούριοι υπάλληλοι θα διοριστούν από τον υπουργό.
10. Μια γιορτή θα οργανωθεί από την τάξη μας.
11. Τα έξοδά σου πρέπει να περιοριστούν.
12. Οι άνθρωποι ενώνονται από την κοινή δυστυχία.
13. Τραυματίστηκε άσχημα από ένα αυτοκίνητο.
14. Έχουμε υποχρεωθεί με τις φροντίδες της.
15. Οι πληγές μολύνονται από τα μικρόβια.
16. Αυτό το νερό δεν πίνεται, γιατί δεν είναι καθαρό.
17. Ο σκύλος μου δηλητηριάστηκε από κάποιον άγνωστο.
18. Το κάπνισμα απαγορεύεται από τον κανονισμό του νοσοκομείου.
19. Από ποιον πληρώθηκε ο λογαριασμός της ΔΕΗ; -Από μένα.
20. Υποχρεώθηκε να πληρώσει τη ζημιά.

B.

1. Η πολλή δουλειά κούρασε το φίλο μου.
2. Ο διευθυντής του σχολείου μας έχει οργανώσει τη γιορτή.
3. Οι βροχές το φθινόπωρο θα ποτίσουν τα χωράφια μας.
4. Ο αδελφός μου μου δάνεισε ένα εκατοστάρικο.
5. Το κράτος πληρώνει τους δασκάλους.
6. Η βροχή έπλυνε τα φύλλα των δέντρων.
7. Πράσινο χόρτο θα σκεπάσει τα λιβάδια την άνοιξη.

8. Η παγωνιά με ανάγκασε να μείνω σπίτι.

9. Κήρυξαν πόλεμο εντελώς ξαφνικά.

10. Τα κλάματα και οι φωνές δε διορθώνουν την κατάσταση.

11. Τον έδιωξαν από τη δουλειά του.

12. Καν' το προσεκτικά, γιατί διαφορετικά θα σε υποχρεώσουν να το ξανακάνεις.

29ο μάθημα

Α.

1. κουράστηκε 2. να γυμναστείς 3. σκεπάζεσαι 4. λύθηκε 5. ξυρίστηκε 6. Είχα απομακρυνθεί 7. μπλεγμένος 8. θα λούζονταν 9. να πλυθείτε/πλυθείτε 10. κλεισμένο 11. θα φορτωθείς 12. ντυμένοι (ντυμένες)

Β.

1. πλένεται 2. αρπάζεσαι 3. Σκεπάσου 4. χτενίζεσαι 5. θα πλύνουμε/θα πλυθούν 6. να οπλιστεί 7. εξαφανιστήκατε 8. Ντύνεται 9. θα ετοιμαστούμε 10. στολίστηκες 11. Σήκω 12. κλείστηκε 13. μαζεύονταν 14. πιάστηκε 15. να στρώσει

Γ.

1. κατέβασαν, να κατεβαίνουν 2. Μπες, βάλε 3. Βάλε 4. έβγαλε, κατέβηκε

5. βγάζουν/κατεβάζουν 6. ανέβηκε 7. έβαλε/ανέβασε 8. να βγάζετε 9. βγεις

30ο μάθημα

Γ. (ενδεικτικές απαντήσεις)

Β. Μάλιστα, κυρία μου. Πού πάτε;

Α. ....

Β. Δεν ξέρω πού ακριβώς είναι.

Α. ....

Β. Δε στρίβει αριστερά ο δρόμος.

Α. ....

Β. Ναι, αλλά από προχθές είναι κλειστός ο δρόμος.

Α. ....

Β. Νέα έργα.

Α. ....

Β. Όλο έργα κάνουν και παντού είναι σκαμμένα.

Α. ....

Δ.

    τη διασταύρωση, σηματοδότης/φανάρι, τροχονόμος, τους πεζούς, ατυχήματα, τις διαβάσεις, κόκκινο, σταματούν, τροχαίου, ζωές

31ο μάθημα

    1. εισόδους 2. των γεννήσεων 3. την περίοδο 4. εξαιρέσεις 5. φωνακλούδες 6. άνοδο 7. γιαγιάδες 8. συγγραφέων 9. Οι μαϊμούδες 10. ιερέας

32ο μάθημα

Α.

    1. μόνος 2. του εαυτού 3. Ίδια 4. η ίδια, τον εαυτό 5. μόνη 6. το οποίο 7. τις ίδιες 8. το ίδιο 9. την οποία 10. Μόνος

Β.

    1. Η μουσική που ακούσατε είναι από ...
    2. Σ' αυτό το ταμείο πληρώνουν μόνο αυτοί που τα ονόματά τους αρχίζουν ...
    3. Από το βιβλίο που αγόρασα ...
    4. Εκείνο το σπίτι, που ο κήπος του έχει ...
    5. Η ζακέτα που αγόρασες έχει ...
    6. Οι αδελφές μου, που ήρθαν με τρένο, έφεραν ...
    7. Ο δικηγόρος, που τη γυναίκα του γνώρισα χθες, ...
    8. Τώρα μόνο καταλαβαίνω ότι η μητέρα μου, που τα λόγια της ποτέ δεν άκουγα, είχε δίκιο.
    9. Δεν κάνει παρέα με ανθρώπους που δε συμπαθεί.
   10. Ποιοι είναι αυτοί που θέλουν να έρθουν μαζί μας;

Γ.

    1. ίδιο 2. που 3. στον οποίο 4. τον εαυτό του 5. που 6. μόνοι τους 7. των οποίων 8. μόνοι τους 9. το ίδιο 10. τον εαυτό του

ΕΠΑΝΑΛΗΨΗ 23-31

Α.

    1. Έβαλα 2. άναψαν 3. είδα 4. ακούστηκε 5. Φέρθηκε 6. έκλαιγε, πονούσε 7. έβγαλε 8. φταίξαμε, μάλωσες 9. Απαγορεύτηκε (Έχει απαγορευτεί) 10. Πιστέψατε, είπε

B.

1. φόρεσες 2. τράβηξες 3. Θα θεωρήσω 4. Γελάσαμε 5. διψούσα 6. μελε-
τούσαν 7. πέρασα 8. Περάσαμε 9. πέταξες 10. Τράβηξα

Γ.

1. θα πετάξω 2. θα περνώ 3. Θα προσπαθήσω 4. θα καλλιεργήσει 5. θα φο-
ρέσεις 6. θα τραβήξετε 7. θα ξεκινήσεις 8. Θα συγχωρήσει 9. Θα πονέσει
10. θα ξυπνάμε

Δ.

1. να γελάσει 2. να χαλάσει 3. να τραβάμε 4. να πετάμε 5. να συγχωρέσου-
με 6. να κρεμάσω 7. να ξεκινήσουμε, να αργήσουμε 8. να περπατώ 9. να
χτυπάει 10. να απαντήσετε 11. να αδιαφορείτε 12. να σταματήσει

E.

1. το συγγραφέα 2. παραγράφους 3. τις διευθύνσεις 4. τον παππού 5. του
καναπέ

ΣΤ.

1. είχαμε επιστρέψει 2. Θα έχεις τελειώσει 3. έχει βάψει 4. είχαμε βγει 5. έ-
χει σκουπιστεί 6. θα έχεις ξεχάσει 7. είχαμε φάει 8. θα έχουμε δει 9. έχουν
επιστραφεί 10. έχει αλλάξει 11. έχει μαγειρέψει 12. θα έχει καλυτερέψει 13.
έχω μείνει 14. έχω φάει 15. Έχεις πάει 16. Έχει πιαστεί

Z.

1. Γυρίζοντας 2. Μιλώντας 3. Ρωτώντας 4. γελώντας 5. πουλώντας 6. κλαί-
γοντας 7. πλυμένες 8. ψάχνοντας 9. μολυσμένη 10. Περνώντας 11. ανα-
γκασμένη 12. μαθημένη 13. πολεμώντας 14. αυξημένα 15. Ακούγοντας

H.

1. θα καταδικαζόταν 2. Θα βρούμε 3. έβλεπαν 4. πήρες 5. δανείζομαι 6.
βρέθηκε, έβαλα/είχα βάλει 7. να πίνουμε, τρώγαμε 8. Βγάλατε, είχαν τελειώ-
σει 9. να φάμε 10. στηρίξου

Θ.

1. μάθετε 2. αρχίσει 3. απομακρυνόμουν (είχα απομακρυνθεί) 4. διοριστώ 5.
θα πάμε 6. κοπώ 7. πρότεινε (είχε προτείνει) 8. Θα αναβληθεί 9. στείλτε 10.
θα έχαναν 11. πήγαινε 12. θα μπορούσα

33ο μάθημα

Α.

1. Αναρωτιέμαι 2. αποτελείται 3. κρατιέται 4. Πληροφορούμαι 5. φοριέται
6. εξαιρούνται 7. καλλιεργείται 8. ικανοποιείσαι 9. ασχολείσαι 10. χασμου-
ριέσαι, βαριέσαι 11. χρησιμοποιείται 12. ξεχνιούνται 13. συγκινούμαστε 14.
παραπονιέσαι 15. περιποιείται

Β.

1. ειδοποιούμουν (είχα ειδοποιηθεί) 2. αρνιόταν 3. Περιποιόταν 4. παραπονι-
ούνταν 5. θεωρούμουν 6. στερούνταν 7. καλλιεργούνταν

Γ.

1. Συγκινήθηκα 2. πουλήθηκε 3. παρηγορήθηκαν 4. Γεννήθηκε 5. μετακινή-
θηκαν

Δ.

1. ειδοποιήθηκαν, έχουν ειδοποιηθεί 2. γεννηθήκατε, έχετε γεννηθεί
3. ασχολούμουν 4. Αφαιρέθηκα 5. πληροφορούμασταν 6. τραβήχτηκα 7.
προκλήθηκαν 8. Πετάχτηκε 9. βαρέθηκα

Ε.

1. θα εξυπηρετείστε 2. θα τιμωρηθεί / θα τιμωρείται 3. Θα παραπονεθεί 4.
πουλιέται (θα πουληθεί) 5. Θα ωφεληθείς 6. θα βαρεθούν 7. θα θεωρηθείς
8. θα φοριέται 9. Θα ικανοποιηθούν

ΣΤ.

1. να αρκείσαι 2. να περιποιηθείς 3. να τιμωρηθούν 4. να δικαιολογείσαι 5.
κουνιέσαι 6. κρεμιέσαι 7. να αρνείσαι/να αρνηθείς 8. να δημιουργηθεί 9. να
ασχοληθείτε 10. να κινηθούν

Ζ.

1. να στερείται 2. αρνηθείς 3. εξυπηρετηθείτε 4. χτυπημένος 5. κρατήσου
6. να διηγηθώ 7. αναρωτιόμουν 8. κουνηθείτε 9. καλεσμένοι 10. μετακινή-
θηκαν

34ο μάθημα

A.

1. έλα   2. καθόμασταν   3. Ελάτε   4. γίνεται, να έρθει   5. να κάτσω   6. να γίνει   7. ελάτε   8. Κάτσε, έγινε   9. έρχεται 10. να ερχόμαστε   11. Θα ερχόμουν, Θα είχα έρθει 12. είχαμε καθίσει 13. κάθεσαι 14. να έρθεις   15. έγινε, καθισμένος

B.

1. Λυπήθηκα 2. κοιμίζουν 3. Θυμήσου 4. φοβούνται 5. Κοιμήθηκα 6. Λυπάμαι, λύπησα 7. θυμήθηκες 8. φοβίζεις 9. κοιμίζεις   10. Θύμισέ 11. λυπάσαι 12. φοβάται

35ο μάθημα

Α. εκνευρισμένη, Στενοχωριέμαι, να φέρεσαι

Β. ασχολείσαι, Θα καθίσω

Α. Σκέφτομαι, γνωριζόμαστε, να αλληλοβοηθιούνται

Β. παραπονιέσαι

Α. να συνεννοείστε, θα συναντηθείτε

Β. να βρεθούμε, δέχτηκα, αισθάνομαι

Α. χρειάζεστε, να εξηγηθείτε, να υποφέρει

36ο μάθημα

1. του κρέατος   2. Το φως   3. ενδιαφέρον, των γεγονότων   4. φωνήεντα 5. ενδιαφέροντα   6. οξέος 7. τα πάντα   8. δέσιμο   9. Το φταίξιμο   10. του τέρατος

ΛΕΞΙΛΟΓΙΟ

Το λεξιλόγιο περιλαμβάνει όλες τις λέξεις των μαθημάτων, των ασκήσεων και των ιδιωτισμών – εκφράσεων. Στη δεύτερη και στην τρίτη στήλη, ύστερα από κάθε ελληνική λέξη, υπάρχει η αγγλική και η ρωσική μετάφραση (που ανταποκρίνονται στον τρόπο με τον οποίο χρησιμοποιούνται οι λέξεις στο βιβλίο).

Οι αριθμοί, πριν από κάθε μεταφρασμένη λέξη, παραπέμπουν στα αντίστοιχα μαθήματα όπου η λέξη συναντιέται για πρώτη φορά με διαφορετική σημασία.

Την αγγλική μετάφραση επιμελήθηκαν οι συγγραφείς του βιβλίου. Η μετάφραση στα ρωσικά έγινε από τη γλωσσολόγο κ. Αικατερίνη Ζουρα-βλιόβα.

Α

α!	7: ah!	7: ах!
αγάπη, η	11: love	11: любовь
αγαπημένος, -η, -ο	11: beloved	11: любимый, -ая, -ое, дорогой
αγαπητός, -ή, -ό	11: dear	11: дорогой, -ая, -ое, милый
αγαπώ, -ιέμαι	11: to love	11: любить, быть любимым
αγγελία, η	21: advertisement	21: объявление
Αγγλία, η	7: England	7: Англия
αγγλικά, τα	2: English	2: английский язык
αγενής, -ής, -ές	14: impolite; rude	14: грубый, -ая, -ое, бестактный
αγέραστος, -η, -ο	28: ageless; not aged	28: нестареющий, -ая, -ее
αγιάζω, -ομαι	24: to bless	24: святить, освящать
άγιος, ο	24: saint	24: святой
αγκαλιά, η	13: embrace	13: объятие
άγκυρα, η	35: anchor	35: якорь
άγνωστος, -η, -ο	25: unseen, 28: stranger	25: незнакомый, -ая, -ое; 28: неизвестный, -ая, -ое
αγορά, η	11: market	11: базар, рынок
αγοράζω, -ομαι	5: to buy	5: покупать
αγόρι, το	1: boy, 5: son	1, 5: мальчик
αγουροξυπνημένος, -η, -ο	22: early riser	22: рано проснувшийся, -аяся, -ееся
άγουρος, -η, -ο	34: unripe	34: неспелый, -ая, -ое
Άγρας, ο	37: Agras (river)	37: Аграс (река)
άγριος, -α, -ο	14: wild	14: дикий, -ая, -ое
αγύριστος, -η, -ο	12: δανεικά και αγύριστα: money lent is money spent, 23: αγύριστο κεφάλι: stubborn	12: безвозвратный, -ая, -ое (взаймы без отдачи); 23: αγύριστο κεφάλι: упрямый, -ая, -ое

άγχος, το	19: anguish; stress; anxiety	19: стресс, переживание
αγωγή, η	26: prosecution	26: воспитание; гражданский иск
αγώνας, ο	13: race, 14: game, 24: struggle	13: αγώνας δρόμου: состязание по бегу; 14: соревнование; 24: απελευθερωτικός αγώνας: освободительная борьба
αγωνία, η	26: anxiety; agony	26: волнение, нетерпение
άδεια, η	12: leave, 16: permission	12: свободное время, δίνω άδεια: разрешать; 16: позволение, разрешение
άδειος, -α, -ο	12: vacant, 29: empty	12: свободный, -ая, -ое, пустой
αδελφάκι, το	6: little brother	6: братик
αδελφή, η (αδερφή)	4: sister	4: сестра
αδέλφια, τα (αδέρφια)	4: brothers and sisters	4: братья и сёстры
αδελφός, ο (αδερφός)	4: brother	4: брат
αδελφούλης, ο	6: little brother	6: братишка
αδιάθετος, -η, -ο	29: indisposed; unwell	29: нездоровый, -ая, -ое
αδιάκριτος, -η, -ο	33: indiscreet	33: невежливый, -ая, -ое, бестактный
αδιαφορώ	14: to be indifferent, 32: to have no regard for	14, 32: быть безразличным, равнодушным
αδιέξοδο, το	30: dead end	30: тупик, безвыходное положение
άδικα	20: in vain	20: напрасно, зря, бесполезно
άδικος, -η, -ο	33: unfair	33: несправедливый, -ая, -ое, напрасный
αδικώ, -ούμαι	11: to be unfair/unjust; to wrong	11: обижать, -ся; винить
αδυνατίζω	22: to lose weight	22: худеть, ослабевать
αδύνατος, -η, -ο	17: imposible, 22: thin; skinny, slim	17: είναι αδύνατο: невозможно; 22: худой, -ая, -ое
αέρας, ο	8: wind, 14: air	8: ветер
αεροδρόμιο, το	16: airport	16: аэропорт
αεροπλάνο, το	10: aeroplane	10: самолёт
αεροπορικός, -ή, -ό	5: air (adj)	5: авиа (конверт)
αεροπορικώς	10: by air	10: самолётом, на самолёте
αεροπόρος, ο	34: aviator; flier	34: лётчик
αεροσκάφος, το	27: aircraft	27: летательный аппарат, самолёт
αεροσυνοδός, ο, η	27: air hostess; flight attendant	27: стюардесса
αήττητος, -η, -ο	28: unbeaten; undefeated	28: непобедимый, -ая, -ое
Αθήνα, η	5: Athens (name of the capital of Greece)	5: Афины
αθλητής, ο	14: athlete	14: спортсмен, атлет
αθλητικός, -ή, -ό	14: athletic	14: атлетический, физкультурный, силный
άθροισμα, το	38: aggregation; sum	38: сумма

αθώος, -α, -ο	26: innocent	26: невиновный, -ая, -ое
Άι, ο	24: saint (short: st)	24: святой
αίθουσα, η	26: room; hall	26: зал; аудитория
αίμα, το	14: blood	14: кровь
αισθάνομαι	27: to feel, 35: to sense	27: чувствовать; 35: чувствовать, сознавать
αίτηση, η	20: application	20: заявление, прошение
αιτιατική, η	6: accusative case	6: винительный падеж
αιώνας, ο	10: century	10: век, эпоха
ακέραιος, -α, -ο	38: integral	38: целый, -ая, -ое
ακίνητος, -η, -ο	24: fixed	24: неподвижный, -ая, -ое
ακμή, η	28: prosperity	28: расцвет
ακολουθώ, -ούμαι	35: to follow	35: следовать, сопровождать
ακόμη (ακόμα)	1: yet, 7: still, 14: even	1, 7: ещё, пока; 14: ещё (вдобавок)
ακούω, -γομαι	5: to listen; to hear	5: слушать
άκρη, η	18: side, 27: edge	18: конец; 27: с краю
ακριβά	15: dearly; expensively	15: дорого
ακρίβεια, η	31: accuracy	31: точность, пунктуальность
ακριβής, -ής, -ές	14: precise; punctual	14: точный, -ая, -ое
ακριβοπληρώνω, -ομαι	32: to pay through the nose	32: покупать по дорогой цене
ακριβός, -ή, -ό	8: expensive; dear	8: дорогой, -ая, -ое
ακριβώς	2: just, 15: sharp, 19: exactly	2: как раз; 15: точно; ровно; 19: что именно; точно так
ακροβάτης, ο	31: acrobat	31: акробат
ακρογιάλι, το	19: seashore	19: побережье
ακτίνα, η	38: radius	38: радиус
ακτινολόγος, ο, η	13: radiologist	13: рентгенолог
άλγεβρα, η	38: algebra	38: алгебра
αλεπού, η	31: fox	31: лиса
αλήθεια, η	12: really, 14: true, 16: truth	12, 14, 16: правда
αληθινά	8: truly	8: действительно
Αληθώς Ανέστη	24: Truly He has Risen	24: Во истину воскрес
αλλά	2: but	2: но, однако
αλλαγή, η	32: change	32: замена
αλλάζω, -ομαι	6: to change, 23: αλλάζω σπίτι: to move	6: менять, -ся; 23: αλλάζω σπίτι: переезжать на другую квартиру
αλληλοβοηθιέμαι (-ούμαι)	35: to help one another	35: помогать друг другу
αλληλογνωρίζομαι	35: to know each other	35: узнавать друг друга
αλληλοεξουδετερώνομαι	35: to neutralize each other	35: нейтрализовать друг друга
αλληλοθαυμάζομαι	35: to admire each other	35: обожать друг друга
αλληλοπαθής, -ής, -ές	27: reciprocal (verb)	27: взаимный, -ая, -ое
αλληλοσκοτώνομαι	35: to kill each other	35: убивать друг друга
αλληλοϋποστηρίζομαι	35: to support each other	35: помогать друг другу
αλλιώς	19: differently, otherwise, anyway	19: иначе, по-другому

άλλο	9: else, 16: more	9: (что) ещё (делает); 16: μη μιλάς άλλο: не говори больше
άλλος, -η, -ο	6: other, next, 14: else, άλλη φορά: again, 19: άλλοι... άλλοι: some and others, άλλα δύο χρόνια: two more years, άλλος άνθρωπος: a new man, άλλ' αντ' άλλων: without sense, another	6: один... другой; следующий, -ая, -ее, другой; 14: όσο κανένας άλλος: как никто другой; άλλη φορά: в следующий раз; 19: άλλοι... άλλοι: одни... другие; άλλα δύο χρόνια: ещё два года; η μία και η άλλη: и одна, и другая; απ' τη μια απ' την άλλη: с одной стороны... с другой стороны; άλλ' αντ' άλλων: без смысла
άλλοτε	13: sometimes, 19: some other time, once, 27: in the past	13: в другой раз; 19: иногда; раньше; 27: тогда, прежде
αλλού	13: somewhere, 18: elsewhere	13, 18: в другом месте
άλλωστε	25: in addition; moreover	25: к тому же
άλμα επί κοντώ, το	29: pole vault	29: прыжок с шестом
αλμυρός, -ή, -ό	18: salty	18: солёный, -ая, -ое
άλογο, το	6: horse	6: лошадь
αμαξοστοιχία, η	27: train	27: поезд
αμβλύς, -εία, -ύ	38: obtuse	38: тупой, -ая, -ое
αμελής, -ής, -ές	22: neglectful; careless	22: небрежный, -ая, -ое
αμερικάνικος, -η, -ο	5: American	5: американский, -ая, -ое
Αμερική, η	5: America	5: Америка
άμεσα	15: directly	15: между, среди
άμεσος, -η, -ο	6: direct	6: прямой, -ая, -ое
αμέσως	10: immediately; at once	10: тотчас, тут же, сразу
αμετάβατος, -η, -ο	29: intransitive	29: непереходный, -ая, -ое
άμμος, η	20: sand	20: песок
αμμώδης, -ης, -ες	14: sandy	14: песчаный, -ая, -ое
αμφιβάλλω	35: to doubt	35: сомневаться
αν	12: if, 16: αν και: although	12: если; 16: αν και: хотя
αναβάλλω, -ομαι	28: to postpone; to put off	28: переносить
αναβολή, η	20: deferment	20: перенос, отсрочка
ανάβω	3: to turn on, 20: to light, 32: to be red hot	3: зажигать (свет); 20: разжигать; 32: перегреваться, накаляться
αναγγέλλω, -ομαι	37: to announce	37: извещать, уведомлять
αναγκάζω, -ομαι	23: to oblige, 27: -ομαι: to have to, 28: to force	23, 27, 28: вынуждать, заставлять
ανάγκη, η	16: need; necessity	16: нужда, потребность; в крайнем случае
αναγνωρίζω, -ομαι	18: to accept; to recognize	18: узнавать, опознавать
αναγνωστικός, -ή, -ό	36: reading	36: читательский, -ая, -ое
αναιδής, -ής, -ές	14: impudent; impertinent	14: бесстыдный, -ая, -ое
αναισθησιολόγος, ο, η	13: anaesthisiologist	13: анестезиолог

ανακαλύπτω, -ομαι	10: to discover	10: изобретать, обнаруживать, -ся
ανακατεύω, -ομαι	29: -ομαι: to interfere	29: вмешиваться
ανακεφαλαίωση, η	29: review	29: суммирование, подытоживание
ανακοίνωση, η	20: notice	20: объявление
ανάλατος, -η, -ο	18: unsalted	18: несолёный, -ая, -ое
ανάλαφρος, -η, -ο	29: light	29: очень лёгкий, -ая, -ое
ανάλυση, η	13: analysis	13: анализ
ανάμεσα	14: between; among	14: между
ανάμνηση, η	19: memory, 34: recollection	19, 34: воспоминание
ανανεώνω, -ομαι	20: to renew	20: обновлять, восстанавливать, -ся
αναπνέω	33: to breathe	33: дышать
αναπνοή, η	14: breath	14: дыхание
αναποφάσιστος, -η, -ο	29: irresolute	29: нерешительный, -ая, -ое
αναπτήρας, ο	10: lighter	10: зажигалка
ανάπτυξη, η	37: development; evolution	37: развитие
αναπτύσσω, -ομαι	37: to develop; to grow; to expand	37: развивать
αναρωτιέμαι	33: to wonder	33: задавать себе вопрос
ανασκευάζω, -ομαι	33: to refute	33: опровергать
Ανάσταση, η	24: Resurrection of Jesus Christ	24: воскрешение Христа
ανατέλλω	37: to rise; to come up	37: восходить
ανατολή, η	18: east	18: восток
ανατολικά	18: east; eastward(s)	18: на востоке
ανατολικός, -ή, -ό	18: east; eastern	18: восточный, -ая, -ое
αναφέρω, -ομαι	16: to refer to, 36: to mention; to set out	16: упоминать, ссылаться; 36: сообщать
αναφορικός, -ή, -ό	19: relative	19: относительный, -ая, -ое
αναχώρηση, η	27: departure	27: отправление, отъезд
αναψυκτικό, το	33: refreshment	33: прохладительный напиток
ανεβάζω	20: to carry up; to lift up, 29: to put up, 32: to put on (stage)	20, 29: поднимать; 32: ставить (пьесу)
ανεβαίνω	29: to mount up, to go up, 37: to rise	29: подниматья; 37: повышаться
ανέκδοτο, το	7: joke; funny story	7: анекдот
ανεξάρτητος, -η, -ο	37: independent	37: независимый, -ая, -ое
άνετα	16: conveniently, 22: comfortably, 33: easily	16, 22: удобно, уютно; 33: кстати
άνετος, -η, -ο	16: comfortable, 27: easy	16: просторный, -ая, -ое
ανήκω	30: to belong to	30: принадлежать
ανήμερα	24: on the same day	24: в этот самый день
ανησυχώ	31: to worry	31: беспокоиться
ανήφορος, ο	6: uphill road	6: подъём (в гору)
ανθίζω	24: to blossom	24: цвести

ανθοπωλείο, το	30: florist's	30: цветочный магазин
ανθρώπινος, -η, -ο	21: humane, 30: human	21: человеческий, -ая, -ое
άνθρωπος, ο	2: man; human being; people	2: человек
ανιψιά, η	4: niece	4: племянница
ανιψιός, ο	4: nephew	4: племянник
άνοδος, η	31: rise	31: подъём
ανοησία, η	15: nonsense	15: глупость
ανόητος, -η, -ο	14: foolish	14: глупый, -ая, -ое
ανοίγω, -ομαι	3: to open; to turn on, 29: -ομαι: to go too far out in the sea	3: открывать, -ся; выключать (кран); 29: -ομαι: плавать, отплывать
άνοιξη, η	8: spring	8: весна
ανοιξιάτικος, -η, -ο	8: spring (adj)	8: весенний, -яя, -ее
ανοιχτά	35: in deep waters	35: в открытом море
ανοιχτός, -ή, -ό	5: open, 6: light (colour)	5: открытый, -ая, -ое; 6: светлый, -ая, -ое (о цвете)
άντε	33: let, 35: go	33: оставь! 35: ну-ка!
αντηχώ	29: to echo; to reverbarate	29: отдаватьсья эхом, звучать
αντίθετα	35: on the contrary	35: наоборот
αντίθετος, -η, -ο	9: opposite	9: противоположный, -ая, -ое
αντικατασταίνω (αντικαθιστώ)	1: to replace	1: заменять
αντικείμενο, το	6: object	6: предмет
αντίλαλος, ο	6: reverberation of sound	6: эхо, отзвук, отголосок
αντιπαθητικός, -ή, -ό	20: unpleasant	20: неприятный, -ая, -ое
αντιπρόσωπος, ο, η	23: agent; representative	23: представитель (торговый)
αντίρρηση, η	16: objection	16: возражение
αντίστοιχος, -η, -ο	17: relative	17: соответственный, -ая, -ое, соотносительный, аналогичный
άντρας, ο	1: man, 6: husband	1: мужчина; 6: муж
αντωνυμία, η	1: pronoun	1: местоимение
ανυπόμονα	22: impatiently; anxiously	22: нетерпеливо
ανυπόφορος, -η, -ο	33: unbearable; intolerable	33: невыносимый, -ая, -ое
άνω	30: upper	30: вверх; Άνω Τούμπα: Верхняя Тумба (название района)
ανώμαλος, -η, -ο	21: irregular	21: неправильный, -ая, -ое
αξία, η	23: worth	23: стоимость, цена
αξιοθέατα, τα	32: sights	32: достопримечательности (мн.ч.)
αξιόλογος, -η, -ο	32: remarkable; important	32: знаменательный, -ая, -ое
άξιος, -α, -ο	34: worthy	34: достойный, -ая, -ое, важный,
αξίωμα, το	38: axiom	38: аксиома
αόριστος, -η, -ο	19: indefinite	19: неопределённый, -ая, -ое (грам.)
αόριστος, ο	10: Simple Past Tense	10: аорист (грам.)
απαγόρευση, η	16: prohibition	16: запрет
απαγορεύω, -ομαι	16: to forbid, 28: to	16, 28: запрещать, воспрещать

απαγορεύω]	prohibit	
απαθής, -ής, -ές	26: nonchalant; indifferent; apathetic	26: равнодушный, -ая, -ое, безраличный, безмятежный
απάνθρωπος, -η, -ο	26: inhuman; cruel	26: бесчеловечный, -ая, -ое, жестокий
απάντηση, η	6: answer	6: ответ
απαντώ, -ιέμαι	12: to answer	12: отвечать
απαραίτητος, -η, -ο	16: essential; necessary	16: необходимый, -ая, -ое
απασχολημένος, -η, -ο	25: busy; occupied	25: занятый, -ая, -ое
απειλώ, -ούμαι	14: to menace, 33: to threaten	14: грозить, угрожать; 33: подвергаться опасности
απελευθερώνω, -ομαι	28: to liberate	28: освобождать, -ся
απελευθερωτικός, -ή, -ό	24: liberating	24: освободительный, -ая, -ое
απέναντι	12: across, 36: towards	12: напротив, 36: перед (предлог)
απεργία, η	10: strike	10: забастовка
απέχω	33: to be at (some) distance	33: быть на расстоянии, находиться
απίθανος, -η, -ο	19: fantastic; super, 24: incredible, 25: improbable	19, 25: невероятный, -ая, -ое, 24: неправдоподобный, -ая, -ое
άπιστος, -η, -ο	14: infidel; unfaithful	14: неверный, -ая, -ое, неверующий; недоверчивый
απλά	22: simply	22: просто, ясно
απλανής, -ής, -ές	26: vacant; fixed	26: неподвижный, -ая, -ое
απλός, -ή, -ό	16: simple	16: простой, -ая, -ое
άπλυτος, -η, -ο	16: unwashed; dirty	16: немытый, -ая, -ое, грязный
απλώνω, -ομαι	28: -ομαι: to extend	28: расстилать, расстилаться, простираться
από	1: from, 15: since, 22: than, από το να...: instead of, 28: by, 29: of	1: откуда; из; 15: с тех пор; 22: чем (при сравнении); 28: от; 29: после
απογειώνω, -ομαι	29: -ομαι: to take off	29: отрываться от земли, взлетать
απόγευμα, το	8: afternoon	8: после обеда
απογευματινό, το	9: afternoon meal	9: полудник
απογευματινός, -ή, -ό	9: afternoon (adj)	9: послеобеденный, -ая, -ое
απογοητεύω, -ομαι	24: to disappoint	24: разочаровывать, -ся
απόδειξη, η	12: receipt, 38: proof; demonstration	12, 38: чек, квитанция
αποδίδω, -ομαι	32: to perform, 37: αποδίδεται: to be given	32: передавать, воспроизводить, исполнять; 37: придавать (значение)
απόδοση, η	25: resultative clause	25: аподосис (грам.), главное предложение в условном периоде
αποζητώ, -ιέμαι	33: to long for	33: тосковать
αποθετικός, -ή, -ό	27: deponent (verb)	27: отложительный, -ая, -ое (грам.)
αποκοπή, η	17: apocope	17: отсечение, отпадение

Απόκριές, οι (αποκριά, η)	16: carnival	16: карнавал
αποκτώ, -ιέμαι	31: to obtain; to acquire	31: приобретать, получать
απόλαυση, η	16: enjoyment; pleasure	16: наслаждение, удовольствие
απολογία, η	26: plea; defence	26: выступление обвиняемого
απόλυτα	37: absolutely	37: безусловно
απόλυτος, -η, -ο	18: absolute	18: количественный, -ая, -ое
απομακρύνω, -ομαι	28: to remove; to send away	28: отдалять, -ся
απορία, η	16: query; doubt	16: трудность
απορώ	14: to wonder	14: затрудняться
αποσιωπητικά, τα	25: dots	25: многоточие
αποσκευή, η	17: luggage	17: багаж, вещи
αποστολέας, ο, η	11: sender	11: отправитель
απόστολος, ο	28: apostle	28: апостол
απόστροφος, η	12: apostrophe	12: апостроф
αποτέλεσμα, το	10: result, 16: effect	10, 16: результат
αποτελώ, -ούμαι	14: to compose; to make up; to constitute, 33: -ούμαι: to be consisted of	14: составлять, образовывать; 33: -ούμαι: состоять, -ся
απότομα	8: suddenly, 15: abruptly	8: внезапно; 15: резко
αποτραβώ, -ιέμαι	33: to withdraw	33: удаляться, отходить
απουσία, η	33: absence	33: отсутствие
απόφαση, η	26: verdict, 29: decision	26: решение, постановление; 29: принимать решение, решаться; примиряться
αποφασίζω, -ομαι	16: to decide	16: решать, -ся
αποφασιστικός, -ή, -ό	24: determined, 29: decisive, resolute	24: решительный, -ая, -ое; 29: решительный, решающий
αποχαιρετώ, -ιέμαι	31: to wish good bye	31: прощаться
απόψε	7: tonight	7: сегодня вечером
αποψινός, -ή, -ό	9: this evening (adj)	9: относящийся к сегодняшнему вечеру
απραγματοποίητος, -η, -ο	25: unfulfilled	25: нереальный, -ая, -ое, неосуществимый
Απρίλιος, ο	8: April	8: апрель
απρόσεκτος, -η, -ο	30: careless	30: невнимательный, -ая, -ое, неосторожный
αραβικά, τα	2: Arabic (language)	2: арабский язык
άραγε	25: I wonder	25: интересно (знать)
αράζω	35: to anchor; to moor	35: причаливать, швартовать
αραιός, -ή, -ό	8: rare; sparse	8: редкий, -ая, -ое, нечастый
αρακάς, ο	18: fresh peas	18: зелёный горошек
αργά	8: late	8: поздно
αργία, η	10: holiday; leisure day	10: праздничный, выходной день
αργοπορώ	33: to delay; to be late	33: отставать, медлить, задерживаться
αργώ	14: to be late, 19: to take long	14: опаздывать, бездействовать; 19: задерживать, -ся
αρέσω	12: to like	12: нравиться; мне нравится

άρθρο, το	1: article	1: артикль
αριθμητής, ο	38: numerator	38: числитель (мат.)
αριθμητική, η	38: arithmetic	38: арифметика
αριθμητικό, το	7: numeral	7: имя числительное (грам.)
αριθμός, ο	1: number	1: число
άριστα	22: excellent	22: прекрасно, превосходно
αριστερά	12: on the left, 18: left	12: слева, налево
αριστερός, -ή, -ό	13: left	13: левый, -ая, -ое
άριστος, -η, -ο	21: best; excellent	21: превосходный, -ая, -ое, отличный
Αριστοτέλειος, -α, -ο	20: Aristotelian	20: Аристотель
αρκετά	19: quite	19: достаточно
αρκετός, -ή, -ό	10: quite, 15: quite a few, 16: enough, 19: sufficient, 23: some	10, 23: достаточный, -ая, -ое; 15: αρκετά: некоторые; 16: αρκετά χρήματα: достаточно денег; 19: значительный
αρκώ, -ούμαι	33: to be enough / sufficient, -ούμαι: to be content, 36: αρκεί να: if only; provided	33: быть достаточным, хватать; -ούμαι: удовлетворяться; довольствоваться, ограничиваться, 36: αρκεί να: достаточно
άρνηση, η	16: negation	16: отрицание
αρνητικός, -ή, -ό	17: negative	17: отрицательный, -ая, -ое
αρνί, το	24: lamp	24: овца, баран
αρνούμαι	33: to deny, to refuse	33: отрицать
αρπάζω, -ομαι	27: to catch; to seize; to grasp, 29: -ομαι: to lose my temper	27: хватать, похищать, красть; 29: вспыхивать, сцепиться
αρραβώνας, ο	16: engagement	16: помолвка
αρρώστια, η	27: illness	27: болезнь
άρρωστος, -η, -ο	13: sick; ill	13: больной, -ая, -ое
αρσενικός, -ή, -ό	6: masculine; male	6: мужской, -ая, -ое
αρτοποιείο, το	18: bakery	18: хлебопекарня
αρτοπώλης, ο	18: baker	18: продавец хлеба
αρχαίος, -α, -ο	23: ancient	23: древний, -яя, -ее
αρχή, η	3: beginning; start	3: начало; основа; власть
αρχηγός, ο	24: leader	24: глава
αρχίζω	1: to start; to begin	1: начинать
αρχιτέκτονας, ο, η	21: architect	21: архитектор
αρχιτεκτόνισσα, η	21: architect (f)	21: архитектор (ж.р.)
ας	16: let, if only; I wish, 25: may	16: пусть, давай(те); 25: пусть, если бы
ασανσέρ, το	17: lift	17: лифт
ασθενής, ο, η	13: sick; ill	13: больной
ασθενοφόρο, το	23: ambulance	23: скорая помощь
Ασία, η	28: Asia	28: Азия
άσκηση, η	1: exercise	1: упражнение
ασπιρίνη, η	24: aspirin	24: аспирин
ασπρόμαυρος, -η, -ο	6: black and white	6: черно-белый, -ая, -ое

άσπρος, -η, -ο	6: white	6: белый, -ая, -ое
αστείο, το	14: joke	14: утка
αστείος, -α, -ο	7: funny	7: смешной, -ая, -ое
αστέρι, το	17: star	17: звезда
Αστεροσκοπείο, το	30: observatory	30: обсерватория
αστικός, -ή, -ό	14: urban, 23: αστικό τηλεφώνημα: local call	14: городской, -ая, -ое; буржуазный, гражданский; 23: αστικό τηλεφώνημα: городское телефонирование
αστός, -ή	14: townsman; bourgeois	14: горожанин
αστράγαλος, ο	13: ankle	13: лодыжка (анат.)
αστραπή, η	8: lightning	8: молния
αστράφτει	8: it's lightning	8: сверкает (молния)
αστροναύτης, ο	27: astronaut	27: астронавт, космонавт
αστυνομία, η	16: police	16: полиция
αστυνομικός, -ή, -ό	32: detective (adj)	32: полицейский (участок, отделение)
αστυνομικός, ο, η	26: policeman/policewoman	26: полицейский
αστυνόμος, ο, η	12: policeman/policewoman	12: начальник полиции
αστυφιλία, η	14: urbanism; urban attraction	14: урбанизм
ασυγκίνητος, -η, -ο	19: untouched	19: равнодушный, -ая, -ое
ασύλληπτος, -η, -ο	27: inconceivable	27: невообразимый, -ая, -ое
ασυνήθιστος, -η, -ο	31: unusual	31: необычный, -ая, -ое
ασφαλώς	17: certainly; surely	17: конечно
άσχημα	22: badly, 27: unwell	22, 27: плохо
άσχημος, -η, -ο	17: bad; ugly	17: плохой, -ая, -ое
ασχολούμαι	33: to deal in/with	33: заниматься
αταξία, η	29: naughtiness, escapade	29: шалость, проказа
ατέλειωτος, -η, -ο	29: endless	29: бесконечный, -ая, -ое
ατμοπλοϊκώς	10: by sea	10: пароходом, на пароходе
ατμόσφαιρα, η	19: atmosphere	19: атмосфера
άτομο, το	27: person, 35: atom	27: человек; 35: лицо
ατύχημα, το	23: accident	23: авария
αυγό, το	16: egg	16: яйцо
Αύγουστος, ο	8: August	8: август
αυλαία, η	32: curtain	32: занавес
αυλή, η	2: yard	2: двор
αυξάνω, -ομαι	28: to increase; to raise	28: повышать, -ся
αύξηση, η	18: rise	18: повышение
αϋπνία, η	34: insomnia; sleeplessness	34: бессонница
αυριανός, -ή, -ό	9: tomorrow (adj)	9: завтрашний, -яя, -ее, будущий
αύριο	7: tomorrow	7: завтра
αυστηρά	33: severely	33: строго
αυστηρός, -ή, -ό	9: strict	9: строгий, -ая, -ое
αυτί, το	6: ear, 29: είμαι όλος αυτιά: to be all ears	6: ухо; 29: είμαι όλος αυτιά: слушать во все уши
αυτοκινητάμαξα, η	27: railway diesel coach	27: автодрезина

αυτοκινητικός, -ή, -ό	23: traffic (adj)	23: автомобильный, -ая, -ое, автодорожный
αυτοκίνητο, το	4: car	4: автомобиль, (авто)машина
αυτοκρατορία, η	28: empire	28: самодержавие, империя
αυτόματος, -η, -ο	23: automatic, αυτόματος τηλεφωνητής: answering machine	23: автоматический, -ая, -ое; αυτόματος τηλεφωνητής: автоответчик
αυτοπαθής, -ής, -ές	27: reflexive	27: возвратный, -ая -ое
αυτόπτης, ο, η	26: αυτόπτης μάρτυρας: eyewitness	26: αυτόπτης μάρτυρας: свидетель-очевидец
αυτός, -ή, -ό	1: he; she; it: this	1: он, она, оно
αφαίρεση, η	38: subtraction	38: вычитание (мат.)
αφαιρώ, -ούμαι	14: to subtract, 33: -ούμαι: to be absent minded	14: вычитать (мат.); отнимать, отделять; лишать; 33: -ούμαι: отвлекаться
αφάνταστα	35: excessively	35: невообразимо
αφελής, -ής, -ές	14: naive	14: наивный, -ая, -ое
αφήνω, -ομαι	9: to leave, 17: to let	9: оставлять, покидать 17: оставлять
αφηρημάδα, η	35: absent mindeness	35: рассеянность, невнимательность
αφηρημένος, -η, -ο	35: absent minded	35: рассеянный, -ая, -ое, невнимательный
άφιξη, η	27: arrival	27: прибытие, приезд
αφορμή, η	36: motive, cause; reason; occasion	36: повод, основание; находить повод
αφού	10: after; since, 33: because	10: когда; поскольку, так как; 33: потому что
Αφρική, η	9: Africa	9: Африка
αχ!	12: ah!	12: ах!
ΑΧΕΠΑ	30: AHEPA Hospital	30: АХЕПА (название больницы)
άχρηστος, -η, -ο	16: useless	16: ненужный, -ая, -ое
άχρωμος, -η, -ο	6: colourless	6: бесцветный, -ая, -ое, не имеющий цвета

Β

βαγόνι, το	27: waggon	27: вагон
βάζω, -ομαι	1: to put, 20: to put on, 29: βάζω μπρος: to start (engine), βάζω αυτί: to eavedrop	1: класть, ставить; 20: έβαλε κιλά: набрал(а) вес; 29: βάζω μπρος: поставить; βάζω αυτί: слушать, прислушиваться
βαθιά	22: deep	22: глубоко
βαθμός, ο	13: degree, 14: mark	13: градус; 14: оценка, балл
βάθος, το	18: back, 19: κατά βάθος: at bottom; at heart	18: глубина, 19: κατά βάθος: в глубине души
βαθύς, -ιά, -ύ	14: deep	14: глубокий, -ая, -ое

βαλίτσα, η	15: suitcase	15: чемодан
βαμβάκι, το	20: cotton	20: хлопок
βαρελίσιος, -α, -ο	19: on tap; out of a barrel (adj)	19: бочечный, -ая, -ое, бочковый, в бочках
βαριέμαι	33: to be bored, to be fed up, to get tired	33: надоедать, лениться
βάρκα, η	18: boat	18: лодка
βαρκάρης, ο	18: boatman	18: лодочник
βάρος, το	29: load; burden, 31: weight	29: вес, груз, тяжесть
βαρύς, -ιά, -ύ	14: heavy	14: тяжёлый, -ая, -ое
βαρυστομαχιά, η	19: indigestion	19: несварение желудка
βάση, η	36: foundation, 38: base	36: основа; 38: основание (мат.)
βασικός, -ή, -ό	37: basic; essential	37: главный, -ая, -ое, основной, ведущий
βασιλιάς, ο	18: king	18: король
βασιλόπιτα, η	24: New Year cake	24: новогодний пирог
βαστώ, -ιέμαι	20: to hold	20: держать на руках, нести; крепиться; осмеливаться
βάφτιση, η	16: baptism	16: крестины, крещение
βάφω, -ομαι	10: to paint, 12: to dye, 24: to colour, 29: -ομαι: to make up	10, 12, 24, 29: красить, -ся
βάψιμο, το	12: make up, 36: painting	12: краска; 36: покраска
βγάζω	12: to take off, 14: send out, 20: to pull out, 21: τα βγάζω πέρα: to manage, 25: βγάζω εισιτήριο: to buy a ticket, 26: to throw out, 27: βγάζω φωτογραφία: to take a picture, βγάζω δόντια: to cut new teeth, βγάζω σπυριά: to break out in pimples, βγάζω λεφτά: to earn money, βγάζω το ψωμί μου: to earn my living, 29: to take out	12, 20: вынимать, вытаскивать, 14: производить, выпускать; 21: τα βγάζω πέρα: справляться (с чем-л.), 25: βγάζω εισιτήριο: брать билет; 26: выгонять, прогонять, выставлять за дверь; 27: βγάζω φωτογραφία: фотографировать; βγάζω δόντια: удалять зубы; έβγαλε σπυριά: появились прыщи; βγάζω λεφτά: зарабатывать деньги; βγάζω το ψωμί μου: зарабатыивать на хлеб; 29: снимать (обувь)
βγαίνω	12: to go (come) out, 31: to appear	12: выходить, отправляться; 31: выходить, появляться
βδομάδα, η (εβδομάδα, η)	4: week	4: неделя
βέβαιος, -η, -ο	8: sure; certain	8: уверенный, -ая, -ое
βεβαίως (βέβαια)	5: certainly; of course	5: конечно
βεβαίωση, η	20: certification	20: справка
βεγγαλικά, τα	24: fireworks	24: бенгальские огни
Βέλγιο, το	1: Belgium	1: Бельгия
βελόνα, η	33: needle	33: игла

βήχας, ο	13: cough	13: кашель
βιάζω, -ομαι	22: -ομαι: to hurry up, 34: to be in a hurry	22, 34: торопиться, спешить
βίαιος, -η, -ο	36: violent	36: насильственный, -ая, -ое
βιαστικός, -ή, -ό	13: in a hurry	13: быстрый, торопливый; είμαι βιαστικός: очень спешу
βιασύνη, η	29: haste; hurry	29: спешка; στη βιασύνη: второпях, в спешке
βιβλίο, το	1: book	1: книга
βιβλιοθήκη, η	1: bookcase; library	1: библиотека
βιβλιοπωλείο, το	30: bookshop	30: книжный магазин
βιομηχανία, η	37: industry	37: промышленность, индустрия
βιομηχανικός, -ή, -ό	18: industrial	18: промышленный, -ая, -ое, индустриальный
βιοτικός, -ή, -ό	37: living	37: жизненный, -ая, -ое
βιτρίνα, η	9: shop window	9: витрина
βλαβερός, ή, -ό	16: harmful	16: вредный, -ая, -ое; наносящий вред
βλέμμα, το	26: glance	26: взгляд
βλέπω, -ομαι	3: to see; to look	3: видеть, смотреть
βλεφαρίδα, η	6: eyelash	6: ресница
βογκώ	29: to groan; to moan	29: стонать, тяжело вздыхать, рокотать
βοήθεια, η	13: aid, 35: help	13: помощь
βοηθητικός, -ή, -ό	23: auxiliary	23: вспомогательный, -ая, -ое
βοηθώ, -ιέμαι	11: to help	11: помогать
Βόλος, ο	4: Volos (city)	4: Волос (город)
βόλτα, η	2: walk	2: прогулка
βόρεια	18: north; northerly	18: на севере
βόρειος, -α, -ο	18: northern	18: северный, -ая, -ое
βορράς, ο	18: north	18: север
βότανο, το	33: herb	33: дикая трава, лекарственное растение
βουνό, το	2: mountain	2: гора
βουρτσίζω, -ομαι	29: to brush	29: чистить, -ся
βουτώ, -ιέμαι	20: to dive	20: погружать, обмакивать; погрязнуть
βραβείο, το	22: prize	22: награда
βραδιάζει	8: it is getting dark/late	8: вечереет, смеркается
βραδινό, το	9: supper	9: ужин
βραδινός, -ή, -ό	9: evening (adj)	9: вечерний, -яя, -ее
βράδυ, το	6: evening	6: вечер
βραστός, -ή, -ό	16: boiled	16: варёный, -ая, -ое
βράχος, ο	6: rock; cliff	6: скала, утес; подводный камень, риф
βρε	6: hey you!	6: что ты! смотри! послушай! эй!
βρέχω, -ομαι	8: it rains	8: идёт дождь

βρίσκω, -ομαι	14: to find, 18: to calculate, 21: invent, 29: to be, 30: βρίσκομαι σε αδιέξοδο: to be at a deadlock, 34: σας βρίσκονται τίποτα ψιλά; do you have any change?, 35: -ομαι: to be located, βρισκόμαστε: to meet with sb	14, 18, 21, 29: находить, -ся; 30: βρίσκομαι σε αδιέξοδο: находиться в тупике; 34: βρίσκομαι σε δύσκολη θέση: находиться в трудном положении, ситуации; σας βρίσκονται τίποτα ψιλά; не найдутся ли (есть ли) у вас мелкие деньги, мелочь?; 35: -ομαι: находиться, быть расположенным
βροντά	8: it thunders	8: гремит, громыхает (о громе)
βροντή, η	8: thunder	8: гром, удар грома
βροχή, η	8: rain	8: дождь
βρύση, η	3: tap	3: кран (водопровода)
βρυσούλα, η	6: small fountain	6: краник; родничок; фонтанчик
βυζαντινός, -ή, -ό	28: Byzantine	28: византийский, -ая, -ое
βυσσινής, -ιά, -ί	6: purple	6: вишнёвый, -ая, -ое (о цвете)

Γ

γάβγισμα, το	10: barking	10: гавканье
γαϊδουράκι, το	15: donkey (affectionately)	15: ослик
γάλα, το	13: milk	13: молоко
γαλάζιος, -α, -ο	6: light blue	6: голубой, -ая, -ое
γαλακτοπωλείο, το	18: dairy	18: молочный магазин
γαλακτοπώλης, ο	18: dairy man	18: продавец молока или молочных продуктов
γαλανός, -ή, -ό	6: light blue; azure	6: голубой, -ая, -ое; синий
γαλατάδικο, το	18: dairy	18: молочный магазин
γαλατάς, ο	18: milkman	18: продавец молока, молочник
γαλήνη, η	33: calm; tranquility	33: тишина, покой
Γαλλία, η	1: France	1: Франция
Γαλλίδα, η	5: French (f)	5: француженка
γαλλικά, τα	2: French language	2: французский язык
γαλλικός, -ή, -ό	5: French	5: французский, -ая, -ое
Γάλλος, ο	5: French (m)	5: француз
γαλοπούλα, η	24: turkey (hen)	24: индейка, индюшка
γάμος, ο	13: wedding	13: свадьба
γάμπα, η	13: leg	13: голень (ноги)
γαμπρός, ο	4: son in law	4: жених
γάντι, το	12: glove	12: перчатка
γάτα, η	1: cat	1: кошка
γδύνω, -ομαι	29: to undress; to strip	29: раздевать; обнажать; -ομαι: раздеваться
γεγονός, το	36: event	36: факт
γεια σου	1: hello, 9: goodbye	1: здравствуй; 9: будь здоров!

γείτονας, ο	12: neighbour (m)	12: сосед
γειτονιά, η	14: neighbourhood	14: соседство
γειτονικός, -ή, -ό	14: neighbouring	14: соседний, -яя, -ее
γειτόνισσα, η	18: neighbour (f)	18: соседка
γειτονόπουλο, το	34: young neighbour	34: соседский парень
γέλιο, το	31: laugh; laughter	31: смех
γελοιογραφία, η	31: cartoon; caricature	31: карикатура, шарж
γελώ, -ιέμαι	14: to cheat; to deceive, to laugh	14: смеяться
γεμάτος, -η, -ο	16: full	16: наполненный, -ая, -ое
γεμίζω	15: to cover (with)	15: наполнять, заполнять, наполняться
γενέθλια, τα	8: birthday	8: день рождения
γενειάδα, η	24: beard	24: длинная борода
γένια, τα	6: beard	6: борода
γενικά	6: generally	6: в общем; как правило
γενική, η	6: genitive case	6: родительный падеж
γέννηση, η	24: birth	24: рождение
γεννώ, -ιέμαι	8: to give birth to, 33: -ιέμαι: to be born	8: родить, 33: -ιέμαι: рождаться;
γεράματα, τα	28: old age; senility	28: старость, преклонный возраст
γερατειά, τα	28: old age; senility	28: старость, преклонный возраст
Γερμανία, η	31: Germany	31: Германия
Γερμανίδα, η	9: German (f)	9: немка
γερμανικά, τα	15: German language	15: немецкий язык
γερνώ	20: to grow old	20: стариться; старить
γεροντάκος, ο	6: little old man	6: старикан
γέροντας, ο	24: old man	24: старик, старец
γέρος, γριά, γέρικο	13: old	13: старый, -ая, -ое
γερός, -ή, -ό	15: healthy	15: здоровый, -ая, -ое
γεύση, η	31: taste	31: вкус; вкушение; отведывание
Γεωμετρία, η	38: geometry	38: геометрия
Γεωπονική Σχολή, η	30: Faculty of Agriculture	30: агрономический факультет
Γεωπονοδασολογική Σχολή, η	30: Faculty of Agriculture and Forestry	30: агролесотехнический факультет
γεωπόνος, ο, η	21: agriculturalist	21: агроном
γεωργός, ο	14: farmer	14: крестьянин, землепашец
γη, η	28: earth	28: Земля (планета)
γήπεδο, το	5: playing field	5: стадион, спортивная площадка
για (γι')	2: for; to, 10: about	2: в; 10: о (предлог)
γιαγιά, η	4: grandmother	4: бабушка
γιακάς, ο	18: collar	18: воротник, ворот
γιαούρτι, το	18: yogurt	18: югурт, кислое молоко
γιατί	4: because, why	4: потому что; почему; 5: так как

γιατρεύω, -ομαι	27: to cure	27: лечить; вылечить, исцелять
γιατρός, ο, η	2: doctor	2: врач
γίνομαι	6: to become, 10: to happen, 14: έγινε: to be done, 21: to be, 30: to take place, 34: to be ready; to rippen	6: становиться; 10: совершаться; 14: осуществляться; 21: стать; 30: совершаться, состояться; 34: становиться, быть готовым; δεν έγινε το φαγητό: еда (кушанье, блюдо) не готова(о)
γινόμενο, το	38: product	38: произведение (мат.)
γινωμένος, -η, -ο	34: ripe; ready	34: спелый, -ая, -ое, зрелый
γιορτάζω, -ομαι	10: to celebrate	10: праздновать
γιορτή, η	12: name day, 24: feast, 28: celebration	12, 24, 38: праздник; торжество
γιος, ο	4: son	4: сын
γκαρσόν(ι), το	18: waiter	18: официант, гарсон
γκρι	6: grey	6: серый цвет
γκρίζος, -α, -ο	6: grey	6: серый, -ая, -ое, пепельный
γκρινιάζω	22: to whine	22: ворчать; ныть
γκρινιάρης, -α, -ικο	14: grumbler	14: ворчливый, -ая, -ое; ноющий
γλείφω, -ομαι	19: to lick	19: облизывать (пальчики)
γλέντι, το	19: fun; merry making	19: пир; пирушка; веселье
γλιστρώ	23: to slip; to slide	23: скользить
γλυκά	14: sweetly	14: сладко; нежно; приятно
γλυκό, το	12: cake; pastry	12: сладкое (блюдо)
γλυκός, -ιά, -ό	8: mild, sweet, 26: pleasant	8: тёплый, -ая, -ое, тихий; 26: сладкий
γλώσσα, η	6: language	6: язык (иностранный)
γλωσσού, η	31: chatter box	31: болтун; языкастый человек
γνώμη, η	19: opinion	19: мнение
γνωρίζω, -ομαι	5: to know, 12: to recognize, 15: to introduce, 19: to meet	5, 12: знать; узнавать; 15, 19: познакомиться
γνωστός, -ή, -ό	12: sb I know, 15: acquaintance, 32: known	12, 15: знакомый, -ая, -ое; 32: известный
γόνατο, το	13: knee	13: колено
γονείς, οι	4: parents	4: родители
γοργά	28: quickly	28: быстро, стремительно
γουρούνι, το	14: pig	14: свинья
γούστο, το	16: taste	16: вкус, со вкусом, красиво
γραβάτα, η	13: tie	13: галстук
γράμμα, το	1: letter	1: письмо; буква
γραμμάριο, το	33: gramme	33: грамм
γραμματέας, ο, η	20: secretary	20: секретарь, секретарша
γραμματεία, η	13: secretary's office	13: кабинет секретаря, канцелярия
γραμμάτιο, το	16: bill (of exchange)	16: вексель
γραμματοκιβώτιο, το	5: mail box	5: почтовый ящик
γραμματόσημο, το	5: stamp	5: почтовая марка

γραμμή, η	27: line	27: линия (железнодорожная)
γραφείο, το	6: office, 12: work, 15: desk, 29: γραφείο ταξιδίων: travel bureau	6: кабинет; 12: работа; 15: письменный стол, бюро; 29: бюро путешествий
γράφω, -ομαι	1: to write	1: писать
γράψιμο, το	36: writing	36: письмо (писание); почерк
γρήγορα	9: quickly; fast	9: быстро
γρήγορος, -η, -ο	12: fast	12: быстрый, -ая, -ое
γρίπη, η	13: flu; influenza	13: грипп
γυαλιά, τα	12: glasses	12: очки
γυμνάζω, -ομαι	29: to exercise, 31: to train	29: тренироваться; заниматься гимнастикой; 31: γυμνασμένα άλογα: дрессированные лошади
γυμνάσιο, το	10: high school	10: гимназия
γυμναστήριο, το	14: gymnasium	14: спортзал; спортплощадка
γυμναστική, η	16: gymnastics, 32: exercises	16: гимнастика; гимнастическое упражнение
γυναίκα, η	1: woman, 8: wife	1, 8: женщина, жена
γυναικολόγος, ο, η	13: gynaecologist	13: гинеколог
γυρεύω	19: to look for; to seek	19: просить, требовать
γυρίζω, -ομαι	10: to come back; to return, to turn, 23: γυρίζω στους δρόμους: walk aimlessly, γυρίζω γύρω από το σπίτι: walk around, το κεφάλι μου γυρίζει: my head is spinning, 23: to go back	10: возвращаться; перевёртывать, переворачивать (страницу); 23: γυρίζω στους δρόμους: бродить; γυρίζω γύρω από το σπίτι: ходить вокруг дома; το κεφάλι μου γυρίζει: у меня кружиться голова; 23: возвращать, отдавать обратно
γυρνώ	23: to go back, 33: to loaf about	23: вращать; крутить; 33: гулять, бродить, блуждать
γύρω	9: about, 12: around	9: около (о времени); 12: вокруг
γωνία, η	30: corner, 38: angle	30: угол (здания, земли); 38: угол (мат.)

Δ

δαιμόνιο, το	37: genious	37: одарённость
δάκρυ, το	36: tear	36: слеза
δακτυλογράφος, ο, η	31: typist	31: тот, кто печатает на машинке; машинистка
δανείζω, -ομαι	10: to lend, 27: -ομαι: to borrow	10: одалживать, давать взаймы; 27: -ομαι: брать взаймы
δανεικά, τα	12: δανεικά και αγύριστα: money lent is money spent	12: δανεικά και αγύριστα: (брать) взаймы без отдачи
δάνειος, -α, -ο	6: loan (adj)	6: заимствованный, -ая, -ое
δασκάλα, η	1: teacher (f)	1: учительница
δάσκαλος, ο	1: teacher (m)	1: учитель

Δασολογική Σχολή, η	30: Faculty of Forestry	30: лесотехнический факультет
δασολόγος, ο, η	21: forester	21: лесовод
δάσος, το	14: wood	14: лес
δαχτυλίδι, το	12: ring	12: кольцо
δάχτυλο, το	6: finger	6: палец
ΔΕΗ (Δημόσια Επιχείρηση Ηλεκτρισμού)	24: Electric Company of Greece	24: Государственная Энергетическая Корпорация
δείκτης, ο	9: hand of a clock/watch	9: стрелка (часов)
δεικτικός, -ή, -ό	6: demonstrative pronoun	6: указательный, -ая, -ое
δείνα, ο, η	19: such and such; the so called	19: некто; какой-то; ο δείνα και ο τάδε: и тот и этот
δείχνω, -ομαι	3: to point to, 6: to show, 33: to look	3: показывать, -ся; 6: выражать; 33: выглядеть
δέκα	1: ten	1: десять
δεκάδα, η	33: set of ten	33: десяток; декада
δεκαδικός, -ή, -ό	38: decimal	38: десятичный, -ая, -ое (число)
δεκαεννέα (δεκαεννιά)	2: nineteen	2: девятнадцать
δεκαέξι	2: sixteen	2: шестнадцать
δεκαεπτά (δεκαεφτά)	2: seventeen	2: семнадцать
δεκαοκτώ (δεκαοχτώ)	2: eighteen	2: восемнадцать
δεκαπενθήμερο, το	8: fortnight	8: пятнадцать дней, две недели
δεκαπέντε	2: fifteen	2: пятнадцать
δεκάρα, η	5: dime; penny; hoot	5: монета в десять лепт
δεκάρικο, το	5: ten euros note	5: денежная купюра в десять евро
δεκατέσσερις, -ις, -α	2: fourteen	2: четырнадцать
δέκατος, -η, -ο	7: tenth	7: десятый, -ая, -ое
δεκατρείς, -είς, -ία	2: thirteen	2: тринадцать
Δεκέμβριος, ο	8: December	8: декабрь
δέμα, το	2: package	2: посылка
δεν (δε)	1: not	1: не (отрицательная частица перед глаголом)
δέντρο, το	3: tree	3: дерево
δένω, -ομαι	27: to tie; to fasten	27: связывать; завязывать, -ся; привязывать
δεξιά	7: right	7: направо; справа
δέρμα, το	31: leather	31: шкура
δέσιμο, το	36: είμαι τρελός για δέσιμο: to be nuts	36: связывание; перевязывание; сборка (техн.)
δεσμά, τα	6: bonds	6: оковы, кандалы; заключение, лишение свободы
δεσμός, ο	6: tie; bond; link	6: узел; то, чем связывать (верёвка, ремень и т.п.)
δεσποινίς (δεσποινίδα), η	3: miss; damsel	3: девушка, барышня
Δευτέρα, η	7: Monday	7: понедельник
δευτεριάτικα	7: on a Monday	7: в понедельник
δευτερόλεπτο, το	9: second	9: секунда
δεύτερος, -η, -ο	2: second	2: второй, -ая, -ое
δέχομαι	29: to receive, 32: to	29, 32: принимать; не

δέχομαι]	accept	отказываться
δήθεν	19: so called	19: так называемый, мнимый
δηλαδή	13: in other words; namely, 35: that is to say	13, 35: то есть; а именно; иными словами
δηλητηριάζω, -ομαι	28: to poison	28: отравлять
δηλώνω, -ομαι	28: to signify	28: означать, обозначать
δήμαρχος, ο, η	14: mayor	14: мэр
δημιουργώ, -ούμαι	14: to create, 19: to make; to form, 33: -ούμαι: come into being	14, 19: создавать, творить; 33: -ούμαι: становиться, формироваться
δημοκρατία, η	17: democracy	17: демократия
δήμος, ο	14: municipality	14: дим, община (административная единица в Греции)
δημοσιογράφος, ο, η	36: journalist	36: журналист; публицист; газетчик
δημόσιος, -α, -ο	21: public	21: государственный, -ая, -ое; государственный служащий
δημοτικό, το	10: elementary school	10: начальная школа
δημοφιλής, -ής, -ές	14: popular	14: популярный, -ая, -ое; любимый народом
διά	38: by	38: δέκα διά δύο...: десять, делённое на два
διαβάζω, -ομαι	1: to read, 4: to study	1: читать; 4: учить
διάβαση, η	30: passage; crossing	30: переход; переезд
διάβασμα, το	7: study; reading	7: чтение
διαβατήριο, το	5: passport	5: паспорт
διαγώνισμα, το	10: test	10: письменная контрольная работа; письменный экзамен
διαγωνισμός, ο	31: examination	31: конкурс
διαθέτω, διατίθεμαι	37: to have	37: располагать
διαίρεση, η	38: division	38: деление (мат.)
διαιρετέος, ο	38: dividend	38: делимое (мат.)
διαιρέτης, ο	38: divisor	38: делитель (мат.)
διαιρώ, -ούμαι	20: to divide; to split up	20: делить (мат.); разделять, расчленять
δίαιτα, η	33: diet	33: диета
διακοπές, οι	7: vacation; holidays	7: каникулы
διακοπή, η	10: break, 35: interruption	10: перерыв, остановка; 35: прерывание; выключение
διακοσάρικο, το	5: two hundred euros note	5: денежная купюра в двести евро
διακόσιοι, -ες, -α	18: two thousand	18: двести
διακοσμητής, ο	21: decorator (m)	21: декоратор
διακοσμήτρια, η	21: decorator (f)	21: декоратор (женщина)
διαλέγω, -ομαι	10: to choose	10: выбирать; разбирать, сортировать
διάλειμμα, το	3: break	3: перерыв; антракт
διάλογος, ο	3: dialogue	3: диалог

διαμαρτυρία, η	31: protest	31: протест, возражение
διαμέρισμα, το	7: apartment	7: квартира
διάμετρος, η	38: diameter	38: диаметр
διανυκτερεύω	13: to be open all night	13: ночевать; дежурить ночью
διαπιστώνω, -ομαι	32: to ascertain	32: подтверждать
διάρκεια, η	10: duration, 26: κατά τη διάρκεια: during	10: длительность, продолжительность; в течение
διαρκώ	27: to last	27: длиться
διασκεδάζω	15: to have fun; to amuse/enjoy oneself	15: развлекать
διασκέδαση, η	9: καλή διασκέδαση: have a good time, 19: entertainment; amusement	9: καλή διασκέδαση: (желать) хорошего развлечения; 19: развлечение; веселье; гулянье
διασκευάζω, -ομαι	33: to adapt; to dramatize	33: перерабатывать, переделывать (худ. произведение)
διασταυρώνω, -ομαι	30: to cross, to meet, to cross check, to interfertilize	30: перекрещиваться; встречаться; скрещивать
διασταύρωση, η	30: crossing; cross roads	30: перекрёсток
διάστημα, το	27: space	27: космос, космическое пространство
διαστημικός, -ή, -ό	27: space (adj.)	27: космический
διαστημόπλοιο	36: spacecraft	36: космический корабль
διατηρώ, -ούμαι	6: to keep	6: хранить, сохранять, -ся
διαφέρω	21: to differ	21: отличаться; расходиться (во мнениях)
διαφορά, η	21: difference	21: разница
διαφορετικά	28: otherwise	28: иначе, в противном случае, а то
διαφορετικός, -ή, -ό	6: different	6: разный, -ая, -ое, различный
διάφοροι, -ες, -α	15: several, 19: various	15, 19: разные, различные
διδάσκω, -ομαι	5: to teach	5: преподаватель
δίδυμος, -η, -ο	12: twin	12: близнец
διεθνής, -ής, -ές	14: international	14: международный, -ая, -ое
διέξοδος, η	30: way out	30: выход
διερμηνέας, ο	31: interpreter	31: переводчик
διεύθυνση, η	2: address	2: адрес
διευθυντής, ο	12: manager; director	12: директор
διηγούμαι	33: to narrate	33: рассказывать, повествовать
διημερεύω	13: to be open 24 hours a day and holidays	13: проводить день; дежурить днём (об аптеках)
δίκαια	35: fairly; justly	35: по справедливости; поровну
δικαιολογία, η	14: excuse	14: оправдание
δικαιολογώ, -ούμαι	14: to excuse; to justify, 33: -ούμαι: to find excuses	14: оправдывать; извинять; 33: -ούμαι: оправдываться; извиняться
δίκαιος, -η, -ο	8: just; fair	8: справедливый, -ая, -ое
δικαίωμα, το	23: right	23: право

δικαιώνω, -ομαι	33: to justify	33: быть в праве
δικαστήριο, το	26: law court	26: суд
δικαστής, ο	21: judge	21: суд
δικαστικός, -ή, -ό	26: judicial	26: судебный, -ая, -ое
δίκη, η	26: trial	26: суд, судебный процесс
δικηγόρος, ο, η	21: lawyer	21: адвокат
δίκιο, το	8: right	8: έχει δίκιο: он прав
δικός, -ιά (-ή), -ό	9: mine	9: свой, своя, своё; мой, твой и т.д.
δικτατορία, η	14: dictatorship	14: диктатура
δίνω, -ομαι	3: to give, 15: δίνω ξύλο: to beat, δίνω εξετάσεις: to take exams, δίνω σε κάποιον να καταλάβει: to explain, 36: δίνω αφορμή: to give rise to	3: давать; 15: δίνω ξύλο: бить, избивать; δίνω εξετάσεις: сдавать экзамены; δίνω σε κάποιον να καταλάβει: давать кому-л. понять; подробно объяснять кому-л.; 36: δίνω αφορμή: подавать повод
διοίκηση, η	20: administration	20: администрация, руководство
διορθώνω, -ομαι	23: to repair; to fix, 25: to correct, 28: to set right, 29: -ομαι: to go straight	23: ремонтировать; 25, 28: поправлять, исправлять; 29: -ομαι: исправиться
διορίζω, -ομαι	28: to appoint	28: назначать на должность
δίπλα	12: next to, 13: side by side, 30: next	12: рядом с...; 13, 30: рядом
διπλάσιος, -α, -ο	33: double	33: в 2 раза больший, -ая, -ее
διπλός, -ή, -ό	16: double	16: двойной, -ая, -ое; διπλό κρεβάτι: двуспальная кровать
δισεκατομμύριο, το	18: billion	18: миллиард
δίσεκτος, -η, -ο	8: leap year	8: високосный, -ая, -ое
δισύλλαβος, -η, -ο	6: two syllables (adj)	6: двусложный, -ая, -ое, из двух слогов
διυλιστήριο, το	33: refinery	33: нефтеперегонный завод
δίχρωμος, -η, -ο	6: two colours (adj)	6: дву(х)цветный, -ая, -ое
διψώ	14: to be thirsty	14: испытывать жажду, хотеть пить
διώχνω, -ομαι	10: to expel, 11: to evict, 28: to drive back, -ομαι: to be fired	10: изгонять, прогонять; 11: выгонять; 28: увольнять, -ся с работы
δοκιμάζω, -ομαι	24: to try	24: пробовать, -ся
δολοφόνος, ο, η	26: murderer	26: убийца
δόντι, το	8: ήλιος με δόντια: wintry sun, 14: tooth, 24: τα λέω έξω από τα δόντια: not to mince words	8: ήλιος με δόντια: холодное, не согревающее солнце; 14: зуб; 24: τα λέω έξω από τα δόντια: говорить всё напрямик
δοξάζω, -ομαι	28: to glorify	28: прославлять, -ся
δορυφόρος, ο	36: satellite	36: спутник (астр.)
δόση, η	16: instalment	16: небольшой взнос (при рассрочке), με δόσεις: в рассрочку

δουλειά, η	5: job; work, 10: business	5: работа; дело
δουλεύω, -ομαι	9: to work; to function	9: работать
δράμα, το	32: drama	32: драма
δρομάκι, το	6: little road	6: улочка, переулок
δρομάκος, ο	6: little road	6: улочка, переулок
δρόμος, ο	4: street; road	4: дорога
δροσερός, -ή, -ό	8: cool; chilly	8: прохладный, -ая, -ое
δροσιά, η	8: coolness; chill	8: прохлада
δροσίζω, -ομαι	28: to freshen up	28: освежать; освежиться
δυάδα, η	33: a set of two; pair	33: пара; чета
δύναμη, η	19: power	19: сила
δυνατά	14: strongly, 15: loudly	14: громко; 15: сильно
δυνατός, -ή, -ό	14: possible, 15: sharp; intense, 23: heavy; hard	14: είναι δυνατό: можно, (это) возможно; 15: δυνατός πόνος: сильная боль; 23: сильный, большой дождь
δυνητική, η	25: Conditional	25: условное наклонение
δύο (δυο)	1: two	1: два
δυσάρεστος, -η, -ο	16: unpleasant, 23: regrettable, 28: bad	16: είναι δυσάρεστο: досадно; 23, 28: неприятный, -ая, -ое
δύση, η	18: west, 20: sunset	18: запад; 20: заход, закат (солнца)
δύσκολα	25: with difficulty	25: трудно
δυσκολία, η	16: difficulty	16: трудность
δύσκολος, -η, -ο	7: difficult	7: трудный, -ая, -ое
δυστύχημα, το	12: accident	12: авария, несчастный случай
δυστυχία, η	28: misery; distress	28: несчастье
δυστυχισμένος, -η, -ο	33: unhappy	33: несчастный, -ая, -ое, бедный
δυστυχώ	33: to be unhappy	33: быть несчастным, страдать; терпеть лишения, нужду
δυστυχώς	15: unfortunately	15: к сожалению
δυτικά	18: west; westerly	18: на западе
δυτικός, -ή, -ό	18: western	18: западный, -ая, -ое
δώδεκα	2: twelve	2: двенадцать
δωδεκάδα, η	33: dozen	33: дюжина
δωδεκάμισι	15: half past twelve	15: двенадцать с половиной
δωδέκατος, -η, -ο	7: twelfth	7: двенадцатый, -ая, -ое
δωμάτιο, το	5: room	5: комната
δωρίζω, -ομαι	12: to make a gift	12: дарить
δώρο, το	9: gift, present	9: подарок

E

| ε! | 6: hey!, 21: well | 6: эй! послушай! ну! (мед.); 21: ну (для выражения согласия) |
| εαυτός, ο | 19: self | 19: сам собой |

εαυτούλης, ο	32: number one	32: собственная персона
εβδομηκοστός, -ή, -ό	10: seventieth	10: семидесятый, -ая, -ое
εβδομήντα	3: seventy	3: семьдесят
έβδομος, -η, -ο	7: seventh	7: седьмой, -ая, -ое
Έβρος, ο	14: Evros (river)	14: Эврос
εγγονή, η	4: granddaughter	4: внучка
εγγόνι, το	25: grandchild	25: внук
εγγονός, ο	4: grandson	4: внук
εγγραφή, η	20: registration	20: зачисление, внесение в список
έγγραφο, το	20: document	20: документ, бумага, письменное распоряжение, приказ
εγκαίρως	7: in time	7: вовремя
εγκαταλείπω, -ομαι	27: to abandon; to leave, 28: -ομαι: to be deserted	27, 28: покидать, оставлять; бросать
εγκαταλελειμμένος, -η, -ο	27: abandoned; deserted	27: покинутый, -ая, -ое; брошенный; заброшенный
έγκλημα, το	26: crime	26: преступление
έγκλιση, η	17: mood	17: наклонение (грам.)
εγκρίνω, -ομαι	37: to approve	37: одобрять; утверждать, санкционировать
εγχείριση, η	13: operation; surgery	13: операция
έγχρωμος, -η, -ο	6: coloured	6: цветной, -ая, -ое
εγώ	1: I	1: я
εγωιστής, -ίστρια	14: egoist; selfish	14: эгоист, эгоистка
έδαφος, το	18: ground; earth; soil	18: почва, грунт, земля; местность, территория
εδώ	1: here, 11: εδώ και: for, 16: από εδώ και εμπρός: from now on	1: здесь; 11: εδώ και ένα μήνα: месяц тому назад; 16: από εδώ και εμπρός: впредь, отныне
εδώλιο, το	26: dock	26: сиденье, скамья; то εδώλιο του κατηγορουμένου: скамья подсудимого
έθιμο, το	24: custom	24: обычай
εθνικός, -ή, -ό	24: national	24: национальный, -ая, -ое, народный
έθνος, το	18: nation	18: нация; Οργανισμός Ηνωμένων Εθνών: ООН
είδηση, η	25: το παίρνω είδηση: to get wise to sth	25: весть, известие, сообщение; δεν πήρε είδηση: он ничего не заметил, до него не дошло
ειδικότητα, η	13: speciality	13: специальность, квалификация
ειδοποίηση, η	11: notice	11: извещение, уведомление
ειδοποιώ, -ούμαι	11: to inform; to let know	11: извещать, уведомлять (кого-л.), сообщать (кому-л.)
είδος, το	18: article, 19: kind	18: предмет, товар; 19: вид, форма, сорт, род

εικόνα, η	3: picture	3: картина, рисунок; иллюстрация
εικοσάδα, η	33: a score; twenty	33: два десятка
εικοσαριά, η	33: twenty or so	33: двадцать, два десятка
εικοσάρικο, το	5: twenty euros note	5: денежная купюра в двадцать евро
είκοσι	2: twenty	2: двадцать
εικοστός, -ή, -ό	10: twentieth	10: двадцатый, -ая, -ое
ειλικρινά	15: frankly; sincerely	15: искренне, откровенно, прямо
ειλικρίνεια, η	18: sincerity	18: исренность, откровенность, прямота
ειλικρινής, -ής, -ές	14: sincere; frank	14: искренний, -яя, -ее, откровенный
ειλικρινώς	15: truly; sincerely	15: искренне, откровенно, прямо
είμαι	1: to be	1: я есть, являюсь (в знач. связки)
εισαγγελέας, ο, η	26: public prosecutor	26: прокурор
εισάγω, -ομαι	37: to import	37: ввозить, импортировать
εισαγωγή, η	37: import, introduction	37: ввоз, импорт; введение, впуск; поступление
εισαγωγικά, τα	7: quotation marks	7: кавычки
εισιτήριο, το	2: ticket	2: билет
είσοδος, η	19: entrance	19: вход; вступление; поступление; пропуск
εισπράκτορας, ο	2: bus conductor	2: кондуктор
εκατό(ν)	3: hundred	3: сто
εκατομμύριο, το	18: million	18: миллион
εκατομμυριοστός, -ή, -ό	18: millionth	18: милионный, -ая, -ое
εκατοντάδα, η	33: a hundred	33: сотня
εκατοστάρικο, το	5: one hundred euros note	5: денежная купюра в сто евро
εκατοστίζω	16: to be a hundred years old	16: доводить до ста; να τα εκατοστίσεις: многих тебе лет жизни!
εκατοστό, το	22: centimetre	22: сотая часть, доля; δέκα εκατοστά: 10 процентов
εκατοστός, -ή, -ό	10: hundredth	10: сотый, -ая, -ое
εκδήλωση, η	32: activity	32: выступление; действие
έκδοση, η	36: publication	36: издание, выпуск
εκδρομή, η	13: excursion; trip	13: экскурсия; поездка
εκεί	9: there	9: там
εκείνος, -η, -ο	5: that	5: тот, та, то
έκθεμα, το	24: exhibit	24: экспонат
έκθεση, η	10: composition, 19: fair	10: изложение, пересказ; 19: выставка
έκθλιψη, η	12: elision	12: элизия (грам.)
εκκλησία, η	4: church	4: церковь

εκλέγω, -ομαι	37: to elect; to choose	37: выбирать, делать выбор; избирать
εκλογές, οι	16: elections	16: выборы
εκμετάλλευση, η	37: exploitation	37: разработка, добывание, добыча (полезных ископаемых)
εκνευρίζω, -ομαι	16: to irritate; to get on one's nerves, 35: -ομαι: to be annoyed	16: нервировать, злить, -ся, раздражать, -ся
εκπαιδευτής, ο	31: trainer	31: учитель, преподаватель
εκπομπή, η	25: broadcast	25: передача (по радио и т.п.)
έκταση, η	33: extent; size	33: площадь
εκτελώ, -ούμαι	20: to execute; to carry out	20: выполнять, исполнять, осуществлять
εκτίμηση, η	11: regard	11: уважение, почёт
εκτιμώ, -ούμαι	14: to esteem, to respect	14: уважать, почитать; ценить
εκτός	5: except; besides	5: кроме, исключая
έκτος, -η, -ο	6: sixth	6: шестой, -ая, -ое
εκφράζω, -ομαι	16: to express	16: выражать, -ся
έκφραση, η	3: expression	3: выражение, оборот речи
ελαττώνω, -ομαι	36: to reduce; to decrease	36: сокращать, -ся, снижать, -ся
ελαφρά	16: light (adv)	16: слегка, чуть; легко, не тяжело
ελαφρός (-ύς), -ιά, -ό (-ύ)	8: light	8: лёгкий, -ая, -ое
ελάχιστα	22: least; faintly; slightly	22: наименьше всего, минимум, самое меньшее (в знач. нареч.)
ελάχιστος, -η, -ο	21: minimum	21: малейший, -ая, -ее; минимальный, наименьший
ελεγκτής, ο	2: ticket inspector	2: контролёр
έλεγχος, ο	31: control	31: контроль
ελέγχω, -ομαι	10: to control; to check	10: контролировать
ελευθερία, η	14: freedom	14: свобода
ελεύθερος, -η, -ο	7: free, 25: single, vacant	7, 25: свободный, -ая, -ое
Ελλάδα, η	1: Greece	1: Греция
Έλληνας, ο	1: Greek (m)	1: грек
Ελληνίδα, η	2: Greek (f)	2: гречанка
ελληνικά, τα	1: Greek language	1: греческий язык
ελληνικός, -ή, -ό	5: Greek	5: греческий, -ая, -ое
ελπίδα, η	6: hope	6: надежда; ожидание
ελπίζω	16: to hope	16: надеяться
εμάς	11: us	11: нас (В.п. мн.ч. личн. мест. «мы»)
εμβαδόν, το	18: area	18: площадь (мат.)
εμείς	1: we	1: мы
εμένα (μένα)	11: me	11: меня (В.п. лич. мест. «я»)
έμμεσα	35: indirectly	35: косвенно (грам.)
έμμεσος, -η, -ο	6: indirect	6: косвенный, -ая, -ое
έμμονος, -η, -ο	34: obsessive, έμμονη ιδέα: obsession	34: навязчивый, -ая, -ое

εμπιστοσύνη, η	14: confidence	14: вера, доверие; έχω εμπιστοσύνη: оказывать доверие (кому-л.), верить в кого-л, во что-л.
εμπνέω, -ομαι	37: to inspire	37: вселять, внушать
εμποδίζω, -ομαι	16: to prevent; to keep, 28: to stop	16: запрещать; мешать, помешать, препятствовать
εμπορικός, -ή, -ό	23: commercial	23: торговый, -ая, -ое
εμπόριο, το	37: trade; commerce	37: торговля, коммерция
έμπορος, ο, η	21: trader; merchant	21: торговец, -ка; коммерсант
εμπρός	16: από εδώ κι εμπρός: from now on	16: από εδώ κι εμπρός: впредь, в далнейшем, с этого времени
εμφανίζω, -ομαι	29: -ομαι: to appear	29: представлять; показывать, -ся; проявлять; возникать
εμφιαλώνω, -ομαι	33: to bottle	33: разливать по бутылкам
ενάμισης, μιάμιση, ενάμισι	9: μιάμιση: half past one, one and a half	9: полтора, полторы, полтора
εναντίον	24: against	24: (на)против, противоположно
έναρθρος, -η, -ο	16: articulated	16: имеющий, -ая, -ее артикль
ένας, μία (μια), ένα	1: a, 4: one	1: один, одна, одно (неопр. арт.); 4: один (числ.)
ένατος, -η, -ο	7: ninth	7: девятый, -ая, -ое
ενδέκατος, -η, -ο	7: eleventh	7: одиннадцатый, -ая, -ое
ενδεχόμενο, το	16: eventuality; possibility	16: возможность, вероятность
ενδιαφέρον, το	36: interest	36: интерес; заинтересованность
ενδιαφέρω, -ομαι	19: to be interested; to care about	19: интересовать, -ся, заинтересовать, -ся
ενδιαφέρων, -ουσα, -ον	36: interesting, είμαι σε ενδιαφέρουσα: to be pregnant	36: интересный, -ая, -ое; είμαι σε ενδιαφέρουσα: заслуживающий внимания
ένδυμα, το	33: clothing	33: платье; одежда
ενενηκοστός, -ή, -ό	10: ninetieth	10: девяностый, -ая, ое
ενενήντα	3: ninety	3: девяносто
ενέργεια, η	29: action	29: действие
ενεργητικός, -ή, -ό	20: active	20: действительный, -ая, -ое
ενεργώ, -ούμαι	35: to act	35: действовать
ένεση, η	13: injection	13: укол, инъекция
ενεστώτας, ο	2: Present Tense	2: настоящее время
ενημερωτικός, -ή, -ό	36: informative	36: информационный, -ая, -ое
ενικός, ο	6: singular (number)	6: единственное число
εννέα (εννιά)	1: nine	1: девять
εννιακόσιοι, -ες, -α	8: nine hundred	8: девятьсот
εννιάμισι	9: half past nine	9: девять с половиной; κατά τις εννιάμισι: к половине десятого, к девяти тридцати, около половины десятого

εννοώ, -ούμαι	21: to mean; to signify	21: иметь в виду; думать
ενοικιαστής, ο	18: tenant (m)	18: наниматель, арендатор, квартиросъёмщик, квартирант
ενοικιάστρια, η	18: tenant (f)	18: наниматель, арендатор, квартиросъёмщица, квартирантка
ενοίκιο, το	18: rent	18: аренда, квартплата, плата за наём
ένορκος, ο, η	26: juror	26: присяжный
ενόχληση, η	13: trouble	13: причинение боли, беспокойства
ενοχλώ, -ούμαι	19: to disturb; to annoy; to bother	19: раздражать; причинять беспокойство; надоедать
ένοχος, -η, -ο	26: guilty	26: виновный, -ая, -ое, виновник
εντάξει	10: O.K., 16: alright	10: хорошо; 16: всё в порядке
ενταύθα	5: here; en ville	5: тут, здесь (надпись на конвертах)
έντεκα	2: eleven	2: одиннадцать
εντεκάμισι	9: half past eleven	9: одиннадцать с половиной; στις εντεκάμισι: в 11 часов 30 минут, в полдвенадцатого
εντελώς	16: entirely; totally, 22: completely, 28: quite	16: особенно, в первую очередь; 22: целиком, полностью; 28: совершенно
έντονος, -η, -ο	1: bold	1: яркий, -ая, -ое
εντύπωση, η	26: impression	26: впечатление, κάνω εντύπωση: производить впечатление
ενώ	8: while, 14: on the other hand	8: тогда как; хотя; между тем; 14: в то время как
ενώνω, -ομαι	28: to join	28: общий, -ая, -ее, совместный
εξάγω, -ομαι	37: to export	37: вывозить, экспортировать
εξαγωγή, η	37: export	37: вывоз, экспорт
εξάγωνο, το	38: hexagon	38: шестиугольник
εξάδα, η	33: half a dozen; a set of six	33: шестёрка
εξαδέλφη, η (ξαδέλφη, η)	4: cousin (f)	4: двоюродная сестра
εξάδελφος, ο (ξάδελφος, ο)	4: cousin (m)	4: двоюродный брат
εξαίρεση, η	6: exception	6: исключение
εξαιρετικός, -ή, -ό	35: excellent	35: исключительный, -ая, -ое, прекрасный
εξαιρώ, -ούμαι	14: to except, 37: to leave out; to exempt	14: исключать; 37: извлекать; освобождать
εξαιτίας	33: because of	33: по причине, из-за
εξακολουθώ	15: to continue; to go on, 16: to keep on	15, 16: продолжать, -ся; не переставать
εξακόσιοι, -ες, -α	18: six hundred	18: шестьсот
έξαλλος, -η, -ο	15: furious	15: вышедший, -ая, -ее из себя
εξάλλου	29: besides	29: кроме того
εξαρτώ, -ιέμαι (-ώμαι)	28: to depend on	28: зависеть

εξασκώ, -ούμαι | 21: to practise | 21: выполнять
εξαφανίζω, -ομαι | 29: to disappear; to vanish | 29: уничтожать; исчезать, скрываться

εξέλιξη, η | 21: evolution, 36: progress | 21: развитие, эволюция; культурное развитие

εξελίσσω, -ομαι | 27: to develop | 27: развивать, -ся
εξερεύνηση, η | 36: exploration | 36: исследование
εξερευνητής, ο | 36: explorer | 36: исследователь, изыскатель

εξερευνώ, -ούμαι | 36: to explore | 36: исследовать, изыскать
εξετάζω, -ομαι | 16: to examine | 16: экзаменовать
εξέταση, η | 7: examination; test, 26: investigation; inquiry | 7: экзамен; 26: допрос

εξηγώ, -ούμαι | 14: to explain, to make clear, 34: to clear out | 14, 34: объяснять, -ся

εξηκοστός, -ή, -ό | 10: sixtieth | 10: шестидесятый, -ая, -ое
εξήντα | 3: sixty | 3: шестьдесят
εξής | 33: following | 33: από τώρα και στο εξής: отныне и впредь, с этого времени

έξι | 1: six | 1: шесть
εξίμισι | 9: half past six | 9: шесть с половиной; в 6 часов 30 минут, в полседьмого

εξίσου | 33: equally | 33: одинаково, в равной мере, степени

εξίσωση, η | 38: equalization | 38: уравнение (мат.)
έξοδο, το | 13: expense; cost | 13: расход
έξοδος, η | 31: exit | 31: выход; έξοδος κινδύνου: запасный выход

εξοχή, η | 14: country(side) | 14: дачная местность; курорт
εξοχικός, -ή, -ό | 20: country (adj) | 20: загородный, -ая, -ое; εξοχικό σπίτι: дача

εξυπηρετώ, -ούμαι | 33: to serve, -ούμαι: to help myself | 33: обслуживать, оказывать помощь, услугу
εξυπνάδα, η | 10: intelligence | 10: сообразительность
έξυπνος, -η, -ο | 8: intelligent; clever; smart | 8: умный, -ая, -ое, смышлённый
έξω | 1: out, 3: απ' έξω: by heart, 23: πέφτω έξω: to miscalculate, 24: τα λέω έξω από τα δόντια: to talk straight, 25: το ρίχνω έξω: to revel | 1: за пределами (чего-л.), вне (дома); 3: απ' έξω: наизусть, на память; 23: πέφτω έξω: садиться на мель; 24: τα λέω έξω από τα δόντια: говорить всё в лицо, напрямик; высказывать всё в глаза; 25: то ρίχνω έξω: пуститься в разгул

εξώστης, ο | 32: gallery | 32: балкон; ярус (театр.)
εξωσχολικός, -ή, -ό | 16: out of school | 16: нешкольный, -ая, -ое
εξωτερικό, το | 5: abroad | 5: заграница
εξωτερικός, -ή, -ό | 14: outer | 14: внешний, -яя, -ее, наружный

επάγγελμα, το	20: profession	20: профессия
επαγγελματίας, ο, η	35: professional	35: профессионал
επαινώ, -ούμαι	20: to praise	20: восхвалять
επαναλαμβάνω, -ομαι	37: to repeat	37: повторять, -ся
επανάληψη, η	9: revision, 10: repetition	9: повторение
επανάσταση, η	24: revolution	24: революция
επάνω (πάνω)	7: on; over	7: наверху; наверх; επάνω από: сверх, более; выше
επαρχία, η	14: province	14: епархия; провинция
επαφή, η	27: contact; touch	27: έρχομαι σε επαφή: вступать в контакт, в связь
επείγων, -ουσα, -ον	11: express (letter)	11: срочный, -ая, -ое
επειδή	16: since	16: поскольку
επεισόδιο, το	23: incident	23: случай, инцидент
έπειτα	7: after	7: затем, потом, после; έπειτα από: после
επέτειος, η	13: anniversary	13: годовщина, юбилей
επί	38: by	38: на (при умноении)
επιβάτης, ο	27: passenger	27: пассажир
επιβλαβής, -ής, -ές	14: harmful	14: вредный, -ая, -ое
επιδιορθώνω, -ομαι	18: to mend	18: чинить, ремонтировать
επιεικής, -ής, -ές	26: lenient	26: снисходительный, -ая, -ое
επίθετο, το	6: adjective	6: имя прилагательное
επιθυμώ	11: to miss, 14: to wish	11: скучать (по кому-л.); 14: желать, хотеть, скучать
επικερδής, -ής, -ές	37: profitable	37: прибыльный, -ая, -ое, доходный
επικίνδυνος, -η, -ο	33: dangerous	33: опасный, -ая, -ое, рискованный
επιμελής, -ής, -ές	14: attentive, studious, 22: assiduous	14: усердный, -ая, -ое; 22: старательный; заботливый
επιμένω	16: to persist, 33: to insist	16: упорствовать; настаивать
επίπεδο, το	37: level	37: уровень (жизненный)
έπιπλο, το	6: piece of furniture	6: мебель, меблировка, обстановка
επιπλώνω, -ομαι	16: to furnish	16: меблировать, обставлять
επίρρημα, το	9: adverb	9: наречие
επίσης	6: also, 9: (you) too, 24: as well	6: так же, равным образом; 9: тоже, 24: так же
επισκέπτομαι	28: to visit	28: посещать; наносить визит; осматривать
επισκευάζω, -ομαι	33: to mend; to repair	33: чинить, исправлять; ремонтировать
επίσκεψη, η	37: visit	37: посещение
επιστήμη, η	21: science	21: наука
επιστήμονας, ο, η	20: scientist; scholar	20: учёный
επιστημονικός, -ή, -ό	16: scientific	16: научный, -ая, -ое; учёный
επιστρέφω, -ομαι	16: to return; to come back	16: возвращать, отдавать обратно

επιστροφή, η	10: return	10: возвращение
επιταγή, η	5: check	5: почтовый перевод
Επιτάφιος, ο	24: Epitaph	24: надгробие
επιτέλους	33: at last	33: наконец, наконец-то
επίτηδες	25: on purpose; intentionally	25: нарочно, специально
επιτρέπω, -ομαι	16: to let, to permit; to allow	16: разрешать, -ся, можно
επιτυχία, η	12: luck; success	12: успех
επιχείρημα, το	28: argument; reasoning	28: довод, аргумент
επιχείρηση, η	37: enterprise; business	37: предприятие
επόμενος, -η, -ο	7: next	7: следующий, -ая, -ее
εποχή, η	8: season, 19: time, 27: στην εποχή μας: in our days, 34: period	8: время года; 19: время; 27, 34: эпоха, век, время
επτά (εφτά)	1: seven	1: семь
επτακόσιοι, -ες, -α (εφτακόσιοι, -ες, -α)	18: seven hundred	18: семьсот
επώνυμο, το	20: surname; family name	20: фамилия
ερασιτέχνης, ο, η	35: amateur	35: любитель, -ница, дилетант, -ка
εργάζομαι	29: to work	29: работать, трудиться
εργαζόμενος, -η, -ο	33: working; employed	33: работающий, -ая, -ее
εργασία, η	16: work	16: работа, труд
εργαστήριο, το	30: laboratory	30: лаборатория
εργατικός, -ή, -ό	37: working	37: εργατικά χέρια: рабочие руки
έργο, το	9: work; film; play, 14: work of art, 30: works	9: работа, занятие, дело; постановка, пьеса; 14: έργο τέχνης: произведение искусства; 30: постройка, сооружение
εργοστάσιο, το	14: factory	14: завод
έρευνα, η	36: research	36: исследование
έρημος, -η, -ο	25: lonely	25: одинокий, -ая, -ое, покинутый, лишённый (друзей)
ερημώνω, -ομαι	28: to devastate	28: разрушать, опустошать
ερυθρός, -ά, -ό	13: red	13: ο Ερυθρός Σταυρός: Красный Крест (общество)
έρχομαι	3: to come, 34: μου έρχονται όλα δεξιά: everything turns out alright, μου έρχεται γάντι: it fits me	3: приходить, прибывать; έλα: иди (2 л. ед. ч. повел. накл.) 34: μου έρχονται όλα δεξιά: желаю тебе всего найлучшего; μου έρχεται γάντι: тебе идёт (блузка)
ερχόμενος, -η, -ο	7: coming; next	7: следующий, -ая, -ее, наступающий
ερωτηματικό, το	3: question mark	3: вопросительный знак (грам.)
ερωτηματικός, -ή, -ό	19: interrogative	19: вопросительный, -ая, -ое
ερώτηση, η	6: question	6: вопрос
εσάς	11: you (pl)	11: вас (личн. мест. «вы» в

εσάς]		форме В.п.)
εσείς	1: you (pl)	1: вы
εσένα (σένα)	11: you (sing)	11: тебя (личн. мест. «ты» в форме В.п.)
εστία, η	21: home	21: дом, φοιτητική εστία: студенческое общежитие
εστιατόριο, το	15: restaurant	15: столовая, ресторан
έστω, έστωσαν	38: let it be	38: предположим (мат.)
εσύ	1: you (sing)	1: ты
εσωτερικό, το	5: local	5: внутренность; στο εσωτερικό: внутри страны
ετοιμάζω, -ομαι	10: to prepare, 15: to pack, 27: -ομαι: to be ready, 29: to get ready	10, 29: готовить, -ся, подготавливать, -ся; 15: собирать (что-то в путь); 27: собираться
έτοιμος, -η, -ο	3: ready	3: готовый, -ая, -ое
έτος, το	7: year	7: курс, год (учебный)
έτσι	8: so, 12: like this; in this way, 19: έτσι κι έτσι: so-so, έτσι μου αρέσει: that's how I like it, έτσι κι αλλιώς: in any case	8: так; 12: что с тобой; 19: έτσι κι έτσι: так себе, средне; έτσι μου αρέσει: так, таким образом; έτσι κι αλλιώς: так или иначе
Ευαγγελισμός, ο	24: Annunciation	24: Благовещение
ΕΥΑΘ (Εταιρεία Ύδρευσης και Αποχέτευσης Θεσσαλονίκης)	24: Water Supply and Drainage of Thessaloniki	24: Объединение Водоснабжения Салоники (Водоканал)
ευγενής, -ής, -ές	22: polite	22: вежливый, -ая, -ое, благородный, аристократический
ευγενής, ο, η	18: noble	18: дворянин, дворянка
ευγενικός, -ιά (-ή), -ό	8: polite; kind	8: вежливый, -ая, -ое; любезный
ευθυμία, η	31: cheerfulness	31: радость, веселье
ευθύνη, η	32: responsibility	32: ответственность; έχω ευθύνη: нести ответственность
ευθύς, -εία, -ύ	38: straight	38: прямой, -ая, -ое
ευκαιρία, η	16: bargain, opportunity, 37: occasion	16: случай; ψυγείο ευκαιρίας: дешёвый холодильник; βρίσκω την ευκαιρία: пользоваться удобным случаем; 37: представился удобный случай
εύκολα	14: easily	14: легко
εύκολος, -η, -ο	7: easy	7: лёгкий, -ая, -ое
ευρύχωρος, -η, -ο	16: spacious; roomy	16: просторный, -ая, -ое
ευρώ, το	4: euro	4: евро
Ευρώπη, η	19: Europe	19: Европа
ευτυχισμένος, -η, -ο	16: happy	16: счастливый, -ая, -ое
ευτυχώ	33: to be happy/prosper	33: быть счастливым; процветать; преуспевать
ευτυχώς	10: fortunately	10: к счастью

ευχάριστα	15: pleasantly	15: приятно, весело
ευχαριστημένος, -η, -ο	10: satisfied	10: довольный, -ая, -ое, удовлетворённый
ευχάριστος, -η, -ο	9: pleasant	9: приятный, -ая, -ое, радостный
ευχαριστώ, -ιέμαι	2: to thank	2: благодарить, спасибо
ευχαρίστως	13: with pleasure; gladly	13: с удовольствием, с радостью, охотно
ευχετική, η	25: wish clauses	25: желательное наклонение
ευχή, η	16: wish	16: желание, пожелание
εύχομαι	12: to wish	12: желать, высказывать пожелание; σου εύχομαι καλή επιτυχία: желаю тебе удачи
εφαρμόζω, -ομαι	32: to apply; to put into practice	32: применять
εφεύρεση, η	36: invention	36: изобретение, открытие, выдумка
εφευρέτης, ο	36: inventor	36: изобретатель
εφευρίσκω, -ομαι	36: to invent	36: изобретать; выдумывать
εφημερεύω	13: to be on duty all night	13: дежурить
εφημερίδα, η	3: newspaper	3: газета
εχθρικός, -ή, -ό	28: hostile	28: вражеский, -ая, -ое
εχθρός, ο	24: enemy	24: враг, противник
έχω	2: to have, 4: τον έχω...: he is... to me, 6: τον έχω σαν τα μάτια μου: he is the apple of my eye, 8: δεν έχει πολύ κόσμο: there are not many people, 10: έχε το νου σου: be careful, 12: τι έχεις; what's the matter with you?	2: иметь; 4: τον έχω πρώτο ξάδελφο: он мне доводится двоюродным братом; 6: τον έχω σαν τα μάτια μου: я им очень дорожу; 8: δεν έχει πολύ κόσμο: нет много людей; 10: έχε το νου σου: обращать внимание, быть бдительным, осмотрительным; 12: τι έχεις και είσαι έτσι; что с тобой?

Z

ζακέτα, η	8: coat; jacket; cardigan	8: кофта; кофточка; жакет
ζάλη, η	34: dizziness	34: головокружение
ζαλίζω, -ομαι	23: to feel dizzy	23: испытывать головокружение
ζάχαρη, η	6: sugar	6: сахар
ζαχαροπλαστείο, το	7: confectionery	7: кондитерская
ζεσταίνομαι	35: to be hot	35: чувствовать жару; мне жарко
ζέστη, η	8: heat; warmth	8: тепло; жара
ζεστός, -ή, -ό	8: warm; hot	8: тёплый, -ая, -ое
ζευγάρι, το	12: pair, 16: couple	12: пара (предметов); 16: пара, чета

ζηλεύω	10: to envy; to be jealous	10: завидовать; ревновать
ζηλιάρης, -α, -ικο	14: jealous; envious	14: завистливый, -ая, -ое, ревнивый
ζημιά, η	28: damage	28: ущерб
ζητώ, -ιέμαι	11: to apologize, 12: to ask for, 18: to seek; to look for	11: просить (извинения); 12: спрашивать; требовать; 18: требовать
ζυγαριά, η	18: scales	18: весы
ζω	4: to live, to be alive	4: жить
ζωγραφίζω, -ομαι	16: to paint	16: рисовать
ζωγράφος, ο, η	35: painter	35: художник
ζωή, η	6: life	6: жизнь
ζώνη, η	12: belt, 31: zone	12: пояс, ремень; 31: зона; район
ζώο, το	14: animal	14: животное
ζωολογικός, -ή, -ό	22: zoological	22: зоологический, -ая, -ое

Η

ή	5: or, 7: either... or	5: или (союз)
ήδη	21: already	21: уже
ηθοποιός, ο, η	12: actor; actress	12: актёр, актриса; артист, -ка
ηλεκτρικός, -ή, -ό	16: electric(al)	16: электрический, -ая, -ое
ηλεκτρολόγος, ο	16: electrician	16: электрик; электротехник; электромонтёр
ηλεκτρονικός, -ή, -ό	27: electronic, 31: ηλεκτρονικός υπολογιστής: computer	27: электронный, -ая, -ое; 31: ηλεκτρονικός υπολογιστής: электронно-вычислительная машина
ηλικία, η	15: age	15: возраст
ήλιος, ο	8: sun	8: солнце
ημερήσιος, -α, -ο	36: daily	36: ежедневный, -ая, -ое
ημερομηνία, η	8: date	8: дата, число месяца
ήμερος, -η, -ο	14: domestic	14: прирученный, -ая, -ое, ручной, укрощённый
ήμισυς, -εια, -υ	36: half	36: половинный, -ая, -ое
ημισφαίριο, το	27: hemisphere	27: полушарие
ημιώροφος, ο	17: mezzanine	17: средний, промежуточный этаж между первым и вторым
ηνωμένος, -η, -ο	18: united	18: объединённый, -ая, -ое, соединённый
ήπειρος, η	9: continent	9: континент
ήσυχα	15: quietly	15: тихо, бесшумно
ησυχία, η	3: quiet, 22: έλα με την ησυχία σου: take your time, 32: rest	3: тишина; 22: έλα με την ησυχία σου: иди спокойно, не спеша; 32: κοινή ησυχία: общественная тишина
ήσυχος, -η, -ο	8: calm, 17: αφήστε με	8: спокойный, -ая, -ое; 17:

ήσυχος]

ήσυχη: let me alone

αφήστε με ήσυχη: оставьте меня в покое

ήττα, η	28: defeat	28: поражение
ηττημένος, -η, -ο	28: defeated	28: потерпевший поражение
ήχος, ο	22: sound	22: звук

Θ

θα | 6: will; shall | 6: частица для выражения буд. времени и условного наклонени

θάλαμος, ο | 23: booth | 23: τηλεφωνικός θάλαμος: телефонная будка

θάλασσα, η	6: sea	6: море
θαλασσής, -ιά, -ί	6: the colour of the sea (adj)	6: цвет морской волны
θαλασσινός, -ή, -ό	12: sea (adj)	12: морской, -ая, -ое
θάνατος, ο	20: death	20: смерть
θάρρος, το	29: courage	29: смелость, мужество
Θάσος, η	10: Thasos (island)	10: Тасос (остров)
θαύμα, το	36: miracle	36: чудо
θαυμάζω, -ομαι	25: to admire	25: удивляться
θαυμαστικό, το	7: exclamation mark	7: восклицательный знак
θέαμα, το	32: spectacle	32: зрелище, представление
θεατής, ο	27: spectator	27: зритель
θεατρικός, -ή, -ό	32: theatrical	32: театральный, -ая, -ое
θέατρο, το	6: theatre	6: театр
θεατρόφιλος, -η, -ο	32: theatregoer	32: любящий театр, театрал
θεία, η	4: aunt	4: тётя
θειικός, -ή, -ό	36: sulphur	36: серный, -ая, -ое
θείος, ο	4: uncle	4: дядя
θέληση, η	34: willpower	34: воля, желание
θέλω	5: to want	5: хотеть, желать
θέμα, το	10: stem, 20: subject	10: тема; 20: вопрос, проблема (в заявлении)

Θεολογική Σχολή, η | 30: Faculty of Theology | 30: богословский (теологический) факультет

Θεός, ο	10: God	10: Бог
Θεοτόκος, η	24: Virgin Mary	24: Богородица
Θεοφάνεια, τα	24: Epiphany's Day	24: Крещение (праздник)
Θερμαϊκός, ο	28: Thermaikos (gulf)	28: Θερμαϊκός κόλπος: Термайкос залив

θερμοκρασία, η	13: temperature	13: температура
θερμόμετρο, το	13: thermometer	13: термометр
θέση, η	6: place, 26: αν ήμουν στη θέση του: if I were in his shoes, 29: seat, 31: position; post	6: место, роль; 26: αν ήμουν στη θέση του: был(а) бы на его месте; 29: место, сиденье; 31: должность, место; 34: ситуация, положение

Θεσσαλονίκη, η | 2: Thessaloniki (city) | 2: Салоники (город)

θετικός, -ή, -ό	21: positive	21: положителный, -ая, -ое
θεωρείο, το	32: balcony	32: теория
θεώρημα, το	38: theorem	38: теорема
θεωρητικός, -ή, -ό	21: theoretical	21: теоретический, -ая, -ое
θεωρώ, -ούμαι	14: to think; to consider, to look on, 32: to count, 33: -ούμαι: to be regarded	14, 32: считать; 33: -ούμαι: считаться, слыть
θηλυκός, -ιά, -ό	6: feminine; female	6: женский, -ая, -ое
θησαυρός, ο	28: treasure	28: сокровище
θίασος, ο	32: company; troupe	32: театральная группа
θνησιμότητα, η	36: death rate	36: смертность
θολός, -ή, -ό	33: hazy; dull	33: мутный, -ая, -ое; θολό σύννεφο: серое облако
θόρυβος, ο	14: noise, 19: πολύς θόρυβος για το τίποτα: too much ado about nothing	14: шум 19: много шума из ничего
θρανίο, το	3: desk	3: парта
θρησκεία, η	28: religion	28: религия
θρησκευτικός, -ή, -ό	24: religious	24: религиозный, -ая, -ое
θύμα, το	26: victim	26: жертва
θυμάμαι	15: to remember	15: помнить; вспоминать
θυμίζω	34: to remind	34: напоминать
θυμός, ο	8: anger	8: гнев, рост; злобное настроение
θυμώνω	15: to get angry; to be angry	15: сердиться, раздражаться
θυρωρός, ο, η	13: doorkeeper	13: швейцар

Ι

Ιανουάριος, ο	8: January	8: январь
ιατρείο, το	13: surgery; consulting room	13: кабинет врача; медпункт; лечебница
Ιατρική Σχολή, η	30: Faculty of Medicine	30: медицинский факультет
ιατρική, η	20: medicine	20: медицина
ιατρικός, -ή, -ό	13: medical	13: медицинский, -ая, -ое, врачебный
ιδέα, η	8: idea	8: мысль, идея
ιδιαίτερα	29: particularly; (e)specially	29: особенно; в частности
ιδιαίτερος, -η, -ο	26: particular, 37: special	26: особый, -ая, -ое
ιδιοκτήτης, ο	33: owner	33: собственник, владелец
ίδιος, -α, -ο	6: same; equal, 10: similar, 32: myself	6, 10, 32: точно такой же, одинаковый, -ая, -ое
ιδιωτικός, -ή, -ό	21: private	21: частный, -ая, -ое
ιδιωτισμός, ο	3: idiom	3: фразеологизм, идиома
ιδρώνω	20: to sweat	20: потеть
Ιησούς, ο	31: Jesus	31: Иисус
ικανοποιώ, -ούμαι	14: to content; to satisfy	14: удовлетворять, -ся
ικανότητα, η	21: ability	21: способность; одарённость
ίντερνετ, το	16: internet	16: интернет

Ιούλιος, ο	8: July	8: июль
Ιούνιος, ο	8: June	8: июнь
ιππασία, η	29: riding	29: верховая езда
ίσια	30: straight; directly	30: прямо
ίσιος, -α, -ο	14: straight	14: прямой, -ая, -ое
ισόβια, τα	26: life imprisonment	26: пожизненное (тюремное заключение)
ισόγειο, το	18: ground floor	18: первый этаж
ίσον	38: equals	38: равно (мат.)
ισπανικά, τα	2: Spanish language	2: испанский язык, по-испански
ιστιοπλοΐα, η	29: sailing	29: парусный спорт
ιστιοφόρο, το	27: sailing ship	27: парусное судно, парусник
ιστορία, η	7: story, history	7: история
ιστορικός, -ή, -ό	36: historical	36: исторический, -а, -ое
ισχυρίζομαι	33: to assert; to allege, 35: to claim	33, 35: утверждать
ίσως	16: may, 34: maybe; possibly; perhaps	16: может быть, возможно; 34: пожалуй
Ιταλία, η	1: Italy	1: Италия
ιταλικά, τα	21: Italian language	21: итальянский язык
Ιταλός, ο	2: Italian (m)	2: итальянец

К

Καβάλα, η	10: Kavala (city)	10: Кавала (город)
καβγάς, ο	18: quarrel	18: ссора, скандал
καβγατζής, ο	31: wrangler; brawler (m)	31: скандалист, склочник
καβγατζού, η	31: wrangler; brawler (f)	31: скандалистка
κάγκελο, το	33: bar	33: решётка, перила
κάδρο, το	32: framed picture	32: портрет, картина в рамке
καημένος, -η, -ο	15: poor	15: бедный, -ая, -ое, несчастный
καθαρά	36: clearly	36: чисто, чётко
καθαρεύουσα, η	37: purist(ic) Greek	37: кафаревуса
καθαρίζω, -ομαι	10: to clean, 15: to peel	10: мыть; чистить; 15: чистить (картофель)
καθαριότητα, η	10: cleanliness	10: чистота, опрятность
καθαριστήριο, το	18: dry cleaner's	18: химчистка
καθαρός, -ή, -ό	6: clean, 24: Καθαρή Δευτέρα: Ash Monday	6: чистый, -ая, -ое; 24: Καθαρή Δευτέρα: Чистый Понедельник (религиозный праздник)
κάθε	2: every; each, 9: κάθε πότε: how often	2: каждый, -ая, -ое; 9: κάθε πότε; как часто? когда?
καθένας, καθεμιά, καθένα	19: each, either	19: каждый, -ая, -ое
καθεστώς, το	36: regime	36: режим
καθετί	19: everything	19: καθετί για αυτόν: всё о нем
καθηγητής, ο	1: professor (m)	1: преподаватель
καθηγήτρια, η	1: professor (f)	1: преподавательница
καθήκον, το	36: duty	36: долг

καθημερινός, -ή, -ό	9: daily (adj)	9: ежедневный, -ая, -ое
κάθισμα, το	26: seat	26: сиденье, стул
καθόλου	9: any, 12: not at all, 19: not in the least	9, 12, 19: совсем, нисколько
κάθομαι	12: to live; to stay, to sit, 33: to settle, 34: καθισμένος: seated	12: жить; сидеть; 33: заниматься (чем-л.), взяться (за что-л.); 34: καθισμένος: сидящий
καθρέφτης, ο	18: mirror	18: зеркало
καθυστέρηση, η	27: delay	27: опаздывание, задержка
καθώς	14: as well as, 18: while, 19: as	14: а также; 18, 19: когда
και (κι)	1: also; too; and, 5: all, 9: past, 16: αν και: although; 19: όλο και: continuously, και ο ένας και ο άλλος: both, 38: plus	1, 5, 9: и (союз); 16: αν και: хотя и; 19: όλο και: всё же; και ο ένας και ο άλλος: и (один) и (другой); 38: плюс (мат.)
καινούριος, -α, -ο	9: new	9: новый, -ая, -ое
καιρός, ο	2: time, 8: weather	2: время; 8: погода
καίω, -γομαι	25: to burn	25: гореть, пылать
κακία, η	14: malice	14: злоба, злость; зловредность
κάκιστα	22: too bad	22: очень плохо; ужасно
κακοκαιρία, η	32: bad weather	32: ненастная погода
κακός, -ιά (-ή), -ό	8: bad; wicked, 16: κάνει κακό: it is harmful, 30: παίρνω τον κακό δρόμο: to go to the bad, 34: harm	8: плохой, -ая, -ое; 16: κάνει κακό: плохо, вредно; 30: παίρνω τον κακό το δρόμο: он пошёл по дурному пути; 34: зловещее, предвещающее недоброе
κακώς	15: bad(ly), 22: wrong	15, 22: плохо, неправильно
καλά	1: well; fine	1: хорошо; είμαι καλά: чувствовать себя хорошо
καλάθι, το	19: basket	19: корзина
καλαμπόκι, το	32: corn	32: кукуруза
κάλαντα, τα	24: carols	24: колядки
καλεσμένος, -η, -ο	15: guest; invited	15: приглашённый, -ая, -ое
καλημέρα, η	1: good morning	1: добрый день! здравствуй(те)!
καλησπέρα, η	9: good evening	9: добрый вечер!
καλλιεργώ, -ούμαι	14: to cultivate	14: обрабатывать
κάλλιστα	22: excellent	22: отлично, очень хорошо
καλλιτέχνης, ο, η	14: artist	14: художник
καλλιτεχνικός, -ή, -ό	28: artistic	28: художественный, -ая, -ое
καλόγερος, ο	32: monk	32: монах
καλογριά, η	32: nun	32: монахиня
καλοκαίρι, το	8: summer	8: лето
καλοκαιρινός, -ή, -ό	8: summer (adj)	8: летний, -яя, -ее
καλορίζικος, -η, -ο	10: lucky; safe driving	10: счастливый, -ая, -ое, благополучный
καλοριφέρ, το	19: central heating	19: калорифер; батарея;

καλοριφέρ]		центральное отопление
καλός, -ή, -ό	6: good, 8: fine, 9: ώρα σου καλή: farewell, 12: καλέ: tell me	6, 8: хороший, -ая, -ее; 9: ώρα σου καλή: в добрый час! счастливого пути! 12: καλέ: послушай! скажи мне!
καλπάζω	28: to gallop	28: скакать галопом
κάλτσα, η	12: stock; stocking	12: чулок; носок
καλύτερα	19: better	19: лучше
καλυτερεύω	32: to improve	32: поправляться, идти на поправку
καλύτερος, -η, -ο	18: better	18: лучший, -ая, -ее, самый лучший
καλώ, -ούμαι	14: to invite, 17: to call, 33: καλεσμένος: guest	14, 17: звать; приглашать; вызывать, 33: приглашённый, -ая, -ое
καλώς	15: well; properly; nicely	15: хорошо
καλωσορίζω, -ομαι	31: to welcome	31: приветствовать, радостно встречать
καμαρώνω	10: to take pride in	10: гордиться, любоваться
καμπάνα, η	5: bell	5: колокол
κάμποσο	19: enough	19: достаточно, немало
κάμποσος, -η, -ο	19: quite a few	19: достаточный, -ая, -ое
καμπύλος, -η, -ο	38: curve	38: кривой, -ая, -ое, изогнутый
καν	24: even	24: даже не
Καναδάς, ο	1: Canada	1: Канада
καναπές, ο	15: couch	15: диван; кушетка; тахта
κανείς (κανένας), καμιά, κανένα	6: any, καμιά φορά: sometimes, 11: nobody: noone, 16: someone, no, 19: anybody; anyone, κανένα μήνα: about a month, καμιά φορά: never	6: какой-нибудь; καμιά φορά: иной раз, иногда; 11: никто; 16: кто-нибудь; καμιά αντίρρηση: не возражаю, ничего не имею против; 19: никто; никого; кто-нибудь; κανένα μήνα: какой-нибудь месяц; καμιά φορά: (при глаголе с отрицанием): никогда
Κάννες, οι	32: Cannes	32: Канны
κανόνας, ο	29: rule	29: правило
κανονικά	27: regularly	27: согласно правилу, как правило
κανονισμός, ο	28: rule(s); regulations	28: устав, положение
κάνω	1: to do, 2: κάνει στάση: it stops; τι κάνεις: how do you do? κάνω βόλτα: to go for a walk, κάνω μάθημα: to have a lesson, κάνω λάθος: to make a mistake, πόσο κάνει: how much?, 7: to make, 8: τι καιρό κάνει:	1: делать; останавливаться (об автобусе); 2: κάνω βόλτα: гулять, совершать прогулку; κάνω μάθημα: преподавать; κάνω λάθος: делать ошибку, ошибаться; τι κάνεις; что делаешь? Как дела? πόσο κάνει; сколько стоит? 8: τι

κάνω]	what's the weather like?, τα κάνω μούσκεμα, σαλάτα: to mess, 10: κάνει κρύο: it is cold	καιρό κάνει; как погода? τα κάνω μούσκεμα, σαλάτα: испортить всё дело; 10: κάνει κρύο: холодно
καπέλο, το	10: hat	10: шапка, шляпа, кепка
καπνά, τα	6: tobacco	6: табак, сорта табака
καπνίζω, -ομαι	13: to smoke	13: курить
κάπνισμα, το	16: smoking	16: курение
καπνιστής, ο	35: smoker	35: курильщик
καπνοβιομηχανία, η	37: tobacco industry	37: табачная промышленность
καπνός, ο	6: smoke; tobacco, 19: fume	6: дым; 19: испарения, пары
κάποιος, -α, -ο	6: someone; somebody, 17: some, 19: κάποιος Πέτρος: someone called Peter	6: кто-то; 17: какой-то, какой-нибудь; 19: κάποιος Πέτρος: некий Петр; κάποιο δίκιο: какое-то, некоторое право; с какой-то
κάποτε	19: κάποτε κάποτε: from time to time, once	19: κάποτε κάποτε: иногда; когда-то, некогда
κάπου	18: somewhere	18: где-то в другом месте
κάπως	19: somehow; in some way	19: немного, несколько лучше
κάρβουνο, το	27: (char)coal	27: уголь
καρδιά, η	6: heart	6: сердце; душа
καρδιολόγος, ο, η	13: cardiologist	13: кардиолог
καρέκλα, η	1: chair	1: стул; сиденье
καρεκλάκι, το	6: small chair	6: стульчик
κάρτα, η	5: postcard, 16: πιστωτική κάρτα: credit card	5: почтовая (открытка), 16: πιστωτική κάρτα: кредитная карта
καρτοτηλέφωνο, το	23: cardphone	23: телефон-автомат, по которому говорят с карточкой
κασέτα, η	5: cassette	5: кассета
κασετόφωνο, το	15: tape recorder	15: магнитофон
καστανός, -ή, -ό	6: chestnut brown	6: карий (карие глаза)
κάστρο, το	28: castle	28: крепостная стена; крепость
κατά	9: about, 13: according to, 26: κατά τη διάρκεια: during	9: κατά τη μία: к часу; 13: в соответствии с, согладно; 26: κατά τη διάρκεια: в течение
καταδικάζω, -ομαι	26: to condemn; to sentence	26: приговаривать, выносить приговор
κατάθεση, η	33: deposit	33: вклад; сбережения
κατακτητής, ο	28: conqueror	28: завоеватель; захватчик
κατακτώ, -ιέμαι	28: to conquer	28: завоёвывать; захватывать; оккупировать
καταλαβαίνω	6: to understand, 14: to see, to realize, 35: to feel	6, 35: понимать, понять; 14: понимать, замечать
κατάληξη, η	14: ending	14: окончание
κατάλληλος, -η, -ο	1: suitable; proper, 21: competent	1: подходящий, -ая, -ее; соответствующий
κατάλογος, ο	18: list	18: меню

καταπάνω	23: at; against	23: на меня; против меня
καταπληκτικός, -ή, -ό	10: fantastic	10: ошеломляющий, -ая, -ее; поразительный
καταριέμαι	37: to curse	37: проклинать
κατασκευάζω, -ομαι	33: to construct	33: производить, изготовлять
κατασκηνώνω	29: to camp	29: ставить, разбивать палатку, располагаться на отдых
κατασκήνωση, η	29: camping	29: лагерь; место разбивки лагеря
κατασκηνωτής, ο	29: camper (m)	29: тот, который отдыхает в лагере
κατασκηνώτρια, η	29: camper (f)	29: та, которая отдыхает в лагере
κατάσταση, η	23: situation, 28: condition, 35: state, 36: είμαι σε ενδιαφέρουσα κατάσταση: to be pregnant	23, 28, 35: положение; обстановка; 36: είμαι σε ενδιαφέρουσα κατάσταση: быть в интересном положении, быть беременной
κατάστημα, το	12: shop; store	12: учреждение; 30: заведение; магазин
καταστηματάρχης, ο	12: shop keeper	12: владелец магазина; торговец
καταστρέφω, -ομαι	28: to damage; to destroy; to spoil	28: разрушать, -ся, губить; портить, -ся; разорять, -ся
καταστροφή, η	34: disaster	34: разрушение, уничтожение; гибель
κατάφαση, η	17: affirmation	17: утвердительное предложение (грам.)
καταφέρνω	35: to manage; to succeed	35: справляться (с чем-л)
καταφύγιο, το	29: shelter	29: пристанище
καταχειροκροτώ, -ούμαι	32: to applaud heartly	32: аплодировать, бурно рукоплескать
κατεβάζω	6: to take down, 29: to lower, 38: to write down	6: понижать; κατεβάζω τον τόνο: передвигать ударение; 29: опускать; 38: спускаться, переносить (мат.)
κατεβαίνω	18: to go down, 29: to get off; to come down, 33: to go downstairs	18: спускаться, выходить; 29: сойти, выйти (из машины, автобуса и т.д.); спуститься; 33: спускаться
κατειλημμένος, -η, -ο	25: reserved; occupied	25: занятый, -ая, -ое; охваченный
κατεψυγμένος, -η, -ο	18: frozen	18: замороженный, -ая, -ое, ледяной
κατηγορία, η	17: class, 26: procecution	17: категория, разряд; 26: обвинение; порицание
κατηγορώ, -ούμαι	20: to accuse; to blame	20: обвинять
κάτι	14: something, 19: some, 24: such	14: что-то; 19: какие-то; 24: что-то, что-либо

κατοικήσιμος, -η, -ο	33: inhabitable	33: обитаемый, -ая, -ое
κατοικία, η	33: residence; house	33: дом; квартира
κατοικίδιος, -α, -ο	14: domestic	14: домашний, -яя, -ее
κάτοικος, ο, η	18: inhabitant; population (pl)	18: житель, -ница
κατοικώ, -ούμαι	14: to inhabit; to live	14: жить, проживать
κατορθώνω, -ομαι	25: to manage; to achieve	25: добиваться, достигать (чего-л.); удалось
κάτω	7: under, 15: downstairs, 23: farther down, 33: πάνω κάτω: more or less	7: под; 15: του κάτω πατώματος: нижнего этажа; 23: ниже; 33: πάνω κάτω: около, приблизительно
καυσαέριο, το	14: exhaust gas	14: выхлопные газы двигателя
καφέ	6: brown	6: кофейный цвет
καφενείο, το	16: coffee shop	16: кофейня; кафе
καφές, ο	5: coffee	5: кофе
καφετέρια, η	35: café	35: кафе
καφετζής, ο	18: cafe owner; waiter	18: содержатель кофейни
καφετής, -ιά, -í	6: brown	6: кофейный, -ая, -ое (о цвете)
κενό, το	1: blank	1: пропуск (в тексте)
κεντρικός, -ή, -ό	18: central; main	18: центральный, -ая, -ое, главный
κέντρο, το	10: center, 19: recreation center, 23: τηλεφωνικό κέντρο: telephone center	10: центр; 19: увеселительное заведение; 23: телефонный узел, центральная телефонная станция
κεραμοποιία, η	33: tile works	33: черепичное производство
κεράσι, το	19: cherry	19: черешня (плод)
κερδίζω	16: to gain	16: выигрывать; зарабатывать, получать
κερδίζω, -ομαι	16: to win, 25: to earn, 35: to gain	16: выигрывать; 25: получать, иметь прибыль; 35: выигрывать
κέρδος, το	35: earnings	35: прибыль
Κέρκυρα, η	35: Corfu (island)	35: Керкира (остров)
κέρμα, το	5: coin	5: звонкая монета
κερνώ, -ιέμαι	20: to treat	20: угощать
κεφάλαιο, το	33: chapter	33: глава, раздел (книги)
κεφάλι, το	13: head	13: голова
κεφάτος, -η, -ο	29: cheerful; merry	29: (находящийся, -аяся, -ееся) в хорошем настроении
κέφι, το	15: gaiety, 19: high spirits, 20: χαλώ το κέφι: to dampen sb's spirits	15: настроение; 19: хорошее, весёлое настроение; 20: χαλώ το κέφι: портить настроение
κεφτές, ο	31: meatball	31: котлета; биточек
κηδεία, η	16: funeral	16: похороны; похоронная процессия
κήπος, ο	3: garden	3: сад; огород; бахча
κηπουρική, η	33: gardening	33: садоводство;

κηπουρική]		огородничество
κηρύττω, -ομαι	10: to preach, 28: to declare	10: провозглашать; проповедовать; 28: объявлять
κιλό, το	20: kilo	20: кило, килограмм
κιμωλία, η	9: chalk	9: мел
κίνδυνος, ο	31: danger	31: έξοδος κινδύνου: запасной выход
κινέζικα, τα	2: Chinese language	2: по-китайски; китайский язык
κινηματογράφος, ο	3: cinema	3: кино, кинотеатр
κίνηση, η	14: traffic, move; gesture, travelling	14: движение (в разн. знач.)
κινητός, -ή, -ό	9: κινητό τηλέφωνο: mobile phone, 24: movable	9: κινητό τηλέφωνο: мобильный телефон; 24: передвижной, -ая, -ое, движущийся
κινώ, -ούμαι	33: to move, to set going; to start	33: шевелить, -ся; двигаться
κιόλας	10: also, 15: already	10: к тому же, вдобовок; 15: уже
κιτρινίζω	8: to turn yellow/pale	8: желтеть
κίτρινος, -η, -ο	6: yellow	6: жёлтый, -ая, -ое
κλαίω, -γομαι	14: to weep; to cry	14: плакать
κλάμα, το	28: cry; weeping	28: плач; жалоба
κλασικός, -ή, -ό	14: classic; usual	14: классический, -ая, -ое, типичный
κλάσμα, το	38: fraction	38: дробь
κλέβω, -ομαι	10: to steal, 25: to cheat	10: красть, воровать; 25: присваивать
κλειδαράς, ο	24: locksmith	24: слесарь (изготовляющий ключи, замки)
κλειδί, το	11: key	11: ключ
κλείνω, -ομαι	3: to turn off, 6: to close: to shut, 17: to book, 29: -ομαι: to barricade, κλείνομαι στον εαυτό μου: to be introspective	3: закрывать, выключать; 6: закрывать; 17: договариваться (о чём-л.); 29: запирать, -ся; замыкаться (в себе)
κλειστός, -ή, -ό	14: closed, 29: taciturn	14: закрытый, -ая, -ое; 29: замкнутый (о человеке)
κλέφτης, ο	10: thief	10: вор
κληρονομιά, η	22: inheritance	22: наследство
κληρονόμος, ο, η	22: heir/heiress	22: наследник, наследница
κληρονομώ, -ούμαι	14: to inherit	14: наследовать, получать в наследство
κλητήρας, ο	20: usher; bailiff	20: курьер, посыльный
κλητική, η	6: vocative case	6: звательный падеж
κλίμα, το	19: climate	19: климат
κλινική, η	13: private hospital	13: клиника
κλίνω, -ομαι	6: to decline, 10: to	6, 10: спрягать (грам.)

κλίνω]	conjugate	
κλίση, η	21: vocation, 27: conjugation	21: склонность (к чему-л.); 27: спряжение
κλόουν, ο	31: clown	31: клоун
κλωστή, η	17: thread	17: нитка
κόβω, -ομαι	10: to cut, 16: to give up, κόβω τα μαλλιά μου: to have a hair cut, 24: κόβω δρόμο: to cut short, κόβω την καλημέρα: to break with a person	10: резать; срезать; 16: бросать, прекращать (курение); стричь; 24: κόβω δρόμο: срезать путь; 24: κόβω την καλημέρα: перестать здороваться
κοιλιά, η	13: abdomen; belly	13: живот
κοιμάμαι	15: to sleep	15: спать
κοιμίζω	34: to put sb to bed	34: усыплять; успокаивать
κοινό, το	32: public	32: зрители; публика, общество
κοινός, -ή, -ό	28: common	28: совместный, -ая, -ое; общий
κοινωνία, η	21: society	21: общество
κοινωνικός, -ή, -ό	36: social	36: общественный, -ая, -ое, социальный
κοιτάζω, -ομαι (κοιτώ, -ιέμαι)	3: to look (at), 30: to mind	3: смотреть; рассматривать; 30: смотреть, не упускать из виду
κόκαλο, το	20: bone	20: кость
κοκκινίζω	26: to blush, 34: to go red	26, 34: краснеть; покрываться румянцем; смущаться
κόκκινος, -η, -ο	6: red	6: красный, -ая, -ое; алый
κόκορας, ο	19: cock; rooster	19: петух
κολλώ, -ιέμαι	14: to stick	14: клеить; приклеивать
κόλπο, το	31: trick	31: удар
κολύμπι, το	29: swimming	29: плавание
κολυμπώ	14: to swim	14: плавать
κόμμα, το	3: comma	3: запятая
κομμάτι, το	16: piece	16: часть; μερικά κομμάτια (έπιπλα): кое-что из мебели
κομμωτήριο, το	30: hairdresser's	30: дамская парикмахерская
κομοδίνο, το	16: night table	16: тумбочка
κομπολόι, το	6: string of beads; rosary	6: чётки
κονσερβοποιία, η	37: canning industry	37: производство консервов
κοντά	3: near; close; nearby	3: около, возле, недалеко
κοντεύω	16: to be almost/near	16: приближаться, подходить
κοντός, -ή, -ό	12: short	12: короткий, -ая, -ое
κοπέλα, η	9: girl	9: девушка
κοπιαστικός, -ή, -ό	29: tiring	29: утомительный, -ая, -ое, трудный
κόρη, η	4: daughter	4: дочь
κοριτσάκι, το	6: little girl	6: девочка; дочка
κορίτσι, το	1: girl, 3: girlfriend, 5: daughter	1, 3, 5: дочь, дочка; девочка
κορνάρισμα, το	22: beeping	22: подача сигнала (автомашиной)

κοροϊδεύω, -ομαι	35: to be kidding	35: насмехаться, издеваться; разыгрывать; обманывать
κορόνα, η	32: κορόνα γράμματα: heads or tails	32: κορόνα γράμματα: бросать монету при жребии
κορούλα, η	6: little daughter	6: доченька, дочурка
κορυφή, η	29: top; summit	29: вершина
κόσμος, ο	5: world, 8: people	5: мир; στέλνω... σ' όλο τον κόσμο: посылать по всему миру; 8: много народу
κοστούμι, το	12: suit	12: костюм
κότα, η	14: hen	14: курица
κοτόπουλο, το	18: chicken	18: цыплёнок
κουβέντα, η	33: chat; conversation	33: разговор, беседа
κουβεντιάζω, -ομαι	15: to chat; to converse	15: говорить, разговаривать
κουβεντολόι, το	6: chat	6: беседа, длительный разговор
κουβέρτα, η	12: blanket	12: одеяло, покрывало
κουδούνι, το	5: bell; ring	5: звонок
κουζίνα, η	16: kitchen, 22: cooker	16: кухня (помещение); 22: γαλλική κουζίνα: французская кухня (подбор кушаний)
κουκλίτσα, η	6: little doll	6: куколка
κουμπαράς, ο	18: piggy bank	18: копилка
κουμπί, το	17: button	17: пуговица
κουνώ, -ιέμαι	14: to move; to shake; to stir, 20: to pitch and roll, 26: to wave, 33: κουνήσου: stir yourself	14, 20: качать, -ся, раскачивать, -ся; 26: махать, размахивать; 33: κουνήσου: двигайся, шевелись
κουπί, το	18: oar	18: весло
κουράζω, -ομαι	16: -ομαι: to be tired, 28: to tire	16, 28: уставать, утомлять, -ся
κούραση, η	33: fatigue; tiredness	33: усталость, утомление
κουρασμένος, -η, -ο	10: tired	10: усталый, -ая, -ое, утомлённый
κουραστικός, -ή, -ό	14: tiresome; boring	14: утомительный, -ая, -ое
κουρείο, το	30: barber's	30: парикмахерская
κουρτίνα, η	10: curtain	10: занавес; портьера
κουτί, το	1: box, 11: mailbox	1: коробка; пачка сигарет; 11: ящик (почтовый)
κουτός, -ή, -ό	20: stupid	20: глупый, -ая, -ое
Κουτσοφλέβαρος, ο	8: February (called lame because of its 28 days)	8: февраль (назван хромым из-за 28 дней)
κρασί, το	16: wine	16: вино
κρατικός, -ή, -ό	32: state (adj)	32: государственный, -ая, -ое
κράτος, το	18: state	18: государство
κρατούμενο, το	38: to be carried over	38: число, которое держим в уме при сложении и умножении
κρατώ, -ιέμαι	6: to keep, 14: to hold, 32: to last, 33: -ιέμαι: to	6, 14: держать; удерживать; 32: длиться, продолжаться; 33:

κρατώ]	keep one's countenance	удерживать, вычитать
κρέας, το	16: meat	16: мясо
κρεβάτι, το	10: bed	10: кровать
κρεβατοκάμαρα, η	16: bedroom	16: спальня
κρεμάστρα, η	14: hanger	14: вешалка
κρεμώ, -ιέμαι	14: to hang, 24: to tie on, 33: to hang on	14: вешать; 24: развешивать; 33: висеть; повеситься
κρεοπωλείο, το	18: butcher's shop	18: мясной магазин, мясная лавка
κρεοπώλης, ο	18: butcher	18: мясник, продавец мяса
Κρήτη, η	16: Crete (island)	16: Крит (остров)
κρίμα	6: (it's a) pity	6: жаль, жалко
κρίνω, -ομαι	26: to judge	26: судить, выносить судебное решение
κριτικός, ο, η	32: critic	32: критик
κρύα	22: cold (adv)	22: холодно (встречать)
κρύβω, -ομαι	10: to hide	10: скрывать, -ся, прятать, -ся
κρύο, το	8: cold	8: холод, мороз; κάνει κρύο: холодно
κρύος, -α, -ο	8: cold, 22: aloof; unresponsive	8: холодный, -ая, -ое; 22: бездушный
κρυσταλλένιος, -α, -ο	35: crystal	35: хрустальный, -ая, -ое
κρυώνω	10: to catch a cold, 13: to be cold	10: простуживаться; 13: мёрзнуть, испытывать холод
Κτηνιατρική Σχολή, η	30: Faculty of Veterinary Science	30: ветеринарный факультет
κτηνίατρος, ο, η	13: veterinarian	13: ветеринар
κτήση, η	6: possession	6: принадлежность
κτητικός, -ή, -ό	6: possessive	6: притяжательный, -ая, -ое (грам.)
κτίριο, το	5: building	5: здание
κτλ. (και τα λοιπά)	6: etc.	6: и т.д. (и так далее)
κυβερνήτης, ο	27: captain	27: капитан
κυβερνώ, -ιέμαι	14: to govern	14: править, управлять; руководить
κύβος, ο	38: cube	38: куб
κύκλος, ο	38: circle	38: круг; окружность
κυκλοφορία, η	14: traffic; movement, circulation	14: круговорот; циркуляция; уличное движение
κύλινδρος, ο	38: cylinder	38: цилиндр
κυλώ, -ιέμαι	18: to flow, 24: to roll on, 33: -ιέμαι: to roll about	18: течь; 24: течь, протекать (о времени); 33: катиться, кататься; валяться; скатываться
κυνηγός, ο	14: hunter	14: охотник
κυνηγώ, -ιέμαι	14: to hunt	14: охотиться
κυρία, η	2: madam, 3: lady, 7: Mrs	2, 3, 7: госпожа
κυριακάτικα	7: on a Sunday	7: в воскресенье, в воскресный день; нарядно, празднично
Κυριακή, η	5: Sunday	5: воскресенье

κυριαρχία, η	28: domination	28: господство
κυριεύω, -ομαι	27: dominate	27: захватывать (-ся)
κύριος, -α, -ο	6: proper, 30: main	6: τα κύρια ονόματα: имена собственные; 30: основной, -ая, -ое, главный
κύριος, ο	3: sir; gentleman, 5: man, 7: mister, 31: Lord	3, 5, 7: господин; 31: Κύριε των δυνάμεων!: Боже мой!
κυρίως	16: mainly	16: прежде всего, больше всего, особенно, в первую очередь
κωμικός, -ή, -ό	12: comic	12: комический, -ая, -ое, комедийный
κωμωδία, η	32: comedy	32: комедия
Κωνσταντινούπολη, η	28: Constantinople	28: Константинополь

Λ

λάδι, το	31: oil	31: масло (растительное)
λάθος, το	2: mistake; error, 7: wrong	2: ошибка; 7: κάνω λάθος: ошибаться, делать ошибку
λαιμά, τα	6: sore throat	6: шея, горло; гланды, миндалины
λαίμαργος, -η, -ο	19: greedy	19: прожорливый, -ая, -ое; ненасытный; обжора
λαιμός, ο	6: throat; neck	6: шея; горло, глотка
λαλώ	19: to crow	19: кукарекать (о петухе)
λάμπα, η	15: lamp	15: лампа
λαμπάδα, η	24: (wax) candle	24: свеча
λάμπω	8: to shine, 10: to glow; to glitter	8: светить; сиять; 10: сверкать чистотой; 10: сиять от радости
λαός, ο	8: people	8: народ
Λάρισα, η	34: Larisa (city)	34: Лариса
λασπώνω, -ομαι	29: to cover with mud	29: пачкать; забрызгаться, пачкаться (уличной грязью)
Λατινική Αμερική, η	36: Latin America	36: Латинская Америка
λαχανιάζω	19: to pant; to get out of breath	19: запыхаться; задыхаться
λαχανικό, το	16: vegetable	16: зелень, овощи
λάχανο, το	18: cabbage	18: капуста
λαχείο, το	23: lottery	23: лотерея; του έπεσε το λαχείο: это тебе досталось случайно
λείπω	10: to be absent, 11: to miss, 14: to be away, 16: λίγο έλειψε: I came very near	10: отсутствовать; 11: μου λείπεις: мне тебя не достаёт; 14: уезжать, находиться в отъезде; 16: λίγο έλειψε να χάσω το αεροπλάνο: чуть не опоздал на самолёт

λειτουργώ, -ούμαι	17: to work; to function	17: работать, функционировать
λεκές, ο	31: stain	31: пятно
λέξη, η	1: word	1: слово
λεξικό, το	13: dictionary	13: словарь
λεξιλόγιο, το	1: vocabulary	1: словарный запас; лексика
λεπτό, το	5: cent	5: цент
λεπτό, το	9: minute	9: минута
Λέσβος, η	35: Lesbos (island)	35: Лесбос (остров)
λέσχη, η	30: club	30: клуб; дом культуры
λευκός, -ή, -ό	12: white	12: белый, -ая, -ое
λεφτά, τα	9: money	9: деньги
λέω, -γομαι	1: πώς σε λένε; what's your name?, 2: to say, 6: to tell, 7: to talk, 24: να τα πούμε;: may we sing the carols?, 35: λες και: as if	1: называть, звать, именовать; πώς σε λένε; как тебя зовут?; 6: рассказывать; 7: говорить; 24: να τα πούμε; можно (разрешите) нам спеть (колядки)?; 35: λες και: (как) будто
λεωφορείο, το	2: bus	2: автобус
λεωφόρος, η	13: avenue	13: проспект, бульвар
λήγουσα, η	6: last syllable	6: конечный, последний слог
λήγω	20: to expire; to run out	20: истекать (о времени, сроке)
ληξιαρχείο, το	36: registry office	36: отдел записи актов гражданского состояния
ληξιαρχικός, -ή, -ό	36: ληξιαρχική πράξη: registration	36: ληξιαρχική πράξη: акт гражданского состояния
λιανικώς	18: (by) retail	18: в розницу
λιβάδι, το	28: meadow; pasture	28: луг, пастбище
λιγάκι	9: a little	9: немного, немножко, чуть-чуть
λίγο	1: σε λίγο: in a while, 9: a little, 11: πριν από λίγο: a short time ago, 16: λίγο έλειψε: almost	1: скоро; 9: мало, немного, несколько; 11: немного раньше; 16: чуть было не...
λίγος, -η, -ο	8: little; a little	8: немногий, -ая, -ое
λιγότερο	21: less	21: меньше
λιμάνι, το	25: harbour; port	25: порт, гавань, рейд
λίπασμα, το	37: fertilizer	37: удобрение
Λιτόχωρο, το	29: Litohoro (village)	29: Литохоро (село)
λογαριάζω, -ομαι	32: to count	32: считаться
λογαριασμός, ο	17: bill	17: счёт
λογής, λογιών	24: all sorts	24: всякого рода, разные
λόγια, τα	6: words, 11: talk, 32: advice	6: слова; толки, слухи; 11: слова (мн. ч.); разговор; 32: совет
λόγος, ο	6: speech, 14: reason, 15: δίνω το λόγο μου: to give my word	6: мнение; 14: слова; 15: δίνω το λόγο μου: дать слово
λογοτεχνικός, -ή, -ό	33: literary	33: литературный, -ая, -ое
λόγω	33: because of	33: из-за (по причине)

λοιπόν	1: well; so, 16: then	1: ну, конец; 16: итак, значит
ΛΟΤΤΟ, το	16: Lotto	16: лото, лотерея
λούζω, -ομαι	10: to wash, 13: to bathe, 27: -ομαι: to wash my hair	10, 13, 27: купать, -ся; мыть, -ся
λουλούδι, το	8: flower	8: цветок
λουτρό, το	16: bathroom	16: ванна (комната)
λύκειο, το	10: lyceum; middle school	10: лицей
λύκος, ο	15: wolf	15: волк
λύνω, -ομαι	10: to solve, 29: -ομαι: to be untied	10: развязывать, освобождать; решать; 29: быть парализованным; относиться; не действовать; гнить
λυπάμαι	18: to be sorry	18: сожалеть, мне жаль
λύπη, η	34: grief; sorrow	34: печаль; огорчение
λυπημένα	13: sadly	13: печально, грустно
λυπώ	34: to sadden; to grieve	34: сожалеть
λυρικός, -ή, -ό	32: lyric	32: лирический, -ая, -ое; η Λυρική Σκηνή: оперный театр
λύση, η	18: solution	18: разрешение, урегулирование

M

μα	10: but	10: но, а (союз)
μαγαζί, το	12: shop; store	12: магазин
μαγειρεύω, -ομαι	10: to cook	10: стряпать, готовить; варить
μαγειρικός, -ή, -ό	29: cooking	29: поварский, -ая, -ое, кулинарный; μαγειρικά σκεύη: кухонная посуда, утварь
μαγειρίτσα, η	24: a tripe and herb soup on Easter night	24: суп с овечьими потрохами
μαγιάτικος, -η, -ο	24: May (adj)	24: майский, -ая, -ое
μαγικός, -ή, -ό	31: magic	31: волшебный, -ая, -ое, магический
μαγιό, το	20: bathing suit	20: купальный костюм, купальник
μάγουλο, το	6: cheek	6: щека
μαζεύω, -ομαι	10: to gather; to pick up; to collect, 29: -ομαι: to shrink	10, 29: собирать, -ся (в разн. знач.)
μαζί	2: with, 4: together	2: μαζί μου: вместе со мной; 4: вместе
μαθαίνω, -ομαι	1: to learn, 12: to teach, 26: to hear	1: учить; 12: учить, обучать; выучить; 26: узнать, услышать
μάθημα, το	1: lesson	1: урок
μαθηματικά, τα	21: mathematics	21: математика
μαθητής, ο	1: pupil; student (m)	1: ученик, учащийся
μαθήτρια, η	1: pupil; student (f)	1: ученица, учащаяся

μαιευτήρας, ο, η	13: obstetrician	13: акушер, акушерка
μαϊμού, η	31: monkey	31: обезьяна
Μάιος, ο	8: May	8: май
μακάρι	25: I wish	25: если бы
μακαρονάδα, η	24: spaghetti (dish)	24: макароны (кушанье)
μακαρόνι, το	18: macaroni	18: макароны
Μακεδονία, η	28: Macedonia	28: Македония
μακριά	4: far	4: далеко
μακρινός, -ή, -ό	27: distant; remote	27: дальний, -яя, -ее, отдалённый
μακροζωία, -η	27: longevity	27: долголетие
μακρύς, -ιά, -ύ	10: long	10: длинный, -ая, -ое
μαλακός, -ιά (-ή), -ό	8: soft; tender; smooth; mild	8: мягкий, -ая, -ое
μάλιστα	5: yes; sure; certainly	5: да, конечно
μαλλί, το	14: wool	14: волос
μαλλιά, τα	6: hair	6: волосы
μάλλινος, -η, -ο	13: woolen	13: шерстяной, -ая, -ое
μάλλον	8: rather, 25: probably	8: пожалуй, по всей вероятности; 25: вероятнее всего, скорее
μαλώνω	16: to scold, 22: to quarrel, 27: to argue	16: бранить, ругать; 22: ссориться; 27: ссориться, быть в ссоре
μαμά, η	10: mama	10: мама
μανάβης, ο	12: greengrocer	12: зеленщик, продавец или хозяин овощного магазина
μανάβικο, το	30: grocer's	30: зелёная лавка
μανιώδης, -ης, -ες	35: keen; καπνιστής: a chain smoker	35: заядлый, -ая, -ое, страстный
μαντάμ, η	10: madam	10: мадам
μαντίλι, το	26: scarf	26: носовой платок
μαξιλάρι, το	16: cushion	16: подушка
μαραγκός, ο	16: carpenter	16: столяр, плотник
μαρκαδόρος, ο	9: felt-tipped pen	9: маркер, фломастер
Μάρτιος, ο (Μάρτης, ο)	8: March	8: март
μάρτυρας, ο	26: witness	26: свидетель
μας	1: our, 10: us, 12: to (for) us	1: наш, наша, наше; наши; 10: наши; 12: нам
μάστορας, ο	16: craftsman	16: мастер
μάταια	26: in vain	26: зря, напрасно, без толку
μάταιος, -η, -ο	8: vain	8: напрасный, -ая, -ое; пустой
μάτι, το	6: eye, τα μάτια σου δεκατέσσερα: keep your eyes open	6: глаз; τα μάτια σου δεκατέσσερα: смотри в оба!
ματιά, η	17: glance	17: взгляд; ρίχνω μια ματιά: взглянуть, бросить взгляд
μαύρος, -η, -ο	6: black	6: чёрный, -ая, -ое
μαχαίρι, το	13: knife	13: нож

μάχη, η	29: battle	29: битва
με	1: with; me	1: меня (лич. мест. «я» в форме В.п)
μεγάλος, -η, -ο	4: big, 6: large, 14: great, 15: μεγάλο κέφι: high spirits, 15: old, 19: grown up, 24: Μεγάλη Εβδομάδα: Holly Week, 24: Μεγάλη Παρασκευή: Good Friday	4, 6: большой, -ая, -ое; 14: великий, выдающийся; 15: хорошее, весёлое (настроение); 15, 19: старый; взрослый; 24: Μεγάλη Εβδομάδα: Страстная Неделя; Μεγάλη Παρασκευή: Страстная Пятница
μεγαλώνω	15: to grow up, to raise, 26: to increase, 28: to get larger	15: вырастать, становиться взрослым; выращивать, воспитывать; 26: увеличиваться, возрастать; 28: расширяться
μέγαρο, το	26: mansion	26: большое красивое здание
μέγιστος, -η, -ο	21: maximum; highest; largest	21: величайший, -ая, -ее, самый большой
μεζές, ο	19: snack	19: закуска
μεθαύριο	7: the day after tomorrow	7: послезавтра
μεθυσμένος, -η, -ο	23: drunk	23: пьяный, -ая, -ое, напившийся
μεθώ	20: to get drunk	20: пьянеть, опьянеть; пьянствовать
μείον	38: minus	38: минус (мат.)
μελαχρινός, -ή, -ό	6: dark complexioned	6: смуглый, -ая, -ое, смуглолицый
μελέτη, η	21: study	21: изучение
μελετώ, -ιέμαι	14: to study	14: учить
μέλλον, το	16: future	16: будущее; в будущем
μέλλοντας, ο	7: Future Tense	7: будущее время (грам.)
μέλος, το	24: member	24: член
μένω	2: to stay; to live, 15: to be left	2: жить, проживать; 15: оставаться
μέρα, η (ημέρα, η)	2: day	2: день
μερικοί, -ές, -ά	13: some	13: несколько
μέρος, το	5: place, 18: side, 29: spot, 33: part	5, 29: местность; 18: часть (тела); 33: край, часть, местность
μέσα	1: in; into, 14: during	1: внутрь; 14: в (самый) разгар
μεσάνυχτα, τα	9: midnight	9: полночь
μέση, η	13: waist, 25: middle	13: поясница, талия, 25: середина
μεσημέρι, το	8: noon	8: полдень
μεσημεριανό, το	9: tiffin	9: обед
μεσημεριανός, -ή, -ό	9: midday	9: полуденный, -ая, -ое
μεσημεριάτικος, -η, -ο	9: midday	9: полуденный, -ая, -ое
μέσο, το	27: means, 28: τα μέσα: mid, 36: ενημερωτικά	27: средство, способ; 28: στα μέσα: в середине; 36:

μέσο]	μέσα: media	ενημερωτικά μέσα: информационные средства
μέσος, -η, -ο	27: μέσο αυτοπαθές ρήμα: reflexive verb, μέσο αλληλοπαθές ρήμα: reciprocal verb	27: μέσο αυτοπαθές ρήμα: средневозвратный глагол; μέσο αλληλοπαθές ρήμα: средневзаимный глагол
μετά	7: after	7: после; спустя; через
μεταβατικός, -ή, -ό	29: transitive	29: непостоянный, -ая, -ое; переходный (о глаголе)
μετακινώ, -ούμαι	33: to move	33: передвигать (-ся)
μέταλλο, το	36: metal	36: металл
μεταξύ	18: between	18: между
μετατρέπω, -ομαι	28: to change	28: превращать; трансформировать; заменять
μετατροπή, η	28: change	28: превращение; трансформация; замена
μεταφέρω, -ομαι	37: to transfer; to transport	37: транспортировать, перевозить; переносить; переводить
μεταχειρίζομαι	35: to use	35: использовать; пользоваться
μεταχείριση, η	31: use	31: употребление, использование
Μετεωροσκοπείο, το	30: Meteorological Laboratory	30: метереологическая станция
μετοχή, η	26: Participle	26: причастие (грам.)
μετρητοίς, τοις	16: pay (in) cash	16: наличными деньгами
μέτρο, το (μ.)	14: metre	14: метр
μετρώ, -ιέμαι	14: to count, 33: to measure	14: мерить, измерять; считать; 33: -ιέμαι: мериться
μέτωπο, το	6: forehead	6: лоб
μέχρι	16: until; till	16: до; до тех пор, пока
μηδέν, το	1: zero	1: нуль
μήκος, το	18: length	18: длина
μήλο, το	6: apple	6: яблоко
μην (μη)	1: don't; not	1: нет, нельзя
μήνας, ο	6: month	6: месяц
μήνυμα, το	9: message	9: сообщение
μήπως	7: do you happen, 11: by any chance, 13: is it possible	7, 11, 13: может быть, возможно
μηρός, ο	13: thigh	13: бедро, ляжка
μητέρα, η	2: mother	2: мать
μητερούλα, η	6: mother (affectionately)	6: матушка
μηχανή, η	16: φωτογραφική μηχανή: camera, 18: engine, 29: motor, 34: machine	16: φωτογραφική μηχανή: фотоаппарат; 18: механизм; 29: машина (мотор); 34: машина
μηχανικά	23: mechanically	23: механически, машинально
μηχανικός, ο, η	21: engineer; mechanic	21: механик; инженер
μικραίνω	15: to grow shorter	15: уменьшать, -ся

μικράκι, το	18: the little one	18: маленький ребёнок
μικρόβιο, το	28: bacteria; microbe	28: микроб
μικροβιολόγος, ο, η	13: microbiologist	13: микробиолог
μικρός, -ή, -ό	6: small, 8: short, little, 15: young	6: маленький, -ая, -ое; 8: короткий; маленький, -ая, -ое; 15: короткий, небольшой (по объёму)
μικτός, -ή, -ό	38: composite (number)	38: смешанное (число); смешанная (линия)
μιλώ, -ιέμαι	10: to speak; to talk, 27: -ιέμαι: to talk to each other	10: говорить; 27: разговаривать
μιμητικός, -ή, -ό	31: mimic	31: подражательный, -ая, -ое
μισθός, ο	33: salary; wage(s)	33: заработная плата; оклад
μισός, -ή, -ό	9: half	9: половинный, -ая, -ое; τέσσερις και μισή: половина пятого
μισώ, -ιέμαι	11: to hate	11: ненавидеть (-ся)
μ.μ. (μετά μεσημβρίαν)	9: p.m.	9: после полудня
μνημείο, το	28: monument	28: памятник; монумент
μοιάζω	6: to look like, 31: to take after	6: быть похожим, походить
μοιράζω, -ομαι	9: to divide in; to share, 18: to deliver	9: разделять, распределять; 18: продавать
μόλις	7: as soon as, 30: just now, 32: just	7: как только; 30: только что; 32: едва
μολύβι, το	1: pencil	1: карандаш
μόλυνση, η	33: pollution	33: загрязнение (окружающей среды)
μολύνω, -ομαι	25: to pollute, 28: to contaminate, to infect	25: заражать; грязнить; 28: грязнить, пачкать; заражать
μονάδα, η	33: unit	33: единица; βιομηχανική μονάδα: промышленный объект
μοναχή, η	32: nun	32: монахиня
μοναχός, -ή, -ό	32: alone; lonely	32: сам, сама, само
μοναχός, ο	32: monk	32: монах
μόνο	2: only	2: только, ли
μονόκλινος, -η, -ο	17: single bed	17: одноместный, -ая, -ое
μονολεκτικός, -ή, -ό	22: one word (adj)	22: состоящий, -ая, -ее из одного слова
μόνος, -η, -ο	2: alone, 14: only, 16: by oneself	2: один, сам; 14: единственный, -ая, -ое; 16: сама
μονότονα	34: in a monotone	34: монотонно
μονόχρωμος, -η, -ο	6: one coloured	6: одноцветный, -ая, -ое
μοντέρνος, -α, -ο	6: modern	6: модный, -ая, -ое, современный
μορφωτικός, -ή, -ό	37: educational; cultural	37: образовательный, -ая, -ое,

μορφωτικός]		просветительный
μοσχαράκι, το	18: veal	18: телятина
μοσχάρι, το	18: veal	18: говядина
μοσχοβολώ	24: to give forth a sweet smell	24: благоухать
μου	1: mine, 2: μαζί μου: with me, 3: (to) me; my, 5: to me; for me	1: мой; 2: μαζί μου: со мной; 3, 5: мне (лич. мест.в форме Д.п.)
μουδιάζω	13: to numb	13: неметь
μουσαφίρης, ο	18: guest; visitor	18: гость
μουσείο, το	24: museum	24: музей
μουσική, η	5: music	5: музыка
μουσικός, ο, η	34: musician	34: музыкант
μούσκεμα	8: dripping wet, τα κάνω μούσκεμα: make a mess	8: промокание; είμαι μούσκεμα από τη βροχή: весь мокрый от дождя
μουστάκι, το	6: moustach	6: усы
μπα	20: no way; not a chance	20: ба! (межд.); μπα, δε νομίζω: нет, не думаю
μπαγιάτικος, -η, -ο	18: stale	18: несвежий, -ая, -ее
μπαίνω	16: to come in; to enter, 28: to go, 29: to get in	16: входить; 28: употребляться; 29: входить, вмещаться, садиться
μπακάλης, ο	18: grocer	18: лавочник; хозяин, бакалейщик
μπακάλικο, το	18: grocer's shop	18: продовольственный магазин, лавка
μπάλα, η	3: ball	3: футбольный мяч
μπαλκόνι, το	15: balcony	15: балкон
μπαμπάς, ο	9: dad(dy)	9: папа, отец
μπάνιο, το	16: bathroom, 25: swim, 29: bath	16: ванна; 25: κάνω μπάνιο: купаться (в море); 29: принимать ванну, купаться
μπαρ, το	17: bar	17: бар (ресторан)
μπεζ	6: beige	6: беж (цвет)
μπερδεύω, -ομαι	29: to tangle (up); to confuse	29: путать, -ся; запутывать -ся
μπίρα, η	18: beer	18: пиво
μπλε	6: blue	6: синий
μπλέκω, -ομαι	27: to mix up; to complicate; to confuse, -ομαι: to get into mess, 29: -ομαι: to be involved	27: перепутывать; 29: связываться (с кем-л.), вмешивать, -ся, вовлекать, -ся
μπλούζα, η	9: blouse	9: блуза, блузка
μπλουζάκι, το	12: t-shirt	12: блузочка
μπλουζίτσα, η	6: blouson	6: блузка
μπογιατζής, ο	16: painter	16: маляр; красильщик
μπορώ	14: can; to be able, 16: μπορεί: maybe, can; may	14: мочь, быть в состоянии; 16: мочь; возможно; μπορώ να

μπορώ]		φύγω: могу уходить
μπούτι, το	14: thigh	14: бедро
μπράβο	14: well done!; good for you!	14: молодец! браво!
μπρος	23: before, 29: βάζω μπρος τη μηχανή: to start the engine	23: по сравнению; 29: βάλε μπρος τη μηχανή: запусти машину
μπροστά	2: in front, 9: πάει μπροστά: it is fast, 12: μπροστά σου: in your presence, 14: ahead, 19: πάω μπροστά: get on in life	2: перед; 9: το ρολόι πάει μπροστά: часы спешат; 12: μπροστά σου: при тебе, в присутствии тебя; 14: впереди; 19: (продвигаться) вперёд
μυαλό, το	12: mind	12: память; 19: ум
Μύκονος, η	35: Mykonos (island)	35: Миконос (остров)
μυρίζω, -ομαι	35: to smell	35: нюхать
μυστήριο, το	27: mystery	27: тайна
μυστικό, το	12: secret	12: секрет, тайна
μύτη, η	6: nose	6: нос
μ.Χ. (μετά Χριστόν)	28: A.D.	28: после рождества Христова, нашей эры, н.э.
μωρό, το	6: baby	6: ребёнок, младенец

N

να	1: here (he, she, it) is; to (infinitive)	1: вот
να τος	13: here he is	13: вот он
ναι	1: yes	1: да
ναύλα, τα	10: fare	10: плата за проезд и перевоз товаров
ναυτάκι, το	6: sailor (affectionately)	6: матросик, морячок
ναύτης, ο	29: sailor	29: матрос, моряк
ναυτικός, ο	35: seaman; sailor	35: моряк; труженик моря
ναυτιλιακός, -ή, -ό	37: shipping	37: мореходный, -ая, -ое, мореплавательный
Νέα Υόρκη, η	13: New York	13: Нью-Йорк
νεανικά	29: youthfully	29: по-молодёжному (одеваться)
νεκρός, -ή, -ό	28: dead	28: мёртвый, -ая, -ое
νέο, το	9: news	9: новость
νεολαία, η	28: the younger generation	28: молодёжь
νέος, -α, -ο	6: new, 7: modern, 8: young	6: новый, -ая, -ое; 7: τα νέα ελληνικά: новогреческий язык; 8: молодой
νερό, το	9: water	9: вода
νεύρο, το	8: nerve	8: невр
νευρολογικός, -ή, -ό	30: neurologic	30: неврологический, -ая, -ое
νευρολόγος, ο, η	13: neurologist	13: невролог, невропатолог

νεφρό, το	13: kidney	13: почка
νησί, το	8: island	8: остров
νησιώτης, ο	35: islander (m)	35: островитянин
νησιώτικος, -η, -ο	35: island (adj)	35: островной, -ая, -ое
νησιώτισσα, η	35: islander (f)	35: островитянка
νηστεία, η	24: fast(ing)	24: пост (рел.)
νηστικός, -ιά (-ή), -ό	8: not having eaten; hungry	8: голодный, -ая, -ое; ничего не евший
νιάτα, τα	28: youth	28: молодость; юность
νίκη, η	28: victory	28: победа
νικητής, ο	28: winner (m)	28: победитель
νικήτρια, η	28: winner (f)	28: победительница
νικώ, -ιέμαι	14: to win, to beat, 28: -ιέμαι: to be defeated	14: побеждать, одолевать; 28: νικημένος: побеждённый; 33: νικιέμαι: терпеть поражение
νιότη, η	28: youth	28: молодость
νιώθω	10: to feel	10: чувствовать, ощущать; понимать; сознавать
N.O.E., η	30: Law and Economics Faculty	30: (Σχολή) Νομικών και Οικονομικών Επιστημών: (факультет) юридических и экономических наук
Νοέμβριος, ο	8: November	8: ноябрь
νόημα, το	17: meaning; 31: sense	17: смысл; 31: смысл, значение; идея
νοικάρης, ο	18: tenant (m)	18: съёмщик, квартирант, квартиронаниматель
νοικάρισσα, η	18: tenant (f)	18: съёмщица, квартирантка, картиронанимательница
νοίκι, το	15: rent	15: квартплата
νοικιάζω, -ομαι	13: to rent, 18: to let	13: нанимать, снимать (квартиру); 18: сдавать, отдавать внаём, в аренду
νοικοκυρά, η	24: housewife	24: хозяйка
νομίζω	6: to think, 12: believe	6: думать, полагать, считать; 12: думаю что...; мне кажется, что...
νομικά, τα	21: science of law	21: право, юриспруденция, законоведение; σπουδάζω νομικά: учусь на юридическом факультете
νόμισμα, το	5: currency; coin	5: монета
νόμος, ο	8: law	8: закон
Νορβηγία, η	19: Norway	19: Норвегия
νοσοκόμα, η	13: nurse (f)	13: медицинская сестра; санитарка
νοσοκομείο, το	13: hospital	13: больница; госпиталь
νοσοκόμος, ο	13: nurse (m)	13: медбрат, медицинский брат; санитар

νοσταλγώ	11: feel nostalgic for	11: тосковать
νόστιμος, -η, -ο	18: tasty; delicious	18: вкусный, -ая, -ое
νότια	18: south; southerly	18: на юге
Νότια Αμερική, η	32: South America	32: Южная Америка
νότιος, -α, -ο	18: southern	18: южный, -ая -ое
νότος, ο	18: south	18: юг
νους, ο	11: mind, το νου σου!: be careful!, 31: έχε το νου σου: mind yourself	11: ум, разум, рассудок, интеллект; το νου σου!: будь осторожен; 31: έχε το νου σου: присматривай
νταντά, η	31: nanny; nurse	31: няня
ντουλάπι, το	26: cupboard	26: шкаф
ντους, το	17: shower	17: душ
ντρέπομαι	32: to be ashamed	32: стыдиться
ντροπή, η	34: modesty; shyness; shame	34: стыд, позор
ντύνω, -ομαι	10: to dress, 27: -ομαι: to get dressed	10, 27: одевать, -ся
ντύσιμο, το	12: attire, 36: clothes	12: наряд; 36: одежда
νύστα, η	28: sleepiness	28: дремота
νυστάζω	23: to feel sleepy	23: хотеть спать
νύφη, η	4: daughter in law, sister in law	4: невеста
νύχτα, η	8: night	8: ночь
νυχτερινός, -ή, -ό	9: night (adj)	9: ночной, -ая, -ое
νυχτώνει	8: it's getting dark	8: наступает ночь
νωρίς	8: early	8: рано
νωρίτερα	16: earlier	16: раньше

Ξ

ξαγρυπνισμένος, -η, -ο	22: sleepless	22: бодрствующий, -ая, -ее
ξαγρυπνώ	22: to stay up; to be sleepless	22: бодрствовать
ξαδέλφια, τα	4: cousins	4: двоюродные братья и сёстры
ξανά	7: again	7: снова
ξαναβλέπω, -ομαι	25: to see again	25: снова видеть
ξαναγράφω, -ομαι	11: to rewrite	11: снова писать
ξαναδιαβάζω, -ομαι	7: to read again	7: снова читать
ξαναέχω	7: to have again	7: заново иметь
ξαναζωντανεύω	31: to revive	31: оживать
ξανακάνω	28: to do again	28: делать заново
ξανακούω, -γομαι	22: to hear again	22: снова слушать
ξαναμιλώ, -ιέμαι	12: to speak again	12: снова разговаривать
ξαναρχίζω	23: to start again	23: снова начинать
ξανατρώω, -γομαι	21: to eat again	21: заново есть
ξανθός, -ιά (-ή), -ό	6: blonde; fair complexioned	6: белокурый, -ая, -ое, светловолосый

ξαπλώνω, -ομαι	29: to lie down	29: ложиться
ξαφνικά	15: all of a sudden; suddenly	15: вдруг
ξεκινώ	28: to set out, to start	28: отправляться
ξεκουράζω, -ομαι	29: -ομαι: to rest	29: отдыхать
ξεκούραση, η	23: rest	23: отдых
ξενάγηση, η	30: guided tour	30: показ достопримечательностей
ξενοδοχείο, το	17: hotel	17: гостиница
ξενοιασιά, η	˙31: unconcern	31: беззаботность
ξένοιαστος, -η, -ο	25: carefree	25: беззоботный, -ая, -ое
ξένος, -η, -ο	2: foreign, 29: σε ξένες δουλειές: other people's business	2: чужой, -ая, -ое; 29: σε ξένες δουλειές: в чужих делах
ξένος, ο	2: foreigner	2: иностранец, -ка
ξεντύνω, -ομαι	29: to undress; to strip	29: раздевать, -ся
ξενύχτης, ο	22: nighthawk (m)	22: полуночник
ξενύχτι, το	22: sitting up late	22: бодрствование
ξενύχτισσα, η	22: nighthawk (f)	22: полуночница
ξενυχτώ	22: make a night of it	22: бодрствовать
ξεπληρώνω, -ομαι	32: to pay back	32: выплачивать
ξεπροβοδίζω, -ομαι	31: to see off	31: провожать
ξέρω	1: to know	1: знать
ξεσκεπάζω, -ομαι	29: to uncover	29: раскрывать, снимать покрытие
ξεσκονίζω, -ομαι	10: to dust	10: обметать
ξεχνώ, -ιέμαι	14: to forget, 33: -ιέμαι: to lose oneself in	14: забывать; 33: отвлекаться
ξημερώματα, τα	9: dawn	9: на рассвете
ξημερώνει	8: it is dawning	8: светает
ξιφασκία, η	29: fencing	29: фехтование
ξοδεύω, -ομαι	10: to spend	10: расходовать, тратить
ξυλεία, η	33: timber; wood	33: лес, лесоматериал
ξύλο, το	15: δίνω ξύλο: to give sb a beating, τρώω ξύλο: to get a beating	15: δίνω ξύλο: избивать; τρώω ξύλο: быть избитым
ξύπνημα, το	29: awakening	29: пробуждение
ξυπνητήρι, το	9: alarm clock	9: будильник
ξυπνώ	16: to wake (up)	16: просыпаться
ξυρίζω, -ομαι	27: to shave	27: бриться
ξυριστικός, -ή, -ό	35: shaving	35: бритвенный, -ая, -ое

Ο

ο, η, το	1: the	1: определённый артикль ед. ч. м.р., ж.р., ср.р.
ογδοηκοστός, -ή, -ό	10: eightieth	10: восьмидесятый, -ая, -ое
ογδόντα	3: eighty	3: восемьдесят

όγδοος, -η, -ο	7: eighth	7: восьмой, -ая, -ое
οδηγία, η	14: direction; instruction	14: указание; инструкция
οδηγός, ο, η	2: driver	2: водитель
οδηγώ, -ούμαι	23: to drive, 30: to lead	23: водить; ехать; 30: указывать
οδικώς	10: by road	10: на машине
Οδοντιατρική Σχολή, η	30: Faculty of Dentistry	30: факультет стоматологии
οδοντογιατρός, ο, η	13: dentist	13: зубной врач
οδός, η	2: street	2: улица
οικογένεια, η	4: family	4: семья
οικογενειακά (οικογενειακώς)	15: all the family together	15: по-семейному
οικογενειακός, -ή, -ό	15: familial	15: семейный, -ая, -ое
οικολογικός, -ή, -ό	31: ecologic	31: экологический, -ая, -ое
οικονομία, η	16: economy, 21: κάνω οικονομία: to save money	16: экономика, 21: κάνω οικονομία: экономить
οικονομικά	37: financially	37: экономически
οκτακόσιοι, (οχτακόσιοι) -ες, -α	18: eight thousand	18: восемьсот
οκτώ (οχτώ)	1: eight	1: восемь
Οκτώβριος, ο	8: October	8: октябрь
οκτώμισι	9: half past eight	9: восемь с половиной
Ολλανδία, η	34: Holland	34: Голландия
όλο	19: όλο και + ρήμα: it is possible, all the time, όλο και + επίθετο: more and more, 24: full of	19: όλο και + ρήμα: всё время; όλο και + επίθετο: больше и больше; 24: весь
ολόκληρος, -η, -ο	15: whole	15: целый, -ая, -ое; весь, вся, всё
ολοκληρώνω, -ομαι	10: to complete	10: завершать
ολοκληρωτικός, -ή, -ό	36: ολοκληρωτικό καθεστώς: totalitarian regime	36: интегральный, -ая, -ое (мат.)
όλος, -η, -ο	4: all, 6: every(body), 7: every(thing), 14: whole	4, 6, 7, 14: весь, вся, всё
Όλυμπος, ο	29: Olympus (mountain)	29: Олимп (гора)
ομάδα, η	6: group, 14: team	6: группа; 14: команда
ομιλητής, ο	25: speaker	25: говорящий
όμοια	31: in the same way	31: одинаково
όμοιος, -α, -ο	35: similar	35: одинаковый, -ая, -ое
ομοιωματικά, τα	18: ditto marks	18: знак повторения вышесказанного
ομορφιά, η	35: beauty	35: красота
όμορφος, -η, -ο	6: beautiful, 13: nice	6, 13: красивый, -ая, -ое
ομπρέλα, η	13: umbrella	13: зонтик
όμως	4: but, 10: however; though	4: а; 10: однако
ονειρεύομαι	35: to dream	35: мечтать
όνειρο, το	14: dream	14: мечта; фантазия; сон
όνομα, το	2: name	2: имя

ονομάζω, -ομαι	27: -ομαι: to be called	27: -ομαι: называться
ονομαστική, η	6: nominative case	6: именительный падеж
οξύ, το	36: acid	36: кислота
οξύς, -εία, -ύ	38: acute	38: острый, -ая, -ое
οπλίζω, -ομαι	29: to arm; to equip, οπλίζω (τη φωτογραφική μηχανή): to cock	29: οπλίζομαι με θάρρος: набирать смелости, запасаться мужеством; οπλίζομαι με υπομονή: вооружаться терпением; οπλίζω (τη φωτογραφική μηχανή): заряжать фотоаппарат
όπλο, το	14: gun; weapon	14: ружьё
οποίος, -α, -ο	10: which, 32: who; that; whom	10, 32: который, -ая, -ое
όποιος, -α, -ο	19: who	19: тот кто
οποιοσδήποτε	19: whoever	19: любой, -ая, -ое
όποτε	19: when	19: каждый день
οποτεδήποτε	19: whenever	19: любое время
όπου	19: where	19: где, там где
οπουδήποτε	18: wherever	18: где бы ни
οπωρολαχανοπωλείο, το	18: greengrocer's shop	18: фруктовый магазин
οπωρολαχανοπώλης, ο	18: greengrocer	18: продавец овощей и фруктов
όπως	6: as	6: как
οπωσδήποτε	7: by all means, 8: certainly, 16: in any case; anyway	7: обязательно; 8: непременно; 16: во что бы то ни стало
οργανισμός, ο	18: organization	18: организация
οργανώνω, -ομαι	28: to organize, to arrange	28: организовать
οργάνωση, η	14: organization	14: организация
ορειβασία, η	29: mountaineering	29: альпинизм
όρεξη, η	19: appetite, 25: desire; mood	19: аппетит; 25: охота
όρθιος, -α, -ο	8: standing	8: прямой, -ая, -ое, стоячий
ορθογραφία, η	11: dictation	11: орфография
ορθογώνιος, -α, -ο	38: rectangular	38: прямоугольный, -ая, -ое
ορθοπεδικός, ο, η	13: orthopedic surgeon	13: врач-ортопед
ορθός, -ή, -ό	38: right	38: прямой, -ая, -ое
ορίζοντας, ο	18: horizon	18: горизонт
ορίζω, -ομαι	23: to define	23: определять
ορισμένος, -η, -ο	33: certain	33: определёный, -ая, -ое
ορίστε	5: may I help you, 26: here you are	5, 26: пожалуйста, прошу
οριστική, η	2: Indicative mood	2: изъявительное наклонение
οριστικός, -ή, -ό	36: definite	36: определённый, -ая, -ое
όροφος, ο	7: floor	7: эта
ορυκτός, -ή, -ό	37: mineral	37: минералный, -ая, -ое; ископаемый
όσο	14: as much as, 19: as, 23: όσο για: as for; regarding	14, 19: сколько; 23: что касается
όσος, -η, -ο	15: όση ώρα: as long as,	15: όση ώρα: когда, во время

όσος]	19: as much/many, all	
όταν	6: when	6: когда
ΟΤΕ (Οργανισμός Τηλεπικοινωνιών Ελλάδας)	24: Telecommunication Organization of Greece	24: Управление Связи Греции; телеграф
ότι	8: that	8: что
ό,τι	14: what; whatever, ό,τι και να: no matter what, 19: ό,τι πιο καλό: the very best, 21: απ' ό,τι: than	14: что; ό,τι και να: что бы; 19: ό,τι πιο καλό: найлучшее 21: απ' ό,τι: чем
οτιδήποτε	19: whatever	19: что угодно
ουδέτερος, -η, -ο	6: neutral	6: средний, -яя, -ее
ούζο, το	19: ouzo	19: греческий сорт анисовой водки
ουρά, η	14: tail	14: хвост
ουρανής, -ιά, -ί	6: the colour of sky	6: небесно-голубой, -ая, -ое
ουράνιος, -α, -ο	8: ουράνιο τόξο: rainbow	8: небесный, -ая, -ое
ουρανοξύστης, ο	10: skyscraper	10: небоскрёб
ουρανός, ο	6: sky	6: небо
ουσιαστικό, το	3: noun	3: имя существительное
ούτε	8: neither; nor	8: ни
οφειλή, η	37: debt; obligation	37: долг
οφείλω	37: to owe	37: быть должным
όφελος, το	37: profit; advantage	37: польза
οφθαλμίατρος, ο, η	13: eye specialist	13: глазной врач
όχι	1: no, 2: not	1: нет; не
όψη, η	22: look	22: вид, облик

Π

παγκάκι, το	24: bench; seat	24: скамья
παγκόσμιος, -α, -ο	24: world	24: всемирный, -ая, -ое, мировой, -ая, -ое
πάγος, ο	34: ice	34: лёд
παγωμένος, -η, -ο	24: frozen	24: ледяной
παγωνιά, η	8: frost	8: мороз
παγώνω	28: to freeze; to turn cold	28: замораживать
παθαίνω	16: to be deeply touched, 23: to happen, 25: to suffer, τι έπαθες;: what's the matter with you?	16, 23: пострадать; 25: испортить; τι έπαθες; что случилось с тобой?
παθητικός, -ή, -ό	28: passive	28: пассивный, -ая, -ое
παθολόγος, ο, η	13: pathologist; general practician	13: врач-терапевт
παιδαγωγικός, -ή, -ό	30: Παιδαγωγικό Τμήμα: Pedagogic Department	30: Παιδαγωγικό Τμήμα: Педагогическое Отделение
παιδάκι, το	6: little child	6: мальчик
παιδεία, η	28: education	28: просвещение
παιδί, το	1: child	1: ребёнок

παιδίατρος, ο, η	13: pediatrician	13: педиатр
παιδικός, -ή, -ό	32: children (adj), 33: παιδικά χρόνια: childhood	32: детский, -ая, -ое
παίζω, -ομαι	4: to play, 19: to be on (film), 32: to perform	4: играть; 19, 32: играть роль (в фильме, спектакле)
παίρνω, -ομαι	3: to take, 4: to call, 11: to receive; to get, 12: to buy, to ask, 13: παίρνω ειδικότητα: to get trained, 19: παίρνω κάποιον στο μεζέ: to laugh at sb, 29: παίρνω είδηση: to notice, παίρνω μια απόφαση: to decide, το παίρνω απόφαση: to accept, 30: πάρε δρόμο: go away, παίρνω τον κακό δρόμο: to go wrong, 34: με παίρνει ο ύπνος: to fall asleep, 36: παίρνω αφορμή: to take the opportunity	3: брать; 4: звонить; 11: получать; 12: покупать; 13: получать специальность; 19: παίρνω κάποιον στο μεζέ: брать; записывать; издеваться над кем-л.; 29: παίρνω είδηση: узнавать; παίρνω μια απόφαση: решить; 30: πάρε δρόμο: уходи; παίρνω τον κακό δρόμο: идти по дурному пути, испортиться; 34: με παίρνει ο ύπνος: засыпать; 36: παίρνω αφορμή: находить повод
παιχνίδι, το	10: game, 13: toy	10: игра
παλαιοπωλείο, το	16: antique shop	16: антикварный магазин
πάλι	7: again	7: ещё раз
παλιά	27: in old times	27: старина
παλιατζής, ο	18: junk dealer	18: старьёвщик
παλικάρι, το	15: young daring man	15: храбрец
παλιός, -ά, -ό	8: old	8: старый, -ая, -ое
παλτό, το	12: coat	12: пальто
παν, το	36: everything	36: всё
πανεπιστημιούπολη, η	30: University Campus	30: университетский городок
πάντα	6: always	6: всегда
παντελονάκι, το	12: short pants	12: шорты
παντελόνι, το	12: trousers	12: брюки
παντοπωλείο, το	18: grocer's	18: продовольственный магазин
παντοπώλης, ο	18: grocer	18: владелец продовольственного магазина
πάντοτε	7: always; at all times	7: всегда
παντού	18: everywhere	18: везде
παντρεύω, -ομαι	4: -ομαι: to get married	4: женить, -ся; выдавать замуж; выходить замуж
πάντως	12: in any case	12: всё же
πάνω	9: upstairs, 18: upper, 33: πάνω κάτω: more or less	9: наверху, вверх; 18: верхний; 33: πάνω κάτω: приблизительно
παπάς, ο	24: priest	24: поп, священник
παπούτσι, το	12: shoe	12: обувь
παππούλης, ο	6: grandfather	6: дедушка

παππούλης]	(affectionately)	
παππούς, ο	4: grandfather	4: дед
παρά	9: to; before, μέρα παρά μέρα: every other day, 16: παρά τρίχα: almost, 22: than; instead, 34: παρά μόνο: nothing but	9: без; μέρα παρά μέρα: через день; 16: παρά τρίχα: чуть не; 22: чем; 34: παρά μόνο: кроме
πάρα	21: very; too	21: очень
παραγγελία, η	18: order	18: заказ
παράγοντας, ο	33: factor; element	33: фактор
παράγραφος, η	31: paragraph	31: параграф
παράγω, -ομαι	37: to produce	37: производить
παραγωγή, η	37: production; manufacture	37: производство
παράδειγμα, το	1: example	1: пример
παραθετικό, το	21: degree of comparison	21: степени сравнения
παράθυρο, το	3: window	3: окно
παρακαλώ, -ούμαι	2: you are welcome, 3: please, 20: to request	2, 3: пожалуйста; 20: просить
παρακάτω	1: following, 34: further down	1: нижеследующий; 34: ниже
παρακείμενος, ο	23: Present Perfect Tense	23: перфект
παρακολουθώ, -ούμαι	14: to attend; to follow, 32: to watch	14: следовать; наблюдать; 32: смотреть
παραλαβή, η	12: delivery	12: получение
παραλείπω, -ομαι	33: to omit	33: опускать
παραλήγουσα, η	6: penult	6: предпоследний слог
παραλήπτης, ο	11: receiver	11: получатель
παραλία, η	2: seashore	2: побережье
παραλιακός, -ή, -ό	19: seaside (adj)	19: приморский, -ая, -ое
παραλίγο	16: almost; nearly	16: едва не
παραλληλεπίπεδο, το	38: parallelepiped	38: параллелепипед (мат.)
παραλληλόγραμμο, το	38: parallelogram	38: параллелограмм (мат.)
παράλληλος, -η, -ο	38: parallel	38: параллельный, -ая, -ое
παραμένω	37: to remain; to stay	37: оставаться
παραμικρός, -ή, -ό	29: με το παραμικρό: at anything	29: малейший, -ая, -ее
παραμονή, η	20: stay; residence, 24: eve	20, 24: накануне
παραμύθι, το	6: fable; myth	6: сказка
παραπάνω	18: farther up	18: выше
παραπονιάρης, -α, -ικο	14: whiner; complainer	14: ноющий, -ая, -ее
παραπονιέμαι	33: to complain	33: жаловаться
παράπονο, το	14: complaint	14: жалоба
παρασκευάζω, -ομαι	33: to compound; to prepare	33: приготовлять, -ся
Παρασκευή, η	7: Friday	7: пятница
παράσταση, η	31: performance	31: представление, спектакль
παρατατικός, ο	7: Imperfect Tense	7: прошедшее время

παρατήρηση, η	20: note; remark	20: замечание
παραχώρηση, η	16: concession	16: уступка
παρέα, η	7: friends, 9: κάνω παρέα: keep company, 14: company, 25: κάνει καλή παρέα: he is good company, πάμε παρέα: let's go together	7, 14: компания; 9: κάνω παρέα: дружить; 25: κάνει καλή παρέα: составлять хорошую компанию; πάμε παρέα: пойдём за компанию
παρελθόν, το	10: past	10: прошлое
παρένθεση, η	2: parenthesis; bracket	2: скобка
παρεξήγηση, η	14: misunderstanding	14: недоразумение
παρηγορώ, -ιέμαι	11: to comfort, 33: to get over	11: утешать; 33: утешаться
Παρίσι, το	22: Paris	22: Париж
παριστάνω	31: to act	31: играть роль; претворяться
παρκάρω	30: to park	30: парковаться
παροιμία, η	19: proverb; saying	19: пословица
παρόλο	20: although	20: несмотря на
παρόν, το	16: present	16: настоящее время
παρονομαστής, ο	38: denominator	38: знаменатель (мат.)
παροξύτονος, -η, -ο	6: paroxytone	6: с ударением на предпоследнем слоге
παρουσιάζω, -ομαι	10: -ομαι: to present oneself, 16: to present, 29: -ομαι: to appear, 37: -ομαι: to look (better)	10: -ομαι: представляться; 16: представлять; 29: -ομαι: являться; 37: представляться, являться
πάρτι, το	6: party	6: вечеринка
παρών, -ούσα, -όν	33: present	33: присутствующий, -ая, -ее
πασίγνωστος, -η, -ο	35: well-known	35: общеизвестный, -ая, -ое
Πάσχα, το	16: Easter	16: Пасха
πατάρι, το	29: attic; loft	29: антресоли
πατάτα, η	15: potato	15: картофель
πατέρας, ο	3: father	3: отец
πατερούλης, ο	6: father (affectionately)	6: папочка
Πάτρα, η	20: Patra (city)	20: Патра (город)
πατρίδα, η	4: homeland; country	4: родина
πατρικός, -ή, -ό	34: father(ly); paternal	34: отчий, -ая, -ее
πατροπαράδοτος, -η, -ο	24: traditional	24: традиционный, -ая, -ое
πατρώνυμο, το	20: patronymic	20: отчество
πάτωμα, το	9: floor	9: этаж
παύλα, η	3: dash	3: тире
παύω, -ομαι	10: to stop; to cease	10: прекращать; переставать
παχαίνω	25: to put on weight	25: толстеть
παχύς, -ιά, -ύ	14: rich, 22: stout; fat	14: жирный, -ая, -ое; толстый
πεζοδρόμιο, το	22: pavement	22: тротуар
πεζός, ο	30: pedestrian	30: пешеход
πεθαίνω	15: to die	15: умирать
πεθερά, η	4: mother-in-law	4: свекровь; тёща
πεθερός, ο	4: father-in-law	4: свёкор; тесть

πείθω, -ομαι	10: to persuade, 11: to convince	10: убеждать, уговаривать
πεινώ	14: to be hungry	14: голодать
πείρα, η	34: experience	34: опыт
πειράζω, -ομαι	11: δεν πειράζει: it doesn't matter, 14: to disturb, 16: σε πειράζει; do you mind?, to upset; to affect; to make dizzy, πειράζω κάποιον: to tease	11: δεν πειράζει: ничего; неважно; ладно; 14: раздражать, беспокоить; 16: σε πειράζει; тебя это раздражает?; πειράζω κάποιον: дразнить, подшучивать;
πείραμα, το	31: experiment	31: эксперимент
πεισματάρης, -α, -ικο	14: obstinate	14: упрямый, -ая, -ое
πεισματάρικα	15: stubbornly	15: упрямо
πειστικός, -ή, -ό	33: convincing	33: убедительный, -ая, -ое
πέλαγος, το	27: open sea	27: море
πελατεία, η	12: clientele	12: клиентура, клиенты
πελάτης, ο	12: customer; client (m)	12: клиент
πελάτισσα, η	12: customer; client (f)	12: клиентка
πελώριος, -α, -ο	27: huge	27: громадный, -ая, -ое
Πέμπτη, η	7: Thursday	7: четверг
πέμπτος, -η, -ο	5: fifth	5: пятый, -ая, -ое
πενήντα	3: fifty	3: пятьдесят
πενηντάρικο, το	5: fifty euros note	5: денежная купюра в пятьдесят евро
πεντάγωνο, το	38: pentagon	38: пятиугольный
πεντάδα, η	33: a set of five	33: пять штук
πεντακοσάρικο, το	5: five hundred euros note	5: денежная купюра в пятьсот евро
πεντακόσιοι, -ες, -α	5: five hundred	5: пятьсот
πέντε	1: five	1: пять
πεντηκοστός, -ή, -ό	10: fiftieth	10: пятидесятый, -ая, -ое
πέρα	13: εκεί πέρα: over there, 21: τα βγάζω πέρα: to cope; to manage, 33: over	13: εκεί πέρα: там; 21: τα βγάζω πέρα: справляться, сводить концы с концами; 33: (по)дальше
πέρασμα, το	28: passage	28: пребывание, нахождение
περασμένος, -η, -ο	7: last, 18: past, 28: περασμένα ξεχασμένα: let bygones be bygones, 35: τα περασμένα: past events	7: прошлый, -ая, -ое; 18: поздний; 28: что было, то прошло; 35: τα περασμένα: прошлое
περαστικά	13: get well soon	13: скорее поправляйся (тесь), выздоравливай(те)
περήφανος, -η, -ο	28: proud; dignified	28: гордый, -ая, -ое
περιαυτολογώ	32: to boast; to brag	32: хвастаться
περιβάλλον, το	33: environment	33: окружающая среда
περιγράφω, -ομαι	35: to describe	35: описывать
περίεργα	22: curiously, 35: strangely	22: странно
περίεργος, -η, -ο	12: strange, 22: curious	12: странный, -ая, -ое; удивительный

περιέχω, -ομαι	37: to contain	37: содержать, -ся
περιμένω	3: to wait; to expect	3: ждать
περιοδικό, το	16: magazine	16: журнал
περίοδος, η	31: period	31: период
περιορίζω, -ομαι	28: to limit; to restrict	28: сокращать
περιοχή, η	14: area; region	14: район
περίπατος, ο	9: walk; stroll	9: прогулка
περιπέτεια, η	12: adventure	12: приключение
περιποιούμαι	33: to look after; to attend, to take care	33: ухаживать; гостеприимно принимать
περίπου	9: about, 28: approximately	9: около; 28: приблизительно
περίπτερο, το	2: kiosk; pavillion	2: киоск
περισσότερο	22: more	22: больше
περισσότερος, -η, -ο	19: more	19: большинство
περιφραστικά	28: periphrastic	28: описательно
περνώ, -ιέμαι	9: περνώ την ώρα μου: to spend my time, η ώρα περνά: time passes, 14: to pass, to pass through, 18: to run along, 20: to come along, 25: to go over, 30: to cross	9: περνώ την ώρα μου: терять время; η ώρα περνά: время летит; 14: проходить; 18: находиться; 20: заходить; 25: переправлять; 30: переходить
περπάτημα, το	6: walking; walk	6: походка
περπατώ	14: to walk	14: ходить
πέρσι	7: last year	7: в прошлом году
περσινός, -ή, -ό	9: last year's	9: прошлогодний, -яя, -ее
πετρέλαιο, το	33: oil; petroleum	33: нефть
πετρώδης, -ης, -ες	14: stony	14: каменистый, -ая, -ое
πετυχαίνω	14: to succeed in; to manage to	14: иметь успех
πετώ, -ιέμαι	14: to fly, to dump, 20: to throw, 32: to cast away, 33: -ιέμαι: to whisk	14: летать, лететь; 20: бросать, разбрасывать; 32: выбрасывать; 33: -ιέμαι: выбегать, вылетать
πέφτω	8: to fall, 19: to come across, 23: πέφτει το λαχείο: to win the prize of the lottery, πέφτει η αξία: the value is decreased, πέφτω έξω: to miscalculate, πέφτω πάνω του: to run into him, 24: to fall on	8: падать; 19: случайную, первую попавшую (книгу); 23: πέφτει το λαχείο: (выиграть) выпадать выигрыш; πέφτει η αξία: (снижается) падает цена; πέφτω έξω: обмануться в расчётах; πέφτω πάνω του: встречать случайно, неожиданно; 24: падать, приходится (день, число)
πηγαίνω (πάω)	1: to go, 12: μου πάει: it suits me, 30: to lead	1: ехать; 12: мне идёт, к лицу; 30: вести
πηδώ, -ιέμαι	14: to jump	14: прыгать
πηλίκο, το	38: quotient	38: частное
πια	14: (no)more,18:	14: больше; 18, 24: уже

πια]	(no)longer, 24: already	
πιάνω, -ομαι	23: to start, με πιάνει το αυτοκίνητο: to become dizzy, to catch (fire), to take (root), to stick (food), 25: πιασμένος: occupied; reserved, 27: -ομαι: to get caught, 28: to grasp, 32: -ομαι: to be stiff	23: начинать; με πιάνει το αυτοκίνητο: меня тошнит, укачивает; охватывать кого-л, что-л; пускать корни; прилипать, пригорать (о блюде); 25: πιασμένος: занят; 27: -ομαι: (за)цепляться; 28: хвататься; 32: -ομαι: неметь, парализоваться
πιάτο, το	16: dish; plate	16: тарелка
πιγούνι, το	6: chin	6: подбородок
πιέζω, -ομαι	26: to push; to press	26: принуждать
πιθανολογική, η	25: Conjectural	25: наклонение, выражающее вероятность, возможность
πιθανός, -ή, -ό	16: probable; possible	16: возможный, -ая, -ое; вероятный
πιθανότητα, η	25: probability	25: возможность
πικάντικος, -η, -ο	19: piquant	19: острый, -ая, -ое
πιλότος, ο	27: pilot	27: лётчик
πίνακας, ο	1: blackboard	1: доска
πίνω, -ομαι	12: to drink	12: пить
πιο	6: most, 10: more	6: больше; более
πιπέρι, το	35: pepper	35: перец
πίστα, η	31: dancing floor	31: танцевалный площадка
πιστεύω, -ομαι	10: to believe	10: верить
πίστη, η	14: faith	14: вера
πιστοποιητικό, το	20: certificate	20: справка
πιστός, -ή, -ό	14: faithful; believer	14: верующий, -ая, -ее
πίσω	7: behind, 9: το ρολόι μου πάει πίσω: my watch is slow, 12: back	7: сзади; 9: το ρολόι μου πάει πίσω: мои часы отстают; 12: обратно;
πίτα, η	24: pie	24: пирог
πιτζάμα, η	15: pyjamas	15: пижама
πλάγιος, -α, -ο	35: πλάγιο ρήμα: the causative use of the verb to have, 38: oblique	35: собственно-возвратный глагол; 38: наклонный, -ая, -ое
πλάι	12: next to, 19: by	12: рядом
πλακάκι, το	32: tile	32: плитка
πλανήτης, ο	36: planet	36: планета
πλατεία, η	22: square	22: площадь
πλάτη, η	13: back	13: спина
πλατιά	15: φαρδιά πλατιά: at full length	15: на всю длину
πλάτος, το	18: width	18: ширина
Πλατύ, το	37: Plati (village)	37: Плати (село)
πλείστος, -η, -ο	21: lots of; most	21: большинство
πλεκτό, το	33: knitwear	33: трикотаж

πλέκω, -ομαι	10: to knit	10: вязать
πλένω, -ομαι	23: to wash	23: мыть; мыться
πλευρά, η	33: side	33: сторона
πλευρίζω	35: to come alongside	35: подплывать
πληγή, η	28: wound	28: рана
πληγώνω, -ομαι	28: to hurt; to wound; to injure	28: ранить
πλήθος, το	28: a large number of	28: масса; множество
πληθυντικός, ο	2: plural	2: множественное число
πληθυσμός, ο	28: population	28: население
πλημμύρα, η	33: flood	33: наводнение
πλημμυρίζω, -ομαι	22: to swarm with	22: заполнять
πλην	38: minus	38: минус
πληροφορία, η	30: information	30: информация
πληροφορώ, -ούμαι	14: to acquaint, 33: to learn, to inform	14: извещать; уведомлять; узнавать
πληρώνω, -ομαι	10: to pay	10: платить
πλησιάζω	16: to come near	16: приближать, -ся
πλοίο, το	16: ship	16: корабль
πλούσιος, -α, -ο	8: rich; well-off	8: богатый, -ая, -ое
πλούτος, ο	31: richness, 37: wealth	31, 37: богатство
πλυντήριο, το	16: washing machine	16: стиральная машина
πλύσιμο, το	36: washing	36: стирка
π.μ. (προ μεσημβρίας)	9: a.m.	9: до обеда
πνευματικός, -ή, -ό	28: spiritual	28: культурный, -ая, -ое
πνεύμονας, ο	13: lung	13: лёгкое
πνίγω, -ομαι	28: to drown	28: топить, -ся
ποδήλατο, το	14: bicycle	14: велосипед
πόδι, το	13: foot, 29: leg	13: нога
ποδόσφαιρο, το	15: football	15: футбол
ποιητής, ο	14: poet	14 : поэт
ποιητικό αίτιο, το	28: agent	28: косвенное дополнение с предлогом «από»
ποινή, η	26: sentence	26: наказание
ποιος, -α, -ο	5: which; what, who; whom, 10: whose	5: кто; 10: чей, чья, чьё
πολεμικός, -ή, -ό	36: war (adj)	36: военный, -ая, -ое
πόλεμος, ο	14: war	14: война
πολεμώ	32: to fight	32: воевать
πόλη, η	8: city; town	8: город
πολιορκώ, -ούμαι	28: to besiege	28: осаждать; быть на осадном положении
πολιούχος, ο	28: patron saint	28: покровитель
πολίτης, ο	6: citizen	6: гражданин
πολιτικός, -ή, -ό	21: civil, 36: political	21: политический, -ая, -ое
πολιτικός, ο, η	36: politician	36: политический деятель
πολιτικός μηχανικός, ο, η	21: civil engineer	21: инженер-строитель
πολιτισμένα	15: civilly	15: культурно
πολιτισμός, ο	36: civilization	36: культура

πολιτιστικός, -ή, -ό	37: cultural	37: культурный, -ая, -ое
πολλαπλασιασμός, ο	38: multiplication	38: умножение
πολύ	1: very, 5: a lot, 14: too, 18: very much	3, 5, 14: очень; 18: большое
πολυάσχολος, -η, -ο	27: busy	27: очень занятой, -ая, -ое
πολύγωνο, το	38: polygon	38: многоугольный (мат.)
πολυκατοικία, η	7: apartment building	7: многоэтажный дом
πολύς, πολλή, πολύ	2: much	2: много (многий)
πολυσύλλαβος, -η, -ο	6: polysyllabic	6: многосложный, -ая, -ое
πολυτέλεια, η	17: luxury	17: роскошь
Πολυτεχνείο, το	25: Technical University	25: Политехнический Институт
Πολυτεχνική Σχολή, η	30: Technical University	30: политехнический факультет
πολύχρωμος, -η, -ο	6: multicolored	6: мноцветный, -ая, -ое
πονηρός, -ή, -ό	31: cunning; sly	31: хитрый, -ая, -ое
πονόδοντος, ο	13: toothache	13: зубная боль
πονοκέφαλος, ο	13: headache	13: головная боль
πόνος, ο	15: pain	15: боль
ποντικός, ο	34: mouse	34: мышь
πονώ	13: to have a pain; to ache	13: болеть
ποπό	10: oh my God!	10: ой!, ах!, ого! (межд.)
πορεία, η	29: march	29: поход
πόρισμα, το	38: corollary; conclusion	38: следствие
Πόρος, ο	35: Poros (island)	35: Порос (остров)
πόρτα, η	3: door	3: дверь
πορτοκαλάδα, η	12: orange juice	12: апельсиновый напиток
πορτοκαλής, -ιά, -ί	6: orange (adj)	6: оранжевый, -ая, -ое
πορτοφόλι, το	10: purse	10: кошелёк
πόσο	2: how much (it costs), 9: how	2: сколько; 9: как
πόσος, -η, -ο	2:how much	2: сколько
ποσοστό, το	36: percentage	36: процент
ποταμός, ο	14: river	14: река
ποτέ	6: never	6: никогда
πότε	6: when, 9: κάθε πότε; how often?, 19: πότε πότε: every now and then, ever	6: когда; 9: κάθε πότε; как часто?; 19: πότε πότε: время от времени; иногда
ποτήρι, το	19: glass	19: стакан
ποτίζω, -ομαι	16: to water	16: поливать
πού	1: where	1: где?
που	1: which, 5: αυτό που: what, 6: that, 7: when, 10: who, 18: where, 32: whom; whose	1, 10, 18, 32: который, -ая, -ое; 5: αυτό που: то что; 6: что; 7: когда
πουθενά	18: nowhere, 19: anywhere	18: нигде; 19: куда-нибудь.
πουκάμισο, το	12: shirt	12: рубашка; сорочка
πουλί, το	14: bird	14: птица
πούλμαν, το	34: coach	34: автобус

πουλόβερ, το	13: pullover	13: свитер
πουλώ, -ιέμαι	12: to sell	12: продавать
πουρές, ο	31: mashed potatoes	31: пюре
πράγμα, το	6: thing; object	6: вещь
πραγματικά	8: really, 32: in fact	8: в самом деле
πραγματικός, -ή, -ό	16: real, 25: true	16: настоящий, -ая, -ее; реальный
πράξη, η	10: action, 36: certificate, 38: operation (math.)	10: действие; 36: акт гражданского состония; 38: действие (мат.)
πρασινάδα, η	35: greenery	35: зелень
πράσινο, το	8: green	8: зелень
πράσινος, -η, -ο	6: green	6: зелёный, -ая, -ое
πρεμιέρα, η	32: premiére	32: премьера
πρέπει	16: to have to; must, 19: καθώς πρέπει: decent; proper, όπως πρέπει: properly	16: должен, -а, -о; 19: καθώς πρέπει, όπως πρέπει: как следует, как полагается
πριν	7: before; ago	7: назад
πρίσμα, το	38: prism	38: призма (мат.)
προάλλες, τις	19: the other day	19: на днях
προάστιο, το	14: suburb	14: пригород
πρόβλημα, το	10: problem	10: проблема
προβολέας, ο	31: limelight	31: прожектор
πρόγραμμα, το	2: programme	2: программа
προγραμματιστής, ο	21: programmer (m)	21: программист
προγραμματίστρια, η	21: programmer (f)	21: программист
προηγούμενος, -η, -ο	7: previous; last	7: предыдущий, -ая, -ее
πρόθεση, η	6: preposition	6: предлог
προθεσμία, η	20: deadline	20: срок
πρόθυμος, -η, -ο	35: willing; eager	35: с удовольствием
προϊόν, το	36: product	36: продукт
προκαλώ, -ούμαι	31: to cause; to raise	31: причинять
προκατασκευάζω, -ομαι	33: to prefabricate	33: заранее изготовлять
πρόκειται	29: to be going to	29: предстоит
προλαβαίνω	34: to catch up with	34: успевать
προοδεύω	21: to progress	21: развиваться
προοπτική, η	37: prospect; view	37: перспектива
προορισμός, ο	32: destination	32: место назначения
προπαραλήγουσα, η	6: antepenult	6: третий слог от конца
προπαρασκευάζω, -ομαι	33: to prepare	33: подготавливать
προπαροξύτονος, -η, -ο	6: proparoxytone	6: с острым ударением на третьем слоге от конца
πρόπερσι	7: the year before last	7: в позапрошлом году
πρόποδας, ο	28: foothill	28: подножие
προς	13: to; towards	13: к (предлог)
προσβάλλω, -ομαι	32: to insult; to offend, 36: to attack	32: обижать; 36: причинять ржавение
προσβολή, η	32: insult; offence	32: обида, оскорбление

προσδιορισμός, ο	6: definition	6: определение (грам.)
προσεκτικά	3: carefully	3: внимательно
προσεκτικός, -ή, -ό	31: careful	31: аккуратный, -ая, -ое
προσέχω	6: to take care, 10: to be careful, 11: to pay attention, 30: to notice	6: следить за; смотреть; 10: смотреть; 11: никто его не слушал; 30: замечать
πρόσθεση, η	38: addition	38: сложение
προσκαλώ, -ούμαι	33: to invite	33: приглашать, -ся
πρόσκληση, η	25: invitation	25: приглашение
προσοχή, η	19: attention; care	19: внимание
προσπαθώ	14: to try; to make an effort	14: стараться
προσπέρασμα, το	30: overtaking	30: перегон
προσταγή, η	16: order; command	16: приказ
προστακτική, η	17: Imperative mood	17: повелительное наклонение
προστατεύω, -ομαι	28: to protect	28: охранять; защищаться
προσφέρω, -ομαι	12: to offer	12: угощать
προσφωνώ, -ούμαι	6: to address	6: обращаться с приветствием
προσωπικός, -ή, -ό	13: personal	13: личный, -ая, -ое
προσωπικότητα, η	16: personality	16: личность
πρόσωπο, το	6: face, person	6: лицо
πρόταση, η	2: sentence, 35: proposal	2: предложение (грам.); 35: предложение (вносить)
προτείνω, -ομαι	25: to suggest; to propose	25: предлагать
προτίμηση, η	21: preference; choice	21: предпочтение; предподчтительность
προτιμώ, -ιέμαι	14: to prefer, 17: to like better, 22: to choose	14, 17, 22: предпочитать
προτού	16: before	16: до (предлог)
προφασίζομαι	35: to pretend; to make excuses	35: приводить в качестве предлога
προφέρω, -ομαι	36: to pronounce	36: произносить
προφταίνω	20: to be in time for, 27: to catch up with	20, 27: успевать, успеть
πρόχειρος, -η, -ο	16: πρόχειρο δωμάτιο: everyday room	16: общая комната
προχθές	7: the day before yesterday	7: позавчера
προχωρώ	12: to go ahead, 14: to walk	12, 14: идти вперёд, проходить
πρυτανεία, η	20: rectorate	20: ректор
πρωθυπουργός, ο, η	19: prime minister	19: премьер-министр
πρωί, το	2: morning	2: утром
πρωινό, το	9: breakfast	9: завтрак
πρωινός, -ή, -ό	9: matinal (adj)	9: утренний, -яя, -ее
πρώτα	29: first (adv)	29: сначала
πρωταγωνιστής, ο	32: star; leading actor; protagonist (m)	32: актёр, исполняющий главную роль
πρωταγωνίστρια, η	32: star; leading actor; protagonist (f)	32: актриса, исполняющая главную роль
Πρωταπριλιά, η	14: April Fools' Day	14: первое апреля
πρωτεύουσα, η	14: capital (city)	14: столица

Πρωτομαγιά, η	24: May Day	24: Первое Мая
πρωτομηνιά, η	8: the first day of the month	8: первое число месяца
πρώτος, -η, -ο	1: first	1: первый, -ая, -ое
πρωτοφανής, -ής, -ές	14: unprecedented	14: небывалый, -ая, -ое
Πρωτοχρονιά, η	8: New Year's Day	8: Новый год
πτώση, η	6: case	6: падеж
πυραμίδα, η	38: pyramid	38: пирамида (мат.)
πύραυλος, ο	36: rocket	36: ракета
πύργος, ο	12: tower	12: башня
πυρετός, ο	8: fever	8: температура
πυρκαγιά, η	32: fire	32: пожар
πυροσβεστήρας, ο	32: fire extinguisher	32: огнетушитель
πυροσβέστης, ο	32: fireman	32: пожарник
πυροσβεστικός, -ή, -ό	32: πυροσβεστική υπηρεσία: fire brigade	32: противопожарный, -ая, -ое
π.χ. (παραδείγματος χάριν)	3: e.g.	3: например
π.Χ. (προ Χριστού)	28: B.C.	28: до рождества Христова
πωλητής, ο	12: salesman	12: продавец
πωλήτρια, η	12: saleswoman	12: продавщица
πώς	1: how	1: как
πως	5: that	5: что

Ρ

ράβω, -ομαι	10: to sew	10: шить
ράδιο, το	10: radium	10: радио
ραδιόφωνο, το	10: radio	10: радиоприёмник
ραντεβού, το	14: appointment; date	14: свидание
ράφι, το	12: shelf	12: полка
ρέστα, τα	5: change	5: сдача
ρετσίνα, η	19: retsina (resinated Greek wine)	19: рецина (сорт греческого вина)
ρεύμα, το	32: current	32: электрический ток
ρήμα, το	1: verb	1: глагол
ρίχνω, -ομαι	5: to mail a letter, 16: ρίχνω νερό: to water, 17: ρίχνω ματιά: to glance, 29: το ρίχνω έξω: to have fun, 31: to spill, 32: ρίχνω κορόνα γράμματα: to toss a coin, 35: to anchor	5: опускать; 16: ρίχνω νερό: поливать; 17: ρίχνω ματιά: перелистать; 29: το ρίχνω έξω: веселиться с утра до вечера; 31: разлить; 35: бросать, кидать якорь
Ρόδος, η	5: Rhodes (island)	5: Родос (остров)
ροζ	6: pink	6: розовый, -ая, -ое
ρολόι, το	3: clock, 6: watch	3: часы, счётчик
ρόλος, ο	32: role; part	32: роль
ρόμβος, ο	38: rhombus	38: ромб (мат.)

ρουθούνι, το	6: nostril	6: ноздря
ρουφώ, -ιέμαι	20: to sip; to gulp	20: впитывать
ρούχο, το	8: garment; clothes (pl)	8: одежда
ρόφημα, το	15: hot drink without alcohol	15: горячее питьё
ρυθμός, ο	29: tempo; pace, 31: time	29: темп; 31: танцевать в ритме
Ρωμαίος, ο	28: Roman	28: римлянин
ρωτώ, -ιέμαι	9: to ask	9: спрашивать

Σ

σαββατιάτικα	7: on a Saturday	7: в субботний день
Σάββατο, το	5: Saturday	5: суббота
Σαββατοκύριακο, το	7: weekend	7: суббота и воскресенье
σακάκι, το	16: coat; jacket	16: пиджак
σακίδιο, το	29: knapsack	29: рюкзак
σάκος, ο	28: bag; sack	28: мешок
σάκχαρις, η	37: sugar	37: сахар
σακούλα, η	10: bag	10: пакет
σαλάτα, η	8: salad	8: салат
σάλιο, το	19: μου τρέχουν τα σάλια: my mouth waters	19: μου τρέχουν τα σάλια: у меня слюнки текут
σαλόνι, το	16: living room	16: гостиная
σαλοτραπεζαρία, η	16: sitting room	16: гостиная-столовая
σαλπάρω	35: to sail; to leave	35: отплывать
σαμαράκι, το	15: pack saddle (affectionately)	15: седельце
Σάμος, η	35: Samos (island)	35: Самос (остров)
σαν (σα)	6: like; as	6: как; словно
σάντουιτς, το	31: sandwich	31: бутерброд
σάπιος, -α, -ο	18: rotten; decayed	18: гнилой, -ая, -ое
σαπούνι, το	29: soap	29: мыло
σαράντα	3: forty	3: сорок
σαραντάρης, -α, -ικο	14: a forty year old man	14: сорокалетний, -яя, -ее
σας	1: you; your, 3: to you	1: вас (лич. мест. «вы» в форме В.п.); 3: καλημέρα σας: здравствуйте
σάτιρα, η	32: satire	32: сатира
σβήνω, -ομαι	3: to turn off, 10: to clean	3: выключить; 10: тушить; вычёркивать
σγουρομάλλης, -α, -ικο	14: curly haired	14: кудрявый, -ая, -ое
σε	1: in; at; you, 3: on, 4: to	1: в, на, к; 3, 4: тебя
σεβασμός, ο	11: respect; court	11: уважение
σέβομαι	35: to respect; to esteem	35: уважать
σειρά, η	7: line, order, 8: row, 16: turn	7: строка; порядок; 8: ряд; 16: очередь
σεισμός, ο	33: earthquake	33: землетрясение
Σελήνη, η	27: moon	27: Луна

Σέλι, το	29: Seli (village)	29: Сэли (гора)
σελίδα, η	3: page	3: страница
σεντόνι, το	16: sheet	16: простыня
Σεπτέμβριος, ο	8: September	8: сентябрь
σερβιτόρος, ο	18: waiter	18: официант
σέρνω, -ομαι	37: to drag; to draw	37: тащить
σηκώνω, -ομαι	25: to answer, 29: -ομαι: to get up, 29: to stand up, 35: σηκώνω άγκυρα: to weigh anchor	25: поднимать; 29: -ομαι: просыпаться; вставать; 35: σηκώνω άγκυρα: поднимать якорь
σημάδι, το	28: sign; trace	28: след
σημαία, η	8: flag	8: знамя
σημαίνω	3: to mean	3: значить; обозначать
σημαντικά	33: considerably	33: значительно
σημαντικός, -ή, -ό	20: significant; important	20: важный, -ая, -ое; значительный
σημασία, η	6: meaning, 14: sense, 37: importance	6: значение; 14: смысл; 37: значение, важность
σηματοδότης, ο	30: traffic lights	30: светофор
σημείο, το	18: point, 38: sign	18: части света; 38: знак
σημείωμα, το	13: note	13: записка
σημείωση, η	10: note	10: примечание
σήμερα	7: today	7: сегодня
σημερινός, -ή, -ό	9: today (adj)	9: сегодняшний, -яя, -ее
σιγά	8: σιγά σιγά: little by little, 20: slowly, 22: in a low voice	8: σιγά σιγά: мало-помалому; 20: медленно; 22: тихим голосом
σίγουρα	14: certainly; surely	14: наверняка
σίγουρος, -η, -ο	8: certain; sure	8: уверенный, -ая, -ое
σιδερένιος, -α, -ο	27: iron (adj)	27: железный, -ая, -ое
σίδερο, το	6: iron	6: железо
σιδερώνω, -όμαι	16: to iron	16: гладить
σιδηροδρομικός, -ή, -ό	27: railway (adj)	27: железнодорожный, -ая, -ое
σιδηροδρομικώς	10: by rail	10: железнодорожным путём, по железной дороге
σινεμά, το	6: cinema	6: кино
σιτάρι, το	14: wheat	14: пшеница
σιωπηλά	26: quietly; silently	26: молчаливо
σιωπηλός, -ή, -ό	26: silent; quiet	26: молчаливый, -ая, -ое
σιωπηρά	26: tacitly	26: молчаливо
σιωπηρός, -ή, -ό	26: tacit	26: молчаливый, -ая, -ое
σκάκι, το	14: chess	14: шахматы
σκάλα, η	17: stairs, 29: ladder	17: лестница; 29: трап
σκαρφαλώνω	29: to climb; to clamber	29: взбираться
σκαρώνω	24: to play a trick	24: подшучивать (над кем-л.)
σκάφος, το	27: craft, 29: boat	27: судно; 29: лодка
σκάω (σκάζω)	8: σκάω από τη ζέστη: to be terribly hot, 35:	8: σκάω από τη ζέστη: мне очень жарко; 35: σκάζω από

σκάω]	σκάζω από τα γέλια: to burst out laughing	τα γέλια: помирать со смеху
σκεπάζω, -ομαι	28: to cover	28: покрывать, -ся
σκεύος, το	29: utensil	29: посуда, утварь
σκέφτομαι	13: to think	13: думать
σκέψη, η	16: thought	16: мысль
σκηνή, η	29: tent, 32: stage, Λυρική σκηνή: Opera House	29: палатка; 32: сцена; Λυρική Σκηνή: Театр Оперы
σκηνοθέτης, ο	32: theatre and film director (m)	32: режиссёр (он)
σκηνοθέτιδα, η	32: theatre and film director (f)	32: режиссёр (она)
σκηνοθέτρια, η	32: theatre and film director (f)	32: режиссёр (она)
σκι, το	29: ski	29: лыжный спорт
σκίζω, -ομαι	27: to tear	27: рвать, -ся
σκλαβώνω, -ομαι	25: to enslave	25: порабощать
σκόνη, η	10: dust, 36: soap powder	10: пыль; 36: порошок
σκοπεύω	16: to intend, 29: to aim	16: намереваться; 29: собираться
σκοπός, ο	16: έχω σκοπό: to intend, 31: tune	16: έχω σκοπό: намереваться, собираться; 31: мелодия
σκορπίζω, -ομαι	31: to spread about	31: заливать, -ся
σκοτώνω, -ομαι	9: to kill	9: убивать
σκουπίδι, το	14: trash; rubbish	14: мусор
σκουπιδιάρης, ο	29: garbage collector	29: мусорщик
σκουπίζω, -ομαι	10: to sweep, 17: to wipe, to dry, 29: -ομαι: to dry myself	10: подметать; 17: обтирать, вытирать; 29: -ομαι: обтираться
σκούρος, -α, -ο	6: dark; dark coloured	6: тёмный, -ая, -ое
σκύλος, ο (σκυλί, το)	5: dog	5: собака
σοβαρός, -ή, -ό	23: serious	23: серьёзный, -ая, -ое
σόι, το	6: relatives	6: родня
σοκολάτα, η	9: chocolate	9: шоколад
σου	1: (to) you, 2: your; you	1: тебе; γεια σου: здравствуй (тебе); 2: твой, твоя, твоё; μαζί σου: с тобой
σούβλα, η	24: spit	24: вертел
Σουηδός, ο	8: Swedish (m)	8: швед
σούπα, η	19: soup	19: суп
σούπερ μάρκετ, το	18: super market	18: супер-маркет
σουρουπώνει	8: it is getting dark	8: смеркается
σπάζω, -ομαι	15: to break	15: разбить
σπανάκι, το	18: spinach	18: шпинат
σπάνια (σπανίως)	8: rarely; seldom	8: редко
σπάνιος, -α, -ο	15: rare; seldom	15: редкий, -ая, -ое
σπίρτο, το	2: match	2: спичка
σπίτι, το	1: house; home	1: дом
σπιτονοικοκυρά, η	18: landlady	18: домохозяйка
σπιτονοικοκύρης, ο	18: landlord	18: домохозяин

σπονδυλική στήλη, η	13: spine	13: позвоночник
σπορ, το	33: sport	33: спорт
σπόρια, τα	6: seeds	6: семечки
σπόρος, ο	6: seed	6: семя, зерно
σπουδάζω	4: to be a student; to study	4: учиться
σπουδαίος, -α, -ο	21: important	21: важный, -ая, -ое
σπουδαστής, ο	1: student (m)	1: учащийся
σπουδάστρια, η	1: student (f)	1: учащаяся
σπουδές, οι	32: studies	32: учёба
σπρώχνω, -ομαι	26: to push	26: толкать
σπυρί, το	27: pimple	27: прыщ
Σ.Σ.Α.Σ.	30: Military School of Medicine	30: Военное Училище Офицерского Состава
στάδιο, το	27: stadium	27: стадион
σταδιοδρομία, η	21: career	21: карьера
σταθμά, τα	6: weights	6: гири
σταθμός, ο	6: station; stop, 10: railway station	6: вокзал; 10: станция
σταματώ	9: to stop	9: останавливаться
στάση, η	2: stop, 26: attitude	2: остановка; 26: поведение
σταυροδρόμι, το	14: crossroads	14: перекрёсток
σταυρός, ο	13: cross	13: крест
σταυρώνω, -ομαι	28: to crucify	28: скрещивать
σταφίδα, η	36: raisin	36: изюм
σταφύλι, το	20: grape	20: виноград
σταχτής, -ιά, -ί	6: ashy	6: серый, -ая, -ое, пепельный
στεγνώνω	32: to dry	32: сушить, высушивать
στέκομαι	27: to stand	27: стоять
στέλνω, -ομαι	4: to send	4: посылать
στενός, -ή, -ό	12: tight, 24: intimate	12: узкий, -ая, -ое; 24: близкий
στενοχωρημένος, -η, -ο	14: sad, 28: troubled; worried	14: расстроенный, -ая, -ое; 28: (очень) расстроенный
στενόχωρος, -η, -ο	16: uncomfortable; worrisome	16: тесный, -ая, -ое
στενοχωρώ, -ιέμαι	14: to distress; to grieve, 20: to upset, 33: -ιέμαι: to worry, to be sorry	14: расстраивать, -ся; 20: огорчать; 33: -ιέμαι: волноваться
στερεομετρία, η	38: stereometry	38: стереометрия (мат.)
στερεός, -ή, -ό	8: solid; firm	8: твёрдый, -ая, -ое; крепкий
στερώ, -ούμαι	14: to deprive, 33: -ούμαι: to lack; to go without	14: лишать; 33: -ούμαι: лишаться (чего-л.)
στεφάνι, το	24: wreath	24: венец
στήθος, το	18: breast	18: грудь
στήνω, -ομαι	24: to set up, 29: στήνω αυτί: to eavesdrop	24: ставить; 29: στήνω αυτί: навострить уши
στηρίζω, -ομαι	10: to support, 13: to prop, 27: -ομαι: to lean, 32: -ομαι: to count on	10: поддерживать; 13: подпирать; 27: опираться; 32: рассчитывать (на кого-л., что-л.)

στιγμή, η	13: moment	13: момент
στιλό, το	9: pen	9: авторучка
στοιχείο, το	12: record	12: данные
στολή, η	6: uniform	6: форма, костюм
στολίδι, το	24: ornament	24: украшение
στολίζω, -ομαι	24: to decorate	24: украшать
στόλος, ο	37: fleet	37: флот
στόμα, το	6: mouth	6: рот
στομάχι, το	13: stomach	13: желудок
στρατιώτης, ο	29: soldier	29: солдат
στρατιωτικός, -ή, -ό	33: military	33: воинский, -ая, -ое
στρατός, ο	20: army	20: армия, войско
στρίβω, -ομαι	23: to turn, του έστριψε: to go out of one's mind, τα στρίβει: he changes the subject	23: крутить; του έστριψε: он свихнулся; τα στρίβει: идти на попятную, отказываться от собственных слов
στροφή, η	21: bend; turning	21: поворот
στρώμα, το	20: mattress	20: матрац
στρώνω, -ομαι	15: to lay	15: стелить
συγγενής, ο, η	18: relative; relation	18: родственник
συγγραφέας, ο, η	31: author	31: автор
συγκεντρώνω, -ομαι	20: to concentrate; to gather	20: концентрировать; собирать, -ся
συγκέντρωση, η	25: meeting, 30: assembly	25: встреча; 30: митинг
συγκινώ, -ούμαι	14: to move; to touch, 33: -ούμαι: to respond	14: трогать; 33: приходить в умиление
συγκοινωνία, η	27: communication; transport	27: сообщение, транспорт
συγκρατώ, -ιέμαι	29: to control, 36: to hold	29: сдерживаться, владеть собой; 36: удерживаться
συγκριτικός, -ή, -ό	21: comparative	21: сравнительный, -ая, -ое
συγνώμη, η	2: excuse (me), 7: I am sorry	2: простите!; 7: извините
συγχαρητήρια, τα	16: congratulations	16: поздравления
σύγχρονος, -η, -ο	36: contemporary	36: современный, -ая, -ое
συγχωρώ, -ούμαι	14: to pardon, to tolerate, 15: to forgive, 32: to be sorry	14, 15: извинять; 32: прощать
συζήτηση, η	14: discussion	14: разговор
συζητώ, -ιέμαι	14: to discuss	14: разговаривать, беседовать
συζυγία, η	2: conjugation; group of verbs	2: спряжение, группа
συκώτι, το	13: liver	13: печень
συλλαβή, η	22: syllable	22: слог
συλλαμβάνω, -ομαι	23: to arrest	23: задерживать
συλλέκτης, ο	35: collector	35: коллекционер
συλλογή, η	35: collection	35: коллекция
σύλλογος, ο	24: club; union	24: клуб; ассоциация
συλλυπητήρια, τα	16: condolences	16: соболезнования (мн.ч.)

συμβαίνει, -ουν	22: to happen, 25: to take place, 26: τι σου συμβαίνει; what's the matter with you?	22: происходить; 25: иметь место; 26: τι σου συμβαίνει; что с тобой случилось?
συμβάν, το	36: event; happening	36: случай, происшествие, инцидент, событие
συμβιβάζω, -ομαι	35: to reconcile	35: примирять, примиряться
συμβουλή, η	16: advice	16: совет
συμμαθητής, ο	4: schoolmate (m)	4: соученик
συμμαθήτρια, η	6: schoolmate (f)	6: соученица
συμπαθητικός, -ή, -ό	18: nice; likable	18: симпатичный, -ая, -ое
συμπαθώ, -ούμαι	14: to be fond of, 22: to like	14: симпатизировать (кому-л.)
σύμπαν, το	36: universe	36: вселенная
συμπεραίνω, -ομαι	37: to conclude	37: приходить к выводу, заключать
συμπεριφορά, η	34: behaviour	34: поведение
συμπληρώνω, -ομαι	1: to fill in	1: заполнять
συμφέρω	37: to be in one's interest	37: выгодно
συμφοιτητής, ο	11: fellow student	11: товарищ по университету, институту, сокурсник
σύμφωνα	6: according to	6: согласно
συμφωνία, η	26: agreement	26: согласие
σύμφωνο, το	8: consonant	8: согласный
σύμφωνος, -η, -ο	16: to be agreed	16: согласный, -ая, -ое (на что-л., с кем-л.)
συμφωνώ, -ούμαι	14: to agree (to, with, on, about)	14: соглашаться
συν	38: plus	38: плюс
συναίσθηση, η	36: consciousness	36: чувство
συναλλαγή, η	37: exchange	37: сделка
συνάνθρωπος, ο	32: fellow man	32: ближний (о человеке)
συναντώ, -ιέμαι	11: to meet; to come upon	11: встречать, -ся
συναυλία, η	20: concert	20: концерт
συνάχι, το	13: head cold; catarrh	13: насморк
συνδρομή, η	25: subscription	25: подписка
συνεδρίαση, η	33: meeting	33: заседание
συνεννοούμαι	35: to communicate, to come to an understanding, to agree	35: договариваться; понять друг друга
συνεπής, -ής, -ές	22: consistent	22: держать своё слово
συνεργάζομαι	35: to collaborate	35: сотрудничать
συνέχεια	13: all the time	13: всё время
συνεχής, -ής, -ές	14: continuous	14: беспрерывный, -ая, -ое
συνεχίζω, -ομαι	3: to continue; to go on	3: продолжать, -ся
συνεχώς	32: continuously	32: постоянно
συνήθεια, η	23: habit, 24: custom	23: привычка; 24: обычай
συνηθίζω, -ομαι	16: to use to, 24: to be in the habit of, 29: συνηθισμένος: usual	16, 24: иметь привычку; 29: συνηθισμένος: обычный, обыкновенный

συνήθως	6: usually	6: обычно
συνηρημένος, -η, -ο	20: contracted	20: слитный, -ая, -ое
σύνθετος, -η, -ο	37: compound	37: сложный, -ая, -ое
συννεφιά, η	8: cloudiness	8: пасмурная погода
συννεφιάζω	28: to become cloudy	28: становиться пасмурным, покрываться тучами
σύννεφο, το	6: cloud	6: облако
συνοδεύω, -ομαι	6: to go with, 26: to accompany	6: сопровождать
συνοδός, ο, η	18: steward	18: сопровождающий, -ая
σύνολο, το	10: total	10: сумма, итог
συνοπτικά	10: briefly	10: сжато
συνταγή, η	13: prescription, 19: recipe	13, 19: рецепт
συνταρακτικός, -ή, -ό	26: shocking	26: потрясающий, -ая, -ее
συντελεσμένος μέλλοντας, ο	23: Future Perfect Tense	23: будущее совершенное время
σύντομα	9: soon; shortly	9: скоро
σύντομος, -η, -ο	21: short	21: короткий., -ая, -ое
συνυφαίνω, -ομαι	37: to interweave	37: неразрывно связываться
Συρία, η	1: Syria	1: Сирия
συρτάρι, το	7: drawer	7: ящик
συσκευάζω, -ομαι	33: to pack (up)	33: упаковывать
συστημένος, -η, -ο	11: registered	11: заказной, -ая, -ое
συχνά	4: often; frequently	4: часто
σφαίρα, η	28: bullet	28: пуля
σφάλμα, το	16: error	16: ошибка
σφίγγω, -ομαι	10: to squeeze, 13: to embrace tightly, 29: to try hard	10: жать; 13: сжимать; 29: стараться
σφραγίζω, -ομαι	28: to seal; to stamp	28: запечатывать
σφύριγμα, το	26: whistle	26: свист
σφυρίζω, -ομαι	32: to whistle	32: гудеть
σχεδιάγραμμα, το	30: design; drawing	30: план, схема, чертёж
σχέδιο, το	8: plan	8: план
σχεδόν	6: almost; nearly	6: почти
σχέση, η	35: relationship	35: отношение
σχετικά	26: about	26: σχετικά με: связанный (с чем-л.), имеющий отношение (к чему-л.)
σχετικός, -ή, -ό	36: relative	36: касающийся, -аяся, ееся
σχήμα, το	6: shape, 27: form, 38: (geometrical) figure	6: форма; 27: тип; 38: фигура (мат.)
σχηματίζω, -ομαι	6: to form	6: образовывать
σχηματισμός, ο	33: formation	33: образование
σχολείο, το	1: school	1: школа
Σχολείο Νέας Ελληνικής Γλώσσας	2: School of Modern Greek Language	2: школа новогреческого языка
σχολή, η	20: faculty	20: факультет
σώμα, το	6: body, 38: solid object	6: телосложение; 38: тело

σωπαίνω	26: to remain silent	26: замолчать
σωρός, ο	15: a lot of	15: куча
σωστά	8: right	8: верно, в самом деле
σωστός, -ή, -ό	1: right; correct	1: правильный, -ая, -ое

Τ

τα	8: them	8: их; τα *λέμε*: поговорим об этом
ταβέρνα, η	19: pub; tavern	19: таверна, кабак
ταβερνάκι, το	19: pub; tavern (affectionately)	19: кабачок
τάδε, ο, η, το	19: such-and-such; so and so	19: такой-то, такая -то, такое-то
ταιριάζω, -ομαι	35: to suit; to go with	35: подходить друг другу
τακούνι, το	12: heel	12: каблук
τακτικά	15: regularly	15: регулярно; часто
τακτικός, -ή, -ό	7: ordinal, 19: tidy	7: порядковый, -ая, -ое
τακτοποιώ, -ούμαι	14: to arrange	14: устраивать
ταλέντο, το	32: talent	32: талант
τάλιρο, το	5: five euros note	5: денежная купюра в пять евро
ταμείο, το	6: cashier's desk; pay office; treasury	6: касса; казна
ταμίας, ο	2: cashier	2: кассир
τάξη, η	1: classroom, 3: class, 6: order, 7: grade, 14: group	1: аудитория; 3: класс; 6: порядок; 7: группа; 14: класс (глаголов)
ταξί, το	6: taxi	6: такси
ταξιδεύω	10: to travel	10: путешествовать; совершать поездку
ταξίδι, το	8: journey; trip	8: путешествие; поездка
ταξιθέτης, ο	32: usher	32: билетёр
ταξιθέτρια, η	32: usherette	32: билетёрша
ταξιτζής, ο	18: taxi driver	18: таксист
ταυτότητα, η	17: identity card	17: удостоверение личности
τάχα	19: allegedly	19: будто бы; якобы
ταχεία, η	27: express train	27: скорый поезд
ταχυδρομείο, το	5: post office	5: почта
ταχυδρομικός, -ή, -ό	28: postal	28: почтовый, -ая, -ое
ταχυδρόμος, ο	22: postman	22: почтальон
ταχύς, -εία, -ύ	27: fast; quick; rapid	27: быстрый, -ая, -ое; скорый
ταχύτητα, η	23: speed	23: скорость
τεθλασμένος, -η, -ο	38: crooked (line)	38: ломаный, -ая, -ое
τείχος, το	18: city walls	18: крепостная стена
τελεία, η	3: full stop; dot	3: точка
τέλειος, -α, -ο	15: perfect; ideal	15: отличный, -ая, -ое
τελειώνω	9: to end, 10: to finish, to	9: заканчивать; 10: кончать;

τελειώνω]	be over, τελειώνει το ψωμί: bread is running short, 14: to run out	завершать; τελειώνει το ψωμί: хлеб кончается; 14: кончаться
τελείως	34: completely	34: вполне совершенно
τελευταία	8: lately; recently	8: в последнее время
τελευταίος, -α, -ο	12: upper, 15: last, 33: recent	12: крайний, -яя, -ее; 15, 33: последний, -яя, -ее
τελικά	24: finally; in the end	24: в конце
τέλος, το	8: end	8: конец
τεμπέλης, -α, -ικο	14: lazy; idle	14: ленивый, -ая, -ое
τεμπέλικα	22: lazily	22: лениво
τενεκές, ο	31: tin	31: бак
τέρας, το	36: monster	36: чудовище
τες	13: them	13: их (лич. мест. «они» в форме В.п.)
τεσσαρακοστός, -ή, -ό	10: fortieth	10: сороковой, -ая, -ое
τέσσερις, -ις, -α	1: four	1: четыре
τεσσερισήμισι, τεσσεράμισι	8: half past four, 9: four and a half	8: 4 часа 30 минут; 9: στις τεσσεράμισι: в 4 часа 30 минут, в полпятого
Τετάρτη, η	7: Wednesday	7: среда
τέταρτο, το	9: quarter	9: четверт
τέταρτος, -η, -ο	4: fourth	4: четвёртый, -ая, -ое
τέτοιος, -α, -ο	14: such; like this, 16: that	14: подобный, -ая, -ое; 16: такой
τετραγωνικός, -ή, -ό	38: quadrangular; square	38: квадратный, -ая, -ое
τετράγωνο, το	38: quadrangle; square	38: квадрат
τετράδα, η	33: set of four	33: четверо
τετράδιο, το	1: note book	1: тетрадь
τετρακόσιοι, -ες, -α	18: four hundred	18: четыреста
τετράπλευρο, το	38: quadrilateral	38: четырёхугольник (мат.)
τέχνη, η	6: art	6: искусство
τεχνητός, -ή, -ό	35: artificial	35: искусственный, -ая, -ое
τεχνικός, ο, η	21: technician	21: техник
τεχνολογία, η	27: technology	27: технология
τζάκι, το	25: fireplace	25: очаг
τζάμι, το	10: pane; glass	10: стекло
τηλεγράφημα, το	23: telegram	23: телеграмма
τηλεκάρτα, η	23: telecard	23: телефонная карточка
τηλεόραση, η	3: television	3: телевизор
τηλεπικοινωνία, η	23: telecommunication	23: средства связи
τηλεφώνημα, το	16: (tele)phone call	16: телефонный звонок
τηλεφωνητής, ο	23: telephone operator (m), αυτόματος τηλεφωνητής: answering machine	23: телефонист, αυτόματος τηλεφωνητής: автоответчик
τηλεφωνήτρια, η	23: telephone operator (f)	23: телефонистка
τηλεφωνικός, -ή, -ό	23: telephonic	23: телефонный, -ая, -ое
τηλέφωνο, το	4: παίρνω τηλέφωνο: to	4: παίρνω τηλέφωνο: звонить

τηλέφωνο]	call, 6: telephone number, 9: telephone	по телефону; 6: номер (телефона); 9: телефон
τηλεφωνώ, -ιέμαι	12: to give a ring	12: звонить по телефону
την	1: her	1: её (лич. мест. «она» в форме В.п.)
της	6: her, 12: to her, from her, for her	6: её; 12: ей, её
τι	1: what	1: что
τιμή, η	6: price, 20: honour	6: цена; 20: с почтением (в письмах)
τίμημα, το	30: cost	30: ценой (чего-л.)
τίμιος, -α, -ο	25: honest	25: честный, -ая, -ое
τιμόνι, το	23: steering wheel	23: руль
τιμώ, -ιέμαι	14: to be a credit to; to honour; to dignify	14: почитать
τιμωρώ, -ούμαι	14: to punish, 33: to correct, -ούμαι: to be punished with a fine	14: наказывать; 33: -ούμαι: быть наказанным
τίνος	6: whose	6: чей, чья, чьё, чьи
τίποτα (τίποτε)	4: nothing, 12: anything, 19: any	4: ничего; 12: что-нибудь; что-либо; 19: что-нибудь, ничто, никто
τις	10: them (f)	10: моих (прит. мест. «мой» в форме В.п.)
τίτλος, ο	36: title	36: название
τμήμα, το	20: department, 28: section	20: отделение; 28: часть
το	6: it	6: его (лич. мест. «оно» в форме В.п.)
τοίχος, ο	3: wall	3: стена
τόκος, ο	33: interest	33: процент (с капитала)
τολμηρός, -ή, -ό	27: daring; bold	27: смелый, -ая, -ое, дерзкий
τομέας, ο	20: sector, 31: section, 36: field	20: сектор; 31: район; 36: область
τον	4: him	4: его (лич. мест. «он» в форме В.п.)
τονίζω, -ομαι	10: to accent	10: ставить ударение
τόνος, ο	1: accent; stress	1: ударение
τόξο, το	8: ουράνιο τόξο: rainbow	8: ουράνιο τόξο: радуга
τοπικός, -ή, -ό	12: local	12: местный, -ая, -ое
τοπίο, το	16: landscape	16: пейзаж
τόπος, ο	23: place	23: место
τόσο	10: so, 14: such, 30: so much	10, 14: так; 30: настолько
τόσος, -η, -ο	15: so; as	15: такой, -ая, -ое
τότε	8: then, 19: that time	8: тогда
του	4: his, 6: its, 11: (to) him, 12: (for) him, μαζί του: with him	4: свой, -ая, -ое; 6: опред. артикль м.р. Р.п. ед.ч.; 11: его (прит. мест.); 12: ему (лич.

του]

		μεст. «он» в форме Д.п.); μαζί του: рядом с ним
τουαλέτα, η	18: toilet	18: туалет
τουλάχιστο(ν)	10: at least	10: хотя бы
τούμπα, η	23: turn over, 31: somersault; roll	23, 31: кувырок
Τουρκία, η	14: Turkey	14: Турция
Τούρκος, ο	24: Turk	24: турок
τουρτουρίζω	8: to shiver with cold	8: дрожать от холода
τους	6: them, their, 12: for them, to them	6: оба; их (прит. мест.); 12: их (личн. мест.)
τραβώ, -ιέμαι	14: to drag; to pull, 32: to take, 33: to stand aside, 35: τραβώ κουπί: to pull oar	14: тянуть; 32: снимать фотографии; 33: посторониться; 35: грести
τραγούδι, το	15: song	15: песня
τραγουδώ, -ιέμαι	14: to sing	14: петь
τραγωδία, η	32: tragedy	32: трагедия
τραντάζω, -ομαι	27: to bump; to jerk	27: трясти
τράπεζα, η	11: bank	11: банк
τραπεζάκι, το	6: small table	6: столик
τραπεζαρία, η	16: dining room	16: столовая
τραπέζι, το	1: table, 10: έχω τραπέζι: to have sb over for dinner	1: стол; 10: έχω τραπέζι: угощать обедом
τραπέζιο, το	38: trapezium	38: трапеция (мат.)
τραυματίζω, -ομαι	28: to injure; to wound	28: ранить
τραυματιοφορέας, ο	23: stretcher bearer; EMS (Emergency Medical Service)	23: санитар
τρεις, τρεις, τρία	1: three	1: три
τρεισήμισι, τριάμισι	9: half past three, three and a half	9: три с половиной; στις τρεισήμισι: в три часа 30 минут
τρελαίνω, -ομαι	23: -ομαι: to get crazy	23: -ομαι: сходить с ума
τρελός, -ή, -ό	24: crazy, 36: είμαι τρελός για δέσιμο: to be raving mad	24: τρελός από χαρά: безумный от радости; 36: είμαι τρελός για δέσιμο: совсем спятил
τρέμω	8: to tremble; to shake; to shiver	8: дрожать, трепетать
τρένο, το	10: train	10: поезд
τρέξιμο, το	36: run(ning); race	36: беготня
τρέχω	9: το ρολόι μου τρέχει: my watch is fast, 10: to run, 19: μου τρέχουν τα σάλια: my mouth waters, 22: τι τρέχει: what's the matter	9: το ρολόι μου τρέχει: часы спешат; 10: бегать; 19: μου τρέχουν τα σάλια: у меня слюнки текут; 22: τι τρέχει: что здесь происходит
τριάδα, η	33: triad; trio; three; trinity	33: тройка, трое
τριακόσιοι, -ες, -α	17: three hundred	17: триста
τριακοστός, -ή, -ό	10: thirtieth	10: трёхсотый, -ая, -ое
τριάντα	3: thirty	3: тридцать
τριαντάφυλλο, το	6: rose	6: роза

τριγυρίζω, -ομαι	16: to go around	16: ходить
τριγύρω	35: around	35: вокруг, кругом
τριγωνικός, -ή, -ό	38: triangular	38: треугольный, -ая, -ое (мат.)
τρίγωνο, το	38: triangle	38: треугольник (мат.)
τριγωνομετρία, η	38: trigonometry	38: тригонометрия (мат.)
τριπλάσιος, -α, -ο	33: triple	33: тройной, -ая, -ое
τριπλός, -ή, -ό	33: triple	33: тройной, -а, -ое
τρισεκατομμύριο, το	18: trillion	18: триллион
Τρίτη, η	7: Tuesday	7: вторник
τρίτος, -η, -ο	3: third	3: третий, -ья, -ье
τρίχα, η	16: hair	16: παρά τρίχα: чуть не
τρομάζω	10: to scare; to frighten, 15: to be startled, to be frightened	10: пугать; 15: пугаться
τρομακτικός, -ή, -ό	34: terrifying; frightening	34: странный, -ая, -ое, ужасный
τρόπος, ο	19: behaviour; manners, way	19: поведение; образ
τροφή, η	21: food	21: пища
τρόφιμα, τα	29: foods; provisions	29: продукты, продовольствие
τροχαία, η	23: traffic police	23: ГАИ
τροχαίος, -α, -ο	30: traffic (adj)	30: дорожный, -ая, -ое
τροχονόμος, ο, η	12: traffic policeman	12: инспектор дорожного движения
τρυπώ, -ιέμαι	14: to perforate, to wear a hole, 33: to prick	14: пронашивать; продырявливать; 33: укалываться
τρώω, -γομαι	9: to eat, 15: τρώω ξύλο: to get a beating	9: есть, кушать; 15: τρώω ξύλο: быть избитым
τσαγκάρης, ο	18: shoemaker	18: сапожник
τσαγκάρικο, το	18: shoemaker's shop	18: сапожная мастерская
τσάι, το	5: tea	5: чай
τσάντα, η	6: bag	6: сумка
τσεπάκι, το	10: small pocket	10: карманчик
τσέπη, η	4: pocket	4: карман
τσιγάρο, το	2: cigarette	2: сигарета
τσιμέντο, το	33: concrete	33: цемент
τσίρκο, το	31: circus	31: цирк
τσουγκρίζω, -ομαι	24: to crack	24: слегка ударять друг о друга
τσουρέκι, το	24: traditional Easter bread	24: кулич
τύπος, ο	1: form, 29: character, 36: press; formula	1: форма; 29: тип; 36: печать, пресса; формула
τυρόπιτα, η	15: cheese pie	15: пирог с сыром
τυχαία	23: by chance	23: случайно
τυχαίνω	16: to happen	16: случается
τυχερός, -ή, -ό	20: lucky; fortunate	20: везучий, -ая, -ее
τύχη, η	24: luck, 34: fate	24: счастье; 34: судьба
τώρα	1: now	1: сейчас, теперь
τωρινός, -ή, -ό	9: present	9: теперешний, -яя, -ее

Υ

υγεία, η	14: health	14: здоровье
υγιής, -ής, -ές	14: healthy	14: здоровый, -ая, -ое
υγρασία, η	8: humidity	8: сырость
΄Υδρα, η	35: Hydra (island)	35: Идра (остров)
Υδραυλική, η	30: Hydraulics	30: гидравлика
υδραυλικός, ο	16: plumber	16: водопроводчик
υπαίθριος, -α, -ο	32: open air	32: под открытым небом
υπακούω	31: to obey	31: слушаться, подчиняться
υπάλληλος, ο, η	17: employee; clerk	17: служащий, -ая
υπάρχω	2: υπάρχει, -ουν: there is/are, 24: to exist	2: есть; 24: существовать
υπεράσπιση, η	26: defence	26: защита
υπεραστικός, -ή, -ό	14: intercity, 23: long distance	14: междугородный, -ая, -ое; 23: междугородный телефон
υπερβολικά	21: extremely	21: слишком; чересчур
υπερβολικός, -ή, -ό	20: exceeding; extreme, 21: μην είσαι υπερβολικός: don't exaggerate	20: слишком большой, -ая, -ое; 21: не надо преувеличивать
υπερθετικός, -ή, -ό	21: superlative degree of adjectives	21: превосходная степень прилагательных
υπέροχος, -η, -ο	20: marvellous; wonderful	20: прекрасный, -ая, -ое
υπερπόντιος, -α, -ο	37: overseas	37: заморский, -ая, -ое
υπερσυντέλικος, ο	23: Past Perfect Tense	23: плюсквамперфект, давнопрошедшее время
υπερταχεία, η	27: express train	27: скорый поезд
υπερωκεάνιο, το	27: ocean liner	27: океанский лайнер
υπεύθυνος, -η, -ο	36: responsible	36: ответственный, -ая, -ое
υπηρεσία, η	20: service	20: служба
υπηρέτρια, η	31: maid; cleaning woman	31: служанка
υπναράς, ο	31: sleepyhead (m)	31: сонливый человек
υπναρού, η	31: sleepyhead (f)	31: сонливая; соня
ύπνος, ο	8: sleep	8: сок
υποβολέας, ο	32: prompter	32: суфлёр
υπογράφω, -ομαι	16: to sign	16: подписывать
υποδηματοποιείο, το	18: shoemaker's shop	18: сапожная мастерская
υποδηματοποιός, ο	18: shoemaker	18: сапожник
υποδιαστολή, η	21: specific comma	21: запятая
υπόθεση, η	20: matter, 25: hypothesis, 32: affair, plot	20: дело; 25: условие, предположение; 32: дело; сюжет
υποθετικός, -ή, -ό	25: conditional	25: условный, -ая, -ое
υποθέτω, υποτίθεμαι	19: to suppose	19: предполагать, допускать
υποκείμενο, το	6: subject	6: подлежащее
υποκοριστικό, το	6: diminutive	6: уменьшительно-ласкательная (форма)
υπολογισμός, ο	23: calculation	23: расчёт
υπολογιστής, ο	15: computer	15: компьютер

υπόλοιπο, το	38: remainder	38: остаток
υπόλοιπος, -η, -ο	24: rest	24: остальной, -ая, -ое
υπομονή, η	29: patience	29: терпение
υπόσχομαι	27: to promise	27: обещаю
υποτακτική, η	16: Subjunctive	16: сослагательное наклонение
υποτροφία, η	20: scholarship	20: стипендия
υπουργείο, το	28: ministry	28: министерство
Υπουργείο Εξωτερικών, το	31: Ministry of Foreign Affairs	31: Министерство иностранных дел
υπουργός, ο, η	28: minister	28: министр
υποφέρω, -ομαι	19: to suffer, 35: to be in pain	19: страдать; 35: мучиться
υποχρεώνω, -ομαι	28: to oblige; to force	28: обязывать (кого-л.)
υποχρέωση, η	22: obligation	22: обязанность; долг
ύστερα	6: after; then	6: после
ύφασμα, το	32: fabric; textile	32: ткань
ύψος, το	18: hight	18: рост

Φ

φαγητό, το	6: meal; dinner, 18: food, 19: eating	6: (ώρα) του φαγητού: (время) обеда (ужина); 18: блюдо, приготовленное сразу по заказу посетителя; 19: еда
φαγού, η	31: great eater (f)	31: ненасытная
φαΐ, το	6: food	6: пища, еда
φαίνομαι	22: to look like, 22: to look, 25: φαίνεται: apparently, 30: to be visible, 35: μου φαίνεται: I think; it appears to me	22: показывать; казаться; 25: кажется; 30: виднеться; 35: μου φαίνεται: мне кажется
φάκελος, ο	5: envelope	5: конверт
φανάρι, το	30: traffic light	30: светофор
φανερώνω, -ομαι	16: to indicate	16: выражать
φαντασία, η	13: κατά φαντασίαν ασθενής: hypochondriac, 16: επιστημονική φαντασία: science fiction	13: κατά φαντασίαν ασθενής: ипохондрик; 16: επιστημονική φαντασία: научная фантастика
φαξ, το	17: fax	17: факс
φαρδιά	15: φαρδιά πλατιά: at full length	15: широко
φαρδύς, -ιά, -ύ	12: large, 14: wide, broad	12, 14: широкий, -ая, -ое
φαρμακείο, το	13: pharmacy	13: аптека
φάρμακο, το	13: medicine	13: лекарство
φαρμακοποιός, ο, η	13: pharmacist	13: аптекарь
φάρος, ο	35: lighthouse	35: маяк
φάρσα, η	24: prank; trick; joke	24: фарс; шутка
φασαρία, η	11: noise; fuss, 14: trouble	11, 14: шум

Φεβρουάριος, ο	8: February	8: февраль
φεγγάρι, το	13: moon	13: луна
φέρι-μποτ, το	25: ferry boat	25: паром
φέρνω, -ομαι	12: to bring, 13: to deliver, 29: to fetch	12: нести, носить; 13: возить; 29: прийти, приехать
φέρομαι	29: to behave	29: вести себя
φέτα, η	18: white cheese	18: брынза
φετινός, -ή, -ό	9: this year (adj)	9: относящийся к текущему году
φέτος	7: this year	7: в этом году
φεύγω	10: to leave, 12: to go away	10: уезжать, уехать
φθινοπωρινός, -ή, -ό	8: autumnal	8: осенний, -яя, -ее
φθινόπωρο, το	8: autumn	8: осень
φίλη, η	3: friend (f)	3: подруга
φιλικά	11: friendly	11: дружно
φιλμ, το	6: film	6: фильм
φιλοδώρημα, το	18: tip	18: чаевые
φιλοξενία, η	20: hospitality	20: гостеприимство
φίλος, ο	1: friend (m)	1: друг
Φιλοσοφική Σχολή, η	2: Faculty of Philosophy	2: философский факультет
φιλόσοφος, ο, η	36: philosopher	36: философ
φιλοχρήματος, -η, -ο	35: avaricious; greedy	35: корыстолюбивый, -ая, -ое
φιλώ, -ιέμαι	11: to kiss	11: целовать
φλύαρος, -η, -ο	12: talker	12: болтливый, -ая, -ое
Φλώρινα, η	23: Florina (city)	23: Флорина (город)
φοβάμαι	31: to be afraid of, 32: to scare; to frighten	31: бояться; 32: страшиться
φοβητσιάρης, -α, -ικο	13: timid	13: боязливый, -ая, -ое
φοβίζω	34: to scare; to frighten	34: пугать; угрожать
φόβος, ο	8: fear	8: страх; боязнь
φοιτητής, ο	1: university student (m)	1: студент
φοιτητικός, -ή, -ό	21: Φοιτητική Εστία: Dormitory	21: Φοιτητική Εστία: студенческое общежитие
φοιτήτρια, η	1: university student (f)	1: студентка
φόνος, ο	26: murder	26: убийство
φορά, η	6: time	6: раз
φόρεμα, το	6: dress	6: платье
φορτίο, το	35: load	35: заряд
φορτώνω, -ομαι	29: to load, to burden	29: грузить; загрузить
φορώ, -ιέμαι	14: to wear, 20: to put on	14: надевать; 20: надеваться
φούρναρης, ο	18: baker	18: пекарь
φούρνος, ο	16: oven, 18: bakery	16: духовка; 18: пекарня
φούστα, η	8: skirt	8: юбка
φουστάνι, το	12: dress	12: женское платье
φρενάρισμα, το	22: braking	22: торможение
φρένο, το	34: brake	34: тормоз
φρέσκος, -ια (-η), -ο	8: fresh	8: свежий, -ая, -ее
φρόνιμος, -η, -ο	12: quiet; well behaved	12: послушный, -ая, -ое
φροντίδα, η	28: care; attention	28: заботливость

φροντίζω	11: to look after, 29: to provide for	11: ухаживать; 29: заботиться
φρούτο, το	3: fruit	3: фрукты
φρύδι, το	6: eyebrow	6: бровь
φταίξιμο, το	36: fault; blame	36: вина; ошибка
φταίω	25: to be responsible, 30: to be at fault, 32: to blame	25: φταίνε οι εξετάσεις: из-за экзаменов; 30, 32: быть виноватым
φτάνω	10: to arrive, 12: to be enough; to catch up with, to reach, φτάνει!: enough	10: приходить; прибывать; 12: хватать (достаточно); догонять; φτάνει!: хватит! довольно!
φτερνίζομαι	13: to sneeze	13: чихать
φτερό, το	24: κάνω φτερά: to be gone; to vanish	24: κάνω φτερά: взлетать, улетать, исчезать, теряться
φτηνός, -ή, -ό (φθηνός)	9: cheap	9: дешёвый, -ая, -ое
φτιάχνω, -ομαι	10: to make, 32: to create	10: изготовлять, делать; 32: устраивать
φτυστός, -ή, -ό	6: image	6: копия (кого-л.)
φτώχεια, η	19: poverty	19: скудость
φτωχός, -ιά (-ή), -ό	8: poor	8: бедный, -ая, -ое
φυλάγω, -ομαι	10: to guard, 17: to keep	10: охранять; стеречь; 17: хранить
φύλακας, ο	2: guard	2: сторож
φυλακή, η	26: prison	26: тюрьма
φύλλο, το	5: leaf	5: лист
φύση, η	24: nature	24: природа
φύσημα, το	27: blow(ing)	27: веяние
φυσικά	21: of course	21: разумеется, естественно
Φυσικομαθηματική Σχολή, η	30: Faculty of Sciences	30: физико-математический факультет
φυσικός, -ή, -ό	35: natural	35: естественный, -ая, -ое
φυσικός, ο, η	21: physicist	21: физик
φυσώ, -ιέμαι	8: to blow, 14: to blow on	8: дует; 14: дуть (на что-л.)
φυτό, το	16: plant	16: растение
φωνάζω	4: to call, 10: to shout	4: звать; 10: кричать, вызывать
φωνακλού, η	31: bawler; shouter	31: крикун
φωνή, η	15: voice	15: голос
φωνήεν, το	8: vowel	8: гласный
φως, το	3: light	3: свет
Φώτα, τα	24: Epiphany's day	24: Святое Богоявление, Крещение
φωτάκι, το	24: little lamp	24: лампочка
φωτιά, η	20: fire	20: костёр
φωτίζω, -ομαι	28: to lighten, 31: to light	28: освещаться; 31: освещать
φωτογραφία, η	3: photo	3: фотография
φωτογραφίζω, -ομαι	33: to take a photo	33: фотографировать, -ся
φωτογραφικός, -ή, -ό	16: φωτογραφική μηχανή: camera	16: φωτογραφική μηχανή: фотоаппарат
φωτοτυπία, η	9: photocopy	9: ксерокопия

X

χάδι, το	14: caress	14: ласка
χαζεύω	25: to loaf; to idle	25: зевать
χαιρετισμοί, οι	19: greetings; regards	19: приветствие; привет; поклон
χαιρετώ, -ιέμαι	11: to greet, σε χαιρετώ: kind regards	11: здороваться, σε χαιρετώ: приветствую тебя
χαίρω, -ομαι	2: χαίρετε: goodbye, 3: χαίρετε: hello, 16: to be glad, 35: to enjoy, χάρηκα που σε είδα: nice meeting you	2: χαίρετε: до свидания; 3: χαίρετε: здравствуйте; 16: радоваться; 35: χάρηκα που σε είδα: рад(а) тебя видеть
χαλώ (χαλνώ)	5: to change (money), 14: to break down; to spoil, 33: to damage	5: разменивать; 14: испортить; 33: портить
χαμηλά	18: low	18: низко
χαμογελώ	14: to smile	14: улыбаться
χάνω, -ομαι	9: to lose, 16: to miss, 26: χάνω την ώρα μου: to waste my time, τα χάνω: to be at a loss	9: остаться; 16: пропускать; 26: χάνω την ώρα μου: терять своё время; τα χάνω: теряться, смущаться
χαρά, η	10: pleasure; joy	10: радость
χάρακας, ο	10: ruler	10: линейка
χαρακτήρας, ο	19: character	19: характер
χαρακτηριστικό, το	6: characteristic; feature	6: черты лица
χαράματα, τα	9: dawn	9: на рассвете
χάρη, η	20: favour, 26: pardon, 36: thanks to	20: любезность; 26: помилование; 36: ради (кого-л.)
χαρίζω, -ομαι	12: to make a present	12: дарить
χαριτωμένος, -η, -ο	32: pretty; charming	32: очаровательный, -ая, -ое
χαρούμενα	28: joyfully; gladly	28: радостно, весело
χαρούμενος, -η, -ο	15: cheerful; merry; joyful	15: весёлый, -ая, -ое
χαρταετός, ο	24: kite	24: бумажный змей
χαρτί, το	11: paper, 16: χαρτιά: cards	11: бумага; 16: χαρτιά: карты
χαρτονόμισμα, το	5: bank note	5: бумажные деньги
χαρτόσημο, το	20: stamp	20: гербовая марка
χασάπης, ο	18: butcher	18: мясник
χασάπικο, το	18: butcher's shop	18: мясная лавка
χασμουριέμαι	33: to yawn	33: зевать
χατίρι, το	36: sake; favour	36: одолжение
χείλος, το	6: lip	6: губа
χειμώνας, ο	8: winter	8: зима
χειμωνιάτικος, -η, -ο	8: winter (adj)	8: зимний, -яя, -ее
χειρίζομαι	31: to operate	31: уметь; владеть
χείριστα	22: worst (adv)	22: хуже
χείριστος, -η, -ο	21: worst	21: наихудший, -ая, -ее
χειροκρότημα, το	31: clapping; applaud	31: аплодисменты

χειρότερα	22: worse (adv)	22: хуже
χειρότερος, -η, -ο	21: worse	21: худший, -ая, -ее
χειρούργος, ο, η	13: surgeon	13: хирург
χέρι, το	13: arm, hand	13: рука
Χημείο, το	30: Chemistry	30: здание химического факультета
χημικός, ο, η	21: chemist	21: химик
χήνα, η	14: goose	14: гусь
χθες	6: yesterday	6: вчера
χθεσινός, -ή, -ό	9: yesterday (adj)	9: вчерашний, -яя, -ее
χιλιάδα, η	12: one thousand	12: тысяча
χίλιοι, -ες, -α	8: thousand	8: тысяча
χιλιόμετρο, το (χλμ.)	18: kilometre	18: километр (км.)
χιλιοστό, το	33: millimetre	33: миллиметр
χιλιοστός, -ή, -ό	18: thousandth	18: тысячный, -ая, -ое
χιόνι, το	8: snow	8: снег
χιονίζει	8: it snows	8: идёт снег
Χίος, η	35: Chios (island)	35: Хиос (остров)
χολ, το	16: (entrance) hall	16: передняя, холл
χονδρικώς	18: wholesale (adv)	18: оптом
χορευταρού, η	31: big dancer (f)	31: любитель танчев
χορεύω, -ομαι	10: to dance	10: танцевать
χορήγηση, η	20: issue	20: выдача
χορηγώ, -ούμαι	20: to supply	20: выдавать
χορόδραμα, το	32: ballet; chorodrama	32: балет
χορός, ο	19: dance	19: танец
Χορτιάτης, ο	28: Hortiatis (mountain)	28: Хортиатис (гора)
χόρτο, το	28: grass	28: трава
χρειάζομαι	22: to need, 32: to be necessary	22: нуждаться; 32: нужно
χρέος, το	32: debt	32: долг
χρήμα, το	9: money	9: деньги
χρήση, η	6: use	6: употребление
χρησιμοποιώ, -ούμαι	6: to use	6: употреблять
χρήσιμος, -η, -ο	16: useful	16: полезный, -ая, -ое
Χριστός, ο	24: Christ	24: Христос
Χριστός Ανέστη	24: Christ has Risen	24: Христос воскрес
Χριστούγεννα, τα	9: Christmas	9: Рождество
χριστουγεννιάτικος, -η, -ο	12: Christmas (adj)	12: рождественский, -ая, -ое
χρονιά, η	8: year	8: год
χρόνια, τα	6: years	6: годы, года
χρονικά	26: temporally	26: συμφωνεί χρονικά: согласуется во времени
χρονικός, -ή, -ό	6: temporal	6: временной, -ая, -ое
χρόνος, ο	6: year; tense, 9: time, πόσω χρονών είσαι; how old are you?	6: время; год; 9: πόσω χρονών είσαι; сколько тебе лет?
χρόνου, του	16: next year	16: в будущем году
χρυσός, ο	23: gold	23: золото

χρώμα, το	6: colour	6: цвет
χρωματιστός, -ή, -ό	6: coloured	6: цветной, -ая, -ое
χρωστώ	12: to owe; to be in debt	12: быть должником
χταπόδι, το	20: octopus	20: осьминог
χτένα, η	29: comb	29: расчёска
χτενίζω, -ομαι	27: to comb	27: расчёсывать, -ся
χτένισμα, το	10: coiffure; hairstyle	10: причёска
χτίζω, -ομαι	16: to build	16: строить
χτυπητός, -ή, -ό	6: striking	6: яркий, -ая, -ое
χτυπώ, -ιέμαι	9: to strike, 14: to ring, to knock, to hit myself, to shoot, to beat, 32: to be knocked down, 33: to be injured	9: бить; 14: стучать; ударять; бить; подстреливать; 32: попадать; 33: ранить
χύνω, -ομαι	12: to spill; to pour	12: разливать
χώμα, το	24: land	24: земля
χώρα, η	7: country	7: страна
χωράφι, το	14: field	14: поле
χωριάτης, -ισσα	14: peasant	14: крестьянин, -ка
χωριάτικος, -η, -ο	18: χωριάτικη σαλάτα: Greek salad	18: χωριάτικη σαλάτα: деревенский салат
χωρίζω, -ομαι	14: to break up; to seperate; to divorce	14: расставаться, расходиться, разводиться (о супругах)
χωρικός, -ή	14: villager; peasant	14: крестьянин, -ка
χωριό, το	14: village	14: деревня, село
χωρίς	1: without	1: без
χώρος, ο	31: place; room	31: место
χωρώ	20: to contain; to hold, to get into	20: вмещать

Ψ

ψάξιμο, το	21: searching	21: искание, поиск
ψαράς, ο	18: fishmonger, 35: fisherman	18: торговец рыбой; 35: рыболов
ψάρι, το	18: fish	18: рыба
ψάχνω, -ομαι	10: to look for, 11: to search	10, 11: искать
ψέμα, το	12: lie	12: ложь
ψηλά	18: overhead	18: высоко
ψηλός, -ή, -ό	8: tall, 12: high	8, 12: высокий, -ая, -ое
ψηλώνω	15: to grow tall(er)	15: расти
ψήνω, -ομαι	20: to grill	20: поджаривать
ψιλά, τα	5: change	5: мелочь
ψιλικά, τα	18: haberdashery	18: галантерея
ψιλικατζής, ο	18: haberdasher	18: торговец галантерей
ψιλικατζίδικο, το	18: haberdashery	18: галантерейный магазин
ψιχάλα, η	8: drizzle	8: мелкий моросящий дождь

ψιχαλίζει	8: it drizzles	8: моросит дождь
ψυγείο, το	16: refrigerator	16: холодильник
ψυχή, η	25: soul	25: душа
ψυχιατρικός, -ή, -ό	30: psychiatric	30: психиатрический, -ая, -ое
ψυχίατρος, ο, η	13: psychiatrist	13: психиатр
ψύχρα, η	8: chill; cool(ness)	8: холодно
ψυχραιμία, η	34: temper	34: спокойствие
ψωμάς, ο	18: baker	18: пекарь
ψωμί, το	10: bread	10: хлеб
ψώνια, τα	12: shopping	12: покупки (мн. ч.)
ψωνίζω, -ομαι	12: to buy; to shop	12: покупать

Ω

ωκεανός, ο	35: ocean	35: океан
ώμος, ο	13: shoulder	13: плечо
ώρα, η	1: time, 2: hour, 9: ώρα σου καλή: so long, 10: στην ώρα μου: on time, 15: την ώρα που: as; at which time	1, 2: час; 9: ώρα σου καλή: доброго пути; 10: στην ώρα μου: вовремя; 15: την ώρα που: в то время, когда
ωραία	1: fine; nice; well; good	1: хорошо
ωραίος, -α, -ο	1: nice; fine, 15: good; beautiful	1: прелестный, -ая, -ое; 15: хороший, прекрасный
ωράριο, το	14: working hours	14: рабочее время
ως	9: till; until, 23: ως εδώ: up to here, 35: as	9: до; 23: ως εδώ: сюда, до этого места; 35: что касается
ώσπου	16: until	16: (до тех пор) пока
ώστε	17: so that	17: так чтобы
ωτορινολαρυγγολόγος, ο, η	13: ear, nose and throat specialist	13: ото(рино)ларинголог
ωφέλεια, η	37: benefit; advantage	37: польза, выгода
ωφέλιμος, -η, -ο	16: useful, beneficial	16: полезный, -ая, -ое
ωφελώ, -ούμαι	14: to benefit, δεν ωφελεί να: it's no use, 20: to do good to sb	14: быть полезным; 20: помогать